GERDA LERNER

DIE ENTSTEHUNG DES PATRIARCHATS

Mit einem Vorwort von Christine Thomas und einem Nachwort von Alexandra Arnsburg

manifest.
geschichte des widerstands.

In der Edition **geschichte des widerstands.** veröffentlichen wir Bücher mit einem historischen oder biographischen Schwerpunkt.

5. durchgesehene Auflage 2025
Manifest Verlag (Arnsburg, Koschitzki und Sol e.V. GbR)
Dieffenbachstr. 17, 10967 Berlin
Telefon: (030) 24 72 38 02
Email: info@manifest-verlag.de
Internet: www.manifest-verlag.de

Umschlagfoto: Figur der Göttin Bau (Baba), eine sumerische Muttergottheit und Stadtgöttin von Lagaš und Girsu, etwa 1800 v.u.Z. (CC 4.0, Osama Shukir Muhammed Amin FRCP(Glasg))

Foto von Gerda Lerner (CC 3.0. University of Wisconsin-Madison)

Übersetzung: Walmot Möller-Falkenberg
Satz und Umschlaggestaltung: René Arnsburg
Korrektur: Alexandra Arnsburg
Druck: Booksfactory

ISBN 978-3-96156-124-7

Vorwort von Christine Thomas

Die Entstehung des Patriarchats ist ein wichtiger Beitrag zur Diskussion über die Unterdrückung der Frau in Geschichte und Gegenwart. Obwohl Gerda Lerner sehr wenig über die Strategien sagt, die notwendig sind, um gegen Unterdrückung in all ihren Formen zu kämpfen, was eine große Schwäche des Buches ist, liefert sie dennoch wertvolle historische Informationen, um diesen Kampf zu unterstützen, insbesondere für sozialistische Feminist*innen, die Unterdrükkung in wirtschaftlichen und materiellen Veränderungen verwurzelt sehen.

Der allgemeine Tenor ihrer Argumentation, der mit der Analyse im Buch »Der Ursprung der Familie, des Privateigentums und des Staates« des Marxisten Friedrich Engels übereinstimmt, lautet, daß die Unterdrückung der Frau nicht seit jeher besteht, sondern die Folge historischer Prozesse ist. Und wenn historische Prozesse die Unterdrückung der Frau hervorbringen können, können sie auch die Grundlage für ihre Beseitigung schaffen. Für Frauen, insbesondere für Frauen aus der Arbeiter*innenklasse, die mit Niedriglöhnen und Kürzungen im öffentlichen Dienst zu kämpfen haben, die regelmäßig Gewalt, Belästigung und Sexismus erleiden, kann das Wissen, daß es nicht ihre Schuld ist, daß es nicht immer so war, an sich schon befreiend sein. Es kann zu einem der Ausgangspunkt dafür werden, sich zu organisieren, um sich zu wehren und die Bedingungen zu ändern, die Ungleichheit, geschlechtsspezifische Gewalt, Sexismus und Unterdrückung aufrechterhalten.

Lerner übt zu Recht Kritik an einigen Punkten, die Engels in seinem 1884 erschienenen bahnbrechenden Werk dargelegt hat. Da er zu einer Zeit schrieb, als nur sehr wenige wissenschaftliche und anthropologische Beweise zur Verfügung standen, war es unvermeidlich, daß sich einige der von ihm skizzierten Details der Entwicklung von Gesellschaften und der Unterdrückung von Frauen als falsch erweisen würden, und Lerner geht auf einige dieser Punkte ein. Aber auch wenn sein detailliertes Schema, wie sich frühe Verwandtschaftsgruppen entwickelt haben, nicht durch anthropologische Beweise gestützt wird, ist sein damals revolutionäres Argument, daß es Gesellschaften gegeben hat - und zwar für 99 Prozent der Menschheit -, in denen es kein Privateigentum an den Produktionsmitteln, keine wirtschaftliche Ausbeutung, keine Klassen und keine systematische Unterdrückung von Frauen gab, nachweislich belegt. Lerner schreibt:

> *»Inzwischen hat die anthropologische Forschung reichhaltiges Material vorgelegt, das relativ egalitäre gesellschaftliche Arrangements sowie komplexe und sehr unterschiedliche Versuche zur Lösung der von der Arbeitsteilung hervorgerufenen Probleme beschreibt.«*[1]

Diese Arbeitsteilung in den vor-klassischen Jäger-Sammler-Subsistenzgesellschaften war hauptsächlich geschlechtsspezifisch. Im Allgemeinen jagten die Männer und die Frauen sammelten Früchte, Beeren usw. und waren hauptsächlich für die Kinderbetreuung zuständig. Dies war jedoch oft eine recht flexible Regelung, denn erst vor kurzem wurden Belege dafür gefunden, daß Frauen mit Jagdwerkzeugen begraben wurden - ein Zeichen dafür, daß sie in einigen Gesellschaften auch Tiere jagten, wenn sie nicht schwanger waren oder Kinder stillten. Und in einigen Gesellschaften beteiligten sich auch Männer an der Kinderbetreuung. Am wichtigsten ist jedoch, wie Lerner betont, daß diese Arbeitsteilung zwar zweckmäßig und biologisch begründet war, den Männern aber keinerlei wirtschaftliche oder soziale Vorteile verschaffte oder die Frauen in irgendeiner Weise benachteiligte.

Verwandtschaftsgruppen, die grundlegende soziale Einheit der Jäger- und Sammlergesellschaften, waren kollektiv und kooperativ organisiert, wobei alle erwachsenen Mitglieder wirtschaftlich voneinander abhängig und an der Entscheidungsfindung beteiligt waren. Die Kinderbetreuung war eine öffentliche Aufgabe, die zum Nutzen der gesamten sozialen Gruppe durchgeführt wurde. Dies könnte sich nicht stärker von der Situation in der heutigen kapitalistischen Gesellschaft unterscheiden, in der die Kindererziehung überwiegend in der Verantwortung der Frauen innerhalb einer individuellen, »privaten« Familie liegt. Dies ist der Hauptgrund für das Fortbestehen des geschlechtsspezifischen Lohngefälles, das sich nach Angaben des Weltwirtschaftsforums während der Covid-Pandemie weltweit verschlimmert hat und bei der derzeitigen Rate 132 Jahre dauern würde, um es zu schließen.

Lerner stimmt auch mit Engels darin überein, daß der historische Wandel in der sozialen Stellung der Frau nicht auf männliche Aggression oder die Biologie der Frau zurückzuführen ist, sondern die Folge einer wirtschaftlichen Revolution war. Auch hier würden Anthropologen zustimmen, daß vor etwa 8-10.000 Jahren einige Jäger- und Sammlergesellschaften begannen, neue Wege zur

1 S. 57

Deckung ihrer Bedürfnisse zu entdecken, die auf dem Anbau von Feldfrüchten und der Domestizierung von Tieren beruhten. Die Gesellschaften wurden sesshafter, die Bevölkerung wuchs, und zum ersten Mal waren sie in der Lage, mehr Nahrung zu produzieren, als für ihren eigenen Lebensunterhalt notwendig war. Diese Überschussproduktion konnte dann gelagert und in schlechten Zeiten von Dürre oder Hungersnot verteilt werden und ermöglichte es einigen Mitgliedern, sich aus der Produktion zurückzuziehen, um andere Aufgaben wie Handwerk oder Bewachung zu übernehmen und den Überschuss zu verteilen und zu handeln.

Lerner betont zu Recht, daß sich dieser historische Prozess, der in einigen Gesellschaften schließlich zu Ungleichheit, Klassen, Ausbeutung und Unterdrückung der Frauen führte, über Jahrtausende hinweg vollzog:

> *»Die Periode der ›Durchsetzung des Patriarchats‹ war nicht ›ein Ereignis‹, sondern ein Prozeß, der sich in einem Zeitraum von etwa 2500 Jahren, ungefähr von 3100 bis 600 v. Chr., vollzogen hat. Selbst im Bereich des alten Vorderen Orients ging dieser Prozeß in einigen unterscheidbaren Gesellschaften in unterschiedlicher Geschwindigkeit und zu verschiedenen Zeiten vor sich.«*[2]

Sie hat auch Recht, wenn sie sagt, daß der langwierige Charakter dieses Prozesses nicht unbedingt aus Engels zusammenfassender Erklärung der *»historischen Niederlage des weiblichen Geschlechts«* zu verstehen wäre. Aufgrund der begrenzten Informationen, auf die er sich bei seiner Analyse stützen konnte, wäre ihm auch nicht bewusst gewesen, wie sich ähnliche Prozesse in verschiedenen Teilen der Welt unabhängig voneinander entwickelten.

Natürlich hätte jede Gesellschaft ihre eigene Dynamik gehabt. *»Wir müssen uns diesen Vorgang nicht als einen linearen Prozeß vorstellen, der in verschiedenen Regionen auf gleiche Weise stattgefunden hat, sondern eher als ein langsames Zunehmen von Veränderungen in einzelnen Bereichen, die in verschiedenen Regionen mit unterschiedlicher Geschwindigkeit und mit vielgestaltigen Ergebnissen vor sich gegangen sind«*[3], schreibt Lerner. Dennoch lassen sich aus den verschiedenen anthropologischen Studien über die Entwicklung von Vorklassengesellschaften allgemeine Entwicklungslinien ableiten. Die wirtschaftlichen und sozialen Kräfte, die sich aus den veränderten Produktionsmethoden ergaben, untergruben die egalitären, gemeinschaftlichen Prinzipien, die den auf Verwandtschaftsgruppen basierenden Gesellschaften zugrunde lagen, und gerieten mit ihnen

---

2 S. 31
3 S. 93

in Konflikt. Während anfangs die Individuen und Gruppen, die die Produktion des Überschusses, seine Verteilung, Bewachung und den Handel kontrollierten, dies im Namen der gemeinschaftlichen Gruppe taten, ohne notwendigerweise wirtschaftlichen Nutzen oder soziale Macht aus ihrer Rolle zu ziehen, entwickelten sich im Laufe der Zeit Schichtung, Hierarchien und Ungleichheit, die die Grundlage für den Aufstieg verschiedener Klassen und Eliten bildeten, die die Arbeit anderer ausbeuteten und sich einen Teil des Überschusses aneigneten.

Engels hat nie erklärt, warum gerade die Männer diese Kontrolle erlangten. Die Hypothese von Lerner, daß sich dies aus der bereits bestehenden Arbeitsteilung ergab, erscheint am logischsten: Männer waren für das Pflügen und die Bewässerungsarbeiten zuständig, als die Landwirtschaft intensiver wurde, sowie für andere Aufgaben im Zusammenhang mit der Produktion und der Kontrolle des Überschusses. Während also die geschlechtsspezifische Arbeitsteilung in den egalitären, gemeinschaftlichen Jäger- und Sammlergesellschaften für Frauen nicht nachteilig war, wurde sie es unter den neuen wirtschaftlichen und sozialen Verhältnissen. Durch die sich verändernden Produktionstechniken gewann der einzelne Haushalt bzw. die Familie an Bedeutung, wobei die Frauen wirtschaftlich zunehmend von einem einzelnen Mann abhängig wurden und ihre Arbeit innerhalb des Haushalts einen eher privaten Charakter annahm. Auch die Vererbung gewann zunehmend an Bedeutung, da die wirtschaftlich dominierenden Gruppen und Eliten bestrebt waren, Reichtum und wirtschaftliche Kontrolle in ihren Händen zu behalten. Infolgedessen gab es eine wirtschaftliche Grundlage für die Kontrolle der Sexualität und der Fortpflanzung von Frauen, die es in kommunalen Verwandtschaftsgruppen nicht gab.

Lerner befasst sich in ihrem Buch hauptsächlich mit Mesopotamien. Da die Sklaverei dort nicht die vorherrschende Produktionsweise war, ist ihre Hypothese, daß die Männer die Unterdrückung der Frauen in der Sklaverei »gelernt« haben, sicherlich mit einem Fragezeichen zu versehen. Außerdem erklärt sie nie, auf welcher materiellen Grundlage Männer sich die sexuellen und reproduktiven Fähigkeiten von Frauen vor der Entstehung von Privateigentum und Klassengesellschaft aneignen konnten, wie sie in der Einleitung des Buches behauptet. Später schreibt sie jedoch im Widerspruch dazu: »*Wenn wir Aabys Argumentation folgen, die ich überzeugend finde, dann müssen wir zu dem Schluß kommen, daß im Verlauf der agrikulturellen Revolution die Ausbeutung menschlicher Arbeitskraft und die sexuelle Ausbeutung der Frau untrennbar miteinander verknüpft worden sind.*«[4] Dies ist der entscheidende Punkt, der durch

4 S. 88

Lerners Analyse der gleichzeitigen Entwicklung von Gesetzen zur Regelung des Eigentums und des Verhaltens von Frauen unterstrichen und von Anthropologen bestätigt wird, die den Prozess des Niedergangs des sozialen Status von Frauen in anderen Übergangsgesellschaften in Afrika und anderswo untersucht haben: Das Patriarchat - die institutionalisierte Unterdrückung von Frauen - ist kein von der Klassengesellschaft getrenntes System; beide sind als Teil derselben wirtschaftlichen und sozialen Prozesse historisch entstanden. Und sie sind auch heute noch in der kapitalistischen Gesellschaft miteinander verwoben.

Lerner zeigt, wie die Frauen der aufstrebenden herrschenden Eliten an vielen wirtschaftlichen Privilegien der Männer ihrer Klasse teilhatten, während gleichzeitig ihre Sexualität und Fortpflanzung im patriarchalischen Haushalt unter die Kontrolle ihrer Ehemänner oder Väter gerieten. In der früheren Periode des Übergangs zu klassenbasierten Gesellschaften, so erklärt sie, besaßen aristokratische Frauen gewisse wirtschaftliche, rechtliche und religiöse Rechte, ein Überbleibsel des sozialen Status von Frauen in vorklassenbasierten Gesellschaften, und konnten, obwohl sie von einem männlichen Verwandten abhängig waren, begrenzten Einfluss auf öffentliche Angelegenheiten ausüben. Mit der Entwicklung eines komplexeren Staatsapparats wurden ihr Status und ihre Rolle jedoch immer mehr eingeschränkt. Gesetze und Kodizes regelten das Sexualverhalten der Frauen der herrschenden Klasse und legten fest, wie Verstöße gegen gesellschaftlich vorgeschriebene Normen und Doppelmoral bestraft werden konnten oder sollten.

Während also Männer frei mit Prostituierten und Sklavinnen Ehebruch begehen konnten, galt Ehebruch durch Frauen als Verletzung der Eigentumsrechte des Ehemannes und konnte streng bestraft werden, ebenso wie das unverschleierte Gehen in der Öffentlichkeit. Die Strafe für die Beschaffung bestimmter Arten von Abtreibungen war der Tod. Zu den anderen brutalen Strafen für das Überschreiten ihrer durch Sitte oder Gesetz sanktionierten Rollen gehörten das Herausreißen der Brüste, das Abschneiden von Nase und Ohren und die Pfählung. Mit der Institutionalisierung der Unterordnung der Frau wurde *»Die lebenslange Abhängigkeit der Frauen von ihren Vätern und Gatten wurde im Recht und in den Sitten so fest verankert, daß sie für ›natürlich‹ oder gottgegeben gehalten wurde.«*[5] Frauen wurden »hauptsächlich als Gebärende geschätzt.« Durch die Heirat wurden sie zu einer Ware, die als Mittel zur Festigung und Ausweitung von Reichtum, Macht und Prestige ausgetauscht werden konnte. Die patriarchalische Familie war nun der *»Baustein der Gesellschaft«* und löste die kommunale Verwandtschaftsgruppe ab.

5 S. 210

»Der archaische Staat wußte von Beginn an um seine Abhängigkeit von der patriarchalen Familienstruktur und setzte das ordnungsgemäße Funktionieren der Familie der öffentlichen Ordnung gleich.«[6]

Hier werden die Ursprünge all der Unterdrückung deutlich, der Frauen weltweit auch heute noch ausgesetzt sind. Wirtschaftliche Ungleichheit, geschlechtsspezifische Gewalt und sexuelle Belästigung, Sexismus, Verweigerung reproduktiver Rechte und Doppelmoral lassen sich alle auf ähnliche Prozesse zurückführen, die in verschiedenen Teilen der Welt vor Tausenden von Jahren stattfanden. Jede nachfolgende Form der Klassengesellschaft übernahm die Ungleichheit zwischen den Geschlechtern und die patriarchalische Familie, die in früheren Gesellschaften existierte, und beutete sie aus und formte sie so, daß sie den wirtschaftlichen und sozialen Bedürfnissen der herrschenden Klassen entsprach.

Mit dem Aufkommen des Kapitalismus gab es zum Beispiel zum ersten Mal eine klare Trennung zwischen der Arbeit der Frauen in der Familie und ihrer Arbeit außerhalb des Hauses in den Fabriken und Fabriken. Die kapitalistische Ideologie förderte jedoch weiterhin die Vorstellung, daß die natürliche Hauptrolle der Frau in der Familie bei der Geburt und Erziehung von Kindern lag. Für die Frauen der Arbeiter*innenklasse bedeutete dies, die nächste Generation von Arbeiter*innen großzuziehen, die dann in den Fabriken die Profite für die Bosse erwirtschaften sollten, und sich um die Bedürfnisse der gegenwärtigen Generation von Arbeiterinnen und derjenigen Mitglieder der Gesellschaft zu kümmern, die als »unproduktiv« galten - die Kranken, die Behinderten, die Alten und die Arbeitslosen. All dies geschah natürlich unbezahlt, da es im Haushalt stattfand und als ihre natürliche Aufgabe angesehen wurde. So konnten die Kapitalist*innen rechtfertigen, daß sie Frauen niedrigere Löhne zahlten und sie zu schlechteren Bedingungen beschäftigten, was ihre Profite steigerte und gleichzeitig eine Spaltung zwischen männlichen und weiblichen Arbeiter*innen herbeiführte, um einen vereinten Kampf gegen ihr System zu verhindern.

Die patriarchalische Familie hat auch weiterhin eine wichtige ideologische und soziale Rolle gespielt. Sie basiert auf einer Hierarchie, in der das männliche Familienoberhaupt, der Hauptemährer, Autorität und Kontrolle über die anderen wirtschaftlich abhängigen Familienmitglieder ausübt, und diente als Mittel zur Disziplinierung und Sozialisierung der verschiedenen Familienmitglieder, damit diese ihre erwarteten Rollen in der Gesellschaft verstehen. Es hat sich auch als nützlicher Sündenbock erwiesen, indem es z. B. unfähige und unzu-

6 S. 185

reichende Mütter und den Zusammenbruch der Familie für Armut und Kriminalität verantwortlich machte und nicht das ungleiche und ausbeuterische kapitalistische System.

Und weil die Kernfamilie, die so genannte bürgerliche Familie, sowohl in wirtschaftlicher als auch in sozialer Hinsicht eine so wichtige Institution für den Kapitalismus war, wurden alternative soziale Beziehungen, die nicht dieser Norm entsprachen, entmutigt: unverheiratete Mütter wurden stigmatisiert und bestraft, Homosexualität wurde kriminalisiert.

Natürlich ist der Kapitalismus kein statisches System, und das Leben der Frauen hat sich vor allem in den letzten Jahrzehnten massiv verändert. Viele Faktoren haben zu diesen Veränderungen beigetragen, aber der Schlüssel dazu waren die strukturellen Veränderungen im Kapitalismus, die zu einem erheblichen Anstieg der Erwerbsbeteiligung von Frauen geführt haben, einschließlich Frauen mit kleinen Kindern. Dies hat eindeutig den Bedürfnissen der Kapitalist*innen entsprochen, aber es hat auch zu einigen wichtigen Verbesserungen im Leben der Frauen geführt. Die größere wirtschaftliche Unabhängigkeit der Frauen, die durch die Verfügbarkeit von Verhütungsmitteln, Abtreibung und - im Nachkriegsboom - durch ein breiteres Angebot an Sozialleistungen und öffentlichen Diensten unterstützt wurde, hatte zur Folge, daß ihr Selbstvertrauen, ihre Erwartungen und ihre Bereitschaft zu kämpfen zunahmen, was sich wiederum positiv auf die öffentliche Einstellung zu traditionellen Geschlechterrollen und alternativen persönlichen und familiären Arrangements auswirkte.

Trotz dieser wichtigen Fortschritte bedeutet die dem Kapitalismus innewohnende Wirtschaftskrise jedoch, daß die Kapitalist*innen nach wie vor ein wirtschaftliches Interesse daran haben, die historisch ungleichen Geschlechterverhältnisse in der Familie auszubeuten. Es gibt ihnen eine flexible, schlecht bezahlte Arbeitskraft, um ihre Profite am Arbeitsplatz zu steigern. Und wenn sie Steuern und Sozialleistungen kürzen und öffentliche Dienstleistungen privatisieren, ebenfalls um ihre Profite zu steigern, dann sind die Frauen da, um die Lücke zu füllen, indem sie die häusliche Pflege übernehmen, die finanziell dem gesamten formal gemessenen BIP einiger Länder entspricht.

Lerner schließt ihr Buch mit den Worten ab: *»Das System des Patriarchats ist ein historisches Konstrukt. Es hat einen Anfang, und es wird ein Ende haben«*[7], aber sie gibt keine praktikable Strategie zu seiner Beendigung an. Sie sagt zu Recht, daß Reformen und rechtliche Änderungen nicht ausreichen. Es ist zwar wichtig, für beides zu kämpfen, aber in einem krisengeschüttelten kapitalisti-

7 S. 318

schen System können alle Reformen wieder zurückgenommen werden, wie die Frauen in den Vereinigten Staaten mit der Aufhebung von Roe v. Wade[8] und dem gesetzlichen Recht auf Abtreibung erfahren haben.

Lerner sagt, daß wir »aus dem patriarchalischen Denken heraustreten« müssen, aber wie genau soll das geschehen? Wir können dafür kämpfen, die Einstellungen und das Verhalten von Männern und Frauen zu ändern, aber in einem kapitalistischen System, in dem die Ungleichheit von Macht und Reichtum fest verankert ist, können sie sich nur begrenzt ändern. Das »patriarchalische Denken« ist nicht nur ein Überbleibsel der frühen Klassengesellschaften. Die Ungleichheit zwischen den Geschlechtern in der Familie und am Arbeitsplatz verstärkt und erhält sexistische und frauenfeindliche Vorstellungen aufrecht. Gleichzeitig nutzen die kapitalistisch kontrollierten Medien und andere Branchen wie Freizeit, Schönheit, Mode, Porno usw. Geschlechterstereotypen und rückständige Vorstellungen darüber, wie Frauen auszusehen und sich zu verhalten haben, um ihre Produkte zu verkaufen und Profit zu machen, aus und tragen so zu deren Fortbestand bei.

Deshalb kann die Beendigung der Frauenunterdrückung nicht von einem Kampf zur Beendigung des kapitalistischen Systems selbst losgelöst werden. So wie die Unterdrückung der Frauen und die Klassengesellschaft beide die Folgen einer wirtschaftlichen Revolution sind, die vor Tausenden von Jahren stattfand, wäre auch heute eine wirtschaftliche Revolution notwendig, um alle Ungleichheit und Unterdrückung zu beseitigen: eine Revolution, die die derzeitige klassenbasierte Gesellschaft, den Kapitalismus, durch ein sozialistisches System ersetzt, das auf dem öffentlichen Eigentum an den großen kapitalistisch kontrollierten Unternehmen und einer demokratisch geplanten Wirtschaft basiert.

Natürlich würde eine sozialistische Gesellschaft die Unterdrückung der Frauen nicht über Nacht beseitigen. Wir würden in eine neue Gesellschaft eintreten, die alle rückständigen Ideen, Werte und Vorurteile der alten Gesellschaft übernommen und verinnerlicht hätte. Es wären also auch im Sozialismus noch Aufklärungs- und Sensibilisierungskampagnen nötig, um die Einstellungen zu ändern. Aber eine sozialistische Gesellschaft würde die Grundlage dafür schaffen, die Unterdrückung der Frauen zu beenden, indem sie die Ungleichheit zwischen den Geschlechtern am Arbeitsplatz beseitigt und qualitativ hochwertige öffentliche Dienstleistungen bereitstellt, die die Doppelbelastung der Frauen in der Familie verringern könnten. Und durch die Abschaffung von Ausbeutung,

8 Grundsätzliches Gerichtsurteil zur Entkriminalisierung von Schwangerschaftsabbrüchen in den USA, das 1973 vom Obersten Gerichtshof gefällt, das 2022 revidiert wurde und die Entscheidung über die Kriminalisierung von Abbrüchen zurück in die Hände der Bundesstaaten legte.

Hierarchie und des Profitmotivs im Allgemeinen würden sich in der gesamten Gesellschaft neue Einstellungen zu Gleichheit, Solidarität und Zusammenarbeit widerspiegeln, auch in den persönlichen Beziehungen, so wie es in den Gesellschaften vor der Klassengesellschaft der Fall war.

Lerner sagt, daß sich alle Frauen emanzipieren können. Historisch gesehen haben sich Frauen zusammengeschlossen und tun dies auch heute noch, um gegen ihre gemeinsame Unterdrückung zu kämpfen, sei es gegen geschlechtsspezifische Gewalt, sexuelle Belästigung, die Verteidigung und Ausweitung des Abtreibungsrechts oder gegen jeden anderen Aspekt der Ungleichheit, Diskriminierung und Unterdrückung, mit der sie konfrontiert sind. Da die Beendigung der Unterdrückung der Geschlechter jedoch die Umwälzung des kapitalistischen Systems erfordert, ist die Arbeiter*innenklasse aller Geschlechter die Kraft in der Gesellschaft, die das wirtschaftliche Interesse und die potenzielle kollektive Macht hat, dies zu tun. Wirkliche Emanzipation kann also nur durch einen vereinten Kampf gegen den Kapitalismus und für eine Gesellschaft erreicht werden, in der wir alle echte Wahlmöglichkeiten und Kontrolle über jeden Aspekt unseres Lebens haben und alle Formen von Ungleichheit und Unterdrückung endlich der Geschichte angehören.

Christine Thomas war von 1994 bis 2006 die nationale Frauenorganizerin der »Socialist Party (England and Wales)«. Sie hat für die Zeitung »The Socialist« und das Theoriemagazin »Socialism Today« ausführlich über die Frage der Unterdrükkung von Frauen geschrieben. In deutscher Sprache ist 2012 das Buch »Es muss nicht bleiben wie es ist. Frauen und der Kampf für eine sozialistische Gesellschaft« erschienen.

Für Virginia Warner Brodine und Elizabeth Kamarck Minnich, deren Denken das meine herausforderte und bestätigte und deren Freundschaft und Liebe mir Kraft gaben und Unterstützung waren.

Danksagung

Mit diesem Buch lege ich das Ergebnis der Arbeit von acht Jahren vor. Begonnen hat diese Arbeit 1977 mit einigen Fragestellungen, über die ich mehr als fünfzehn Jahre lang immer wieder nachgedacht hatte. Sie führten mich zu der Annahme, daß die Unterordnung von Frauen, die Gründe für die Mitwirkung der Frauen am Prozeß ihrer Unterordnung, aber auch die Bedingungen ihrer Opposition gegen diese Position und das Entstehen eines feministischen Bewußtseins durch die besondere Beziehung der Frauen zur Geschichte verständlich wird. Ich dachte damals an die Ausarbeitung einer »allgemeinen Theorie« über die Frau in der Geschichte, und erst nachdem ich mich fünf Jahre lang darum bemüht hatte, erkannte ich, daß es zu früh war, dieses Ziel erreichen zu wollen. Die Quellen über die alten Kulturen des Vorderen Orients waren so zahlreich und bargen so viele Einsichten, daß es mir notwendig erschien, dieses Material zunächst gesondert zu erläutern. So erweiterte sich das Projekt über die vorliegende Arbeit hinaus auf ein weiteres Buch.

Die theoretischen Leitlinien meines Vorhabens stellte ich bei einem Workshop der Konferenz »The Second Sex - Thirty Years Later: A Commemorative Conference an Feminist Theory« (Das andere Geschlecht – 30 Jahre danach: Konferenz zur Geschichte der feministischen Theorie) vor, die vom 27. bis 29. 9. 1979 in der New York University stattfand. Während dieses Workshops regten mich Anmerkungen der Schriftstellerin Elizabeth Janeway und der Philosophin Elizabeth Minnich zu weiteren Überlegungen an. Eine überarbeitete Fassung meiner Darstellung trug ich 1980 bei der Jahrestagung der Organisation Amerikanischer Historiker (OAH) vom 9. bis 12. 4. 1980 in San Francisco vor. Die Sitzung wurde von Mary Benson geleitet. Die hilfreichen kritischen Kommentare von Sara Evans und George M. Frederickson haben mein Verständnis der angeschnittenen Probleme vertieft.

Zu Beginn meiner Forschung wurde ich 1980/81 großzügig unterstützt durch ein Stipendium der Guggenheim Foundation, das es mir ermöglichte, mich ein Jahr lang in die Literatur von Anthropologie und feministischer Theorie einzulesen und mich mit der Problematik der Entstehung der Sklaverei zu befassen. Ein Ergebnis dieser Forschungen ist das Kapitel »Die Sklavin«, das ich im Juni 1981 im Vassar College bei der Berkshire Historikerinnen-Konferenz vorlegte. Ich habe viel gelernt durch die kenntnisreiche Kritik von Elise Boulding und Linda Kerber sowie von den Anmerkungen Robin Morgans, die das Material unter den Gesichtspunkten einer feministischen Theoretikerin betrachtete.

Mein Vortrag wurde in einer überarbeiteten Fassung unter dem Titel »Women and Slavery« (Frauen und Sklaverei) veröffentlicht in Slavery and Abolition: A Journal of Comparative Studies (Vol. 4, No. 3, December 1983, s. 17) ff.).

Ein Kapitel dieses Buches wurde publiziert unter dem Titel »The Origin of Prostitution in Ancient Mesopotamia„ (Der Ursprung der Prostitution in Mesopotamien) in S/GNS: Journal of Women in Culture (VoL XI, No. 2, Winter 1985).

Die Graduate School der Universität von Wisconsin in Madison unterstützte meine Forschung für dieses Buch 1981 mit einem Sommer-Forschungsstipendium und durch die Finanzierung von Projektassistentinnen. Die Ernennung zum Wisconsin Alumni Research Foundation Senior Distinguished Research Professor 1984 entband mich in jenem Jahr ein Semester lang von Lehrverpflichtungen, was mir die letzte Durchsicht und Fertigstellung dieses Buches erlaubte. Ich bin sehr dankbar nicht nur für diese fühlbare Unterstützung, sondern auch für die Ermutigung, die dadurch zum Ausdruck gebracht worden ist. Der Fachbereich Frauenforschung der Universität von Wisconsin-Madison gab mir in zwei Phasen der Forschung die Möglichkeit, das jeweils Erarbeitete mit den Lehrenden und Studierenden zu erörtern, deren kompetente und lebhafte Kritik mir eine große Hilfe war. Ich bin außerdem sehr dankbar für die freundliche Hilfsbereitschaft, die mir als Gast des Fachbereichs Geschichte im Frühjahr 1985 an der Universität von Kalifornien in Berkeley zuteil wurde.

Die Arbeit an diesem Buch stellte mich vor ungewohnte Aufgaben. Aus dem Rahmen der eigenen Fachdisziplin und Ausbildung herauszutreten ist an sich schon schwierig. Dies bei der Bearbeitung einer umfangreichen und wichtigen Fragestellung zu tun und dabei kritisch zu bleiben in der Auseinandersetzung mit den Antworten, die die wesentlichen theoretischen Konzepte der westlichen Kultur anbieten, läßt einen, gelinde gesagt, schüchtern werden. Schließlich repräsentierte ja auch ich in meiner Person alle die verinnerlichten Hemmnisse, mit denen Frauen sich auseinandersetzen müssen, wenn sie versuchen, in umfassenden Zusammenhängen und großen Maßstäben zu denken, wie Männer es tun. Ich hätte mein Projekt nicht weiter verfolgen können ohne die Ermutigung und den Rückhalt, die ich von den Feministinnen als Gruppe und besonders seitens einiger feministischer Kollegen und Kolleginnen sowie Freundinnen und Freunden erhalten habe. Virginia Brodine, Elizabeth Minnich, Eve Merriam, Alice Kessler-Harris, Amy Swerdlow, die verstorbene Joan Kelly, Linda

Gordon, Florencia Mallon, Steve Stern und Stephen Feierman bestärkten mich durch ihre Freundschaft und Unterstützung und waren geduldige Zuhörer und Zuhörerinnen, Kritiker und Kritikerinnen. Abgesehen von dieser begleitenden Hilfe lasen Brodine, Minnich, Gordon und Kessler Harris eine späte Fassung des Manuskripts. Ihre wohlwollende Auseinandersetzung und detaillierte Kritik veranlaßten mich zu einer erneuten und abschließenden Überarbeitung, die den Text sehr veränderte. Sie prüften meinen theoretischen Ansatz und schärften mein Problembewußtsein, und sie halfen mir, so lange weiterzuarbeiten, bis ich die richtige Form gefunden hatte für das, was ich dachte. Das ist die sinnvollste Art konstruktiver Kritik, und ich bin dankbar dafür. Ich hoffe, daß sie, deren Anregungen so wichtig für mich waren, mit dem nun vorgelegten Ergebnis einverstanden sind.

Andere Kolleginnen und Kollegen der Universität von Wisconsin Madison, deren kritische Würdigung von einzelnen oder mehreren Kapiteln mir wesentliche Erkenntnisse vermittelte, sind: Judy Leavitt (Medizingeschichte), Jane Shoulenburg (Frauengeschichte), Susan Friedman und Nellie McKay (Literaturwissenschaft), Virginia Sapiro (Politische Wissenschaft), Anne Stoller (Anthropologie) und Michael Clover (Geschichte und klassische Philologie). Kolleginnen und Kollegen aus anderen wissenschaftlichen Einrichtungen trugen Kritik unter den besonderen Gesichtspunkten ihrer jeweiligen Fachrichtung bei und halfen durch bibliographische Hinweise: Ann Lane (Frauengeschichte, Colgate University), Rayna Rapp (Anthropologie, The New School for Social Research), Joyce Riegelhaupt (Anthropologie, Sarah Lawrence College), Jonathan Goldstein (klassische Philologie, University of Iowa) und Evelyn Fox Keller (Mathematik und Geisteswissenschaften, Northeastern University).

Ganz besonders zu danken habe ich den Assyriologen, die mich als eine ihrem Fachbereich nicht angehörende Wissenschaftlerin berieten und kritisierten und mir viele weiterführende Wege wiesen. Ich bin dankbar für ihre Großzügigkeit, ihr Interesse und ihre Kollegialität. Daß sie mich unterstützten, muß nicht bedeuten, daß sie meinen Schlußfolgerungen zustimmen. Wenn ich auch ihren Anregungen und Hinweisen folgte, so bin ich doch für alle Irrtümer und Mängel in der Darstellung und Interpretation von Fakten selbst verantwortlich. Ich möchte mich bedanken bei Jack Sasson (Religionswissenschaft, University of N orth Carolina, Chapel Hili), Jerrold Cooper (Nahost-Studien, The Johns Hopkins University), Carole Justus (Linguistik, University of Texas in Austin), Denise Schmandt-Besserat (Mittelost-Studien, University of Texas in Austin) und ganz besonders bei Anne Draffkorn Kilmer (Nahost-Studien, University of California in Berkeley). Sie haben das ganze Manuskript gelesen, es kritisch kommentiert und mich auf viele Quellen und wissenschaftliche Literatur hingewiesen. Denise Schmandt-Besserat ließ mich darüber hinaus Einblick nehmen in Bibliographien ihres Spezialgebiets, sie stellte Kontakte her zu anderen Experten des Fachbereichs Assyriologie und entwickelte eine Reihe von Leitfragen, die mich einige meiner Schlußfolgerungen überdenken ließen. Ann Kilmer hat mehr als alle anderen dazu beigetragen, mir eine Orientierung in ihrem Spezialgebiet zu ermöglichen, sie hat mir bei schwierigen Passagen und Übersetzungen geholfen, meine Aufmerksamkeit auf Literaturverweise in neueren Fachzeitschriften gelenkt und mir die Möglichkeiten des Bibliotheksdienstes ihres Fachbereichs erschlossen. Meine Dankbarkeit für ihre Großzügigkeit und Freundlichkeit läßt sich nicht in Worte fassen. Die Assyriologin Rivkah Harris und Michael Fox Qudaistik, University of Wisconsin-Madison), die einige Kapitel des Buches gelesen haben, stimmten zwar weder mit meiner Hypothese noch mit einigen Schlußfolgerungen überein, halfen mir aber großzügig durch Kritik und Hinweise auf weiterführende Literatur.

Von den Anfängen bis zum Schluß der Arbeit hat mir Sheldon Meyer von Oxford University Press seine Unterstützung, seine Ermutigung und sein Vertrauen gewährt. Er hat die verschiedenen Fassungen des Manuskripts gelesen und die vielen Verzögerungen und Umwege geduldig ertragen, die sich bei der Erarbeitung der endgültigen Fassung des Manuskripts ergeben haben. Er hat sich darüber hinaus beim Lesen eine wohlwollende Sensbilität erhalten und mich ermutigt, unter Vernachlässigung äußerer Bedingungen an der Absicht festzuhalten, meine Auffassungen bis ins Detail auszuführen. Ich danke ihm sehr für sein unterstützendes Verständnis.

Die Sorgfalt und Kompetenz Von Leona Capeless haben die technische Seite der Manuskriptherstellung zu einem Vergnügen für mich gemacht und sind dem Buch sehr zugute gekommen. Ich danke auch ihr sehr herzlich.

Meine Projektassistentinnen Nancy Isenberg und Nancy McLean verdienen meinen Dank, weil sie auf vielfältige Art meine Forschungen erleichtert und mich arbeitstechnisch unterstützt haben. Vielleicht sind sie für ihre jahrelangen Bemühungen ein wenig dadurch belohnt worden, daß sie mehr über die Frühzeit des Vorderen Orients gelernt haben, als sie wohl jemals zu lernen für nötig gehalten hatten. Ich habe auch Leslie Schwalm zu danken, die viele Photos kopierte, und meiner Projektassistentin Renee DeSantis für das Korrekturlesen. Die Abschrift des Manuskripts und der Bibliographie hat mit großer Sorgfalt

Anita Olsen erledigt, die ich wegen ihrer Fähigkeiten und großen Geduld meiner Anerkennung und meines Danks versichere.

Mit ihrem Wissen, ihrer Freundlichkeit und Hilfsbereitschaft unterstützte mich das Bibliothekspersonal der Wisconsin State Historical Society und der Wisconsin University Memorial Libraries in Madison, Wisconsin, ebenso wie das der University of California Library in Berkeley und der British Library in London, England.

Mein Dank gilt auch den Archivarinnen und Archivaren der Schlesinger Library des Radcliffe College in Cambridge, Mass., und der Fawcett Library in London, England.

Er gilt den feministischen Wissenschaftlerinnen und Wissenschaftlern, die sich mit ähnlichen Fragen auseinandersetzten wie ich und andere Antworten fanden; den Studentinnen und Studenten, Zuhörerinnen und Zuhörern bei verschiedenen Gelegenheiten, die mir halfen, meine Auffassungen immer wieder zu überprüfen; und den unbekannten und stimmlosen Frauen, die jahrtausendelang Fragen nach den Entstehungsbedingungen ihrer Situation und nach den Voraussetzungen von Gerechtigkeit gestellt haben – ihnen allen danke ich. Diese Arbeit war ohne euch nicht möglich, und sie wird ohne Bedeutung sein, wenn sie nicht zu euch und für euch sprechen wird.

G.L.
Madison, Wisconsin
Im Oktober 1985

Anmerkung zur Definition von Begriffen

Wegen der Unzulänglichkeit der vorgegebenen Begriffe zur Beschreibung der Erfahrungen von Frauen, des gesellschaftlichen Status von Frauen und der verschiedenen Dimensionen des weiblichen Bewußtseins und aufgrund der Notwendigkeit, Definitionen zu verändern, sehen sich alle feministischen Wissenschaftlerinnen und Wissenschaftler vor erhebliche Probleme gestellt. Leserinnen und Leser, die an Fragen der feministischen Theorie besonders interessiert sind, haben deshalb vielleicht das Bedürfnis, nach der Einleitung zunächst das Kapitel »Definitionen« zu lesen. Leser und Leserinnen mit eher allgemeinen historischen Interessen ziehen es möglicherweise vor, bestimmte Begriffe und ihre Definition nachzuschlagen, wenn sie während der Lektüre des Buches auf sie stoßen. Der Abschnitt »Definitionen« ist ein Versuch, die Einzigartigkeit von Frauen, ihre Erfahrungen und ihr Bewußtsein im Unterschied zu anderen untergeordneten Gruppen neu zu definieren und angemessen zu beschreiben. Dieser Abschnitt bietet also sowohl eine linguistische als auch eine theoretische Diskussion der Terminologie.

Anmerkung zur Chronologie und Methodologie

Da Ereignisse im alten Mesopotamien unter Bezugnahme auf die Namen der verschiedenen Herrscher und Amtsinhaber aufgezeichnet wurden, gibt es ein chronologisches Problem im Umgang mit Schriften des alten Mesopotamien. Durch Überkreuzvergleiche der Daten der Herrschergeschichte mit signifikanten astronomischen Ereignissen, die in alten Schriften erwähnt sind, haben Wissenschaftler eine absolute Chronologie in Kalenderjahren für das erste Jahrtausend vor Christus erarbeitet. Geht es um Ereignisse im zweiten und dritten Jahrtausend vor Christus, so kann man sich zur chronologischen Einordnung nur auf eine relative Ereignisfolge beziehen. Für das zweite Jahrtausend v. Chr. haben Wissenschaftler drei Chronologien konstruiere (früh, mittel, spät), indem sie die Angaben über Könige mit astronomischen Daten und den Ergebnissen der Untersuchung von Funden verglichen haben, deren Alter mittels Radiokarbonanalyse bestimmt worden war. Alle Zeitangaben über diese Periode sind also nur annäherungsweise richtig. Ich habe generell die Daten der mittleren Chronologie benutzt. Einige Diskrepanzen im vorliegenden Text haben sich ergeben, wo von mir zitierte Autoren eine andere Datierungsmethode zugrunde gelegt haben und meine Zitate diese chronologische Zuordnung wiedergeben.[9]

Bei der Schreibweise der mesopotamischen Namen bin ich ebenso vorgegangen: Wenn es nicht anders angegeben ist, habe ich die letzte Schreibweise verwendet, in Zitaten aber die von den Autoren jeweils gewählte wiedergegeben, auch wenn sie von der meinen abweicht.

Beim Zitieren von Passagen, die aus Übertragungen von Keilschrifttexten stammen, habe ich mich an die Praxis gehalten, in eckigen Klammern die restaurierten Textteile auszuweisen und in runden Klammern die Interpolationen des Übersetzers anzuführen. Sonst, in meinem eigenen Text, bezeichnen eckige Klammern die Kommentare oder Interpolationen des Autors oder der Autorin.

9 Jonathan Glass, »The Problem of Chronology in Ancient Mesopotamia«, in: Biblical Archeologist, Bd. 47, No. 2, June 1984, S. 92.

Ein anderes methodologisches Problem, das allen bekannt ist, die mit Quellen aus dem alten Mesopotamien arbeiten, ist die ungleichmäßige Verteilung der Quellen in bezug auf Zeit und Ort, selbst wenn es eine Fülle von Material über bestimmte Perioden und Regionen gibt. Wegen der Zufälligkeit archäologischer Funde habe wir eine Menge von Informationen über bestimmte Orte und Perioden, nur wenige über andere. Dies führt Unvermeidlich zu einem verzerrten Bild der Vergangenheit. Da es weit weniger Quellen gibt, die etwas über das Leben von Frauen aussagen, als solche, die Männer betreffen, wird das Problem noch komplizierter für diejenigen, die Frauengeschichte betreiben. Diese Einschränkungen sollten bei der Bewertung der angebotenen Verallgemeinerungen und nahegelegten allgemeinen Schlußfolgerungen berücksichtigt werden.

Einleitung

Frauenemanzipation ist ohne genaue Kenntnis der Frauengeschichte nicht möglich. Nachdem ich 25 Jahre über Frauengeschichte geforscht, geschrieben und gelehrt habe, bin ich davon überzeugt und zwar aufgrund von theoretischen Überlegungen und praktischen Erfahrungen. Die theoretische Argumentation werde ich in diesem Buch erläutern; der Hinweis auf meine praktischen Erfahrungen bezieht sich auf die Beobachtung von tiefreichenden Veränderungen des Bewußtseins von Studentinnen, die sich mit Frauengeschichte befassen. Frauengeschichte verändert ihr Leben. Schon eine nur kurzfristige Beschäftigung mit den Erfahrungen von Frauen in der Vergangenheit, etwa in zweiwöchigen Lehrgängen oder Seminaren, hat eine tiefe psychologische Wirkung auf die weiblichen Teilnehmer.

Und doch ist die Theorie des modernen Feminismus, von Simone de Beauvoir bis heute, weitgehend ahistorisch und hat die spezifischen Fragestellungen einer feministischen Geschichtswissenschaft vernachlässigt. Dies war verständlich in den Anfängen der neuen Frauenbewegung, als es kaum wissenschaftliche Untersuchungen über das Leben der Frauen in der Vergangenheit gab. Aber obwohl inzwischen ausgezeichnete wissenschaftliche Arbeiten über Frauengeschichte in großer Zahl vorliegen, besteht auch in den achtziger Jahren noch immer eine erstaunliche Kluft zwischen dem historischen Wissen und der feministischen Kritik in anderen Arbeitsbereichen. Vertreterinnen der Anthropologie, der kritischen Literaturwissenschaft, der Soziologie und Politikwissenschaft sowie Dichterinnen haben theoretische Arbeiten vorgelegt, die Ergebnisse der historischen Forschung berücksichtigen; aber die Arbeiten der auf Frauengeschichte spezialisierten Fachwissenschaftlerinnen sind in die allgemeine Diskussion nicht einbezogen worden. Meiner Auffassung nach läßt sich das weder mit den soziologischen Merkmalen der Frauen begründen, die unter feministischen Gesichtspunkten Kritik anmelden und Veränderungen fordern, noch liegen die Gründe für das Ausklammern ihrer Forschungsergebnisse an einem beschränkten akademischen Hintergrund und einer mangelhaften wissenschaftlichen Ausbildung. Diese Vernachlässigung einer historischen Frauenforschung liegt vielmehr an der konflikthaften und hochproblematischen Beziehung von Frauen zur Geschichte.

Was ist Geschichte? Wir müssen unterscheiden zwischen dem nicht aufgezeichneten Geschehen der Vergangenheit einerseits – all den früheren Ereignissen, wie sie in der Erinnerung der Menschen festgehalten sind – und der Geschichte andererseits, der aufgezeichneten und interpretierten Vergangenheit. Männer und Frauen sind Handelnde und Vermittelnde in diesem Prozeß. Da Frauen die Hälfte und· manchmal mehr als die Hälfte der Menschheit ausmachen, haben sie die Welt und das darin Geschaffene immer mit den Männern geteilt. Frauen kommt für das Entstehen von Gesellschaft und die Entwicklung der Kultur eine zentrale Bedeutung zu, sie sind keinesfalls bloße Randfiguren. Frauen und Männer haben teil an der Bewahrung des kollektiven Gedächtnisses, das der Vergangenheit in kulturellen Traditionen Gestalt verleiht, das die Verbindungen zwischen den Generationen schafft und Vergangenheit und Zukunft miteinander verknüpft. Diese mündliche Überlieferung lebt in Dichtungen und Mythen, die von Frauen und Männern geschaffen und in Folklore, Kunst und Ritualen bewahrt worden sind.

Andererseits ist die Entstehung von Geschichte, der dokumentierten und fixierten Darstellung des Geschehenen, ein kreativer historischer Prozeß, der mit der Erfindung der Schrift im alten Mesopotamien seinen Anfang genommen hat. Seit damit begonnen worden ist, die Herrscherfolge im alten Reich der Sumerer aufzuzeichnen, haben die Historiker ob sie nun Priester, Bedienstete des Königs, Schreiber in öffentlichen oder kirchlichen Diensten waren oder einem Berufsstand von akademisch ausgebildeten Intellektuellen angehörten – die aufzuzeichnenden Ereignisse ausgewählt und interpretiert, um ihre Bedeutung und Signifikanz zu erläutern. Bis in die jüngste Vergangenheit waren diese Historiker Männer; und sie haben dargestellt, was Männer getan, erlebt und für wichtig gehalten haben. Sie haben das Geschichte genannt und dafür Universalität beansprucht. Was Frauen getan und erlebt haben, blieb unerwähnt, galt als unwesentlich und wurde in den Interpretationen der Historiker übergangen. Die Geschichtswissenschaft hat bis in die allerjüngste Zeit Frauen nur als Randfiguren behandelt und ihnen weder im Prozeß der Entstehung der Zivilisation noch in bezug auf die Errungenschaften, die als historisch signifikant definiert worden sind, eine Bedeutung zugeschrieben.

So ist die bisher aufgezeichnete und interpretierte Darstellung der Vergangenheit der Menschheit nur partiell und lückenhaft, weil sie die Vergangenheit der Hälfte der Menschheit übergeht, und sie ist verzerrt, weil sie die Geschichte nur aus dem Blickwinkel der männlichen Hälfte der Menschheit wiedergibt.

Auf diese Feststellung wie es oft geschehen ist, zu entgegnen, daß auch maßgebliche Gruppen von Männern, möglicherweise die Mehrzahl, lange Zeit wegen der Voreingenommenheit der Historiker, die Intellektuelle waren und die

Interessen einer kleinen herrschenden Elite vertreten haben, in der Geschichtsschreibung nicht berücksichtigt worden sind, verfälscht den wirklichen Sachverhalt. Ein Fehler macht einen anderen nicht ungeschehen; beide Fehler im Ansatz der Geschichtsschreibung müssen korrigiert werden. Als ehemals untergeordnete Gruppen – etwa Bauern, Sklaven, Proletarier – entweder in Machtpositionen aufstiegen oder zumindest Mitwirkungsrechte innerhalb des politischen Gemeinwesens erhielten, wurden auch deren Lebensbedingungen und Erfahrungen zum Gegenstand der Geschichtsschreibung. Das heißt allerdings: die Erfahrungen der Männer dieser sozialen Gruppen; die Frauen blieben, wie gewohnt, ausgeklammert. Es ist festzuhalten, daß Männer und Frauen wegen ihrer Klassenzugehörigkeit Ausgeschlossensein und Diskriminierung erfahren haben. Aber kein Mann wurde allein wegen seiner Geschlechtszugehörigkeit in der Geschichtsschreibung nicht berücksichtigt; dies trifft jedoch für die Gesamtheit der Frauen zu.

Frauen wurde es verwehrt, einen Beitrag zum Entstehen von überlieferter Geschichte zu leisten, das heißt, beim Ordnen und Interpretieren der Vergangenheit der Menschheit mitzuwirken. Da aber dieser Vorgang der Deutung, der gewichtenden Darstellung, für das Entstehen und den Fortbestand der Zivilisation sehr wesentlich ist, wird auf einen Blick erkennbar, daß die Marginalität von Frauen in dieser Hinsicht Frauen ein weiteres Mal in eine ausgegrenzte Position versetzt. Frauen machen mindestens die Hälfte der Menschheit aus, und doch sind sie in das System sozialer Institutionen so eingepaßt, als wären sie eine Minderheit.

Obwohl Frauen durch diesen und viele andere Aspekte ihrer langen Unterordnung den Männern gegenüber zu Opfern geworden sind, ist es ein fundamentaler Irrtum, Frauen primär als Opfer begreifen zu wollen. Dies zu tun, würde zugleich verbergen, was im Hinblick auf die Situation von Frauen in der Vergangenheit und Gegenwart als Tatsache gelten kann: Frauen haben einen wesentlichen Anteil am Entstehen von Gesellschaft, sie sind und waren immer Handelnde und Vermittlerinnen im historischen Prozeß. Frauen haben »Geschichte gemacht« in dem Sinne, daß sie das Geschehen mitgestaltet haben; aber sie wurden daran gehindert, ihre eigene Geschichte kennenzulernen und das Geschehene selbst zu interpretieren. Dies gilt für ihre eigene Vergangenheit wie für die der Männer. Frauen sind systematisch von der Schaffung symbolischer Systeme, von Philosophie, Wissenschaften und Rechtsetzung ausgeschlossen worden. Sie sind also nicht nur in Erziehung und Bildung in allen bekannten Gesellschaften und zu allen Zeiten benachteiligt worden, sondern sie wurden daran gehindert, am Prozeß der Theoriebildung selbst teilzuhaben. Die Spannung zwischen der tatsächlichen historischen Erfahrung von Frauen und ihrem Ausgeschlossensein von den Möglichkeiten, diese Erfahrung zu interpretieren, habe ich als »die Dialektik der Frauengeschichte« bezeichnet.

Der Widerspruch zwischen der zentralen Bedeutung und aktiven Rolle der Frauen bei der Herausbildung von Gesellschaft einerseits und ihrer Marginalität in dem bedeutungsverleihenden Prozeß der Interpretation und Erklärung dieser Entwicklung andererseits wirkte schließlich als eine dynamische Kraft, die Frauen veranlaßte, sich gegen ihre Lebensumstände aufzulehnen. Wenn in diesem Kampf den Frauen in bestimmten historischen Augenblicken die Widersprüchlichkeit ihrer Beziehung zur Gesellschaft und zum historischen Prozeß bewußt wird, dann werden diese Widersprüche als Einschränkungen begriffen, denen Frauen als Gruppe unterliegen. Diese Bewußtwerdung von Frauen wird zu der dialektischen Kraft, die Frauen zum Handeln treibt, um ihre Lebensbedingungen zu verändern und zu einer Neubestimmung ihrer Einstellung gegenüber einer männerdominierten Gesellschaft zu gelangen.

Wegen dieser einzigartigen Voraussetzungen haben Frauen eine historische Erfahrung, die sich auf wesentliche Art von derjenigen der Männer unterscheidet.

Ich bin bei meiner Arbeit von der Frage ausgegangen: Welche Definitionen und Begriffe brauchen wir, um die einzigartige und ganz besondere Beziehung der Frauen zum historischen Prozeß, zur Entstehung von Geschichte und zur Interpretation ihrer eigenen Vergangenheit zu erklären?

Eine andere Frage, zu deren Beantwortung ich mit meiner Untersuchung beitragen wollte, betraf die lange Verzögerung (von mehr als 3500 Jahren) des Prozesses, in dem den Frauen ihre untergeordnete Position in der Gesellschaft bewußt wurde. Wie war das zu erklären? Was könnte der Grund sein für die historische »Komplizenschaft« der Frauen bei der Aufrechterhaltung des patriarchalen Systems, das sie in untergeordneten Positionen hielt, sowie bei der traditionsgebundenen Weitergabe dieses Systems von Generation zu Generation an ihre Kinder beiderlei Geschlechts?

Beide Fragen sind von großer Bedeutung, und sie sind unangenehm, weil sie auf Antworten hinzuweisen scheinen, die die Unterwerfung der Frauen, ihre Opferrolle und ihre wesensbestimmte Unterlegenheit anzeigen. Daran liegt es wohl, daß diese Fragen von Feministinnen nicht schon eher gestellt worden sind, obwohl die traditionelle männliche Wissenschaft uns die patriarchale Antwort schon gegeben hat: Frauen hätten wegen ihrer vorrangigen, biologisch determinierten Beschäftigung mit der Pflege und Erziehung der Kinder und ihrer Zuständigkeit für den emotionalen Bereich keinen wesentlichen Beitrag zum Fortschritt des Denkens geleistet. Dies habe zu der ihnen eigenen, wesensbestimmten »Unterlegenheit« bzw. »Beschränktheit« im Bereich des abstrakten Denkens geführt. Ich gehe statt dessen von der Annahme aus, daß Männer und Frauen biologisch verschieden sind, daß aber die sozialen Bewertungen und Zuschreibungen' aufgrund dieses Unterschiedes das Ergebnis kultureller Entwicklungen sind. Welche Unterschiede auch immer zwischen Männern als Gruppe und Frauen als Gruppe heute erkennbar sind, sie sind das Ergebnis der besonderen historischen Erfahrung von Frauen, die ganz wesentlich verschieden ist von der historischen Erfahrung der Männer. Der Grund dafür liegt an der Unterordnung der Frauen unter die Männer, die älter ist als die Zivilisation, und an dem gleichzeitigen Leugnen dieser Frauengeschichte. Daß es eine vom patriarchalen Denken vernachlässigte und verdeckte Frauengeschichte gibt, ist eine Tatsache, die die Psychologie von Männern und Frauen auf signifikante Weise bestimmt hat.

Meine Arbeit gründet sich auf die Überzeugung, die von der Mehrzahl der feministisch Denkenden geteilt wird, nämlich, daß das Patriarchat als ein System sozialer Beziehungen ein Produkt der historischen Entwicklung ist und also auch durch historische Prozesse beendet werden kann. Wird das Patriarchat »natürlich«, d. h. Biologisch determiniert, dann käme eine Änderung dieses Herrschaftssystems einem Eingriff in die Natur gleich. Es läßt sich argumentieren, daß der gesamte Prozeß der Zivilisation in der Tat einer Veränderung der Natur gleichkommt. Allerdings ist bislang der Großteil der Errungenschaften dieser Naturbeherrschung, die von Männern »Fortschritt« genannt werden, den Männern der Gattung zugute gekommen. Warum und wie sich das ereignete, sind historische Fragen, zunächst ganz unabhängig davon, auf welche Ursachen die Unterordnung der Frauen zurückgeführt wird. Meine eigene Hypothese über die Ursachen und die Entstehung der Unterordnung der Frauen wird ausführlicher in den Kapiteln 1 und 2 diskutiert. Für meine Analyse ist die Einsicht wesentlich, daß das Verhältnis von Männern und Frauen zum Wissen über die Vergangenheit selbst schon eine bestimmende Kraft der historischen Entwicklung ist.

Wenn es zutrifft, daß die Unterordnung der Frauen schon lange Zeit vor der Entstehung der westlichen Zivilisation bestand – wenn man einmal davon ausgeht, daß die Zivilisation mit der schriftlichen Fixierung von Ereignissen beginnt-, dann mußte meine Untersuchung bis auf das 4. Jahrtausend v. Chr. Zurückgehen. Diese Überlegung brachte mich, eine Historikerin, die sich auf amerikanische Geschichte des 19. Jhs. spezialisiert hatte, dazu, die letzten acht Jahre mit Studien über das alte Mesopotamien zu verbringen, um die Fragen beantworten zu können, die ich für die Erarbeitung einer feministischen Theorie der Geschichte für wesentlich halte. Obwohl mich Fragen nach dem »Ursprung« zunächst sehr interessierten, stellte ich bald fest, daß diese weit weniger signifikant sind als Fragen in bezug auf den historischen Prozeß, durch den das Patriarchat durchgesetzt und institutionalisiert werden konnte.

Dieser Prozeß manifestierte sich in Veränderungen der Verwandtschaftsorganisation und der ökonomischen Beziehungen, in der Herausbildung von religiösen und staatlichen Bürokratien und im Aufkommen neuer Vorstellungen über die Weltentstehung, Kosmogonien, die nun männlichen Göttern eine zunehmende Bedeutung beimaßen.

Ich stützte mich auf bereits vorliegende theoretische Arbeiten und ging zunächst von der Annahme aus, daß sich diese Veränderungen gewissermaßen als ein »Ereignis« in einer relativ kurzen Periode vollzogen hätten, und zwar gleichzeitig mit der Entstehung der archaischen Staaten oder möglicherweise etwas früher, zur Zeit der Entstehung des Privateigentums, das die Klassengesellschaft begründete. Beeinflußt von marxistischen Theorien über die Anfänge des historischen Prozesses, die in Kapitel I ausführlicher behandelt werden, stellte ich mir eine Art von revolutionärem »Umsturz« vor, der die bestehenden Machtverhältnisse in der Gesellschaft deutlich sichtbar verändert hätte. Ich erwartete ökonomische Veränderungen zu entdecken, die zu einem Wandel der Ideen und religiösen Erklärungssysteme geführt hatten. Ganz besonders intensiv suchte ich nach erkennbaren Veränderungen im ökonomischen, politischen und rechtlichen Status von Frauen. Als ich aber mit dem Studium der reichhaltigen Quellen über die frühe Geschichte des Vorderen Orients begann und sie in ihrer historischen Reihenfolge zu untersuchen anfing, stellte ich fest, daß meine Annahme den Sachverhalt zu sehr vereinfachte.

Das Problem ist nicht eines der Quellenlage, denn es gibt ganz sicher genügend Quellen, um die Sozialgeschichte des alten Mesopotamien zu rekonstruieren. Das Problem der Deutung der Quellen entspricht dem Problem, mit dem sich jeder Historiker angesichts jedes beliebigen Zusammenhangs von Daten auseinandersetzen muß, wenn er sich mit Fragen, die Frauen betreffen, an die traditionelle Geschichtsschreibung wendet. Es gibt wenige brauchbare Arbeiten über Frauen, und die vorliegenden sind rein deskriptiv. Von den Fachwissenschaftlern sind keine Interpretationen oder verallgemeinernden Aussagen über das Leben von Frauen vorgelegt worden.

Die Geschichte der Frauen und die Geschichte der sich verändernden Beziehungen zwischen den Geschlechtern in den Gesellschaften Mesopotamiens müssen also noch geschrieben werden. Ich habe die größte Hochachtung gegenüber dem Wissen und den technischen und linguistischen Kenntnissen von Wissenschaftlern und Wissenschaftlerinnen, die über den Nahen Osten arbeiten; und ganz sicher wird in diesem Fachbereich einmal eine Arbeit publiziert werden, die zusammenfassend und genau die bisher kaum erläuterte Entwicklung darstellen wird, während der sich im 3. und 2. Jahrtausend v. Chr. der soziale, politische und ökonomische Status von Frauen deutlich verändert hat. Da ich keine ausgebildete Assyriologin bin und Keilschrifttexte nicht im Original lesen kann, habe ich nicht versucht, diese Geschichte zu schreiben.

Ich konnte jedoch feststellen, daß die Abfolge der Ereignisse nicht meinen bisherigen Annahmen entsprach. Obwohl die Herausbildung der archaischen Staaten, die mit größeren ökonomischen, technologischen und militärischen Veränderungen einherging oder auf sie folgte, deutliche Veränderungen in den Machtbeziehungen zwischen Männern und zwischen Männern und Frauen mit sich brachte, gab es keinen Hinweis auf einen »Umsturz.« Die Periode der »Durchsetzung des Patriarchats« war nicht »ein Ereignis«, sondern ein Prozeß, der sich in einem Zeitraum von etwa 2500 Jahren, ungefähr von 3100 bis 600 v. Chr., vollzogen hat. Selbst im Bereich des alten Vorderen Orients ging dieser Prozeß in einigen unterscheidbaren Gesellschaften in unterschiedlicher Geschwindigkeit und zu verschiedenen Zeiten vor sich.

Außerdem schienen Frauen in verschiedenen Lebensbereichen einen sehr unterschiedlichen Status zu haben, so daß z.B. im 1. Jahrtausend v. Chr. In Babylonien die Sexualität der Frauen vollkommen von Männern kontrolliert war, während einige Frauen sich einer großen ökonomischen Unabhängigkeit, vieler gesetzlich abgesicherter Rechte und Privilegien erfreuten und viele Positionen von hohem gesellschaftlichem Rang und Ansehen innehatten. Ich war überrascht herauszufinden, daß das, was das historische Material über Frauen aussagte, wenig Sinn ergab, wenn es nach den traditionellen Maßstäben interpretiert wurde. Nach einiger Zeit erkannte ich, daß ich mich mehr mit der Kontrolle der Sexualität und Fruchtbarkeit von Frauen zu befassen hatte als mit den gemeinhin untersuchten ökonomischen Fragestellungen; und so begann ich nach den Ursachen und Wirkungen der sexuellen Kontrolle zu suchen. Auf diese Weise begannen die einzelnen Teile des Puzzles an ihren Platz zu gelangen. Ich war so lange unfähig, die Bedeutung der erkennbaren historischen Tatsachen zu begreifen, wie ich nach Klassenstrukturen in ihrer Bedeutung für Männer und Frauen gesucht hatte - ausgehend von der traditionellen Annahme, daß das, was für Männer zutrifft, auch für Frauen stimmt. Als ich zu fragen begann, welche Unterschiede es hinsichtlich der klassenspezifischen Definition von Frauen und Männern gerade während der Entstehung der Klassengesellschaft gegeben hat, konnte ich das Material vor meinen Augen auch verstehen.

Ich werde in diesem Buch folgende Thesen aufstellen und zu belegen versuchen:

a) Die Aneignung. Der sexuellen und reproduktiven Kapazität der Frauen durch die Männer geschah vor der Entstehung des Privateigentums und der Klassengesellschaft. Zweifellos ist die Verwandlung dieser Fähigkeiten in Waren eine der Voraussetzungen für die Entstehung des Privateigentums. (Kapitel 1 und 2)

b) Die archaischen Staaten wurden in der Form von Patriarchaten organisiert; und so hatte der Staat von Anfang an ein existentielles Interesse an der Beibehaltung der patriarchalen Familie. (Kapitel 3)

c) Wie es möglich ist, andere Menschen zu beherrschen und eine Hierarchie zu festigen, das lernten die Männer durch die bereits praktizierte Dominanz über die Frauen in ihrer eigenen Gemeinschaft. Diese kam zum Ausdruck in der Institutionalisierung der Sklaverei, die mit der Versklavung der Frauen besiegter Stämme begann. (Kapitel 4)

d) Die sexuelle Unterordnung der Frauen wurde in den frühesten Rechtsordnungen institutionalisiert und mit allen dem Staat zur Verfügung stehenden Mitteln durchgesetzt. Die Kooperation der Frauen in diesem System wurde auf verschiedene Art sichergestellt: durch Anwenden von Gewalt, durch ökonomische Abhängigkeit vom männlichen Familienoberhaupt, durch das Gewähren von klassenspezifischen Privilegien für sich anpassende und abhängige Frauen der Oberschichten und durch die künstlich-willkürliche Unterteilung der Frauen in respektable und nichtrespektable Frauen. (Kapitel 5)

e) Die Klassenzugehörigkeit der Männer war und ist bestimmt von ihrer Beziehung zu den Produktionsmitteln: Diejenigen, denen die Produktionsmittel gehörten, konnten diejenigen, denen ·sie nicht gehörten, beherrschen. Die Klassenzugehörigkeit der Frauen ist vermittelt durch ihre sexuelle Bindung an einen Mann, der ihnen seinerseits den Zugang zu den materiellen Ressourcen gewährt. Die Einteilung der Frauen in »respektable« (d.h. an einen Mann gebundene) und »nichtrespektable« (d. h. nicht an einen Mann gebundene oder von Männern unabhängige) wird institutionalisiert in Gesetzen, die das Schleiertragen von Frauen betreffen. (Kapitel 6)

f) Lange nachdem die Frauen den Männern sexuell und ökonomisch untergeordnet worden sind, spielen sie noch immer eine aktive und geachtete Rolle bei der Vermittlung zwischen Menschen und Göttern: als Priesterinnen, Seherinnen, Wahrsagerinnen und Heilkundige. Die metaphysische Macht von Frauen, besonders die Macht, Leben zu spenden, wird von Männern und Frauen in der Gestalt von machtvollen Göttinnen verehrt, noch lange nachdem die Frauen den Männern in den meisten Bereichen des irdischen Lebens untergeordnet worden waren. (Kapitel 7)

g) Die Entthronung der mächtigen Göttinnen und ihre Ablösung durch einen dominanten männlichen Gott vollzieht sich in den meisten Gesellschaften des Vorderen Orients nach dem Errichten eines starken und imperialistischen Königtums. Zunehmend wird die Funktion der Kontrolle der Fruchtbarkeit, die zuvor ganz den Göttinnen oblag, dargestellt durch die symbolische oder tatsächliche Vermählung des männlichen Gottes oder Gottkönigs mit der Göttin oder ihrer Priesterin. Schließlich werden Sexualität (Erotik) und Fruchtbarkeit voneinander getrennt und durch das Erscheinen von entsprechenden Göttinnen für jede dieser Funktionen symbolisiert, wobei die Muttergöttin zur Gemahlin/ Gefährtin des obersten männlichen Gottes wird. (Kapitel 7)

h) Das Heraufkommen des hebräischen Monotheismus geschieht in der Form eines Angriffs auf die weitverbreiteten Kulte der verschiedenen Fruchtbarkeitsgöttinnen. Im ersten Buch Moses, der Genesis, werden Schöpferkraft und Fruchtbarkeit einem allmächtigen Gott zugeschrieben, dessen Titel als »König« und »Herr« ihn als einen männlichen Gott bestimmen; die weibliche Sexualität wird assoziiert mit Sünde und Übel, wenn sie zu anderem als dem Zweck der Fortpflanzung dient. (Kapitel 8)

i) Bei der Bildung und Festigung der Gemeinschaft des Bundes (zwischen Gott und den Nachkommen des Abraham) geht der zugrundeliegende Symbolgehalt und der tatsächliche Vertrag zwischen Gott und den Menschen von der untergeordneten Position der Frauen sowie ihrem Ausgeschlossensein von dem metaphysischen Bund und der irdischen Gemeinschaft des Bundes als einer selbstverständlichen Gegebenheit aus. Der einzige Zugang zu Gott und der Gemeinschaft der Heiligen ist den Frauen in ihrer Eigenschaft als Mutter möglich. (Kapitel 9)

j) Diese symbolische Abwertung von Frauen im Verhältnis zum Göttlichen bildet eine der fundamentalen Metaphern der westlichen Zivilisation. Die andere grundlegende Metapher beruht auf einem Beitrag der aristotelischen Philosophie. Diese geht davon aus, daß Frauen unvollständige und beschädigte menschliche Wesen sind, die einer ganz anderen Art angehören als Männer (Kapitel 10). Mit der Schaffung dieser beiden metaphorischen Konstrukte, die einen Teil des Fundaments des symbolischen Systems der westlichen Zivilisation ausmachen, wird die Unterordnung der Frauen als »natürlich« festgeschrieben und damit der bewußten Wahrnehmung entrückt. Dies ist es, was schließlich das Patriarchat sowohl tatsächlich wie ideologisch fest absichert.

Welche Beziehung gibt es zwischen Ideen, insbesondere den Ideen über die kulturspezifischen Geschlechtsrollen, und den gesellschaftlichen und ökonomischen Kräften, die den Lauf der Geschichte bestimmen?[10] Die Substanz und der Boden einer jeden Idee ist die Wirklichkeit – niemand kann sich eine Vorstellung von etwas machen, das er nicht selbst erlebt hat oder zumindest andere Menschen vor ihm erlebt haben. So sind Ideen, Metaphern und Mythen Ausdruck dessen, was durch vergangene Erfahrungen »geprägt« und vorgeformt worden ist. In Zeiten der Veränderung interpretieren die Menschen diese Symbole auf eine neue Weise, was schließlich zu neuen Konstellationen und neuen Einsichten führt.

Ich versuche in diesem Buch mit Hilfe historischer Belege die Entwicklung der bestimmenden Ideen, Symbole und Metaphern nachzuzeichnen, durch die die patriarchalen Beziehungen zwischen den Geschlechtern in die westliche Zivilisation Eingang fanden. Jedes der Kapitel ist, wie die Kapitelüberschrift angibt, einer solchen Metapher für die Geschlechterbeziehung zugeordnet. In diesem Buch geht es mir darum, die Formen der Geschlechterrollen herauszuarbeiten und zu bestimmen, wie sie die westliche Zivilisation festgelegt hat, und zu untersuchen, wie es sich mit ihnen in Zeiten des sozialen Wandels verhält. Diese Formen bestehen aus sozialen Normen, die in den sozialen Rollen, in Gesetzen und in bestimmten Metaphern zum Ausdruck kommen. Sie sind gewissermaßen historische Produkte, aus denen die soziale Realität abgeleitet werden kann. Mit der Analyse des Wandels von Metaphern und Vorstellungen kann auch die darunter sich vollziehende historische Veränderung der Gesellschaft nachgezeichnet werden, sogar wenn andere Belege für die historische Entwicklung fehlen. Im Falle der mesopotamischen Gesellschaft ist es wegen

10 Das *sexuelle Geschlecht* ist eine biologische Gegebenheit für Männer und Frauen. Die *geschlechtsspezifischen Rollenerwartungen* an Frauen und Männer stellen eine kulturabhängige Definition von Verhalten dar, das als den Geschlechtern in einer bestimmten Gesellschaft zu einer bestimmten Zeit angemessen gilt. Diese kulturspezifische Bestimmung der Geschlechtsrollen ist also ein historisch bedingtes, kulturspezifisches Produkt. - Siehe auch die Abschnitte über sexuelles Geschlecht und Rollenzuschreibungen der »Definitionen« im Anhang.

der Vielfalt der historischen Quellen sehr weitgehend möglich, die Analyse der Symbole durch einen Vergleich mit den durch solche Quellenstudien gesicherten Erkenntnissen zu bestätigen.

Die wichtigsten geschlechtsspezifischen Symbole und Metaphern der westlichen Zivilisation sind zum großen Teil mesopotamischen und später hebräischen Ursprungs. Es wäre selbstverständlich wünschenswert, in diese -Studie auch arabische, ägyptische und europäische Einflüsse mit einzubeziehen, aber dazu wäre die wissenschaftliche Arbeit von weiteren Jahren erforderlich, mehr als ich mir in meinem Alter zu leisten noch vornehmen kann. Ich hoffe allerdings, daß meine Bemühungen um eine Neuinterpretation der Ergebnisse historischer Forschung andere inspirieren werden, diesen Fragen mit ihren speziellen Fachkenntnissen und differenzierten wissenschaftlichen Hilfsmitteln nachzugehen.

Zu Beginn habe ich diese Untersuchung konzipiert als eine Studie über die Beziehung von Frauen zum Prozeß der Erschaffung der Symbolsysteme dieser Welt, über das Ausgeschlossensein der Frauen von diesem Prozeß, über ihre Anstrengungen zur Überwindung eines sie systematisch benachteiligenden Erziehungs- und Ausbildungswesens und schließlich über die Entstehung eines feministischen Bewußtseins. Aber während meines Studiums der Quellen über Mesopotamien veranlaßte mich die überaus reichhaltige Quellenlage zur Erweiterung meines Forschungsberichts. Die vorliegende Arbeit endet ungefähr im Jahre 400 v. Chr.; ein weiteres Buch, das ich vorbereite, wird das Entstehen eines feministischen Bewußtseins darstellen und die Zeit des Christentums behandeln.

Obwohl ich der Auffassung bin, daß meine Hypothesen eine weitreichende Geltung beanspruchen können, versuche ich nicht, auf der Grundlage der Untersuchung über einen Kulturkreis eine »allgemeine Theorie« der Entstehung des Patriarchats und des Sexismus abzuleiten. Die von mir vorgelegte Hypothese bezieht sich auf die westliche Zivilisation und bedarf der Überprüfung und vergleichender Untersuchungen im Hinblick auf andere Kulturen, bevor Aussagen über ihre Allgemeingültigkeit erlaubt sind.

Angesichts der Zielsetzung unserer Forschungsarbeit ist zu fragen, wie wir uns Frauen als eine Gruppe zu denken haben. Drei Metaphern sollten uns helfen, einen neuen Blickwinkel zu finden.

In einem brillanten Artikel sprach Joan Kelly 1979 von einem neuen »doppelten Blick« der feministischen Wissenschaft:

»...Der Platz der Frau ist nicht eine abgetrennte Sphäre oder Domäne der Existenz, sondern eine Position innerhalb des allgemeinen Lebenszusammenhangs ... Das feministische Denken geht über die gespaltene Wahrnehmung der sozialen Realität hinaus, die es aus der jüngsten Vergangenheit übernommen hat. Unser Blickwinkel hat sich inzwischen verändert, was ein neues Bewußtsein vom ›Platz‹ der Frauen in Familie und Gesellschaft hat entstehen lassen ... Wir sehen nicht zwei Sphären der Gesellschaft (Haushalt und Beruf, privates und öffentliches Leben), sondern zwei oder drei Strukturen von sozialen Beziehungen.«[11]

Wir fügen der männlichen Sicht die weibliche hinzu, und dieser Vorgang führt zu Veränderungen. Aber die Metapher von Joan Kelly muß noch einen Schritt weiter entwickelt werden: Wenn wir nur mit einem Auge sehen, so ist unser Gesichtskreis eingeschränkt und auch die Tiefenschärfe ist von minderer Qualität. Fügen wir dem die für sich allein genommene Sicht des anderen Auges hinzu, so wird zwar das Gesichtsfeld größer, aber es mangelt noch immer an der Sehschärfe. Nur wenn beide Augen gemeinsam sehen, erreichen wir den ganzen Umfang des Sehfeldes und die richtige Tiefenschärfe.

Der Computer liefert uns eine andere Metapher. Der Computer zeigt uns das Bild eines Dreiecks (zweidimensional). Unter Beibehaltung dieses Bildes wird das Dreieck räumlich dargestellt und so in eine Pyramide verwandelt (dreidimensional). Nun bewegt sich die Pyramide, eine Kurve bezeichnend, im Raum (vierte Dimension), während sie noch immer das Bild der Pyramide und des Dreiecks enthält. Wir sehen alle vier Dimensionen zugleich, verlieren keine von ihnen aus dem Blick, sondern sehen sie auch in ihrer genauen Beziehung zueinander.

Unser Bild vom Patriarchat ist bisher zweidimensional. Dem patriarchalen Bezugssystem der Erkenntnis »die Sicht der Frauen hinzuzufügen« macht die Sichtweise dreidimensional. Aber nur, wenn die dritte Dimension voll integriert ist und mit dem Ganzen in Bewegung gerät, nur wenn weibliche und männliche Sichtweise gleichwertig sind, können wir die wahre Gestalt des Ganzen und seine Struktur, die innere Verbindung zwischen den Teilen erkennen.

Schließlich noch eine weitere Versinnbildlichung: Männer und Frauen leben auf einer Bühne, auf der sie die ihnen übertragenen Rollen darstellen, die gleich wichtig sind. Das Spiel kann nicht weitergehen, ohne daß beide Arten von Darstellern auftreten. Keine Darstellergruppe »leistet einen Beitrag« zum Ganzen,

11 Joan Kelly, »The Doubled Vision of Feminist Theory. A Postscript to the ‚Women and Power(Conference‘« Feminist Studies Vol. 5, Nr. 1, 1979, S. 221 f.

der größer oder kleiner wäre als der der andere Gruppe; keine ist marginal jede ist unverzichtbar. Aber das Bühnenbild ist von Männern entworfen, gemalt und festgelegt; Männer sind die Autoren des Stücks, sind die Regisseure der Aufführung, interpretieren die Bedeutung der Handlung. Sie haben sich selbst die interessantesten, heldenhaftesten Rollen vorbehalten und den Frauen die helfend unterstützenden Rollen zugedacht.

Sobald den Frauen der Unterschied in der Mitwirkung an dem Stück deutlich wird, verlangen sie eine größere Gleichheit bei der Festlegung der Rollen. Sie drängen die Männer manchmal in den Hintergrund, manchmal springen sie auch ein für einen fehlenden männlichen Darsteller. Nach erheblichen Kämpfen setzen die Frauen schließlich durch, daß sie Zugang zu den gleichen Rollen haben; aber erst müssen sie sich noch »qualifizieren.« Die Kriterien ihrer »Qualifikationen« werden wieder von Männern festgesetzt; und Männer beurteilen, inwieweit die Frauen den Erfordernissen gerecht werden; Männer gewähren oder versagen die Zulassung. Sie bevorzugen unterwürfige Frauen und solche, die dem von ihnen entworfenen Anforderungsprofil genau entsprechen. Männer bestrafen durch Lächerlichmachen, Ausschließen oder Verdammung jeder Frau, die es sich herausnimmt, ihre eigene Rolle selbst zu interpretieren, oder – die größte aller Sünden! - das Recht beansprucht, das Skript umzuschreiben.

Es dauert ziemlich lange, bis Frauen begreifen, daß sie nicht gleichberechtigt sind, wenn sie »gleich wichtige« Rollen haben, solange das Textbuch, die Requisiten, das Bühnenbild und die Regie unangefochten in der Hand von Männern liegen. Sobald die Frauen das bemerken und sich zwischen den Akten oder gar während des Auftritts zusammenrotten, um zu diskutieren, wie sich diese Situation ändern ließe, ist das Schauspiel zu Ende.

Wenn wir die interpretierte und aufgezeichnete Geschichte der Gesellschaft betrachten, als wäre sie ein solches Stück, so stellen wir fest, daß die Geschichte der Aufführungen während Tausender von Jahren nur von Männern aufgeschrieben und in ihren Worten erzählt worden ist. Ihre Aufmerksamkeit hat sich meist auf das Handeln der Männer gerichtet, und so überrascht es nicht, daß ihnen vollkommen entgangen ist, was Frauen getan haben. In den letzten fünfzig Jahren haben endlich einige Frauen genug gelernt, um für das Theater die Rollenbücher schreiben zu können. Beim Schreiben wuchs ihre Aufmerksamkeit für das Verhalten der Frauen. Sie waren jedoch von ihren männlichen Mentoren sehr gut ausgebildet worden. Deshalb hielten sie das, was Männer getan hatten, im ganzen für viel relevanter und signifikanter; und in dem Bedürfnis, die Rolle der Frauen in der Vergangenheit aufzuwerten, suchten sie angestrengt nach Frauen, die dasselbe geleistet hatten wie Männer. So kam es zur kompensatorischen Darstellung der Vergangenheit.

Was die Frauen tun müssen und die Feministinnen nun auch tun, das ist hinzuweisen auf die Bühne, das Bühnenbild, die Requisiten, den Regisseur und den Autor; so wie das Kind im Märchen, das entdeckte, daß der Kaiser nackt war; die Frauen müssen aussprechen, daß die fundamentale Ungleichheit zwischen den Geschlechtern an den Rahmenbedingungen, dem Bezugsrahmen liegt. Und dann müssen sie diesen Rahmen niederreißen.

Wie wird die Geschichtsschreibung aussehen, wenn der Schirm der männlichen Dominanz entfernt worden ist und Frauen und Männer an der Definition der Dinge in gleicher Weise beteiligt sind? Werden wir die Vergangenheit entwerten, die Kategorien außer Kraft setzen, und wird Chaos die Ordnung zerstören?

Nein, wir werden nur hinaus ins Freie treten. Wir werden beobachten, wie der Himmel sich verändert, wie die Sterne scheinen und der Mond auf seiner Bahn kreist; und wir werden die Erde und ihre Produkte mit männlicher und weiblicher Stimme beschreiben. Wir werden mit einem umfassenderen und zugleich tiefergehenden Blick sehen. Wir wissen, daß Männer nicht der Maßstab für das Menschliche sind, sondern Frauen und Männer charakterisieren, was Menschsein bedeutet. Männer stehen nicht im Mittelpunkt des Weltgeschehens, sondern Frauen wie Männer. Diese Einsicht wird das Bewußtsein ebenso stark verändern wie die Entdeckung des Kopernikus, daß die Erde sich nicht im Mittelpunkt des Universums befindet.

Wir können unsere verschiedenen Rollen auf der Bühne spielen, können sie je nach Lage der Dinge tauschen oder aber entscheiden, sie beizubehalten. Wir entdecken möglicherweise neue Talente bei denen, die immer unter einem von anderen gemachten Schirm gelebt haben. Es mag sich herausstellen, daß diejenigen, die sich früher die Last des Handelns und des Definierens aufgebürdet haben, nun die Freiheit finden, zu spielen und reine Lebensfreude zu empfinden. Es ist ebensowenig unsere Aufgabe, das zu beschreiben, was wir dabei herausfinden werden, wie das die Aufgabe der Entdecker war, die zum fernen Rand der Welt segelten um dann herauszufinden, daß die Erde rund ist.

Wir werden nie etwas wissen, wenn wir uns nicht auf den Weg machen. Das Gehen ist der Weg und das Ziel.

Kapitel 1: Ursprünge

Die Spuren der Vergangenheit, konkrete Beweisstücke unterschiedlichster Art, liegen in verwirrender Vielfalt vor uns: Werkzeuge, Gräber, Scherben, die Reste von Wohn- und Kultstätten, die vieldeutigen Kunstwerke an Höhlenwänden und Skelettreste. Wir bringen sie mit Hilfe von Mythen oder spekulativen Deutungen in einen Zusammenhang, setzen sie in Beziehung zu dem, was wir über noch lebende »primitive« Völker wissen; mit Hilfe von Wissenschaft, Philosophie und Religion entwerfen wir ein Bild jener fernen Vergangenheit vor dem Entstehen unserer Zivilisation.

Die Methode, deren wir uns zur Interpretation bedienen – unser Begriffssystem -, bestimmt auch das Ergebnis unserer Untersuchungen. Solch ein Begriffssystem, das Gerüst einer Analyse, ist niemals wertfrei: Wir stellen an die Vergangenheit die Fragen, die wir heute beantwortet haben wollen. In langen Perioden der Geschichte wurde das weltanschauliche Konzept, das unsere Fragen inhaltlich bestimmte, für eine selbstverständliche Voraussetzung gehalten, die weder diskutiert wurde noch in Frage zu stellen war. Solange christlich-teleologische Vorstellungen das Denken über die Geschichte beherrschten, wurde die vorchristliche Zeit nur als ein Stadium der Vorbereitung auf die »wahre«-Geschichte gesehen, die mit Christi Geburt begonnen hat und mit der Wiederkehr Christi enden wird. Als die Evolutionstheorie Darwins das historische Denken bestimmte, galt die Vorgeschichte als ein »barbarisches« Stadium der Entwicklung der Menschheit vom Einfachen zum Komplexen. Das, was erfolgreich war und überlebte, galt allein aufgrund der Tatsache, daß es überlebt hatte, als demjenigen überlegen, das verschwand und daher als ein Mißerfolg, eine Fehlentwicklung, als »Irrtum« der Geschichte betrachtet wurde. Solange androzentrische Annahmen unsere Interpretationen bestimmten, nahmen wir die vorherrschenden geschlechtsbestimmten Arrangements der Gegenwart bis weit zurück in die Vergangenheit wahr. Wir gingen davon aus, daß es die Dominanz der Männer immer gegeben habe, und betrachteten jeden Beweis für das Gegenteil nur als Ausnahme oder als mißlungene Alternative.

Die Traditionalisten hielten, ob ihre Analyse nun von einem religiösen oder einem »wissenschaftlichen« Erklärungsansatz und Deutungsmuster geprägt war, die Unterordnung der Frau für allgemeingültig, gottgegeben oder naturbedingt, also für unabänderlich. Deshalb bedurfte es keiner weiteren Begründung dieser Unterordnung. Was bestehen blieb im Laufe der Entwicklung, das hatte demnach Bestand, weil es das Beste war; woraus zu schließen war, daß es auch so bleiben sollte.

Wissenschaftler und Wissenschaftlerinnen, die den androzentrischen Grundannahmen kritisch gegenüberstehen, oder solche, die einen sozialen Wandel in der Gegenwart für nötig halten, haben das Konzept der Universalität weiblicher Unterordnung in Frage gestellt. Sie behaupten, daß das System der patriarchalen Herrschaft, wenn es historische Ursachen hat, unter veränderten historischen Bedingungen auch beendet werden kann. Deshalb steht die Frage der Universalität weiblicher Unterordnung seit 150 Jahren im Mittelpunkt der Debatte zwischen den Traditionalisten und den feministisch Denkenden.

Für die Kritiker der patriarchalen Erklärungsmuster stellt sich sodann die wichtige Frage: Wenn die Unterordnung der Frauen keine universelle Tatsache ist, hat es dann jemals ein alternatives Gesellschaftsmodell gegeben? Diese Frage hatte meist die Suche nach einer matriarchalen Gesellschaft in der Vergangenheit zur Folge. Da viele der im Rahmen dieser Nachforschungen aufgefundenen Hinweise von Religion, Mythen und Symbolen abgeleitet sind, hat man Erkenntnissen, die sich aus der Analyse der historischen Fakten gewinnen ließen, wenig Aufmerksamkeit gewidmet.

Für Historiker ist es wichtiger und signifikanter, so zu fragen: Wie wann und warum kam es zur Unterordnung der Frauen?

Bevor wir die historische Entwicklung des Patriarchats erörtern, müssen wir uns deshalb die wichtigsten Positionen in der Auseinandersetzung über diese drei Fragen vor Augen halten.

Die traditionalistische Antwort auf die erste Frage lautet selbstverständlich, daß die männliche Dominanz universell und naturgegeben ist. Das Argument bedient sich möglicherweise einer religiösen Terminologie: Das Weib ist dem Manne untertan, weil es von Gott so geschaffen wurde.[12] Die Traditionalisten akzeptieren das Phänomen der geschlechtsbedingten »Asymmetrie«, die in allen menschlichen Gesellschaften zu beobachtende Zuschreibung unterschiedlicher Rollen und Pflichten für Männer und Frauen, als Bestätigung ihrer Auffassung und als eindeutigen Hinweis auf die »Natürlichkeit« dieser Zuschreibungen.[13] Da der Frau nach einem göttlichen Plan eine andere biologische Funktion als dem Mann zugedacht sei, argumentieren die Traditionalisten, sollten ihr auch

12 Vgl. Kapitel 10 und 11.

13 Vgl. z.B. George Murdock 1934; R. B. Lee u. I. De Vore 1968. Wenn Margaret Mead (1949) mit der Darstellung einer großen Vielfalt von gesellschaftlichen Einstellungen zu Geschlechtsrollen auch Neuland betritt, so akzeptiert sie doch die These der universellen Gültigkeit von geschlechtsbedingter Asymmetrie.

andere soziale Aufgaben obliegen. Wenn Gott oder die Natur Unterschiede zwischen den Geschlechtern geschaffen hat, die ihrerseits eine geschlechtsspezifische Arbeitsteilung haben entstehen lassen, dann hat niemand die Schuld und Verantwortung für die Ungleichheit zwischen den Geschlechtern und für die männliche Dominanz.

Die traditionalistische Art der Erklärung stellt die Fortpflanzungsfähigkeit der Frau in den Mittelpunkt der Betrachtung und sieht in der Mutterschaft den wesentlichen Lebenszweck der Frau, was implizit die Frauen, die nicht Mutter werden, als Frauen definiert, die ein von ihrer natürlichen Bestimmung abweichendes Verhalten aufweisen. Die mütterlichen Funktionen der Frau werden als arterhaltende Notwendigkeit betrachtet, da Gesellschaften nicht bis heute hätten überleben können, wenn die Mehrheit der Frauen nicht die längste Zeit ihres Erwachsenenlebens dem Gebären und Aufziehen der Kinder gewidmet hätten. So gilt die geschlechtsbedingte Arbeitsteilung aufgrund von biologischen Unterschieden als funktional-zweckentsprechend und somit als gerechtfertigt.

Eine ähnliche Deutung der geschlechtsbedingten Asymmetrie sieht die Gründe für die Unterordnung der Frauen in biologischen Eigenschaften des Mannes. Die größere physische Kraft der Männer, ihre Fähigkeit, schneller zu laufen und schwerere Lasten zu tragen, sowie ihre größere Aggressivität lassen sie zu Jägern werden. Als solche versorgen sie ihre Stämme mit Nahrung, gewinnen an Wertschätzung und werden höher geachtet als Frauen. Die Geschicklichkeit, die sich aufgrund ihrer Erfahrungen bei der Jagd herausbildet, erlaubt es ihnen, zu Kriegern zu werden. Der Mann als Jäger, überlegen an Kraft, Fähigkeiten und Erfahrung aufgrund des Gebrauchs von Werkzeugen und Waffen, schützt und verteidigt »natürlich« die verletzbare Frau, deren biologische Ausstattung sie für Mutterschaft und Aufziehen des Nachwuchses prädestiniert.[14] Schließlich wird die Geltung dieser biologisch-deterministische Erklärung auf die Zeit von der Steinzeit bis in die Gegenwart ausgedehnt, indem versichert wird, daß die geschlechtsbedingte Arbeitsteilung auf der Grundlage der männlichen natürlichen »Überlegenheit« eine allgemein-menschliche Grundvoraussetzung ist und deshalb heute noch genauso gilt wie in den primitiven Anfängen der menschlichen Gesellschaft.

Diese Theorie ist in ihren verschiedenen Formen die bei weitem populärste Version der traditionalistischen Argumentation und hat die zeitgenössischen Ideen von der männlichen Dominanz auf außerordentliche Weise gestützt und

14 Siehe Lionel Tiger 1970, Kap. 3; Robert Ardrey·1966; AlisonJolly 1972; Marshall Sahlins 1960. Eine männerzentrierte Erklärung, die Männer negativ bewertet und ihre aggressiven Impulse für die Entwicklung der Kriegsführung und die Unterordnung der Frauen verantwortlich macht, findet sich bei Marvin Harris 1978, S. 3-19, 39.

bestärkt. Das liegt sicher nicht zuletzt an ihrem »wissenschaftlichen« Anstrich mittels ausgesuchter ethnographischer Forschungsergebnisse sowie an der Tatsache, daß diese Theorie die gegenwärtig bestehende männliche Dominanz auf eine willkommene Weise zu rechtfertigen scheint und die heute lebenden Männer von aller Verantwortung für ihr dominantes Verhalten freistellt. Wie tiefgehend dieser Erklärungsansatz selbst feministische Theoretikerinnen beeinflußt hat, wird darin deutlich, daß etwa Simone de Beauvoir ihn zumindest teilweise akzeptiert hat. So setzt sie als selbstverständlich voraus, daß die männliche »Transzendenz« sich von der Tätigkeit des Mannes als Jäger und Krieger und den dazu erforderlichen Werkzeugen herleitet.[15]

Abgesehen von der Zweifelhaftigkeit ihrer biologistischen These einer physischen Überlegenheit des Mannes ist die »Der-Mann-als-Jäger«-Erklärung durch die Ergebnisse von anthropologischen Forschungen über Gesellschaften der Jäger und Sammler widerlegt worden. In den meisten dieser Gesellschaften ist die Jagd im großen Stil eine zusätzliche, hilfsweise Anstrengung, während der Lebensunterhalt vor allem durch Sammeltätigkeiten und Kleintierjagd von Frauen und Kindern gewährleistet wird.[16] Wie wir weiter unten sehen werden, finden wir gerade in den Gesellschaften der Jäger und Sammler etliche Beispiele für die Komplementarität der Geschlechter und für Gesellschaften, in denen Frauen ein relativ hoher Status zukommt, der in direktem Widerspruch steht zu den Thesen der »Mann-als-Jäger«-Theorien.

Feministische Anthropologen und Anthropologinnen haben in den letzten Jahren viele der früher vertretenen Generalisierungen, wonach die männliche Dominanz als eine in allen bekannten Gesellschaften beinahe universelle Gegebenheit angesehen wurde, in Frage gestellt als patriarchalisch geprägte Behauptungen der Ethnographen und Kulturforscher. Als die feministischen Anthropologinnen die vorhandenen Daten überprüften oder eigene Forschungen unternahmen, haben sie festgestellt, daß die männliche Dominanz keineswegs universell gegeben ist. Sie sind auf Gesellschaften gestoßen, in denen die sexuelle Asymmetrie nicht mit Dominanz oder Unterordnung einhergeht. Vielmehr erfüllen beide Geschlechter Aufgaben, die für das Überleben der Gruppe unverzichtbar sind, und es wird beiden Geschlechtern weitgehend der gleiche Status eingeräumt. In solchen Gesellschaften gelten die Geschlechter als »komplementär«; ihre Rollen und ihr Status sind verschieden, aber gleichwertig.[17]

15 Simone de Bcauvoir 1968, S. 71.

16 Peter Farb 1977, Kap. 5; Sally Slocum, »Woman the Gatherer: Male Bias in Anthropology«, in: Reiter 1975‹1978, S. 36-50; dazu vgl. Michelle Rosaldo 1980, s. 412-13, 213.

17 Siehe Rosaldo und Lamphere, in: dies. 1974, S. 3, auch, S. 16ff. und S.97ff.; sowie Slocum, Patricia

Die Theorien vom »Mann-als-Jäger« sind widerlegt worden auch mit der Darstellung der wesentlichen, kulturell-innovativen Beiträge der Frauen zur Entstehung der Zivilisation durch die Erfindung des Korbflechtens und der Herstellung von Tongefäßen sowie durch ihre Kenntnisse vom Gartenbau und dessen Entwicklung.[18] Ganz besonders Elise Boulding hat gezeigt, daß der Mythos vom »Mann-als-Jäger« und seine andauernde Wirkung sozial-kulturelle Produkte sind, die der Aufrechterhaltung der männlichen Herrschaft und Hegemonie dienen.[19]

Die traditionalistischen Rechtfertigungen der männlichen Herrschaft, die sich auf biologisch-deterministische Argumente stützen, haben sich mit der Zeit verändert und als bemerkenswert anpassungs- und überlebensfähig erwiesen. Als die Kraft der religiösen Erklärungen im 19. Jahrhundert nachließ, wurde die traditionalistische Begründung der Minderwertigkeit der Frau »wissenschaftlich.« Die darwinistischen Theorien bestärkten die Überzeugungen, denen zufolge es mehr auf das Überleben der Art ankam als auf die Erfüllung individueller Bedürfnisse. Ähnlich wie sich die Soziallehre der darwinistischen Idee vom Überleben des Bestentwickelten zur Rechtfertigung der ungleichen Verteilung von Reichtum und Privilegien in der amerikanischen Gesellschaft bediente, so rechtfertigten die wissenschaftlichen Verteidiger des Patriarchats die Definition der Frauen durch ihre Mutterrolle und die Tatsache ihres Ausgeschlossenseins von Möglichkeiten in den Bereichen der Wirtschaft oder Bildung damit, daß dies im Interesse des Überlebens der Gattung geboten sei. Unter dem Hinweis auf ihre biologische Konstitution und ihre Mutterfunktionen wurde erklärt, Frauen seien für höhere Bildung und bestimmte berufliche Funktionen nicht geeignet. Menstruation und Menopause, sogar die Schwangerschaft, galten als behindernd und schwächend, als krankhafte oder abnorme Zustände, die die Fähigkeiten der Frauen beeinträchtigten und sie zweifellos unterlegen sein ließen.[20]

Auf ähnliche Weise ging die moderne Psychologie hinsichtlich der unterschiedlichen Geschlechterrollen von der nicht weiter hinterfragten Annahme aus, diese Unterschiede wären naturbedingt; sie konstruierte unter psycholo-

---

Draper und Judith K. Brown, in: Reiter 1975/1978. Ein Beispiel für das komplementäre Verhältnis der Geschlechter gibt Irene Silverblatt (1978). Eine gründliche Literaturübersicht und interessante Interpretation findet sich bei Peggy Sanday (1981).

18 Siehe Martin und Voorhies 1975, bes. Kap. 7; Tanner und Zihlman 1976.

19 Elise Boulding 1983.

20 Siehe Alcott 1850 und Clarke 1878 als typische Beispiele für die Einstellung im 19. Jahrhundert. Eine neuere Auseinandersetzung mit den Vorstellungen von der Gesundheit der Frau im 19. Jahrhundert ist zu finden in Hartmann und Banner 1974.

gischen Aspekten das Bild der Frau, die ebenso biologisch determiniert war wie ihre Ahninnen. Weil die Psychologen die Geschlechtsrollen ahistorisch bestimmten, sollten sie aufgrund klinischer Beobachtungen zu Schlußfolgerungen gelangen, die die vorherrschenden Geschlechtsrollen fortschrieben.[21]

Die Theorien Sigmund Freuds bestärkten die traditionalistischen Erklärungsversuche. Der von Freud als »normal« betrachtete Mensch war männlich; die Frau war der Definition nach ein abweichendes menschliches Wesen, dem ein Penis fehlt und dessen gesamte psychologische Struktur sich, so wurde angenommen, aus dem Bestreben herleiten ließ, diesen Mangel auszugleichen. Selbst wenn viele Aspekte der Freudschen Theorie sich für die Entstehung der feministischen Theorie als hilfreich erweisen sollten, war es doch jene Aussage Freuds, daß für die Frau »die Anatomie ihr Schicksal ist«, die der Behauptung von der männlichen Überlegenheit neue Nahrung und Kraft gab.[22]

Die häufig vulgarisierenden Anwendungen der Freudschen Theorie in der Kindererziehung und der populärwissenschaftlichen Ratgeberliteratur verliehen dem alten Argument, daß das Gebären und Aufziehen von Kindern die vornehmste, wichtigste Aufgabe der Frau sei, neues Ansehen. Die popularisierte Lehre Freuds wurde zu einer als verbindlich übernommenen Vorlage für Erzieher, Sozialarbeiter und das Publikum der Massenmedien.[23]

In neuerer Zeit hat die Soziobiologie von E. O. Wilson die traditionelle Auffassung von Geschlechtsrollen in einem Argument vorgetragen, das die darwinistischen Thesen von einer natürlichen Selektion auf menschliches Verhalten anwendet. Wilson und seine Schüler führen aus, daß menschliches Verhalten, das sich als »adaptiv« für das Überleben von Gruppen erwiesen hat, im Erbgut eincodiert wird, und beziehen dabei so komplexe Verhaltensweisen wie Altruismus, Loyalität und Mütterlichkeit mit ein. Sie argumentieren nicht nur, daß Gruppen, die eine geschlechtsspezifische Arbeitsteilung praktizieren, nach der Frauen die Kinder versorgen und erziehen, über einen evolutionären Vorteil verfügen, sondern behaupten weiter, daß dieses Verhalten zu einem Teil unseres genetischen Erbgutes werde, indem die erforderlichen psychologischen und physischen Voraussetzungen für solche sozialen Arrangements selektiv entwikkelt und genetisch ausgewählt werden. »Muttern« (engl. Mothering) ist demnach nicht nur das einer gesellschaftlich zugeschriebenen Rolle entsprechende

21 Die unbewußte patriarchale Voreingenommenheit in sog. wissenschaftlichen psychologischen Untersuchungen ist zuerst von N. Weisstein (1970) herausgearbeitet worden.
22 Vgl. Freud 1931; Ernest Jones 1927; Freud 1925; Erikson 1950; Helene Deutsch 1944; s. auch die Diskussion der revisionistischen Freudschen Position in Miller 1973.
23 Siehe etwa Lundberg u. Farnham 1947.

Verhalten, sondern entspreche genau den physischen und psychischen Bedürfnissen der Frauen. Damit wird der biologische Determinismus also wieder einmal zur Grundlage der Diskussion gemacht und zur politischen Verteidigung des Status quo in einer wissenschaftlichen Sprache verwendet.[24]

Feministische Kritikerinnen haben die Zirkelschlüsse, den Mangel an Beweisen und die Unwissenschaftlichkeit der Hypothesen der Wilsonschen Soziobiologie dargelegt.[25] Der offensichtlichste Fehlschluß der Soziobiologen geht auf ihren unhistorischen Erklärungsansatz zurück, der die Tatsache außer acht läßt, daß Frauen und Männer heute nicht mehr in einem ursprünglichen Zustand leben. Die Geschichte der Zivilisation beschreibt den Prozeß, durch den die Menschen sich von ihrem Naturzustand entfernt haben, indem sie Kultur entstehen ließen und entwickelten. Die Traditionalisten ignorieren technologische Veränderungen, die es ermöglichen, Kinder sicher mit der Flasche zu ernähren und sie auch unter der Obhut von Menschen heranwachsen zu lassen, die nicht ihre eigenen Mütter sind. Sie ignorieren die Auswirkungen von veränderter Lebensdauer und Veränderungen in den Lebensphasen. Bis die öffentliche Hygiene und die moderne Medizin die Kindersterblichkeit so weit senkten, daß Eltern begründet davon ausgehen konnten, ein geborenes Kind werde erwachsen werden, mußten Frauen wirklich viele Kinder gebären, wenn einige überleben sollten. Dementsprechend veränderten die höhere Lebenserwartung und die geringere Kindersterblichkeit den Lebenslauf von Männern und Frauen. Diese Entwicklungen gingen einher mit der Industrialisierung und vollzogen sich im Bereich der westlichen Zivilisation (für Menschen mit weißer Hautfarbe) gegen Ende des 19. Jahrhunderts, wegen der ungleichen Möglichkeiten der Inanspruchnahme von Gesundheitsdiensten und der Sozialfürsorge für die Armen und Minderheiten erst in späteren Jahren. Während 1870 die Versorgung der Kinder und die Ehe gleich lange dauerten – d. h. daß ein Elternteil oder beide Eltern in der Regel gestorben waren, bevor das jüngste Kind erwachsen war, können Ehepaare in Amerika heute davon ausgehen, daß sie nach dem Erwachsenwerden des jüngsten Kindes noch zwölf Jahre zusammenleben werden und daß Frauen ihre Männer sieben Jahre überleben.[26]

Gleichwohl erwarten die Traditionalisten von den Frauen, daß sie dieselben Rollen übernehmen und Tätigkeiten ausführen, die im Neolithikum eine funktionale Bedeutung hatten und für das Überleben der Spezies unerläßlich waren.

24 Wilson 1975.

25 Bleier 1984, Kap. 2; Lowe 1978; SIGNS, Sondernummer 1981, dort besonders Maria Kelly, Einleitung.

26 Über die Auswirkungen demographischer Veränderungen auf Frauen s. R. Wells, 1979.

Sie begrüßen kulturelle Veränderungen, die es den Männern ermöglichten, sich von biologischen Notwendigkeiten freizumachen. Das Ersetzen schwerer körperlicher Arbeit durch Maschinenarbeit wird als Fortschritt betrachtet. Nur die Frauen sind dieser Auffassung zufolge wegen ihrer biologischen Eigenschaften bis in alle Ewigkeit auf den Dienst an der Arterhaltung verwiesen. Zu behaupten, von allen Tätigkeiten der Menschen sei nur die weibliche Fürsorglichkeit unveränderlich und ewig, bedeutet in Wirklichkeit, der Hälfte der Menschheit ein niedrigeres Existenzniveau zuzuschreiben, eher der Natur als der Kultur verhaftet.

Eigenschaften, die im Neolithikum gewiß das Überleben der Menschen förderten, sind für Menschen der Gegenwart nicht mehr notwendig. Unabhängig davon, ob Eigenschaften wie Aggressivität oder liebevolle Zuwendung genetisch oder kulturell vermittelt werden, sollte klar sein, daß die Aggressivität der Männer, die in der Steinzeit eine große funktionale Bedeutung gehabt haben mag, im Zeitalter der Kernspaltung die Fortexistenz des Menschen bedroht. In einer Zeit, in der Überbevölkerung und zugleich die Erschöpfung der natürlichen Lebensgrundlagen eine große Gefahr für das Überleben der Menschheit darstellen, ist es wohl »situationsgerechter«, die Fortpflanzungsfähigkeit der Frauen zu beschränken, als zu versuchen, sie zu fördern.

Mit ihrer Zurückweisung von Argumenten, die sich auf einen biologischen Determinismus stützen, stellen Feministinnen außerdem die verborgenen androzentrischen Vorgaben in den Humanwissenschaften in Frage. Sie haben nachdrücklich darauf hingewiesen, daß in der Biologie, Anthropologie, Zoologie und Psychologie diese Grundvoraussetzungen zu einer Wahrnehmung der Ergebnisse von wissenschaftlicher Forschung geführt haben, die deren Bedeutung verzerrt bzw. verfälscht. So wird zum Beispiel das Verhalten von Tieren mit einer anthropomorphen Signifikanz belegt, die aus männlichen Schimpansen Patriarchen macht.[27] Viele Feministinnen argumentieren, die begrenzte Zahl von nachgewiesenen biologischen Unterschieden zwischen den Geschlechtern sei von den kulturbedingten Interpretationen bei weitem übertrieben worden und die Bedeutung, die den Unterschieden zwischen dem weiblichen und dem männlichen Geschlecht beigemessen werde, sei selbst ein Kulturprodukt. Sexuelle Attribute sind biologisch vorgegebene Tatsachen, aber die geschlechtsspezifische Rolle ist ein Produkt der historischen Entwicklung. Die Tatsache,

27 Diese Kritik ist am besten zusammengefaßt in einer Serie von übersichtbietenden Beiträgen in SIGNS: Mary P. Parlee »Psychology«, vol. 1, no. 1 (Autumn 1975), S. 119-38; Carol Stack u.a.; »Anthropology«, ebd., 147-60; Reesa M. Vaughter »Psychology«, vol. 2, no. 1 (Autumn 1976), S. 120-46; Louise Lamphere »Anthropology«, vol. 2, No. 3 (Spring 1977), S. 612-27.

daß Frauen Kinder gebären, ist durch das sexuelle Geschlecht bedingt; aber daß Frauen die Kinder aufziehen und versorgen, liegt an ihrer besonderen Geschlechtsrolle, die ein kulturell vermitteltes Konstrukt ist. Es sind diese kulturspezifische Definition von Weiblichkeit und die entsprechenden Rollenerwartungen, die die gesellschaftliche Position der Frau festlegen.[28]

Wir wollen uns nun kurz mit den Theorien befassen, die die Universalität der Unterordnung von Frauen verneinen und behaupten, es habe ein früheres Stadium entweder der Dominanz von Frauen (Matriarchat) oder der Gleichheit von Frauen und Männern gegeben. Dabei handelt es sich vor allem um marxistisch-ökonomische und maternalistische Theorien.

Die marxistische Analyse hatte einen bestimmenden Einfluß auf die Fragestellungen von feministischen Wissenschaftlerinnen. Von grundlegender Bedeutung für deren Ansatz war die von Friedrich Engels vorgelegte Arbeit *Der Ursprung der Familie, des Privateigentums und des Staates*, in der »die weltgeschichtliche Niederlage des weiblichen Geschlechts« als ein Ereignis beschrieben wird, das sich aus der Entstehung des Privateigentums herleiten läßt.[29] Engels stützte seine verallgemeinernden Thesen auf die Arbeiten von Ethnographen und Theoretikern des 19. Jahrhunderts wie etwa J. J. Bachofen und L. H. Morgan und behauptete, vor der Entstehung des Privateigentums hätten klassenlose kommunistische Gesellschaften bestanden.[30] Diese Gesellschaften wären – ob nun mutterrechtlich organisiert oder nicht – egalitär gewesen. Engels ging von der Annahme aus, zwischen den Geschlechtern hätte es eine »rein naturwüchsige« Arbeitsteilung gegeben.

> *»Der Mann führt den Krieg, geht jagen und fischen, beschafft den Rohstoff der Nahrung und die dazu nötigen Werkzeuge. Die Frau besorgt das Haus und die Zubereitung der Nahrung und Kleidung, kocht, webt und näht. Jedes von beiden ist Herr auf seinem Gebiet: der Mann im Walde, die Frau im Hause. Jedes ist Eigentümer der von ihm verfertigten und gebrauchten Werkzeuge .... Was gemeinsam gemacht und genutzt wird, ist gemeinsames Eigentum: das Haus, der Garten, das Langboot.«*[31]

Engels' Beschreibung der naturwüchsigen Arbeitsteilung zwischen Mann und Frau liest sich wie die Darstellung eines europäischen Bauernhaushalts, zurückdatiert in die Vorgeschichte. Die ethnographischen Informationen, auf

28 Gayle Rubin in: Reiter 1978, S.159.
29 F. Engels 1974.
30 J. J. Bachofen 1967, L. H. Morgan 1963.
31 F. Engels 1974., S. 178

die er diese Verallgemeinerungen stützte, haben sich als unzutreffend erwiesen. In den meisten primitiven Gesellschaften der Vergangenheit und in allen noch heute existierenden Jäger-und-Sammler Gesellschaften sorgen die Frauen im Durchschnitt für 60 Prozent oder mehr der Nahrungsmittel. Um das zu tun, bewegen sie sich häufig in einem weiten Umkreis ihres Hauses, wobei sie ihre Babys und Kinder mitnehmen. Außerdem ist die Annahme irrig, es gebe eine einzige Formel oder nur ein Verhaltensmuster für die Arbeitsteilung der Geschlechter. Die von Männern und Frauen jeweils übernommene Arbeit war in verschiedenen Kulturen, je nach den gegebenen Lebensbedingungen, sehr unterschiedlich.[32] Engels theoretisierte, in den Stammesgesellschaften hätte die Entwicklung der Viehzucht zum Tauschen geführt und zum Besitz von Herden durch einzelne Familienoberhäupter, wahrscheinlich Männer. Aber er konnte nicht erklären, wie dies geschehen sein soll.[33] Die Gewinne aus der Viehzucht hätten sich die Männer angeeignet und wären so zu privatem Sondereigentum geworden. Nachdem die Männer nun ein derartiges Privateigentum hätten erwerben können, hätten sie versucht, es für sich und ihre Erben zu sichern, und zwar durch die Institutionalisierung der monogamen Familie. Mit der Kontrolle der weiblichen Sexualität durch das Gebot vorehelicher Enthaltsamkeit und mit der Durchsetzung einer doppelten Sexualmoral in der Ehe hätten die Männer die Legitimität ihrer Nachkommenschaft und ihr Eigentumsinteresse absichern wollen. Engels betonte den Zusammenhang zwischen dem Zusammenbruch der älteren Struktur der Verwandtschaftsbeziehungen (Gentilverfassung) auf der Grundlage des Gemeineigentums und dem Entstehen der Einzelfamilie als ökonomischer Einheit.

Mit der Entwicklung des Staates wäre die monogame Familie zur patriarchalen Familie geworden, in der die *»Führung des Haushalts ... ein Privatdienst (wurde); die Frau wurde erste Dienstbotin, aus der Teilnahme an der gesellschaftlichen Produktion verdrängt.«*[34] Engels folgerte daraus:

> *»Der Umsturz des Mutterrechts war die weltgeschichtliche Niederlage des weiblichen Geschlechts. Der Mann ergriff das Steuer auch im Hause, die Frau wurde entwürdigt, geknechtet, Sklavin seiner Lust und bloßes Werkzeug der Kinderzeugung.«*[35]

32 Einen Überblick über die geschlechtsspezifische Arbeitsteilung in 224 Gesellschaften gibt G. P. Murdock, 1934 und 1937; eine feministische Kritik dieser Daten bei Karen Sacks 1979, Kap. 2 u, 3.
33 Engels 1974, S. 179.
34 Ebd., S. 84.
35 Ebd., S. 66.

Engels benutzte in Anlehnung an Bachofen den Begriff »Mutterrecht«, um matrilineare Verwandtschaftsbeziehungen zu beschreiben, in denen das Eigentum der Männer nicht an deren Kinder weitergegeben wird, sondern an deren Schwesterkinder. Er akzeptierte auch Bachofens Modell der geschichtlichen Entwicklung der Familienstruktur von Gruppenehen zur monogamen Ehe. Engels argumentierte, daß die Frau die Monogamie als eine Verbesserung ihrer Lebensbedingungen betrachtet hätte, weil sie damit das Recht erhalten hätte, *»sich nur einem einzigen Mann zu geben.«* Engels wies auf die Institutionalisierung der Prostitution hin, die er als eine unerläßliche Stütze der Monogamie beschrieb.

Engels' Spekulationen über die Natur der weiblichen Sexualität sind kritisiert worden als Reflexe seiner eigenen sexistischen viktorianischen Wertvorstellungen in ihrer unreflektierten Annahme, daß die Maßstäbe der weiblichen Prüderie des 19. Jahrhunderts die Verhaltensweisen und Auffassungen von Frauen zur Zeit der Entstehung der Zivilisation erklären könnten.[36] Dennoch verdanken wir Engels wichtige Beiträge zum Verständnis der Position der Frau in Gesellschaft und Geschichte: 1. Er wies auf den Zusammenhang zwischen strukturellen Veränderungen in den Verwandtschaftsbeziehungen und Veränderungen der Arbeitsteilung einerseits und der Stellung der Frau in der Gesellschaft andererseits hin. 2. Er zeigte einen Zusammenhang zwischen der Entstehung des Privateigentums, Monogamie und Prostitution. 3. Er zeigte den Zusammenhang zwischen ökonomischer und politischer Herrschaft des Mannes und dessen Kontrolle, über die weibliche Sexualität. 4. Durch die zeitliche Einordnung der *»weltgeschichtlichen Niederlage des weiblichen Geschlechts«* in die Periode der Herausbildung von archaischen Staaten auf der Basis besitzender Eliten gab er dem Ereignis eine geschichtliche Dimension. Obwohl er keine dieser Behauptungen beweisen konnte, definierte er die ein Jahrhundert lang bestimmenden Fragestellungen. Er schränkte außerdem die Diskussion der »Frauenfrage« dadurch ein, daß er eine überzeugende, monokausale Erklärung anbot und die Aufmerksamkeit auf ein einziges Ereignis hinlenkte, das einem revolutionären Umsturz gleichzukommen schien. Wenn die Entstehung des Privateigentums und der damit verbundenen Institutionen die Ursache der »Versklavung« der Frau war, dann ergibt sich daraus die logische Schlußfolgerung, daß die Ab-

36 Eine dem widersprechende biologisch-deterministische Theorie findet sich bei M. J. Sherfey, 1972, die argumentiert, daß die unbegrenzte Orgasmusfähigkeit der Frauen und ihr ständiger Menstruationszyklus im Neolithikum für das entstehende Gemeinschaftsleben Probleme dargestellt hätten. Die weibliche Biologie hätte Konflikte zwischen den Männern gefördert und die Kooperation in der Gruppe behindert, was die Männer zur Institutionalisierung von Inzesttabus und der sexuellen Dominanz des Mannes veranlaßt hätte, um das gesellschaftlich destruktive Potential der weiblichen Sexualität unter Kontrolle zu bringen.

schaffung des Privateigentums die Befreiung der Frau zur Folge hätte. Jedenfalls war seither der größte Teil der theoretischen Bemühungen zur Klärung der Ursachen für die Unterordnung der Frauen darauf gerichtet, die Arbeit von Engels zu bestätigen, sie fortzuführen oder zu widerlegen.

Engels' Grundannahmen über die Natur der Geschlechter stützten sich zwar auf die Anerkennung von Evolutionstheorien der Biologie, aber sein großes Verdienst ist es, auf die Bedeutung von gesellschaftlichen und kulturellen Faktoren für die Strukturierung und Definition von Geschlechterbeziehungen hingewiesen zu haben. Parallel zu seinem Modell der gesellschaftlichen Beziehungen entwickelte er eine Theorie von der Entwicklung der Geschlechterbeziehungen, derzufolge die monogame Ehe innerhalb der Arbeiterklasse in einer sozialistische Gesellschaft am Endpunkt der Evolution stünde. Indem er so das Verhältnis zwischen den Geschlechtern zu gesellschaftlichen Veränderungen in Beziehung setzte, brach er mit dem biologischen Determinismus der Traditionalisten. Indem er hinwies auf den Konflikt zwischen den Geschlechtern, der in der Institution der Monogamie enthalten war, wie sie sich innerhalb der vom Privateigentum bestimmten Beziehungen herausbildete, betonte er die Bedeutung des Zusammenhangs zwischen ökonomisch-sozialem Wandel und dem, was wir heute als geschlechtsrollenbestimmte Beziehungen zwischen den Menschen bezeichnen würden. Er definierte die monogame Ehe, wie sie sich in einem frühen Stadium der gesellschaftlichen Entwicklung herausbildete, als *»Unterjochung des einen Geschlechts durch das andere, als Proklamation eines bisher in der ganzen Vorgeschichte unbekannten Widerstreits der Geschlechter.«* Er fährt fort:

> *»Der erste Klassengegensatz, der in der Geschichte auftritt, fällt zusammen mit der Entwicklung des Antagonismus zwischen Mann und Weib in der Einzelehe, und die erste Klassenunterdrückung mit der des weiblichen Geschlechts durch das männliche.«*[37]

Diese Feststellungen eröffnen vielversprechende Wege der Theoriebildung, die später noch erörtert werden sollen. Doch es ist festzuhalten, daß die Engelssche Gleichsetzung der Geschlechterbeziehungen mit einem »Klassenantagonismus« eine Sackgasse gewesen ist, die die Theoretiker lange an einem adäquaten Verständnis der Unterschiede zwischen Klassenbeziehungen und Geschlechterbeziehungen gehindert hat. Ein angemessenes Verständnis wurde erschwert durch das Insistieren der Marxisten, daß Fragen der Geschlechterbe-

37 Engels 1974, S. 76.

ziehungen nachrangig seien gegenüber den Fragen der Klassenbeziehungen – eine Überzeugung, die nicht nur theoretisch, sondern auch praktisch-politisch zum Ausdruck gebracht wurde, wo immer sie die Macht dazu hatten. Erst in jüngster Zeit hat die neue feministische Wissenschaft begonnen, die theoretischen Voraussetzungen dafür zu schaffen, daß diese Irrtümer korrigiert werden können.

Die strukturalistische Anthropologie von Claude Levi-Strauss bietet ebenfalls eine theoretische Begründung für die These an, daß die Unterordnung der Frau für das Entstehen von Kultur entscheidend ist. Aber anders als Engels postuliert Levi-Strauss eine einzige Grundlage, auf der die Menschen die Kultur geschaffen haben. Levi-Strauss sieht im Inzesttabu einen universellen menschlichen Mechanismus, der das Fundament jedweder sozialen Organisation bildet.

> *»Das Inzestverbot ist weniger eine Regel, die es untersagt, die Mutter, Schwester oder Tochter zu heiraten, als vielmehr eine Regel, die dazu zwingt, die Mutter, Schwester oder Tochter anderen zu geben. Es ist die höchste Regel der Gabe...«*[38]

Der »Austausch von Frauen« ist die erste Form des Tauschens, in der Frauen zu einer Ware und »verdinglicht« werden, d. h. wo sie mehr als eine Sache denn als menschliche Wesen gelten. Der Austausch von Frauen bezeichnet nach Levi-Strauss den Anfang der Unterordnung der Frauen. Diese wiederum verstärkt eine geschlechtsspezifische Arbeitsteilung, die die männliche Herrschaft festigt. Levi-Strauss sieht gleichwohl das Inzesttabu als einen positiven und notwendigen Schritt im Prozeß der Entstehung der menschlichen Kultur. Kleine selbstgenügsame Stämme mußten zu Nachbarstämmen in Beziehung treten – entweder durch dauernde Kriege oder durch die Entwicklung einer friedlichen Koexistenz. Tabus in bezug auf Endogamie und Inzest strukturierten eine friedliche Interaktion und führten zu Bündnissen zwischen Stämmen.

Die Anthropologin Gayle Rubin definiert dieses System des Tauschs in seiner Bedeutung für die Frauen:

> *»Der Begriff Frauentausch bezeichnet in Kurzform, daß Verwandtschaftsbeziehungen so strukturiert sind, daß Männer bestimmte Rechte in bezug auf die weiblichen Verwandten haben und daß die Frauen nicht die gleichen Rechte haben in bezug auf die männlichen Verwandten ... (Es ist) ein System, in dem Frauen nicht das uneingeschränkte Recht haben, über sich selbst zu bestimmen.«*[39]

38 Levi-Strauss 1981, S. 643.
39 G. Rubin in: Reiter 1978, S. 177.

Es ist bemerkenswert, daß nach der Theorie von Levi-Strauss die Männer die Handelnden sind, die ein System von Strukturen und Beziehungen über die Frauen verhängen. Ein solcher Erklärungsansatz ist jedoch nicht hinreichend. Wie kam es dazu? Warum waren es die Frauen, die getauscht wurden, warum nicht Männer oder kleine Kinder beiderlei Geschlechts? Selbst wenn der funktionale Nutzen des getroffenen Arrangements unterstellt wird, warum sollten die Frauen dem zugestimmt haben?[40] Wir werden dieser Frage im nächsten Kapitel weiter nachgehen, um eine sinnvolle Arbeitshypothese zu entwickeln.

Der beträchtliche Einfluß von Levi-Strauss auf die feministische Theorie hat zu einer Verschiebung des Forschungsinteresses von ökonomischen Bedingungen zu einem Studium der symbolischen und bedeutungsverleihenden Systeme von Gesellschaften geführt. Die einflußreichste Arbeit war Sherry Ortners 1974 erschienener Aufsatz, in dem sie überzeugend darlegte, daß in allen bekannten Gesellschaften über Frauen gesagt wird, sie seien der Natur näher als der Kultur.[41] Da jede Kultur die Natur entwertet, indem sie versucht, sich beherrschend über die Natur zu erheben, werden Frauen zum Symbol einer niedrigeren, eine Zwischenform bildenden Art von Wesen. Ortner belegte, warum Frauen so beurteilt werden:

> *»1. Der Körper der Frau und seine Funktionen ... scheinen ihr einen Platz näher an der Natur zuzuweisen; 2. der Körper der Frau und seine Funktionen verweisen sie auf soziale Rollen, die ihrerseits wieder als für die kulturelle Entwicklung minder wichtig gelten, und 3. geben die der Frau wegen ihres Körpers und dessen Funktionen übertragenen traditionellen sozialen Rollen ihr eine andere psychische Struktur, ... die ... als enger mit der Natur verbunden betrachtet wird.«*[42]

Dieser kurze Aufsatz provozierte eine lange und sehr informative Debatte zwischen feministischen Anthropologinnen und Theoretikern und Theoretikerinnen anderer Fachrichtungen, die noch andauert. Ortner und die ihr Gleichgesinnten argumentieren nachdrücklich im Sinne der universellen Verbreitung der weiblichen Unterordnung – wenn nicht als aktuelle soziale Lebensbedingung, so doch in den Wertevorstellungen der Gesellschaft. Die Gegner dieser Argumentation widersprechen der Behauptung, die weibliche Unterordnung sei eine universelle Erscheinung, sie kritisieren die Ahistorizität dieses Standpunkts und lehnen es ab, die Frauen in der Position der passiven Besiegten zu sehen.

40 Eine feministische Kritik der Position von Levi-Strauss bei K. Sacks 1979, S. 5 5 ff.

41 Ortner 1974.

42 Ortner 1974, S.73f.

Schließlich stellen sie auch die der feministischen Version des Strukturalismus implizite Annahme, es gebe eine unveränderliche und unaufhebbare Dichotomie zwischen Mann und Frau, in Frage.[43]

Hier ist nicht der Ort, um dem Reichtum und dem intellektuellen Niveau der anhaltenden feministischen Debatte gerecht zu werden. Aber es ist festzuhalten, daß die Diskussion über die Universalität der weiblichen Unterordnung bereits so zahlreiche gegensätzliche Erklärungen hervorgebracht hat, daß selbst diejenigen, die sie für gegeben halten, sich der Unzulänglichkeit ihrer Fragestellung bewußt sind. Je mehr die Diskussion in die Tiefe geht, desto deutlicher wird, daß monokausale Erklärungen und die universalistischen Thesen die Frage nach den Ursachen der Unterordnung nicht adäquat beantworten können. Das große Verdienst der funktionalistischen Theorie ist es, die Beschränktheit der bloß ökonomischen Erklärungsversuche erläutert zu haben, und diejenigen, die dazu neigen, die Bedeutung von Biologie und Ökonomie in den Vordergrund zu stellen, müssen sich nun mit der Macht von Weltanschauungen, Symbolen und mentalen Konstrukten befassen. Darüber hinaus ist die gemeinsame Auffassung fast aller Feministinnen von der gesellschaftlich bedingten Entwicklung und Ausprägung der Geschlechtsrollen eine ernst zu nehmende intellektuelle Herausforderung für alle traditionalistischen Erklärungsversuche.

Auch eine andere theoretische Position verdient eine intensive Auseinandersetzung, weil sie dem Blickwinkel und der Absicht nach feministisch ist und weil sie bezeichnend ist für eine historische Tradition des Nachdenkens über Frauen. Die maternalistische Theorie beruht auf dem Anerkennen der biologisch bedingten Geschlechtsunterschiede als Tatsache. Die meisten feministischen Maternalistinnen halten auch die geschlechtsspezifische Arbeitsteilung aufgrund dieser biologischen Unterschiede für unvermeidlich, obwohl manche Theoretikerinnen in der jüngsten Zeit diese Position kritisch überprüft haben. Die Vertreter und Vertreterinnen der maternalistischen Auffassungen unterscheiden sich allerdings insofern erheblich von den Anhängern des Traditionalismus, als sie sich von ihrem Ansatz aus für die Gleichheit der Frauen und sogar für deren Überlegenheit aussprechen.

Die erste wichtige Theorie auf der Grundlage maternalistischer Prinzipien von Johann Jakob Bachofen in seinem außerordentlichen einflußreichen Werk *Das Mutterrecht* vorgelegt. Bachofens Arbeit beeinflußte Engels wie auch Charlotte Perkins Gilman und findet eine Entsprechung in der Theorie von Elizabeth Cady Stanton. Viele Feministinnen des 20. Jahrhunderts akzeptierten seine eth-

43 Zu dieser Debatte: Ortner und Whitehead 1981, MacCormack und Strathern 1980.

nographischen Angaben und seine Analyse literarischer Quellen und benutzten sie zur Begründung eine: breiten Spektrums von unterschiedlichen Theorien.[44] Bachofens Thesen hatten einen starken Einfluß auch auf Robert Briffault sowie eine Schule Jungscher Analytiker und Theoretiker, deren Arbeiten im Amerika des 20. Jahrhunderts weite Verbreitung und Anerkennung fanden.[45]

Die theoretischen Grundlagen Bachofens waren evolutionistisch und darwinistisch. Er beschrieb verschiedene Stadien der gesellschaftlichen Evolution, als führten sie in einer stetigen Entwicklung von der Barbarei zum modernen Patriarchat hinan. Bachofens eigener Beitrag war die These, daß Frauen in der primitiven Gesellschaft Kultur geschaffen haben und es eine Periode des »Matriarchats« gegeben hat, die der Gesellschaft den Weg aus der Barbarei wies. Bachofen schildert diese Periode beredt und poetisch:

> *»Auf den tiefsten, düstersten Stufen des menschlichen Daseins bildet die Liebe, welche die Mutter mit den Geburten ihres Leibes verbindet, den Lichtpunkt des Lebens, die einzige Erhellung der moralischen Finsternis ... In der Pflege der Leibesfrucht lernt das Weib früher als der Mann seine liebende Sorge über die Grenzen des eigenen Ich auf andere Wesen erstrecken ... Von ihm geht jetzt jede Erhebung der Gesittung aus, von ihm jede Wohltat im Leben, jede Hingebung, jede Pflege und jede Totenklage.«*[46]

Trotz dieser Bewertung der Rolle der Frauen in der Dämmerung der Menschheitsgeschichte betrachtete Bachofen den Aufstieg des Patriarchats in der westlichen Zivilisation als den Triumph des überlegenen religiösen und politischen Denkens und der entsprechenden Organisationsform, die er der historischen Entwicklung in Asien und Afrika positiv gegenüberstellte. Aber er befürwortete wie seine Nachfolger die Einbeziehung des »weiblichen Prinzips« von Fürsorge und Altruismus in die moderne Gesellschaft.

Die Feministinnen im Amerika des 19. Jahrhunderts entwickelten eine voll ausgearbeitete maternalistische Theorie, die sich nicht so sehr auf Bachofen stützte als auf ihre eigene Neudefinition der patriarchalen Doktrin der »besonderen Sphäre der Frau.« Es gibt jedoch enge Parallelen ihres Denkens zu Bachofens Vorstellungen von angeborenen, positiven »weiblichen« Eigenschaften. Die Feministinnen des 19. Jahrhunderts, in Amerika wie in England, hielten die Frauen wegen ihrer mütterlichen Instinkte und ihrer lebenslangen Praxis für altruistischer als Männer und wegen ihrer angeblich schwächeren sexu-

44 Vgl. Gilman 1898, H. Diner 1965, E. G. Davis 1971, E. Reed 1975.
45 Briffault 1927; vgl. Campbell in: Bachofen 1967, Einleitung, S. 20
46 Bachofen 1948, Vorrede und Einleitung, S.20.

ellen Triebe für tugendhaftere Wesen. Sie glaubten, daß Frauen wegen dieser Eigenschaften, die sie anders als Bachofen der historischen Rolle der Frauen als Ernährenden und Erziehenden zuschrieben, eine besondere Aufgabe hätten: die Gesellschaft vor Destruktivität, Konkurrenzkampf und Gewalttätigkeit zu bewahren, die von Männern entwickelt werden, deren Macht nicht eingeschränkt wird. Besonders Elizabeth Cady Stanton vertrat eine Argumentation, die Naturrechtsphilosophie, amerikanischen Nationalismus und Maternalismus miteinander vermengte.[47]

Stanton schrieb in einer Zeit, in der in der jungen Republik der Vereinigten Staaten die traditionalistischen Auffassungen von geschlechtsspezifischen Rollenerwartungen überdacht wurden. Im kolonialen Amerika galten Frauen wie im Europa des 18. Jahrhunderts als ihren männlichen Verwandten gegenüber untergeordnet und als im familiären Zusammenhang von ihnen abhängig, auch wenn sie, wie es besonders in den Kolonien oder unter den Bedingungen des Frontier-Lebens der Fall war, im Wirtschaftsleben als Partnerinnen angesehen wurden. Die gleichen Bildungschancen waren ihnen ebenso vorenthalten wie aktive Teilnahme und Machtpositionen im politischen Leben. Nun, da die Männer eine neue Nation schufen, wiesen sie der Frau die neue Rolle als »Mutter der Republik« zu, der es oblag, die männlichen Bürger aufzuziehen, die die Gesellschaft führen würden. Die Frauen in der Republik sollten nun in der häuslichen Sphäre souverän sein, so wie die Männer ganz entschieden die öffentliche Sphäre, einschließlich des Wirtschaftslebens, als ihre Domäne exklusiv für sich reklamierten. Die unter dem Aspekt des sexuellen Geschlechts gerechtfertigte Trennung der Sphären definiert im »Kult der wahren Weiblichkeit«, wurde zur herrschenden Ideologie. Während die Männer ihre Herrschaft in Wirtschaft, Bildungswesen und Politik institutionalisierten, wurden die Frauen angehalten, sich an ihren untergeordneten Status anzupassen, und zwar durch eine Ideologie, die ihrer Mutterfunktion eine besonders hervorgehobene Bedeutung verlieh.[48]

In den ersten Jahrzehnten des 19. Jahrhunderts gelangten amerikanische Frauen sowohl praktisch wie auch theoretisch zu einer Neubestimmung ihrer sozialen Position. Wenn frühe Feministinnen die Existenz zweier getrennter Sphären auch als gegebene Voraussetzung akzeptierten, so veränderten sie doch die Funktion dieses Konzepts, indem sie behaupteten, die Frauen hätten wegen der in der Mutterrolle verkörperten Überlegenheit ihrer Werte und Kraft das

47 Vgl. ihre Reden in: DuBois 1981.

48 Vgl. M. B. Norton 1980, Kap. 8, 9 u. Schluß; L. Kerber 1980, Kap. 9.

Recht und die Pflicht, sich zur öffentlichen Sphäre Zutritt zu verschaffen. Stanton machte die Doktrin von den »getrennten Sphären« zu einem feministischen Argument, indem sie die Auffassung vertrat, daß Frauen zur Gleichheit berechtigt seien, weil sie die Bürgerrechte besäßen und so die gleichen natürlichen Rechte hätten wie Männer und zudem als Mütter besser als Männer in der Lage wären, eine günstige Entwicklung der Gesellschaft zu gewährleisten.

Eine ähnliche maternalistisch-feministische Auffassung war Teil der Ideologie der späteren Suffragettenbewegung und jener Reformerinnen, die mit Jane Addams argumentierten, der Tätigkeitsbereich der Frauen ließe sich sinnvoll auf das »öffentliche Haushalten« ausdehnen. Interessanterweise haben moderne Feministinnen ähnliche Vorstellungen entwickelt. Sie stützten ihre diesbezügliche Argumentation auf psychologische Befunde und auf Erkenntnisse, die Frauen in der Vergangenheit außerhalb des politischen Machtsystems gemacht haben. Dorothy Dinnerstein, Mary O'Brien und Adrienne Rich sind die letzten einer langen Reihe von Maternalistinnen.[49]

Weil sie die determinierende Bedeutung der biologischen Unterschiede der Geschlechter anerkannten, befaßten sich die Maternalistinnen des 19. Jahrhunderts weniger mit den Problemen des historischen Ursprungs als ihre Nachfolgerinnen im 20. Jahrhundert. Aber seit Bachofen war die Ablehnung der Universalität der weiblichen Unterordnung in der maternalistisch-evolutionären Position implizit enthalten. Die Maternalistinnen versicherten, daß es vor dem Patriarchat ein alternatives Modell der sozialen Organisation von Menschen gegeben habe. Deshalb stand die Suche nach dem Matriarchat im Mittelpunkt ihres Denkens. Wenn der Nachweis für die Existenz von matriarchalen Gesellschaften irgendwo und irgendwann gelänge, dann würde das dem Anspruch der Frauen auf Gleichheit und einen Anteil an der Macht größeren Nachdruck

49 Jane Addams Werk beeinflußte das Denken von Mary Beard (vgl. Beard 1915). Zur modernen maternalistischen Position: Rich 1976, Dinnerstein 1977. O‹Brien (1981) entwickelt eine Theorie, in der im Zusammenhang einer marxistischen Theorie die Reproduktionsarbeit der Frau (Gebären, Aufziehen der Kinder) in Beziehung gesetzt wird zur Arbeit im ökonomischen System. Die maternalistische Position ist Grundlage der Ideologie der Frauenfriedensbewegung und kommt zum Ausdruck bei feministischen Ökologinnen wie Susan Griffin (1978) und Robin Morgan (1982). Ein anderes maternalistisches Argument stammt von Alice Rossi (1977), die soziobiologische Auffassungen akzeptiert und im Sinne feministischer Zielsetzungen verwendet. Sie fordert eine Umstrukturierung sozialer Institutionen, die es Frauen ermöglicht, ihre Aufgaben als Mutter und Erzieherin wahrzunehmen, ohne ihr Streben nach Gleichheit und Chancengerechtigkeit aufgeben zu müssen. Rossi hat unkritisch die Ahistorizität und die unwissenschaftlichen Behauptungen der Soziobiologie akzeptiert und unterscheidet sich von den meisten Feministinnen dadurch, daß sie nicht dafür eintritt, daß sich die Männer zu gleichen Teilen an der Versorgung und Erziehung der Kinder beteiligen sollen. Aber ihre Position verdient Beachtung als eine Form des maternalistischen Denkens und weil sie eine Pionierin der feministischen Kritik innerhalb der Soziologie gewesen ist.

und Glaubwürdigkeit verleihen. Bis in die jüngste Zeit beschränkten sich die vorgelegten Beweise für diese Position auf eine Kombination aus Archäologie, Mythos, Religion und Funde von zweifelhafter Bedeutung, die durch Spekulationen in einen Zusammenhang gebracht wurden. Von zentraler Bedeutung für die These vom Matriarchat war das zweifellose Vorhandensein von Muttergöttinnen in vielen alten Religionen, die den Maternalistinnen zufolge ein Beweis dafür waren, daß damals tatsächlich die Frauen Macht ausübten. Wir werden die Entwicklung der Göttinnen in Kapitel 7 genauer untersuchen; hier soll nur betont werden, daß es schwierig ist, von solchen Beweisstücken auf die Struktur sozialer Organisationen zu schließen, in denen die Frauen dominant waren. Angesichts der historisch belegten Gleichzeitigkeit der symbolischen Verehrung von Frauen und dem in der Realität niedrigen sozialen Status der Frauen, wie etwa beim Kult der Jungfrau Maria im Mittelalter, beim Kult der Lady auf den Südstaaten-Plantagen im Amerika vor dem Bürgerkrieg oder beim Kult des Hollywoodstars im heutigen Amerika, zögert man, solche Belege zum historischen Beweis aufzuwerten.

Die ethnographischen Befunde, auf die Bachofen und Engels ihre Argumentation stützten, sind von modernen Anthropologen und Anthropologinnen weitgehend widerlegt worden. Diese Ergebnisse erwiesen sich als »Beweise« nicht für das »Matriarchat«, sondern für Matrilokalität und Matrilinearität. Im Gegensatz zu früheren Auffassungen ist es nicht möglich, eine Beziehung zwischen der Verwandtschaftsstruktur und der sozialen Stellung der Frau nachzuweisen. In den meisten matrilinearen Gesellschaften ist es ein Mann, in der Regel der Bruder oder der Onkel der Frau, der die wirtschaftlichen oder familiären Entscheidungen trifft.[50]

Inzwischen hat die anthropologische Forschung reichhaltiges Material vorgelegt, das relativ egalitäre gesellschaftliche Arrangements sowie komplexe und sehr unterschiedliche Versuche zur Lösung der von der Arbeitsteilung hervorgerufenen Probleme beschreibt.[51] Die Literatur bezieht sich weitgehend auf noch bestehende Stammesgesellschaften, unter Berücksichtigung einiger Beispiele aus dem 19. Jahrhundert. Das wirft ganz besonders für Historiker die Frage auf, ob solche Informationen verläßlich genug sind, um verallgemeinernde Schlußfolgerungen in bezug auf prähistorische Völker zuzulassen. Jedenfalls ergibt sich aus dem vorhandenen Material, daß die meisten egalitären Gesellschaften in den Stämmen von Jägern und Sammlern anzutreffen sind, die von einer gegen-

50 Martin und Voorhies (1975, S. 187) beschreiben die Wirtschaftsstrukturen in solchen Gesellschaften.

51 Eine Literaturübersicht bei N. Tanner und A. Zihlman 1976, Sacks 1982, Kap. 2 und 3.

seitigen wirtschaftlichen Abhängigkeit charakterisiert sind. Eine Frau muß die Dienste eines Jägers in Anspruch nehmen, um ihre und ihrer Kinder Versorgung mit Fleisch zu sichern. Ein Jäger muß sich einer Frau sicher sein, die ihm die notwendigen Nahrungsmittel für die Jagd und für den Fall der erfolglosen Jagd bereitstellt. Wie wir schon festgestellt haben, sorgen in solchen Gesellschaften die Frauen für den größeren Teil der Ernährung, aber das erlegte Wild wird überall als die höherwertige Nahrung betrachtet und als Geschenk getauscht. Solche Stämme von Jägern und Sammlern betonen die wirtschaftliche Kooperation und leben in der Regel friedlich mit anderen Stämmen zusammen. Konkurrenz ist ritualisiert in Wettkämpfen sportlicher oder gesanglicher Art, im Alltag aber nicht erwünscht. Wie gewöhnlich stimmen die Fachgelehrten in der Interpretation des Materials nicht überein, aber ein gründlicher Überblick über die historischen Zeugnisse läßt die Verallgemeinerung zu, daß in solchen Gesellschaften der relative Status von Frauen und Männern »verschieden, aber gleichwertig« ist.[52]

Zwischen den Anthropologen und Anthropologinnen bestehen beträchtliche Meinungsverschiedenheiten darüber, nach welchen Kategorien eine bestimmte Gesellschaft zu beurteilen ist. Einige feministische Anthropologinnen und Schriftstellerinnen haben die Komplementarität des Geschlechterverhältnisses oder auch das Fehlen einer scharfumrissenen männlichen Dominanz als einen Beleg für Gleichheit, egalitäre Verhältnisse oder sogar für weibliche Dominanz interpretiert. So beschreibt Eleanor Leacock den hohen Status der Frauen bei den Irokesen, besonders vor der europäischen Invasion, ihre machtvolle Rolle in der Gemeinschaft durch die Kontrolle der Nahrungsmittelverteilung und ihre Teilnahme am Ältestenrat. Leacock hält dies für Beweise von »Matriarchat« in dem Sinne, daß Frauen *»öffentliche Autorität in wesentlichen Bereichen des Stammeslebens ausüben«*[53] Andere Anthropologen und Anthropologinnen hingegen betonen unter Bezugnahme auf dieselben Daten und in Anerkennung des relativ hohen Status und der Machtposition der Irokesen-Frauen die Tatsache, daß die Frauen der Irokesen niemals politische Führerinnen ihres Stammes oder Häuptling gewesen sind. Sie verweisen außerdem auf die Einmaligkeit der Situation bei den Irokesen, die bestimmt ist von einem Überfluß an natürlichen

52 Vgl. Martin/Voorhies 1975, S. 190; Beispiele für die wissenschaftliche Kontroverse bei Judith Brown über die Frauen der Irokesen in: R. Rapp Reiter 1978; bei Leacock 1977 über Eskimo; andere Interpretationen: L. L. Briggs über Eskimo-Frauen in: C. L. Matthiasson 1974 und Elise Boulding 1976, S. 291.
53 Leacock 1977, S. 27.

Rohstoffen innerhalb des unmittelbaren Lebensbereichs.[54] Es ist zudem festzustellen, daß in allen Jäger-und-Sammler Gesellschaften die Frauen unabhängig von ihrem sozialen oder wirtschaftlichen Status immer in mancher Hinsicht den Männern untergeordnet sind. Es ist keine einzige Gesellschaft bekannt, in der Frauen als Gruppe eine Entscheidungsgewalt über Männer hatten oder in der sie die Regeln des Sexualverhaltens bestimmten oder die Ehevermittlung kontrollierten.

Es sind die Gartenbau betreibenden Gesellschaften, in denen Frauen sehr häufig eine dominante Rolle innehaben oder im ökonomischen Bereich großen Einfluß ausüben. In einem Vergleich von 515 Gartenbau-Gesellschaften stellte sich heraus, daß in 41 Prozent der untersuchten Gesellschaften die Frauen die landwirtschaftlichen Aktivitäten bestimmten; und doch entwickelten sich diese Gesellschaften in Richtung auf seßhafte und Pfluganbau betreibende Ackerbau-Gesellschaften, in denen die Männer das wirtschaftliche und politische Leben beherrschen.[55] Die meisten der untersuchten Gartenbau-Gesellschaften sind trotz der entscheidenden Rolle der Frauen im Wirtschaftsleben patrilinear organisiert. Matrilineare gartenwirtschaftliche Gesellschaften scheint es nur unter ganz bestimmten ökologischen Bedingungen zu geben – in der Nähe von Waldgrenzen, wo es keine Herden von gezähmten Tieren gibt. Weil solche Siedlungsräume verschwinden, bestehen kaum noch matrilineare Gesellschaften.

Zusammenfassend können wir in bezug auf die weibliche Dominanz folgende Forschungsergebnisse festhalten: 1. Die meisten Hinweise auf die Gleichstellung der Frauen finden sich in matrilinearen, matrilokalen Gesellschaften, die Übergangserscheinungen sind und gegenwärtig ganz verschwinden. 2. Obwohl Matrilinearität und Matrilokalität Frauen mit bestimmten Rechten und Privilegien ausstatten, bleibt die entscheidungsbestimmende Macht innerhalb der Stammesgemeinschaft doch bei den älteren Männern. 3. Weder beinhaltet eine patrilineare Zuordnung der Nachkommen die Unterwerfung der Frauen, noch ist die matrilineare Zuordnung ein Zeichen für Matriarchat. 4. Über lange Zeit hin haben sich die matrilinearen Gesellschaften als unfähig erwiesen, konkurrenzorientierte, ausbeuterische und technisch-ökonomisch bestimmte Organisationsformen und Lebensweisen zu entwickeln oder anzunehmen, und sind von patrilinearen Gesellschaften abgelöst worden.

Die Ergebnisse der anthropologischen Forschungen haben die These von der Universalität des vorgeschichtlichen Matriarchats offenbar eindeutig widerlegt.

54 Vgl. J. Brown sowie Martin und Voorhies 1975, S.225ff.; Leacocks Matriarchatsthese wird in Frage gestellt auch von Farb (1977, S. 212f.) und P. Webster in: Reiter 1978.
55 Martin u. Voorhies 19n, S. 214; auch D. Aberle 1961.

Doch die Debatte über das Matriarchat wird trotzdem fortgesetzt. Das liegt zum großen Teil auch daran, daß Befürworterinnen und Befürworter der Theorie des Matriarchats in ihrer Definition des Begriffs so vage geblieben sind, daß sich mit ihm verschiedene andere Kategorien fassen lassen. Diejenigen, die Matriarchat definieren als eine Gesellschaft, in der Frauen Männer beherrschen, also eine Umkehrung des Patriarchats, können dafür keine anthropologischen, ethnologischen oder historischen Beweise anführen. Sie stützen ihre Aussagen auf Mythen und Religionen.[56] Andere bezeichnen als Matriarchat jedwedes soziale Arrangement, in dem Frauen in irgendeinem Bereich des öffentlichen Lebens Macht ausüben können. Wieder andere beziehen alle Gesellschaftsformen ein, in denen Frauen ein relativ hoher Status zugebilligt wird.[57] Die letzterwähnte Definition von Matriarchat ist so ungenau, daß sie als Begriffsbestimmung unbrauchbar ist. Meiner Meinung nach kann von Matriarchat nur dann gesprochen werden, wenn Frauen Macht über Männer haben, nicht neben ihnen, wenn diese Macht sich auch auf den öffentlichen Bereich erstreckt und auf die Beziehungen über das eigene Gemeinwesen hinaus und wenn die Frauen wesentliche Entscheidungen treffen, nicht nur für die eigene Verwandtschaft, sondern für das gesamte Gemeinwesen. In Übereinstimmung mit meinen früher ausgeführten Argumenten müßte die matriarchale Macht auch die Macht beinhalten, Werte und Erklärungsmuster der Gesellschaft zu definieren, sowie die Macht, das Sexualverhalten der Männer zu bestimmen und zu kontrollieren. Es ist festzuhalten, daß ich Matriarchat als das Spiegelbild des Patriarchats definiere. Dieser Definition entsprechend komme ich zu der Schlußfolgerung, daß es eine matriarchale Gesellschaft nie gegeben hat.

Zu allen Zeiten existierten Gesellschaften, in denen Frauen die Macht mit Männern in vielen oder in einigen Lebensbereichen teilten, und Gesellschaf-

56 Zur Literatur über Amazonen s. A. Kleinbaum (1983), die zu dem Schluß kommt, daß Amazonen nie existiert haben, daß aber der Mythos von ihrer Existenz zur Verstärkung der patriarchalen Ideologie diente.

57 Abgesehen von der Familienstruktur oder den Verwandtschaftsbeziehungen bedeutet ein hoher Status der Frauen nicht ohne weiteres Macht. Rosaldo hat überzeugend nachgewiesen, daß Frauen, selbst wenn sie formale Machtpositionen innehaben, nicht auch über Autorität verfügen. Sie verweist auf die Irokesen als Beispiel In dieser matrilinearen Gesellschaft übten manche Frauen Funktionen von hohem Prestige aus und saßen im Ältestenrat, aber nur Männer konnten Häuptling sein. Ein Beispiel für eine patriarchal organisierte Kultur, in der Frauen ökonomische Macht ausübten, ist das jüdische »Schtetl« des frühen 20. Jahrhunderts, Frauen führten Geschäfte, verdienten Geld und kontrollierten die Familienfinanzen; sie hatten einen starken politischen Einfluß, indem sie Gerüchte verbreiteten, Eheschließungen vermittelten und das Verhalten ihrer Söhne beeinflußten. Gleichwohl waren Frauen ihren Vätern und Ehemännern untergeordnet und verehrten den Rabbi - der Definition nach ein Mann - als den in der Gemeinde Höchstrangigen. Dazu M. Rosaldo, »A Theoretical Overview«, in: Rosaldo und Lamphere 1974, S. 12-42.

ten, in denen Frauen als gesellschaftliche Gruppe durch die Beeinflussung oder partielle Kontrolle der Machtausübung der Männer eine beträchtliche Macht hatten. Es gibt und gab in der Geschichte immer wieder einzelne Frauen, die über die ganze oder fast die ganze Macht von Männern verfügten, die sie vertraten oder für die sie als Stellvertreterinnen handelten, etwa Königinnen und Herrscherinnen. Wie dieses Buch zeigen wird, war die Möglichkeit, ökonomische oder politische Macht mit Männern ihrer sozialen Schicht zu teilen oder an ihrer Stelle wahrzunehmen, ganz eindeutig das Privileg einiger Frauen aus der Oberschicht, das sie um so enger an das Patriarchat band.

Die Archäologie bietet manche Beweise für Gesellschaften im Neolithikum und im Bronzezeitalter, in denen Frauen hochgeehrt waren, die auch darauf hinweisen, daß diese Frauen möglicherweise eine gewisse Macht hatten. Als derartige Beweise dienen meistens Frauenfiguren, die als Fruchtbarkeitsgöttinnen gedeutet worden sind, und für das Bronzezeitalter Kunstgegenstände, die Frauen in würdevoller Haltung und mit den Zeichen eines hohen Status zeigen. Wir werden den Erkenntniswert dieser Gottheiten in Kapitel 7 näher bestimmen und die Gesellschaften Mesopotamiens während der Bronzezeit in diesem Buch immer wieder behandeln.

Wir wollen aber hier kurz die Beweislage in einem bestimmten Fall darstellen, auf den häufig von Befürwortern der Existenz des Matriarchats hingewiesen wird: Çatal Hüyük in Anatolien (heute zur Türkei gehörend).

Die Ausgrabungen von James Mellaart, vor allem die in Hacilar und Çatal Hüyük, ließen wichtige Einzelheiten der frühen Stadtentwicklung in dieser Region erkennen. Çatal Hüyük, im Neolithikum eine städtische Siedlung für 6000 bis 8000 Personen, wurde in übereinanderliegenden Schichten in einem Zeitraum von ca. 530 Jahren (6250-5720 v. Chr.) erbaut, neue Städte auf den Resten älterer Siedlungen. Der Vergleich zwischen den verschiedenen Schichten städtischer Siedlungen in Çatal Hüyük und denen einer noch älteren, kleineren dörflichen Siedlung – Hacilar, erbaut zwischen 7040 und 7000 v. Chr. gibt Aufschluß über eine frühe Gesellschaft in Zeiten historischer Veränderungen.[58]

Die Stadt Çatal Hüyük war wie ein Bienenstock aus Einzelwohnstätten gebaut, die sich in Größe und Ausstattung nur sehr geringfügig voneinander unterschieden. Die einzelnen Häuser wurden vom Dach aus über eine Leiter betreten; jedes war mit einem Backsteinherd und einem Ofen versehen. Jedes Haus hatte eine große Schlafplattform, unter der die begrabenen Skelette von Frauen und manchmal Kindern gefunden wurden. Kleinere Plattformen in

58 Vgl. James Mellaart 1964 bis 1967 sowie I.A. Todd 1976.

unterschiedlichen Positionen wurden in verschiedenen Räumen gefunden, unter denen manchmal Männer und manchmal Kinder begraben waren, niemals aber Männer und Kinder gemeinsam. Frauen wurden mit Spiegeln, Schmuck, Knochen- und Steinwerkzeugen bestattet, Männer mit ihren Waffen, Ringen, Perlen und Werkzeugen. Die Holzgefäße und Stoffe, die hier gefunden wurden, sind Zeugnisse von großem handwerklichen Können und Spezialisierung sowie weitreichenden Handelsbeziehungen. Mellaart fand Binsenteppiche, gewebte Körbe und viele Gegenstände aus Obsidian, was darauf hinweist, daß die Stadt Fernhandel trieb und sich eines beachtlichen Reichtums erfreute. Die Zeugnisse für das Vorhandensein einer Vielzahl verschiedener Nahrungsmittel und Getreidesorten sowie domestizierter Schafe, Ziegen und Hunde wurden in den späteren Schuttschichten gefunden.

Mellaart ist der Auffassung, daß nur privilegierte Personen in den Häusern bestattet worden sind. Von den 400 dort begrabenen Menschen hatten nur elf ein Oker-Begräbnis erhalten, das heißt, daß ihre Skelette mit rotem Oker bemalt wurden, was Mellaart als Zeichen eines hohen Status deutet. Da die meisten der so Bestatteten Frauen waren, vermutet Mellaart, daß die Frauen einen hohen sozialen Rang hatten, und er spekuliert, daß sie Priesterinnen waren. Die Beweiskraft dieses Materials wird allerdings gemindert durch die Tatsache, daß 136 der 222 in Gatal Hüyük gefundenen Erwachsenenskelette die von Frauen sind, was ein ungewöhnlich großer Anteil ist.[59] Wenn nach Mellaarts Entdeckung die Mehrzahl der Okerbestatteten Frauen waren, so mag das schlicht an der Geschlechterrelation der Bevölkerung liegen. Es zeigt aber immerhin, daß Frauen zu den hochrangigen Personen gehörten – unter dem Vorbehalt der Richtigkeit von Mellaarts Vermutung hinsichtlich der Bedeutung der Oker-Bestattungen.

Das Fehlen von Straßen, eines großen Platzes oder Palastes und die Gleichartigkeit und Größe der Häuser ließen Mellaart vermuten, es habe keine Hierarchie oder zentrale politische Autorität in Gatal Hüyük gegeben und die Autorität sei unter den Einwohnern aufgeteilt gewesen. Die erste Spekulation scheint zutreffend zu sein, denn sie kann sich auf eine relativ große Wahrscheinlichkeit stützen; doch daraus ist nicht auf die Teilung der Autorität zu schließen. Die Herrschaft kann, selbst ohne einen Palast oder eine formal bestimmte Regierungskörperschaft, in den Händen von Stammesoberen oder einer Gruppe von Ältesten gelegen haben. Nichts von dem Beweismaterial Mellaarts belegt die Teilung von Macht unter allen Einwohnern.

59 L. Angel 1971. Die Okerfärbung der Skelette wurde möglich, weil die Leichen offenbar zunächst den Geiern überlassen und dann fleischlos bestattet wurden. Verschiedene Wandmalereien an der Ausgrabungsstelle illustrieren das Verfahren.

Die verschiedenen Schichten von Çatal Hüyük zeigen eine außergewöhnlich große Zahl von Schreinen, reich dekoriert mit Wandmalereien, sowie Gipsreliefs und Statuen, die großzügig dekoriert sind. In den tieferen Schichten der Ausgrabungen gibt es keine figürlichen Darstellungen von Menschen, nur Stiere und Widder, Tierzeichnungen und Hörner von Stieren. Mellaart interpretiert sie als Symbole männlicher Götter. In der Ausgrabungsschicht aus dem Jahre 6200 v. Chr. waren die ersten Ausformungen einer weiblichen Gestalt enthalten, die die Brüste, das Gesäß und die Hüften stark hervorheben. Manche Figuren zeigen sitzende Frauen, eine Figur eine Gebärende; sie sind umgeben von Gipsbrüsten an den Wänden, von denen manche über Tierknochen geformt sind. Es gib außerdem eine bemerkenswerte Statue von einem sich umarmenden Menschenpaar und daneben eine, die eine Frau mit einem Kind im Arm, zeigt. Mellaart bezeichnet diese Figuren als Göttinnen und bemerkt ihre Beziehung sowohl zum Leben als auch zum Tode (Zähne und Kieferknochen von Geiern in den Brüsten); er verweist auch auf ihre Beziehung zu Zeichnungen von Blumen, Getreide und Gemüse in der Wanddekoration und zu Leoparden (Symbol der Jagd) und Geiern (Symbol des Todes). In den späteren Schichten gibt es keine Symbolisierung männlicher Götter.

Mellaart argumentiert, daß der Mann in Çatal Hüyük Anlaß hatte, stolz zu sein, geschätzt wegen seiner Männlichkeit, und daß die Rolle des Mannes bei der Zeugung bekannt war. Er glaubt, daß Männer und Frauen in der frühesten Periode die Macht und den bestimmenden Einfluß auf das Leben der Gemeinschaft teilten und beide zur Jagd gingen. Die letztere These stützt sich auf Wandzeichnungen, die ihm zufolge Frauen zeigen, die entweder an einer rituellen Handlung oder an einer Jagdszene teilnehmen, bei der ein Hirsch oder Eber eine Rolle spielt. Das scheint eine reichlich gewagte und übertriebene Schlußfolgerung zu sein, wenn berücksichtigt wird, daß beide Zeichnungen eine große Zahl von Männern zeigen, die damit beschäftigt sind, das Tier zu jagen und zu umstellen, während nur zwei Frauenfiguren zu sehen sind, die beide ihre Beine weit gespreizt haben, was als Symbol von Sexualität gelten mag, aber durchaus unvereinbar ist mit der Teilnahme der Frauen an der Jagd.[60] Aus der Struktur der Gebäude und der Plattformen schließt Mellaart, daß die Organisation der Gemeinschaft matrilinear und matrilokal gewesen ist. Letzteres scheint plausibel angesichts des Materials. Er glaubt, daß die Frauen die Landwirtschaft entwickelten und ihre Produkte verwalteten. Er schließt aus dem Fehlen von

60 Mellaart 1966. Es ist anzumerken, daß Mellaart sich bei seinen Grabungsberichten mit Spekulationen und Interpretationen sehr viel stärker zurückhält als in seinem späteren Buch. Vgl. auch Todd 1976, S. 44f.

Blutopfern in den Schreinen, daß es keine zentrale Autoritätsperson und keine Kriegerkaste gegeben habe, und behauptet, daß es in Çatal Hüyük für eine Periode von 1000 Jahren keinen Hinweis auf Kriegführung gebe. Mellaart argumentiert außerdem, daß Frauen im Neolithikum die Religion entwickelten und die wichtigsten Kunstwerke schufen.

Diese Funde und Forschungsergebnisse sind Gegenstand verschiedener Interpretationen gewesen. In einem wissenschaftlichen Überblick stellt P. Singh detailliert alle Einzelheiten der Beweisstücke Mellaarts zusammen und setzt sie mit anderen Siedlungen des Neolithikums in Zusammenhang, wobei er, abgesehen von den Vermutungen über die Wirtschaftsweise der Stadt, sämtliche Schlußfolgerungen Mellaarts übergeht.[61] Ian Todd, der an einigen Ausgrabungen in Çatal Hüyük teilgenommen hat, wendet in einer Studie (1976) ein, daß die begrenzte Aussagekraft der Ausgrabungen in Çatal Hüyük Schlußfolgerungen über die soziale Schichtung der Gesellschaft verfrüht erscheinen läßt. Er stimmt zu, daß die archäologischen Funde auf eine Gesellschaft mit komplexer Sozialstruktur hinweisen, kommt aber zu dem Schluß, daß *»(es unbekannt ist), ob die Gesellschaft wirklich matriarchal war, wie behauptet worden ist.«*[62] Anne Barstow stimmt in einer sorgfältigen Untersuchung den Bewertungen Mellaarts zu. Sie betont die Aussagekraft seiner Beobachtungen hinsichtlich der Hochschätzung der Fruchtbarkeit und Kraft der Frauen und ihrer Rolle bei der Schaffung der Religion; aber sie hat keinen Anhaltspunkt für die These, es habe ein Matriarchat gegeben.[63] Ruby Rohrlich geht vom gleichen Material aus und schließt auf die Existenz eines Matriarchats. Sie akzeptiert unkritisch Mellaarts Verallgemeinerungen und behauptet, daß dessen Belege der Universalität der männlichen Vorherrschaft in menschlichen Gesellschaften widersprechen. Rohrlichs Aufsatz ist wichtig, weil er die Aufmerksamkeit auf verschiedene Funde lenkt, die auf einen Wandel der sozialen Beziehung zwischen den Geschlechtern in der Periode der Herausbildung der archaischen Staaten schließen lassen, aber ihr Vernachlässigen der Unterscheidung zwischen der Gleichstellung von Frauen und Männern einerseits und dem Matriarchat andererseits schränkt die Relevanz der gewonnenen Erkenntnisse ein.[64]

Mellaarts Ergebnisse sind aufschlußreich, aber seine Verallgemeinerungen hinsichtlich der Rolle der Frauen sollten vorsichtig beurteilt werden. Es scheint eindeutige Belege für die Matrilokalität und die Verehrung von Göttinnen zu

61 P. Singh 1974, S.65ff. und 85ff.
62 Todd 1976, S. 133.
63 Barstow 1978.
64 Rohrlich-Leavitt 1977 und 1980; ich beziehe mich vor allem auf den späteren Aufsatz.

geben. Die zeitliche Bestimmung des Beginns dieser Göttinnen-Verehrung ist fraglich: Mellaart sieht sie in Beziehung zum Beginn der Landwirtschaft, durch die die Frauen seiner Auffassung nach einen höheren Status erreichen. Wie ich noch darlegen werde, ist in vielen Gesellschaften das Gegenteil der Fall. Mellaart hätte sein Argument noch mit den Forschungsergebnissen eines seiner Mitarbeiter, Lawrence Angel, untermauern können; dieser hat bei der Untersuchung von Skelettresten herausgefunden, daß die durchschnittliche Lebensdauer von Frauen sich von der Alt- zur Jungsteinzeit von 28,2 auf 29,8 Jahre verlängerte. Diese Zunahme der Lebenszeit von fast zwei Jahren muß zur durchschnittlichen Lebenszeit von 34,3 Jahren der Männer in Çatal Hüyük in Beziehung gesetzt werden: Während Männer durchschnittlich vier Jahre länger lebten als Frauen, verlängerte sich die Lebenszeit der Frauen beträchtlich im Vergleich zu früheren Jahren. Diese Zunahme kann auf den Übergang von der Wirtschaftsweise der Jäger und Sammler zur Landwirtschaft zurückzuführen sein und hat Frauen vielleicht zu einer bestimmenderen Rolle in dieser Kultur verholfen.[65] Mellaarts Beobachtungen über das Fehlen von Kriegsführung in Çatal Hüyük müssen gemessen werden an den zahllosen Beweisen für Kriegführung und kriegerische Gemeinschaften in benachbarten Regionen. Und schließlich können wir nicht außer acht lassen, daß die Siedlung etwa im Jahre 5700 v. Chr. plötzlich und ohne erkennbaren Grund aufgegeben worden ist, was entweder auf eine militärische Niederlage oder auf die Unfähigkeit der Bewohner zur Anpassung an veränderte ökologische Bedingungen hinzudeuten scheint. In beiden Fällen würde das die Beobachtung bestätigen, daß Gemeinschaften mit relativ egalitären Beziehungen zwischen den Geschlechtern nicht überlebten.[66]

Dennoch bietet Çatal Hüyük uns den eindeutigen Beweis, daß es eine Art von alternativem Modell zur patriarchalen Herrschaft gegeben hat. Gemeinsam mit anderen Beweisen, die wir erwähnt haben, kann sicher davon ausgegangen werden, daß die Unterordnung der Frauen nicht universal ist, selbst wenn wir einen Beweis für die Existenz einer matriarchalen Gesellschaft nicht haben. Aber Frauen haben wie Männer ein starkes Bedürfnis nach einer konsistenten, unzweideutigen Beweisführung, die uns nicht nur sagt, was ist und warum es so geworden ist, sondern den Blick auf eine andere Zukunft öffnet.[67] Bevor

65 Angel 1971, S. 80ff.

66 Todd 1976, S. 137.

67 Paula Webster hat nach der Auswertung aller Argumente zugunsten des Matriarchats festgestellt, daß dessen Existenz nicht bewiesen werden kann, aber dennoch erklärt, daß Frauen »eine Vision des Matriarchats« brauchen, um sich im Gegensatz zu den überwältigenden Beweisen ihrer Machtlosigkeit und Unterordnung ein Bild ihrer Zukunft machen zu können. Vgl. P. Webster 1978, S. 141ff.; Joan Bambergger 1974.

ich mich der Diskussion der Ergebnisse der historischen Forschung über die Durchsetzung des Patriarchats zuwende, will ich deshalb ein solches hypothetisches Modell darstellen – um unsere intellektuellen und emotionalen Kräfte freizusetzen, um spielerisch-phantasievoll mit Möglichkeiten umzugehen und Alternativen in Betracht zu ziehen.

Kapitel 2: Eine Arbeitshypothese

Jedes Theoretisieren über die Vergangenheit hat davon auszugehen, daß Männer und Frauen die Zivilisation gemeinsam entwickelt haben.[68] Wenn wir vom Resultat der Entwicklung her analysierend zurückschauen, so fragen wir nicht nach einer monokausal zu bestimmenden, einzigen »Ursache.« Wir fragen vielmehr: Wie gelangten Frauen und Männer bei ihrer gesellschaftsbildenden Tätigkeit und bei der Konstruktion dessen, was wir die abendländische Kultur nennen, zu dem gegenwärtigen Stand der Entwicklung? Haben wir einmal die Auffassung von der Frau als der Besiegten der Geschichte, die von gewalttätigen Männern, unerklärlichen »Kräften« und gesellschaftlichen Institutionen niedergehalten und zum Objekt degradiert wurde, aufgegeben, so müssen wir als ein wesentliches Stück des Puzzles erklären, wie Frauen, an der Entstehung und der Aufrechterhaltung jenes Systems beteiligt sind, in dem sie eine solche untergeordnete Position innehaben. Ich bin der Auffassung, daß es der erste Schritt in die richtige Richtung ist, die Suche nach einer machtvollen Vergangenheit der Frauen – die Suche nach dem Matriarchat – aufzugeben. Das Erschaffen von kompensatorischen Mythen der fernen Vergangenheit der Frauen wird nicht zur Emanzipation der Frauen in Gegenwart und Zukunft beitragen.[69] Die patriarchale Art des Denkens bestimmt die Tätigkeit unseres Verstandes so sehr, daß wir uns nicht davon freimachen können, ohne sie uns zunächst bewußt zu machen, was immer eine besondere Anstrengung verlangt. Deshalb sind wir beim Nachdenken über die prähistorische Vergangenheit der Frauen dem androzentrischen Erklärungsmuster noch so stark verhaftet, daß wir uns als einziges alternatives Modell nur das der Umkehrung der Verhältnisse vorstellen können: Wenn es nicht Patriarchat gewesen ist, dann muß es Matriarchat gewesen sein. Zweifellos gab es verschiedene Methoden, nach denen Männer und Frauen die Gesellschaft organisierten und Macht und Ressourcen verteilten. Kein Ergebnis der archäologischen Forschung ist aussagekräftig und schlüssig genug, um uns

68 Mein Konzept hat den zuerst von Maty Beard (1946) formulierten Ansatz zur Grundlage. Ich habe dieses Thema in all meinen historischen Arbeiten weiterverfolgt. Vgl. besonders Lerner 1979, Kap. 10-12,

69 Siehe P. Webster 1978, S. 14 1 ff., wegen der gründlichen Diskussion der psychologischen Bedürfnisse von Frauen in der Gegenwart nach einer Vision von einem längst vergangenen Matriarchat.

zu erlauben, ein wissenschaftlich abgesichertes Modell der so wichtigen Periode des Übergangs von der neolithischen Jäger-und-Sammler- Gesellschaft zu den seßhaften Ackerbau-Gesellschaften zu entwerfen. Die Methode der Anthropologie, die uns Beispiele von zeitgenössischen Jäger- und-Sammler-Gesellschaften anbietet und daraus Schlüsse in bezug auf Gesellschaften des 5. Jahrtausends v. Chr. zieht, ist nicht weniger spekulativ als die von Philosophie und Religionswissenschaft, deren Beweisführung sich auf Literatur und Mythen stützt. Wahr ist, daß die meisten dieser spekulativen Modelle androzentrisch sind und die Naturwüchsigkeit des Patriarchats unterstellt haben; die wenigen feministischen Modelle hingegen sind unhistorisch und deshalb, meiner Meinung nach, unbefriedigend.

Eine fundierte Analyse unserer Situation und ihrer Entstehung wird uns bei der Erarbeitung einer Theorie unterstützen, die uns Kraft geben kann. Wir müssen über die Geschlechterrollen historisch und konkret nachdenken, indem wir untersuchen, wie sie in verschiedenen und sich verändernden Gesellschaften ausgeprägt und wirksam sind. Die Anthropologin Michelle Rosaldo kam zu ähnlichen Schlußfolgerungen, obwohl sie von einem anderen Ansatz ausging. Sie schrieb:

> *»Nach den Ursprüngen zu suchen bedeutet letztlich, davon auszugehen, daß das, was wir heute sind, etwas anderes ist als das Produkt unserer Geschichte und unserer gegenwärtigen sozialen Lebensbedingungen und, genauer gesagt, daß unsere geschlechtsbestimmten Rollensysteme primordial, zeitlos sind und im wesentlichen unveränderliche Wurzeln haben.«*[70]

Unsere Suche wird demnach zu einem Aufspüren der Geschichte des Patriarchats. Dem System der männlichen Dominanz eine historische Qualität zuzuschreiben und zu behaupten, daß sich seine Funktionsweise und Erscheinungsformen im Laufe der Zeit verändern, bedeutet einen scharfen Bruch mit der überlieferten Tradition. Diese Tradition hat das Patriarchat mystifiziert, indem es als eine überzeitliche, ewige, unsichtbare und unveränderliche Erscheinung

---

70 Rosaldo 1980, S. 393. In ihrer unveröffentlichten Arbeit »Moral Analytical Dilemmas Posed by the Intersection of Feminism and Social Sciences«, die sie 1980 bei der »Conference on, the Problem of Morality in the Social Sciences« in Berkeley vorgetragen hat, führt Rosaldo diese Auffassung weiter aus. Folgende Passage halte ich für besonders wichtig: *»Durch das Infragestellen der Ansicht, wir seien entweder die Opfer von grausamen sozialen Regeln und Normen oder aber die bewußtlosen Produkte von naturgegebenen Lebensumständen, die uns - zu unserem Leidwesen - erniedrigt haben, haben Feministinnen sehr deutlich gemacht, daß wir Theorien brauchen, die Wege zu einer aktiven Gestaltung der Lebensbedingungen zeigen: Wege zu Interaktionen, in denen Signifikanz erreicht wird, Wege zu den kulturellen und symbolischen Formen, die dazu dienen, Erwartungen genau zu bestimmen, Wünsche zu artikulieren, Preise festzulegen und Ergebnisse zu deuten.«* (S. 18)

betrachtet wurde. Aber gerade wegen der veränderten Möglichkeiten für Frauen im Bildungswesen und in der Gesellschaft wurden im 19. und 20. Jahrhundert viele Frauen schließlich in die Lage versetzt, den Prozeß, in dem sie dazu beigetragen haben, das bestehende System zu schaffen und zu erhalten, kritisch zu würdigen. Erst jetzt können wir die Rolle der Frauen in der Geschichte begreifen und ein Bewußtsein entwickeln, das die Frauen zur Emanzipation befähigt. Dieses Bewußtsein kann auch zur Befreiung der Männer von den unerwünschten und ungewollten Konsequenzen des Systems der männlichen Dominanz führen.

Gehen wir an dieses Problem als Historiker und Historikerinnen heran, so müssen wir Interpretationen aufgeben, die von nur einer Ursache ausgehen. Wir müssen davon ausgehen, daß gleichzeitig sich vollziehende Ereignisse nicht notwendig in einer kausalen Beziehung zueinander stehen. Und wir müssen unserer Arbeit die Annahme zugrunde legen, daß so komplexe Veränderungen wie die fundamentale Umwandlung der Verwandtschaftsstrukturen sehr wahrscheinlich als Wirkung einer Vielzahl verschiedener sich wechselseitig bedingender Kräfte vor sich gegangen sind. Jede von uns erarbeitete Hypothese im Sinne eines bestimmten Entwicklungsmodells müssen wir einer vergleichenden Untersuchung in verschiedenen Kulturen unterziehen. Die Stellung der Frauen in einer Gesellschaft muß immer auch im Vergleich zur Stellung der Männer derselben sozialen Gruppe zur selben Zeit gesehen werden.

Wir müssen unsere Auffassung sowohl anhand von archäologischen Fundstücken wie auch anhand von schriftlichen Quellen überprüfen. Während wir nach »Mustern« und Ähnlichkeiten suchen, müssen wir doch offen bleiben für die Möglichkeit, daß ähnliche Ergebnisse die sich aus verschiedenen Faktoren ableiten lassen, die Folge sehr unterschiedlicher Vorgänge und Umstände sein können. Vor allem müssen wir berücksichtigen, auf welche Weise die Position von Frauen in der Gesellschaft dem historischen Wandel unterworfen ist – und zwar nicht nur nach formalen Kriterien, sondern auch ihrer jeweiligen Bedeutung nach. Zum Beispiel kann die soziale Rolle der »Konkubine« nicht nach den Wertvorstellungen des 19. oder 20. Jahrhunderts beurteilt werden, wenn es sich um eine Untersuchung über das 1. Jahrtausend v. Chr. handelt. Dieses Beispiel weist auf etwas so Selbstverständliches hin, daß es unnötig zu sein scheint, es anzuführen; und doch kommt es bei der Diskussion der Situation von Frauen in der Vergangenheit häufig zu solchen Fehlschlüssen. Besonders die geschlechtsspezifischen Rollenzuschreibungen haben in den meisten Gesellschaften eine so starke symbolische wie auch ideologische und rechtliche Signifikanz, daß wir sie nicht angemessen verstehen können, wenn wir unsere Aufmerksamkeit nicht auf alle ihre Aspekte richten.

Das hypothetische Konstrukt, das ich vorstellen werde, ist nur als eines aus einer Reihe von möglichen Modellen gedacht. Selbst in dem beschränkten geographischen Bereich des Vorderen Orients im Altertum muß es sehr unterschiedliche Wege des Übergangs zum Patriarchat gegeben haben. Da wir sehr wahrscheinlich nie genau wissen werden, was tatsächlich geschehen ist, sind wir auf Spekulationen darüber angewiesen, was möglich gewesen sein könnte. Derartige utopische Spekulationen in die Vergangenheit haben eine wichtige Funktion für diejenigen, die sich um das Aufstellen von theoretischen Hypothesen bemühen: Zu wissen, was möglich gewesen wäre, erweitert unseren Blickwinkel auf der Suche nach neuen Interpretationen. Es erlaubt uns, jenseits der Grenzen eines engen und völlig überholten begrifflichen Rahmens darüber zu spekulieren, was in der Zukunft möglich sein könnte.

Wir wollen beginnen mit der Übergangsperiode, in der sich vor etwa drei Millionen Jahren die Hominiden aus den Primaten entwickelten, und die fundamentalste Dyade, Mutter und Kind, betrachten. Das erste Charakteristikum, das die Menschen von den anderen Primaten unterscheidet, ist die verlängerte und von Hilflosigkeit gekennzeichnete Kindheit des menschlichen Kleinkindes. Dies ist die unmittelbare Folge des aufrechten Ganges auf zwei Beinen, der wegen der aufrechten Körperhaltung zu einer Verengung des weiblichen Beckens und Geburtskanals führte. Eine Folge dessen war, daß menschliche Babys in einem unreiferen Zustand als andere Primaten geboren werden, mit vergleichsweise kleineren Köpfen, um das Hindurchtreten durch den Geburtskanal zu erleichtern. Außerdem werden menschliche Babys im Gegensatz zu den meisten hochentwickelten Affen nackt geboren und haben deshalb ein größeres Wärmebedürfnis. Sie können sich nicht an ihre Mütter anklammern, um ständig in Sicherheit zu sein, weil sie nicht den beweglichen Zeh der Affen haben, weshalb die Mütter ihre Hände benutzen müssen oder, später, mechanische Hilfsmittel, um ihre Kinder bei sich zu haben und ihnen Schutz und Geborgenheit zu geben.[71] Die aufrechte Stellung und das Gehen auf zwei Beinen führten auch zu einer Verfeinerung der Hände, dem greifenden Daumen, der genauer abgestimmten Handkoordination. Eine Folge dessen ist, daß das menschliche Gehirn sich während einer viele Jahre dauernden Periode der Kindheit und völligen Abhängigkeit entwickelt und daß es deshalb der Modifikation durch Lernen und intensive kulturelle Prägung in einer Weise unterliegt, die sich von der Ent-

71 Vgl. N.M. Tanner 1981, S.157f., und Tanner/Zihlman 1976.

wicklung bei Tieren qualitativ unterscheidet. Die Neurophysiologin Ruth Bleier wendet sich aufgrund dieser Tatsachen mit einem überzeugenden Argument gegen alle Theorien, die behaupten, es gebe »angeborene« menschliche Eigenschaften.[72]

Der Schritt vom Herumziehen auf der Nahrungssuche zur Aufbewahrung von Lebensmitteln für den späteren Verbrauch, wahrscheinlich von mehr als einer Person, war entscheidend für den Fortschritt der menschlichen Gattung. Er muß die soziale Interaktion, die Erfindung und Verbesserung von Gefäßen und die langsame Vergrößerung der Hirnmasse angeregt und gefördert haben. Nancy Tanner vertritt die Auffassung, daß Frauen, die sich um ihre hilflosen Kinder kümmerten, den größten Anreiz hatten, diese Fähigkeiten zu entwickeln, während die Männer vielleicht noch viele Jahre lang alleine weiter herumzogen. Sie vermutet, diese Aktivitäten hätten erstmals zur Verwendung von Werkzeugen zum Öffnen und Zerteilen von Pflanzen zur Versorgung der Kinder und zum Graben nach Wurzeln geführt. Jedenfalls hing das Überleben der Kinder von der Qualität der mütterlichen Fürsorge ab. *»Zugleich verbesserte die Ergiebigkeit des Sammelns auch ihre eigene Ernährung und damit ihre Lebenserwartung und Fruchtbarkeit.«*[73]

Wie Tanner und Bleier bin ich der Auffassung, daß die Rolle der Frauen während der langsamen Entwicklung vom aufrechtgehenden Hominiden zum vollentwickelten Neandertaler (etwa 100000 v. Chr.) von entscheidender Bedeutung war. Bald nach dieser Periode entwickelte sich die Großwildjagd von Männergruppen in Afrika, Europa und Nordasien; die ersten Belege für die Existenz von Bogen und Pfeilen lassen sich auf eine Zeit vor nur 15000 Jahren datieren. Da die meisten Erklärungen für die Existenz einer geschlechtsspezifischen Arbeitsteilung auf das Bestehen einer Jäger-und-Sammler-Gesellschaft verweisen, müssen wir solche Gesellschaften im Paläolithikum und frühen Neolithikum genauer betrachten.

Funde aus dem Neolithikum, Höhlenmalereien und Skulpturen, lassen darauf schließen, daß es zu jener Zeit eine allgemeine Verehrung von Muttergöttinnen gegeben hat. Wir können verstehen, warum Männer und Frauen dies als erste religiöse Ausdrucksform gewählt haben mögen, wenn wir die psychologische Bindung zwischen Mutter und Kind in Betracht ziehen. Unsere Einsichten in die Komplexität und Wichtigkeit dieser Bindung verdanken wir zum größten Teil den Ergebnissen der psychoanalytischen Untersuchungen in unserer Zeit.[74]

72 Bleier 1984, Kap. 3, bes. S. 55 und 64 ff. Vgl. C. Geertz 1973, S. 33ff.
73 Bleier 1984, S. 145.
74 Vgl. die in der Bibliographie angegebenen Arbeiten Freuds sowie K. Horney 1967, C. Thompson

Wie Freud gezeigt hat, ist die erste Welterfahrung des Kindes eine Situation, in der die Umgebung und das Selbst als kaum getrennt wahrgenommen werden. Die Umwelt, die in den meisten Fällen aus der Mutter als Quelle von Nahrung, Wärme und Lust besteht, wird erst nach und nach vom Selbst unterschieden; und dem entspricht, daß das Kind lächelt oder schreit, um die Erfüllung seiner Bedürfnisse zu erreichen. Wenn die Bedürfnisse des Kindes nicht befriedigt werden und es im Zusammenhang mit Kälte und Hunger Schmerz und Angst erlebt, lernt es die überwältigende Macht des »anderen da draußen« kennen, der Mutter. Moderne psychologische Untersuchungen haben detailliert dargestellt, wie komplex die Interaktion zwischen Mutter und Kind ist und auf welche Art die körperlichen Reaktionen der Mutter, ihr Lächeln und ihr Sprechen, dazu beitragen, wie das Kind seine Umwelt und sich selbst empfindet und begreift. In dieser Interaktion bei der Menschwerdung beginnt das Kind, Gefallen an seiner Fähigkeit zu finden, die Umwelt nach seinem Belieben zu beeinflussen. Das Streben nach Autonomie und das Erkennen der Eigenständigkeit ergeben sich aus der Auseinandersetzung des Kindes mit der überwältigenden Macht der Mutter.

Die psychoanalytischen Befunde, auf die sich diese Verallgemeinerungen stützen, sind aus Untersuchungen über die Mutterschaft in modernen westlichen Gesellschaften abgeleitet worden. Gleichwohl betonen sie die enorme Bedeutung der kindlichen Erfahrung von extremer Abhängigkeit und Übermacht der Mutter für die Charakterbildung und Identität des Individuums. Zu einer Zeit, in der das gesetzliche Verbot des Kindermordes wie auch die Möglichkeit der Flaschenfütterung, der Heizung von Räumen und das Vorhandensein von Decken den Kleinkindern unabhängig von der Zuwendung der Mutter ein gewisses Maß an gesellschaftlichem Schutz angedeihen lassen, scheint diese »Übermacht der Mutter« jedoch eher eine symbolische als eine reale Bedeutung zu haben. Seit mehr als zweihundert Jahren oder noch länger konnten andere Männer oder Frauen, wenn es nötig war, dem Kind mütterliche Fürsorge geben, ohne daß sich seine Überlebenschancen minderten. Die zivilisierte Gesellschaft ist in das Verhältnis von Mutter und Kind eingedrungen und hat das Wesen der Mutterschaft verändert. Aber unter primitiven Bedingungen, bevor die Institutionen der Zivilisation entstanden, muß die tatsächliche Macht der Mutter über das Kind extrem groß gewesen sein. Allein die Arme und die Fürsorge der Mutter schützten das Kind vor der Kälte, nur die Muttermilch konnte ihm Nahrung geben und das Überleben sichern. Die Gleichgültigkeit oder Nachlässigkeit der

1964 und H.S. Sullivan 1953.

Mutter bedeuteten den sicheren Tod des Kindes. Es ist verständlich, daß Frauen und Männer, die diese lebensnotwendige und mysteriöse Macht der Frauen erlebten, Muttergöttinnen zu verehren begannen.[75]

Mir geht es hier darum, zu betonen, wie *notwendig* die erste Form der Arbeitsteilung war, derzufolge die Frauen das Bemuttern übernahmen. Jahrtausendelang hing das Überleben der Gruppe von dieser Arbeitsteilung ab, und es gab keine Alternative dazu. Unter den extremen und gefährlichen Bedingungen, unter denen die primitiven Menschen lebten, waren viele Schwangerschaften einer Frau erforderlich, um das Erwachsenwerden von wenigstens zwei Kindern pro Paar zu gewährleisten. Über die Lebensdauer der Menschen in der prähistorischen Zeit wissen wir wenig, aber Schätzungen auf der Grundlage von Skelettuntersuchungen nehmen für das Paläolithikum und Neolithikum einen Durchschnitt zwischen dreißig und vierzig Jahren an. Bei der sorgfältigen Untersuchung von 222 Erwachsenenskeletten aus dem bereits erwähnten Çatal Hüyük gelangte Lawrence Angel zur Annahme einer durchschnittlichen Lebensdauer von 34,3 Jahren für erwachsene Männer im Vergleich zu 29,8 Jahren bei den Frauen, wobei die in der Kindheit Verstorbenen nicht berücksichtigt sind.[76]

Die Frauen mußten unter diesen Bedingungen mehr Schwangerschaften als Lebendgeburten gehabt haben, wie das auch weiterhin in den Ackerbau-Gesellschaften der Vergangenheit der Fall war. Die Kindheit dauerte lange, weil die Mütter ihre Kinder zwei bis drei Jahre lang stillten. Wir können deshalb annehmen, daß es absolut erforderlich war, daß die meisten geschlechtsreifen Frauen die meiste Zeit ihres Erwachsenenlebens mit Schwangerschaft, Gebären und Stillen verbrachten. Es kann davon ausgegangen werden, daß Männer und Frauen diese Notwendigkeit akzeptierten und in ihren jeweiligen Kulturen

75 Umgekehrt war eine der ersten Machtbefugnisse, die Männer unter dem Patriarchat institutionalisierten, die Macht des männlichen Familienoberhauptes, darüber zu entscheiden, welches Kind leben und welches sterben sollte. Diese Macht muß als Sieg des Rechtes über die Natur aufgefaßt worden sein, denn sie wendete sich direkt gegen die Natur und die frühere Erfahrung des Menschen.

76 Informationen über prähistorische Bevölkerungszahlen sind wenig verläßlich und können nur in groben quantitativen Begriffen angegeben werden. Cipolla geht davon aus, daß *»indirekte Hinweise die These einer sehr hohen Sterblichkeit im Paläolithikum stützen. Da die Gattung überlebte, muß davon ausgegangen werden, daß der primitive Mensch auch eine sehr hohe Fruchtbarkeit aufwies. Eine Untersuchung der fossilen Reste von 187 Neandertalern zeigte, daß ein Drittel der Toten nicht einmal 20 Jahre alt geworden war. Eine Analyse von 22 Fossilien der asiatischen Sinanthropus-Population ergab, daß 15 Menschen im Alter von weniger als 14 Jahren starben, 3 Tote nicht einmal 29 Jahre alt wurden und drei in der Altersgruppe von 40 bis 50 Jahren waren«* (S. 85 f.). Siehe auch L. Angel 1971, S. 80. In gegenwärtigen Jäger-und-Sammler-Gesellschaften ist eine Kindersterblichkeit von bis zu 60 Prozent im ersten Lebensjahr festzustellen. Dazu F. Rose in: R.B. Lee/I.DeVore 1968, S.203.

entsprechende Glaubens-, Moral-, und Wertvorstellungen entwarfen, um die erforderlichen Praktiken zu stützen.

Daraus hat sich wohl ergeben, daß Frauen diejenigen ökonomischen Tätigkeiten wählten oder vorzogen, die sich leicht mit ihren Mutterpflichten vereinbaren ließen. Wenn auch angenommen werden kann, daß manche Frauen in den einzelnen Stämmen oder Stammesverbänden ihrer physischen Verfassung nach zum Jagen in der Lage waren, so ist doch davon auszugehen, daß es nicht dem Wunsch der Frauen entsprochen hätte, regelmäßig im großen Stil zu jagen, weil sie physisch beansprucht und behindert waren von Kindern in ihrem Bauch, auf ihren Hüften oder ihrem Rücken. Hinzu kommt, daß zwar ein auf den Rücken gebundenes Baby eine Frau nicht unbedingt am Jagen hindern muß, ein schreiendes Kind das aber tut. Von Anthropologen und Anthropologinnen angeführte Beispiele von Jäger-und-Sammler-Stämmen in der heutigen Welt, bei denen es andere Arrangements für die Versorgung der Kinder gibt und Frauen gelegentlich an der Jagd teilnehmen, widersprechen den dargelegten Thesen nicht.[77] Die angeführten Beispiele belegen nur, was Gesellschaften möglicherweise zur Regelung ihrer Angelegenheiten unternehmen; sie zeigen nicht, was die historisch wahrscheinlich vorherrschende Lebensweise war, die den Gesellschaften das Überleben sicherte. Zweifellos wären bei einer so geringen und gefährdeten Lebenserwartung, wie ich sie oben für das Neolithikum beschrieben habe, diejenigen Stämme, die das Leben ihrer gebärfähigen Frauen bei der Jagd oder durch die Teilnahme an Kriegen riskiert und dadurch auch die Wahrscheinlichkeit von Verletzungen erhöht hätten, weniger überlebensfähig gewesen als Stämme, in denen Frauen andere Aufgaben übernahmen. So scheint die erste geschlechtsbedingte Arbeitsteilung, derzufolge Männer die Großwildjagd übernahmen und Kinder und Frauen die kleinen Tiere jagten und Nahrungsmittel sammelten, sich aus den biologischen unterschieden zwischen den Geschlechtern ergeben zu haben.[78] Diese biologischen Unterschiede sind keine Unter-

---

77 Vgl. Sacks 1982, Kap. 2. Es ist außerdem möglich, daß die Menstruation die Frauen am Jagen hinderte - nicht weil die Frauen deshalb aus physischen Gründen dazu nicht in der Lage gewesen wären, sondern wegen der Wirkung des Blutgeruchs auf Tiere. Darauf wurde ich vor kurzem während einer Reise nach Alaska aufmerksam. Die Verwaltung der Nationalparks dort rät in Informationsblättern für Camper und Rucksacktouristen menstruierenden Frauen, sich nicht in die Wildnis zu begeben, weil Grizzlybären vom Geruch des Blutes angezogen werden.

78 Der Anthropologe Marvin Harris behauptet im Gegenteil, daß »das Jagen eine Nebenbeschäftigung ist und nichts dagegen spricht, daß stillende Frauen ihre Säuglinge ein oder zweimal in der Woche einige Stunden lang in der Obhut anderer lassen.« Harris argumentiert, daß die Spezialisierung der Männer auf die Jagd sich aus deren kriegerischen Übungen ergab und daß die Ursache für männliche Dominanz und Sexismus in den kriegerischen Aktivitäten der Männer gesucht werden muß (Harris 1978, S. 9ff., 39). Es ist unwahrscheinlich, und es gibt keine Beweise dafür, daß die

schiede hinsichtlich der Kraft und Ausdauer zwischen Männern und Frauen, sondern allein solche der Fortpflanzungsfunktionen, insbesondere die Fähigkeit der Frauen, die Kinder zu säugen. Nach dieser Feststellung möchte ich gleich betonen, daß ich eine solche »biologische Begründung« nur für die frühesten Stadien der Menschheit gelten lasse und diese Akzeptanz nicht bedeutet, daß eine spätere Arbeitsteilung unter Hinweis auf die Mutterschaft als »natürlich« bezeichnet werden kann. Im Gegenteil: Ich werde zeigen, daß die Dominanz der Männer ein *historisches* Phänomen ist insofern, als sie sich aus einer bestimmten biologischen determinierten Situation heraus entwickelte und mit der Zeit zu einer kulturell geschaffenen und verstärkten Struktur wurde.

Meine Auswertung des vorliegenden Materials impliziert nicht, daß alle primitiven Gesellschaften so organisiert sind, daß Mütter an ökonomischen Tätigkeiten gehindert werden. Wir wissen aus Untersuchungen über primitive Gesellschaften der Vergangenheit und Gegenwart, daß Gemeinschaften Wege finden, um die Arbeitsteilung beim Aufziehen der Kinder so zu strukturieren, daß Müttern eine Vielzahl von wirtschaftlichen Aktivitäten möglich sind. Manche Mütter nehmen ihre Kinder über weite Entfernungen mit sich; in anderen Fällen übernehmen ältere Kinder oder alte Menschen die Versorgung der Kleinkinder.[79] Ganz eindeutig ist die Verknüpfung zwischen dem Gebären und dem Aufziehen der Kinder für Frauen kulturell bedingt, und sie unterliegt gesellschaftlichen Einflüssen. Ich will in diesem Zusammenhang hervorheben, daß die früheste Arbeitsteilung unter geschlechtsspezifischen Gesichtspunkten, in deren Rahmen Frauen Arbeiten *übernahmen*, die mit ihrer Mutterschaft und dem Aufziehen des Nachwuchses vereinbar waren *funktional* bestimmt war und aus diesem Grunde für Männer wie für Frauen akzeptabel war.

Die beim Menschen langdauernde und von Hilfsbedürftigkeit geprägte Säuglings- und Kleinkindzeit hat eine starke Mutter-Kind-Bindung zur Folge. Diese gesellschaftlich wichtige Beziehung wird unter den Bedingungen der Evolution während der frühesten Phasen der Menschheitsentwicklung noch stärker gewesen sein. Konfrontiert mit neuen Situationen und wechselnden Umgebungen, konnten Stämme oder Gemeinschaften, in denen die Frauen ihren Mutterfunktionen nicht gerecht wurden oder Überleben und Gesundheit ihrer gebärfähigen Frauen nicht ausreichend geschützt waren, kaum überleben. Oder umgekehrt:

organisierte Kriegsführung der Jagd auf große Tiere vorangegangen ist, aber ich neige zu der Behauptung, daß aus den erwähnten Gründen von den Frauen ohnehin weder das Jagen noch die Kriegführung gewählt worden wären. Eine feministische Interpretation des gleichen Materials, die dem »biologischen Determinismus« keine Konzessionen macht, bei Bleier 1984, Kap. 5 und 6.

79 Vgl. Martin/ Voorhies 1975, S. 77ff.; Sacks 1982, S. 67ff.; Friedl 1975, S. 8, 6of.

Gruppen, die eine funktionale geschlechtsspezifische Arbeitsteilung akzeptierten und institutionalisierten, hatten größere Überlebenschancen.

Wir können nur spekulieren über die Persönlichkeitsstruktur und Selbstwahrnehmung von Menschen, die unter Bedingungen wie denen im Neolithikum lebten. Die notwendigen Erfordernisse müssen Frauen wie Männern Einschränkungen auferlegt haben. Es war Mut nötig, um den Schutz der Höhle oder Hütte zu verlassen, um wilden Tieren mit primitiven Waffen entgegenzutreten, um weit entfernt von der vertrauten Wohnstatt umherzuziehen und die Begegnung mit möglicherweise feindlichen Nachbarstämmen zu riskieren. Männer und Frauen mußten den zur Selbstverteidigung und zur Verteidigung der Jungen erforderlichen Mut aufbringen. Wegen ihrer kulturspezifischen Tendenz, sich auf die Aktivitäten der Männer zu konzentrieren, haben Ethnographen uns viele Informationen über die Entwicklung von Selbstvertrauen und Kompetenz beim Mann, dem Jäger, gegeben. Gestützt auf ethnographisches Material hat Simone de Beauvoir vermutet, daß die Ungleichheit zwischen den Geschlechtern auf diese frühe Arbeitsteilung zurückzuführen ist. Diese habe Frauen zur » Immanenz« verurteilt – zur Beschränkung auf das Erfüllen der alltäglichen und sich stets wiederholenden Pflichten – im Gegensatz zu den wagemutigen Erkundungen der Männer, die ihnen den Weg zur »Transzendenz« eröffneten. Werkzeugmachen, Erfindungen und die Entwicklung von Waffen werden beschrieben als abgeleitet von den männlichen Aktivitäten zur Sicherung des Lebensunterhalts.[80] Der psychologischen Entwicklung der Frauen wurde sehr viel weniger Aufmerksamkeit gewidmet, und sie wurde in Begriffen beschrieben, die mehr zu modernen Hausfrauen passen als auf Mitglieder eines Stammes der Steinzeit. Elise Boulding hat in ihrem Überblick über die Vergangenheit der Frauen die Ergebnisse der anthropologischen Forschung zusammengefaßt und kommt zu ganz anderen Ergebnissen. Sie sieht in den neolithischen Gesellschaften ein egalitäres Teilen der Arbeit, bei dem jedes der Geschlechter Fertigkeiten und Kenntnisse entwickelte, die für das Überleben der Gruppe wesentlich waren. Sie stellt dar, daß die Nahrungssuche genaue Kenntnisse der Ökologie, der Pflanzen, Bäume und Wurzeln sowie deren Eignung als Nahrung und Medizin zur Voraussetzung hatte. Sie beschreibt die Frau in primitiven Gesellschaften als Wächterin des häuslichen Feuers, als die Erfinderin von Gefäßen aus Lehm und Flechtwerk, in denen Überschußprodukte für magere Zeiten aufbewahrt werden konnten. Sie stellt die Frau als diejenige vor, die Pflanzen, Bäumen und Früchten die Geheimnisse der Zubereitung ihrer Produkte zu Heilmitteln und

80 de Beauvoir 1968, vgl. S. 80.

Farbstoffen, zu Hanfseilen, Garn und Stoff entlockte. Die Frau wußte, wie Naturprodukte, Rohstoffe und tote Tiere in Nahrung zu verwandeln waren. Ihre Fertigkeiten waren ganz sicher so vielfähig und so lebenswichtig wie die des Mannes. Ihr Wissen war ebensogroß wie das seine, wenn nicht sogar größer; ihr selbst erschien es zweifellos als ausreichend. An der Entwicklung von Riten und Ritualen, von Musik, Tanz und Dichtung hatten Männer und Frauen den gleichen Anteil. Und außerdem muß den Frauen bewußt gewesen sein, daß sie für das Gebären und Nähren der Kinder in besonderer Weise verantwortlich waren. In noch nicht zivilisierten Gesellschaften müssen Frauen den Männern gleichgestellt gewesen sein und sich selbst sogar als die Überlegenen empfunden haben.[81]

Die psychoanalytische Literatur und in jüngster Zeit die feministische Neuinterpretation dieses Materials durch Nancy Chodorow haben anschaulich und plausibel beschrieben, wie mit der Zeit aufgrund der Tatsache, daß Frauen Kinder bemuttern, geschlechtsspezifische soziale Rollen geschaffen werden. Wir wollen feststellen, ob diese Theorien auch zur Darstellung des Verlaufs von historischen Entwicklungen dienen können. Chodorow argumentiert, daß *»sich die Mutterbeziehung für Knaben und Mädchen von Anfang an systematisch unterscheidet.«*[82] Mädchen und Jungen lernen, von Frauen die uneingeschränkte und bejahende Liebe einer Mutter zu erwarten, assoziieren mit Frauen aber auch ihre Ohnmachtsängste. Um ihre Identität finden zu können, entwickeln sich die Jungen im Sinne von anders-als-die-Mutter; sie identifizieren sich mit dem Vater und wenden sich ab vom Äußern und Ausleben ihrer Emotionen hin zum aktiven Handeln in der Weite des außerhäuslichen Lebenszusammenhangs. Weil es die Frauen sind, die die Kinder bemutternd versorgen, erläutert Chodorow,

> *»definieren und erleben sich Mädchen im Verlauf ihres Heranwachsens als kontinuierlich mit anderen verbunden; ihre Selbsterfahrung ist durch flexiblere und durchlässigere Ichgrenzen bestimmt. Knaben hingegen definieren sich mehr als separate und von anderen unterschiedene Wesen und entwickeln*

81 Es gibt eindeutige Beweise weder für die These von der Originalität des weiblichen Beitrags zur Entwicklung noch für die besondere Erfindungsgabe der Männer. Beide Thesen beruhen auf Spekulation. In unserem Zusammenhang ist es wichtig, sich den Beitrag der Frauen als gleichwertig vorzustellen. Dieses Vorgehen birgt lediglich die Gefahr, daß wir unsere Vorstellung für bewiesen halten, weil sie überzeugend und logisch zu sein scheint. So sind die Männer vorgegangen. Wir sollten ihren Fehler nicht wiederholen. Siehe Boulding 1976, Kap. 3 u. 4, und Childe 1951, S. 76ff. Ähnliche Schlußfolgerungen auf der Grundlage späterer anthropologischer Arbeiten bei Tanner und Zihlman 1976 und Sacks 1982.

82 Chodorow 1985, S. 121.

ausgeprägtere Ich-Grenzen und stärkere Differenzierungen. Das grundlegende weibliche Selbstgefühl ist Weltverbundenheit, das grundlegende männliche Weltgefühl ist Separatheit.«[83]

Durch die Art, in der ihr Selbstsein als gegenüber der nährenden Mutter abgegrenzt definiert wird, werden Jungen auf die Teilnahme am öffentlichen Leben vorbereitet. Mädchen werden – durch die Identifikation mit der Mutter und indem sie immer ihre enge primäre Beziehung zu ihr erhalten, auch wenn sie ihre Liebe Männern zuwenden- auf die intensivere Mitwirkung innerhalb von »Beziehungsbereichen« (»relational spheres«) vorbereitet. Die ihren kulturspezifischen Geschlechtsrollen entsprechenden Mädchen und Jungen sind vorbereitet *»auf die Übernahme ihrer Erwachsenen-Geschlechtsrollen, durch die Frauen hauptsächlich innerhalb der Reproduktionssphäre in einer geschlechtlich ungleichen Gesellschaft angesiedelt werden.«*[84]

Chodorows kluge feministische Neuinterpretation der Freudschen Erklärung für die Entstehung von geschlechtsrollenbestimmten Charakteren hat die westliche Industriegesellschaft und deren Verwandtschafts- und Familienbeziehungen zur Voraussetzung. Es muß sogar bezweifelt werden, daß sie sich auf Nicht-Weiße anwenden läßt, die in diesen Gesellschaften leben. Wir sollten deshalb vorsichtig sein, aus dieser Interpretation Verallgemeinerungen abzuleiten. Jedenfalls weist Chodorow zu Recht auf das psychologische Unterfutter hin, auf das sich soziale Beziehungen und Institutionen stützen. Chodorow sowie andere Autorinnen vertreten auf überzeugende Weise die Auffassung, daß wir uns mit »Mutterschaft« in der patriarchalen Gesellschaft, mit ihrer Struktur und den von ihr geprägten Beziehungsmustern befassen müssen, wenn wir die Beziehungen zwischen den Geschlechtern verändern und die Unterordnung der Frauen abschaffen wollen.[85]

Meiner Meinung nach hat es die besondere Art der Persönlichkeitsbildung, die Chodorow als Ergebnis des Verhaltens von Frauen in der gegenwärtigen Industriegesellschaft ihren Kindern gegenüber beschreibt, in primitiven Gesellschaften

83 Ebd., S. 220. Vgl. C. Gilligan, 1982.

84 Chodorow 1985, S. 221, 224.

85 Adrienne Rich kommt in ihrer Analyse der »Institution der Mutterschaft unter patriarchalen Bedingungen« und »erzwungener Heterosexualität« wie auch Dorothy Dinnerstein in ihrer Interpretation des Freudschen Denkens zu ähnlichen Schlußfolgerungen. Rich 1976, 1980; Dinnerstein 1977. M. Rosaldo (vgl. Anm. 69) kritisiert diese psychologischen Theorien, weil sie den gesellschaftlichen Zusammenhang, in dem Elternschaft stattfindet, nicht genügend berücksichtigen oder ignorieren. Obwohl ich die Arbeiten von Chodorow und Rich sehr schätze, teile ich diese Kritik und füge hinzu, daß in beiden Fällen verallgemeinernde Thesen, die für Angehörige der Mittelschicht in industrialisierten Gesellschaften gehen, den Anschein der universalen Geltung erhalten.

des Neolithikums nicht gegeben. Wahrscheinlicher ist, daß die lebenspendenden und lebenerhaltenden Bemühungen der bemutternden und erziehenden Frauen, verbunden mit ihrer unabhängigen Selbstversorgung bei der Nahrungssuche und mit ihren Fähigkeiten in vielen, das Leben auf verschiedene Weise sichernden Tätigkeitsbereichen, von Männern und Frauen als eine Quelle der Kraft, vielleicht sogar magischer Kräfte betrachtet wurden. In einigen Gesellschaften hüteten Frauen eifersüchtig ihre Gruppen-»Geheimnisse«, ihre Magie, ihr Wissen über Heilkräuter. Die Anthropologin Lois Paul erläutert in einem Bericht über ein Indiodorf des 20. Jahrhunderts in Guatemala, daß dort das Mysterium, von dem die Menstruation umgeben ist, sowie die ehrfürchtige Scheu, die ihr entgegengebracht wird, bei Frauen ein *»Empfinden der Teilhabe an den mystischen Kräften des Universums«* fördern. Frauen machen sich die Furcht der Männer, daß das Menstruationsblut ihre Männlichkeit gefährden könnte, zunutze, indem sie die Menstruation als eine symbolische Waffe einsetzen.[86]

In zivilisierten Gesellschaften sind es die Mädchen, die die größten Schwierigkeiten bei der Ichbildung haben. Ich stelle mir vor, daß in primitiven Gesellschaften die Knaben von derartigen Schwierigkeiten belastet waren, deren Furcht und Scheu vor der Mutter durch gemeinschaftliches Handeln eine Identifikation mit der männlichen Gruppe bewirken mußte. Ob sich nun Mütter und ihre Kleinkinder mit anderen derartigen Mutter-Kind-Gruppen bei der Nahrungssuche und -zubereitung zusammentaten oder ob die Männer die Initiative ergriffen, um die Jungen in die Gruppe der Männer aufzunehmen, das läßt sich nicht genau sagen. Aus der Beobachtung von überlebenden »primitiven« Völkern wissen wir, daß die geschlechtsbedingte Arbeitsteilung auf sehr unterschiedliche Weise in der Struktur von sozialen Institutionen zum Ausdruck kommt, die die Jungen an die Männergruppe binden: nach Geschlecht getrennte Vorbereitungen auf Initiationsriten, Mitgliedschaft in gleichgeschlechtlichen Wohngruppen (Hütten) und Teilnahme an Ritualen unter Gleichgeschlechtlichen sind nur einige Beispiele. Es ist zu vermuten, daß die gemeinschaftliche Großwildjagd eine Bindung zwischen Männern hergestellt haben wird, die wohl in kriegerischen Auseinandersetzungen und bei der Ausbildung der Knaben zu Kriegern noch verstärkt worden ist. So wie die Fähigkeiten der Frauen bei der notwendigen Versorgung der Nachkommen für das Überleben des Stammes wesentlich und deshalb sicher hoch geschätzt waren, so waren es auch die Fähigkeiten der Männer bei der Jagd und im Kriege. Man kann ohne, weiteres behaupten, daß die Stämme, die keine kriegs- und verteidigungsfähigen Männer hervorbrachten, wohl den Stammesgemeinschaften unterlegen

86 Paul 1974, S. 297ff.

waren, die diese Fähigkeiten bei den Männern förderten. Diese Argumente im Sinne der Evolutionstheorie sind schon oft vorgetragen worden, aber mir geht es hier zugleich um ein psychologisches Argument, das sich auf die sich verändernden historischen Bedingungen bezieht. Die Ichbildung des einzelnen Mannes, die sich im Zusammenhang von Furcht, Scheu und möglicherweise sogar ängstlichem Schrecken vor der Frau vollzogen haben wird, hat die Männer wohl dazu gebracht, soziale Institutionen zu schaffen, die ihr Ego stützen, ihr Selbstvertrauen stärken und ihr Selbstwertgefühl absichern.

Es wurden sehr verschiedene Hypothesen aufgestellt, um den Aufstieg des Mannes als Krieger zu erklären sowie die Neigung der Männer, kriegerische, militärische Strukturen zu schaffen. Diese reichen von biologisch begründeten Erklärungen (der höhere Testosteronspiegel des Mannes und seine größere Kraft machen ihn aggressiv) bis zu psychologischen (Männer kompensieren ihre Unfähigkeit, Kinder zu gebären, durch sexuelle Dominanz gegenüber Frauen und Aggressivität gegenüber anderen Männern). Freud sah den Ursprung der männlichen Aggressivität in der ödipalen Rivalität zwischen Vater und Sohn um die Liebe der Mutter und vertrat die Auffassung, der Mann habe die Zivilisation geschaffen als eine Kompensation für die Frustration seiner sexuellen Triebe in der frühen Kindheit. Feministinnen, angefangen bei Simone de Beauvoir, sind von diesen Ideen stark beeinflußt worden, die es erlaubten, das Patriarchat entweder aus der männlichen Biologie oder aus der männlichen Psychologie abzuleiten. So meint Susan Brownmiller, daß die Fähigkeit des Mannes, Frauen zu vergewaltigen, seine Neigung, Frauen zu vergewaltigen, entstehen ließ, und sie stellt dar, wie dies zur Dominanz der Männer über die Frauen und schließlich zur Vorherrschaft des Mannes geführt hat. Elizabeth Fisher argumentiert scharfsinnig, daß die Zähmung der wilden Tiere den Männern ihre Rolle bei der Fortpflanzung zeigte und daß die Praxis, bei den· Tieren Zeugung zu erzwingen, bei den Männern die Vorstellung der Vergewaltigung von Frauen entstehen ließ. Sie meint, daß die mit der Züchtung von Haustieren verbundene Brutalisierung und Gewalt die sexuelle Dominanz der Männer und institutionalisierte Aggression hervorbrachte. In jüngerer Zeit hat Mary O'Brien eine ausführliche Begründung der männlichen Dominanz vorgetragen, derzufolge diese auf das psychologische Bedürfnis des Mannes zurückzuführen ist, seine Gebärunfähigkeit durch die Schaffung von Herrschaftsinstitutionen zu kompensieren, und sie datiert, wie Fisher, diese »Entdeckung« auf die Periode der Entdeckung der Möglichkeit, Tiere als Haustiere zu halten und zu züchten.[87]

87 Freud 1930; S.Brownmiller 1975; Fisher 1979, S.190, 195.

Obwohl diese Hypothesen in interessante Richtungen weisen, leiden sie alle unter der Tendenz, monokausale Erklärungen zu suchen, und die Hypothesen, die ihre Argumentation auf Entdeckungen im Zusammenhang mit der Haustierhaltung stützen, sind eindeutig falsch. Mit der Tierzucht ist zumindest im Vorderen Orient etwa um 8000 v. Chr. begonnen worden, und wir haben Beweise für die Existenz von relativ egalitären Gesellschaften, wie z.B. die in Çatal Hüyük, die etwa 2000 bis 4000 Jahre später Tierzucht betrieben. Es scheint mir sehr viel wahrscheinlicher zu sein, daß die Entwicklung kriegerischer Auseinandersetzungen zwischen Stämmen in Zeiten des Mangels die Zunahme der Macht von Männern förderte, die militärische Leistungen vollbrachten. Wie wir später erörtern werden, hat ihr größeres Prestige und eine höhere Position vielleicht ihre Neigung zunehmen lassen, Macht über Frauen und dann auch über Männer ihres eigenen Stammes auszuüben. Aber diese Tatsachen reichen nicht aus, um die enormen sozialen Veränderungen erklären zu können, die mit dem Seßhaftwerden und der Gartenbau- und dann Ackerbauwirtschaft verbunden waren. Um diesen Vorgang in all seiner Komplexität zu verstehen, muß unser theoretisches Modell die Praktiken des Frauentauschs berücksichtigen.[88]

Der »Frauentausch«, ein bei Stammesgesellschaften in vielen Teilen der Welt beobachtetes Phänomen, ist von dem Anthropologen Claude Levi-Strauss als die wichtigste Ursache der Unterordnung der Frau unter den Mann bezeichnet worden. Er ist in sehr unterschiedlichen Formen denkbar, etwa als gewaltsame Entführung der Frauen aus ihrem eigenen Stamm (Brautraub), als rituelle Defloration oder Vergewaltigung, auch als durch Verhandlungen arrangierte Vermählung. Immer gibt es zuvor Tabus in bezug auf die Verwandtenehe und die Indoktrination der Frauen, die von frühester Kindheit an lernen, daß sie entsprechend ihrer Verpflichtung dem Stamm gegenüber einer derartigen Zwangsverehelichung zuzustimmen haben. Levi-Strauss führt aus:

> *»Die globale Tauschbeziehung, welche die Heirat bildet, stellt sich nicht zwischen einem Mann und einer Frau her ..., sondern zwischen zwei Gruppen von Männern, und die Frau spielt dabei die Rolle eines Tauschobjektes und nicht die eines der Partner ... Dies trifft auch dann zu, wenn die Gefühle des jungen Mädchens berücksichtigt werden, wie es übrigens gewöhnlich der Fall ist, indem sie der vorgeschlagenen Verbindung zustimmt, beschleunigt*

88 Meine Auffassungen über Entwicklung und Konsequenzen der Kriegführung durch die Männer sind beeinflußt von Marvin Harris (1978) und einem anregenden Meinungsaustausch mit Virginia Brodine.

und ermöglicht sie die Tauschaktion; deren Natur jedoch vermag sie nicht zu verändern.«[89]

Levi-Strauss behauptet, Frauen würden bei diesem Vorgang »verdinglicht«; sie würden enthumanisiert und gälten mehr als Dinge denn als Menschen.

Einige feministische Anthropologinnen haben diese Position akzeptiert und diese Thesen weiter ausgearbeitet. Matrilokalität strukturiert die Verwandtschaftsbeziehungen so, daß ein Mann seine Ursprungsfamilie verlassen muß, um mit seiner Frau oder der Familie seiner Frau zusammenzuleben. Patrilokalität strukturiert die Verwandtschaftsbeziehungen so, daß eine Frau ihre Herkunftsfamilie verlassen muß, um mit ihrem Mann oder dessen Familie zu leben. Aufgrund dieser Beobachtung wurde die Hypothese vertreten, daß die Veränderung der Verwandtschaftsstruktur von der Matrilinearität zur Patrilinearität ein entscheidender Wendepunkt der Geschlechterbeziehung gewesen sein und dieser Wandel gleichzeitig mit der Unterordnung der Frauen vor sich gegangen sein muß. Aber warum und auf welche Weise kam es zu solchen Arrangements? Wir haben bereits das Szenario erörtert, wie Männer, vielleicht gerade erst zur Macht gekommen wegen ihrer kriegerischen Fähigkeiten, widerspenstigen Frauen ihren Willen aufzuzwingen trachteten. Aber warum wurden Frauen ausgetauscht, nicht Männer? C. D. Darlington bietet eine Erklärung an. Er betrachtet Exogamie als eine kulturelle Neuerung, die akzeptiert wird, weil sie unter evolutionären Gesichtspunkten vorteilhaft ist. Er behauptet, daß es beim Menschen ein instinktives Bestreben gibt, die Bevölkerungszahl in einem bestimmten Lebensraum auf eine »optimale Dichte« zu beschränken. Stammesgemeinschaften erreichen das durch die Kontrolle der Sexualität, durch Rituale, die Männer und Frauen im Sinne erwünschter Geschlechtsrollen strukturieren, durch Anwendung von Abtreibung, von Kindermord und, wenn nötig, von homosexuellen Praktiken. Diesem eigentlich evolutionistischen Gedankengang entsprechend macht die Kontrolle des Bevölkerungswachstums die Kontrolle über die weibliche Sexualität zwingend erforderlich.[90]

Es sind auch andere Erklärungen möglich: Angenommen, zwischen den Stämmen wären erwachsene Männer ausgetauscht worden, was hatte ihre Loyalität gegenüber dem Stamm, an den sie getauscht worden wären, gesichert? Die Bindung der Männer an ihre Nachkommen war zu jener Zeit nicht stark genug, um zu gewährleisten, daß sie sich im Interesse des Wohlergehens ihrer Kin-

89 Levi-Strauss 1981, S. 189. Eine zeitgenössische Darstellung der Wirkungen dieses Prozesses und der Art, in der das Mädchen »seine Natur nicht ändern kann«, gibt Nancy Lurie 1966, S. 29f.
90 C. D. Darlington 1969, S. 59.

der unterwarfen. Männer hätten zudem gegen die Männer des fremden Stammes Gewalt anwenden können. Geübt im Jagen und der Überwindung großer Entfernungen, hätten sie leicht fliehen und später als Krieger zurückkommen können, um sich zu rächen. Frauen andererseits konnten mühelos unterworfen werden, am ehesten durch Vergewaltigung. Einmal verheiratet und Mutter von Kindern, würden sie sich ihren Kindern und deren Verwandten gegenüber loyal verhalten und so ein potentiell starkes Band vom Stamm ihrer Herkunft zum Stamm, dem sie nun angehörte, sein. Auf diese Art hat sich im Laufe der Geschichte die Sklaverei entwickelt, was wir später erörtern werden. Wieder einmal machte ihre biologische Funktion die Frauen anpassungsfähiger im Hinblick auf diese neue, kulturell geschaffene Rolle als Unterpfand.

Es ließe sich auch anführen, daß nicht Frauen, sondern Kinder beiderlei Geschlechts als Pfand für die Sicherung des Friedens zwischen den Stämmen hätten verwendet werden können, wie das in der späteren Geschichte häufig zwischen herrschenden Eliten geschehen ist. Vielleicht hat der Frauentausch ja auf diese Art angefangen. Getauscht wurden Kinder beiderlei Geschlechts, die dann im geschlechtsreifen Alter in den neuen Stamm einheirateten.

Boulding, die stets die »Vermittlerinnenrolle« der Frau betont, nimmt an, daß es die Frauen in ihrer Funktion als Hüterinnen des Heims waren, die sich bei den erforderlichen Verhandlungen engagierten, die dann zu ehelichen Verbindungen zwischen den Stämmen führten. Frauen, die ihre eigene Kultur verlassen mußten, leben in zwei Kulturen und lernen die Sitten von beiden. Das Wissen, das sie infolgedessen haben, gibt ihnen unter Umständen Zugang zu Machtpositionen und ganz sicher Einfluß.[91]

Ich halte Bouldings Beobachtungen für nützlich bei der Rekonstruktion des schrittweisen Prozesses, in dem Frauen vielleicht den Frauentausch initiierten oder an der Verfestigung dieses Verhaltens beteiligt waren. In der anthropologischen Literatur finden sich einige Beispiele von Königinnen, die in ihrer Funktion als Staatsoberhaupt viele gebärfähige Frauen erwarben, für die sie dann Ehen arrangierten, die zur Mehrung des Reichtums und des Einflusses der Königin dienten.[92]

Wären Mädchen und Jungen als Pfand ausgetauscht und ihre Nachkommen in dem Stamm integriert worden, dem sie übergeben worden waren, dann hätte die Zahl der Stammesangehörigen in den Stämmen, die mehr Mädchen angenommen hatten, schneller zugenommen als bei den Stämmen, die mehr Jun-

91 Vgl. Boulding 1976, Kap. 6.
92 Vgl. den Fall der Lovedu in Sacks 1982, Kap. 5.

gen akzeptiert hatten. Solange Kinder eine Belastung im Überlebenskampf des Stammes waren oder bestenfalls eine Zukunftsaussicht eröffneten, wäre diese Unterschied kaum bemerkt worden oder hätte als unwichtig gegolten. Sobald aber wegen veränderter ökologischer Lebensbedingungen oder einer anderen Wirtschaftsweise des Stammes Kinder als potentielle Arbeitskraft einen Wert hatten, so ist zu erwarten, wird der Austausch von Kindern beiderlei Geschlechts wohl durch den Austausch von Frauen ersetzt. Die Faktoren, die zu dieser Entwicklung führen, sind meiner Ansicht nach von den marxistischen strukturalistischen Anthropologen und Anthropologinnen zutreffend erläutert worden.

Der Prozeß, den wir nun untersuchen wollen, vollzieht sich zu verschiedenen Zeiten in verschiedenen Teilen der Welt; aber dennoch lassen sich Ähnlichkeiten im Verlauf des Prozesses und Übereinstimmungen hinsichtlich der Ursachen und Wirkungen einzelner Entwicklungsschritte feststellen. Ungefähr zu der Zeit, als Jagen/Sammeln und Gartenbau vom Ackerbau abgelöst werden, haben die Verwandtschaftsbeziehungen die Tendenz, von der Matrilinearität zur Patrilinearität überzugehen, und es entsteht das Privateigentum. Wie wir gesehen haben, gibt es verschiedene Auffassungen über die Abfolge der Ereignisse. Engels und diejenigen, die ihm folgen, meinen, daß zunächst das private Eigentum entstand, was »die weltgeschichtliche Niederlage des weiblichen Geschlechts« verursachte. Levi-Strauss und Claude Meillassoux glauben, es sei das Privateigentum vielleicht durch den Frauentausch geschaffen worden. Meillassoux legt eine genaue Beschreibung des Übergangsstadiums vor.

In den Gesellschaften der Jäger und Sammler befassen sich Männer, Frauen und Kinder mit der Produktion und konsumieren, was sie produzieren. Die sozialen Beziehungen zwischen ihnen sind instabil, unstrukturiert und willkürlich-ungeregelt. Es gibt keine Notwendigkeit für Verwandtschaftsstrukturen oder nach bestimmten Regeln zu vollziehende Tauschhandlungen zwischen Stämmen und auch kein Bedürfnis danach. Dieses theoretisch entworfene Gesellschaftsmodell (für das sich in der Gegenwart kaum Beispiele finden lassen) wird abgelöst von einem Übergangsmodell, einem Zwischenstadium: der garten- und in Ansätzen ackerbauenden Gesellschaft. Die Ernte – Wurzeln und Schnittgut – ist unsicher und von wechselhaften klimatischen Bedingungen abhängig. Die Unfähigkeit, Korn über mehrere Jahre zu konservieren, läßt die Menschen abhängig sein von der Jagd, vom Fischen und Sammeln von Nahrung zur Ergänzung der Lebensmittel. In dieser Periode, in der es eine Vielzahl von matrilinearen und matrilokalen Systemen gibt, verlangt das Überleben der Gruppe den gleichen Anteil von Männern und Frauen an der Bevölkerungszahl.

Meillassoux führt aus, daß die biologisch bedingte Verletzlichkeit der Frauen beim Gebären die Stämme danach streben ließ, sich mehr Frauen von anderen Stämmen zu holen, und daß dieses Interesse am Frauenraub zum permanenten Krieg zwischen den Stämmen führte. Dabei entstand eine Kriegerkultur. Eine andere Konsequenz dieses Frauenraubs war, daß die geraubten Frauen unter dem Schutz des Mannes, der sie geraubt hatte, oder aber des gesamten Stammes, der auf Raub ausgegangen war, standen. In diesem Zusammenhang galten Frauen als Besitz, als Sache – sie wurden verdinglicht, während die Männer zu Verdinglichern wurden, weil sie eroberten und schützten. Die Fortpflanzungsfähigkeit der Frauen wurde zunächst als eine Ressource des Stammes betrachtet, dann aber, als sich eine herrschende Elite herausbildete, galt sie als das Eigentum einer bestimmten Gruppe von Verwandten.

Dies geht einher mit der Entwicklung der Landwirtschaft. Die materiellen Bedingungen des Getreideanbaus verlangen einen engen und andauernden Zusammenhalt der Gruppe und stärken so die Struktur der Haushalte als Wirtschaftsgemeinschaften. Um eine Ernte zu ermöglichen, sind diejenigen, die während eines Produktionszyklus arbeiten, wegen der erforderlichen Nahrung und des benötigten Saatguts in der Schuld derer, die in einem vorangegangenen Produktionszyklus gearbeitet haben. Da die Menge der vorhandenen Nahrung davon abhängt, wieviel Arbeitskraft zur Verfügung steht, wird die Produktion zum Hauptinteresse. Das hat zwei Konsequenzen: Es verstärkt den Einfluß der älteren Männer, und es macht die Eingliederung einer noch größeren Zahl von Frauen erstrebenswert. In der voll entwickelten Ackerbaugesellschaft auf der Grundlage der Verwendung des Pfluges sind Frauen und Kinder für den Produktionsprozeß, der zyklisch verläuft und arbeitsintensiv ist, unverzichtbar. Kinder sind damit zu einem ökonomischen Gut geworden. In dieser Phase der Entwicklung versuchen die Stämme, sich das Fortpflanzungspotential von Frauen zu sichern; dies ist wichtiger als die Frauen selbst. Männer können keine Kinder gebären. Deshalb werden Frauen, nicht Männer getauscht. Diese Praxis wird institutionalisiert durch Inzesttabus und patrilokale Eheschließungen. Ältere Männer, die die Kontinuität des zur Aufrechterhaltung der Produktion erforderlichen Wissens gewährleisten, beginnen nun, diese »Geheimnisse« zu mystifizieren, und sichern sich Macht über die jüngeren Männer, indem sie die Kontrolle über Nahrung, Wissen und Frauen ausüben. Sie überwachen den Austausch der Frauen, setzen sexuelle Verhaltensregeln und entsprechende Einschränkungen durch und erwerben Frauen als ihr privates Eigentum. Die jungen Männer müssen für die alten Männer arbeiten, um das Privileg des Zugangs zu Frauen zu erhalten. Unter solchen Bedingungen werden Frauen dann auch zur Kriegsbeute, was wiederum die Herrschaft der alten Männer über die Gemeinschaft verstärkt. Schließlich wird die »weltgeschichtliche Niederlage der Frau« durch den Umsturz der matrilinearen und matrilokalen Verhältnisse möglich, und diese Niederlage der Frau erweist sich als Vorteil für den Fortbestand derjenigen Stämme, in denen dieser Umsturz stattfindet.

Es sei darauf hingewiesen, daß nach Meillassoux' Modell die Kontrolle der Fruchtbarkeit der Frau (ihrer Sexualität) der Inbesitznahme von Eigentum *vorangeht*. So stellt Meillassoux Engels auf die Füße.

Meillassoux' Arbeiten eröffnen in der Debatte über die Ursprünge des Patriarchats neue Blickwinkel, obwohl die feministische Kritik sich gegen diesen androzentrischen Ansatz wenden muß, in dem Frauen nur als Besiegte vorkommen.[93] Wir sollten beachten, daß Meillasoux zwar darauf hinweist, es sei nicht die Frau verdinglicht worden, sondern ihre Gebärfähigkeit, gleichwohl aber er und andere strukturalistische Anthropologen weiter von der Verdinglichung der Frau sprechen. Der Unterschied ist wichtig, und wir werden noch darauf zurückkommen. Es gibt weitere Fragen, die diese Theorie nicht beantworten kann. Wie erlangten die alten Männer die Kontrolle über die Landwirtschaft? Wenn unsere oben dargelegten Vermutungen über die sozialen Beziehungen zwischen den Geschlechtern in Jäger-und-Sammler-Stämmen richtig sind und wenn die allgemein anerkannte Tatsache, daß es die Frauen waren, die den Gartenbau entwickelten, zutrifft, dann wäre doch zu erwarten, daß die Frauen das Produkt der landwirtschaftlichen Arbeit auch verwalteten. Hier müssen offenbar noch andere Faktoren in unsere Überlegungen einbezogen werden.

Nicht in allen Gesellschaften gab es ein Stadium des Gartenbaus. In vielen Gesellschaften wurde vor der Entwicklung des Ackerbaus entweder Herdenwirtschaft und Viehzucht allein oder in Verbindung mit dem Sammeln von Nahrungsmitteln betrieben. Die Viehzucht war sehr wahrscheinlich die Aufgabe von Männern. Diese Tätigkeit machte einen Überschuß an Vieh, Fleisch und Häuten möglich, und es ist anzunehmen, daß die Märiner, die diesen Überschuß erwirtschaftet haben, ihn auch behalten konnten. Außerdem verlangte die Verwendung des Pfluges in der Landwirtschaft zunächst den Einsatz der Körperkraft, und ganz sicher war das Pflügen keine Aufgabe für schwangere Frauen oder stillende Mütter, einmal abgesehen von Hilfeleistungen. Die Praxis des Ackerbaus verstärkte also die Kontrolle der Männer über den Überschuß, der unter Umständen auch bei einem Krieg zwischen Stämmen erobert worden

93 Vgl. M.Molyneux 1977.

war. Ein anderer Faktor, der zur Entstehung von Privateigentum in den Händen der Männer beigetragen haben mag, ist die ungleiche Zuteilung von Freizeit. Die auf Gartenbau beruhende Wirtschaftsweise war produktiver als das Sammeln der Lebensmittel und schuf arbeitsfreie Zeit. Aber die so gewonnene freie Zeit wurde nicht gleichmäßig verteilt: Männern kam sie eher zugute als Frauen, weil die Frauen bei der Zubereitung der Nahrung und bei der Versorgung der Kinder nicht entlastet wurden. So konnten die Männer offenbar ihre freie Zeit nutzen, um handwerkliche Fähigkeiten zu entwickeln, um Rituale im Interesse der Erhaltung ihrer Macht und ihres Einflusses einzuführen und um die Überschüsse an Nahrungsmitteln zu verwalten. Ich will hier nicht die Schlußfolgerung nahelegen, es hätte sich um ein gezieltes Vorgehen oder um bewußte Manipulation gehandelt – im Gegenteil. Die Dinge entwickelten sich auf eine bestimmte Weise, was bestimmte Konsequenzen hatte, die weder Frauen noch Männer beabsichtigt hatten. Sie konnten sich ihrer nicht einmal bewußt sein – ebensowenig wie der moderne Mensch zu Beginn der schönen neuen Welt der Industrialisierung sich der Konsequenzen dieser Entwicklung in bezug auf Luftverschmutzung oder deren ökologische Folgen bewußt sein konnte. Als ein Bewußtsein des Prozesses und von dessen Auswirkungen sich entwickeln konnte, war es – jedenfalls für die Frauen – zu spät, den Prozeß aufzuhalten.

Der dänische Anthropologe Peter Aaby hat darauf hingewiesen, daß sich die von Meillassoux angeführten Belege für seine Auffassung zum größten Teil auf das europäische Modell, etwa bezüglich des Zusammenhangs zwischen Gartenbau und Viehzucht, und auf Beispiele von südamerikanischen Indiostämmen stützen. Aaby zitiert Fälle, z.B. australische Jägerstämme, wo es die Kontrolle über die Frauen auch ohne Gartenbautätigkeiten gibt. Er führt zudem den Fall der Irokesen an, eine Gesellschaft, in der Frauen weder verdinglicht noch beherrscht wurden, als ein Beispiel für gartenbaubetreibende Stämme, die nicht zur männlichen Dominanz übergingen. Er argumentiert, daß es unter günstigen ökologischen Bedingungen möglich gewesen sei, die demographische Balance innerhalb eines Stammes aufrechtzuerhalten, ohne Frauen zu »importieren.« Nicht nur die Produktionsverhältnisse, sondern auch *»die Ökologie und die soziobiologische Reproduktion sind die bestimmenden oder kritischen Faktoren ...«*[94] Da alle ackerbauenden Gesellschaften die Fortpflanzungsfähigkeit der Frauen und nicht der Männer verdinglicht haben, muß man allerdings schlußfolgern, daß solche Systeme im Hinblick auf die Vergrößerung und Aneignung von Überschußprodukten einen Vorteil haben gegenüber Systemen auf der Grund-

94 Aaby 1977, S. 39ff.

lage eines komplementären Verhältnisses zwischen den Geschlechtern. In den letztgenannten Systemen gibt es keine Methoden, mit denen die Produzenten gezwungen werden können, die Produktion zu steigern.

Die Werkzeuge im Neolithikum waren recht einfach, so daß jeder sie herstellen konnte. Land war nicht knapp. So boten weder die Werkzeuge noch das Land einen Anreiz, sich ihrer zu bemächtigen und sie sich anzueignen. Aber in Situationen, in denen die ökologischen Bedingungen und Beeinträchtigungen der biologischen Fortpflanzung das Überleben der Gruppe gefährdeten, mußten die Menschen an einer wachsenden Nachkommenschaft interessiert sein – das heißt an der Reproduktionsfähigkeit von mehr Frauen. Die Aneignung von Männern, wie etwa die von Gefangenen (was erst später geschah), hätte ganz einfach nicht den Notwendigkeiten der Überlebenssicherung für die Gruppe entsprochen. Die erste Aneignung von Privateigentum bestand also in der Aneignung der Leistung von Frauen als den Fortpflanzungstüchtigen.[95]

Aaby kommt zu der Schlußfolgerung:

> *»Die Verbindung zwischen der Verdinglichung der Frauen einerseits und dem Staat und dem Privateigentum andererseits ist der von Engels und seinen Nachfolgern behaupteten genau entgegengesetzt. Ohne auf die Verdinglichung von Frauen als einem historisch entstandenen Merkmal der gesellschaftlichen Struktur Bezug zu nehmen, wird die Herkunft des Privateigentums und des Staates unerklärbar bleiben.«*[96]

Wenn wir Aabys Argumentation folgen, die ich überzeugend finde, dann müssen wir zu dem Schluß kommen, daß im Verlauf der agrikulturellen Revolution die Ausbeutung menschlicher Arbeitskraft und die sexuelle Ausbeutung der Frau untrennbar miteinander verknüpft worden sind.

Die Geschichte der Zivilisation ist die Geschichte von Männern und Frauen, die sich aus einem Zustand der Not, der hilflosen Abhängigkeit von der Natur, herausarbeiten zu Freiheit und einer zunehmenden Naturbeherrschung. In diesem Kampf sind Frauen länger als Männer auf die besonderen arterhaltenden Betätigungen beschränkt und damit eher Benachteiligungen ausgesetzt. Meine Auffassung unterscheidet scharf zwischen der biologischen Notwendigkeit, der

95 Aaby 1977, S. 44. Der Erklärungsansatz von Aaby ist auch sinnvoll für den nach der These von Meillassoux nicht zu erklärenden Fall von Gesellschaften, die von einer relativ egalitären Arbeitsteilung zwischen den Geschlechtern infolge ausgedehnter kriegerischer Aktivitäten unmittelbar zu patriarchaler Dominanz übergehen, Ein Beispiel dafür ist die gesellschaftliche Entwicklung der Azteken, wie sie June Nash (1978) beschrieben hat. Über die Inkas vgl. Silverblatt 1978.

96 Aaby 1977, S. 47.

Männer wie Frauen unterworfen und angepaßt sind, und kulturell entwickelten Regeln und Institutionen, die Frauen in die untergeordneten Rollen hineingezwungen haben. Ich habe versucht zu zeigen, wie es geschehen sein kann, daß Frauen einer geschlechtsbestimmten Arbeitsteilung zugestimmt haben, die sie potenziell benachteiligen konnte, ohne in der Lage zu sein, die späteren Folgen dessen zu erkennen.

Die von mir schon in einem anderen Zusammenhang diskutierte Feststellung Freuds, daß für Frauen »die Anatomie das Schicksal ist«, ist falsch, weil sie unhistorisch ist und die ferne Vergangenheit in die Gegenwart hineinliest, ohne die Möglichkeit von historischem Wandel zu berücksichtigen. Schlimmer noch: Diese Feststellung ist verstanden worden als eine Anweisung für Gegenwart und Zukunft: Die Anatomie ist demnach nicht nur das Schicksal der Frau, sie *sollte* es auch sein. Freud hätte darauf hinweisen sollen, daß die Anatomie der Frau *einst* ihr Schicksal *gewesen* ist. Diese Feststellung ist zutreffend und trägt dem historischen Prozeß Rechnung. Doch das, was einmal war, ist nicht länger so und muß oder sollte auch nicht länger so sein.

Mit Meillassoux und Aaby sind wir aus den Höhen der rein theoretischen Spekulation zur Berücksichtigung der historisch belegbaren Ergebnisse von anthropologischen Forschungen über primitive Gesellschaften in geschichtlicher Zeit gelangt. Wir haben uns mit Anhaltspunkten befaßt, die ökologische Bedingungen, Klima und demographische Faktoren betreffen und deutlich die komplexen Wechselbeziehungen verschiedener Faktoren zeigen, die die Entwicklung, die wir verstehen wollen, beeinflußt haben müssen. Es besteht nicht die Möglichkeit, diese Veränderungen in prähistorischer Zeit eindeutig zu belegen; wir können uns nur auf Rückschlüsse und Vergleiche im Hinblick auf das stützen, was wir wissen. Es wird sich zeigen, daß sich der von uns vorgeschlagene Erklärungsansatz, die Arbeitshypothese, in verschiedenen Punkten anhand von Belegen über spätere Zeitabschnitte überprüfen läßt.

Auf der Grundlage archäologischer Funde lassen sich einige gesicherte Fakten feststellen. Irgendwann während des Übergangs zum Ackerbau wurden relativ egalitäre Gesellschaften, in denen es aufgrund biologischer Erfordernisse eine Arbeitsteilung zwischen den Geschlechtern gab, von höherstrukturierten Gesellschaften abgelöst, in denen sowohl Privateigentum als auch der Austausch von Frauen, als Folge von Inzesttabu und Exogamie, üblich waren. Die früheren Gesellschaften waren häufig matrilinear und matrilokal, während die überlebenden späteren Gesellschaften überwiegend patrilinear und patrilokal waren.

Es gibt nirgendwo ein Anzeichen für einen umgekehrten Prozeß von patrilinearen Verhältnissen zu matrilinearen. Die komplexer strukturierten Gesellschaften entwickelten eine Arbeitsteilung, die nicht mehr nur auf biologischen Unterschieden begründet war, sondern ebenso auf einer hierarchischen Herrschaftsordnung und auf der Macht von einigen Männern über andere Männer und alle Frauen. Eine Reihe von Wissenschaftlern ist der Auffassung, daß diese Veränderung zusammenfällt mit der Entstehung von archaischen Staaten.[97] Mit dieser Periode muß die theoretische Spekulation enden und die historische Forschung beginnen.

97 R. R. Reiter 1977, R. McC. Adams 1966, R. Carneiro 1970.

Kapitel 3: Die Rolle der Frau als Stellvertreterin und als Unterpfand

Der Prozeß, in dem die verstreuten neolithischen Siedlungen zu landwirtschaftlichen Gemeinschaften, dann zu städtischen Zentren und schließlich zu Staaten zusammengewachsen sind, ist als »urbane Revolution« oder »Entstehen der Zivilisation« bezeichnet worden. Diese Entwicklung vollzieht sich zu verschiedenen Zeiten an verschiedenen Orten überall auf der Erde: zunächst in den großen Fluß- und Küstentälern in China, Mesopotamien, Ägypten, Indien und Mittelamerika, später in Afrika, Nordeuropa und Malaysia. Charakteristisch für die archaischen Staaten sind das Entstehen von besitzenden Klassen und Hierarchien, eine Warenproduktion mit hochgradiger Spezialisierung und, verbunden mit einem organisierten Fernhandel, die Verstädterung, die Herausbildung und Verfestigung von militärischen Eliten, eine Königsherrschaft, die Institutionalisierung der Sklaverei, das Zurücktreten der Bedeutung des Stammesverbandes gegenüber der wachsenden Bedeutung der patriarchalen Familie bei der Verteilung von Eigentum und Macht. In Mesopotamien kommt es außerdem zu wichtigen Veränderungen in der Stellung der Frauen: Die Unterordnung der Frauen in der Familie wird institutionalisiert und rechtlich kodifiziert; die Prostitution wird zu einer gesellschaftlich akzeptierten Einrichtung und ihre Ausübung an Regeln gebunden; mit der zunehmenden Spezialisierung der Arbeit werden Frauen nach und nach von bestimmten Tätigkeiten und Berufszweigen ausgeschlossen. Nach der Erfindung der Schrift und der Einrichtung von Schulen wird den Frauen der gleiche Zugang zu den Bildungseinrichtungen verweigert. Die Weltanschauungen, die der religiösen Untermauerung der archaischen Staaten dienen, betrachten die weiblichen Gottheiten als den männlichen Hauptgöttern untergeordnet; dies kommt in Mythen der Weltentstehung zum Ausdruck, welche die Überlegenheit und Vorherrschaft des Mannes rechtfertigen.[98]

98 Meine allgemeinen Aussagen über den archaischen Staat stützen sich auf folgende Quellen: Charles Redman 1978; Robert Carneiro 1970; Gordon Childe 1936, Morton Fried 1960, Jacquetta

Die meisten Theorien über das Entstehen des archaischen Staates sind monokausal, Primus-motor-Theorien, die als Ursachen der Entwicklung jeweils folgende treibende Kräfte herausstellen: Kapitalakkumulation infolge der Einführung neuer Technologien, die zur Klassenteilung und zum Klassenkampf führen (Marx, Engels, Childe); das Entstehen starker Bürokratien infolge der Notwendigkeit von weitreichenden Systemen künstlicher Bewässerung (Wittfogel); Bevölkerungswachstum und Bevölkerungsdruck (Fried); Überbevölkerung in einem bestimmten Lebensraum, die zu kriegerischen Auseinandersetzungen führt, die wiederum die Bildung eines Staates zur Folge haben (Carneiro). Jeder dieser Erklärungsansätze ist kritisiert und durch komplexere, systemorientierte Deutungen ersetzt worden, die die Wechselwirkung einer Vielzahl von Faktoren betonen. Robert McC. Adams erkannte zwar die Bedeutung der Umweltfaktoren und des technologischen Fortschritts als Entwicklungsbedingungen der Zivilisation, betonte aber, daß als die entscheidende Ursache für die urbane Revolution Veränderungen der gesellschaftlichen Organisation zu gelten hätten. Die Intensivierung der Landwirtschaft im Zuge der Spezialisierung ermöglichte eine gesicherte Ernährungsgrundlage, die ein Wachsen der Bevölkerung erlaubte. Die Lebensmittelverteilung wurde von der Tempelgemeinschaft organisiert, was dieser Gruppe die Macht verlieh, Bauern und Hirten zur Produktion von Überschüssen zu zwingen. Dies konnte am ehesten durch eine Erweiterung der künstlichen Bewässerungssysteme erreicht werden, was wiederum die Macht der Tempelelite zunehmen ließ und zu krassen Einkommensunterschieden führte: Reichtum bei denen, deren Land in der Nähe einer ständigen Wasserversorgung lag, im Gegensatz zu denen, bei denen das nicht der Fall war. Diese frühe Klassenbildung führte zur nächsten wichtigen Veränderung der sozialen Struktur – zum Wandel von der Stammes – zur Klassengesellschaft.[99]

Dieser Übergang von einer sozialen Struktur auf der Grundlage von Stammesbeziehungen zu einer von der Klassenzugehörigkeit bestimmten Gesellschaftsstruktur hat sich in ganz besonderer Weise auf die Geschichte der Frauen ausgewirkt. Einige feministische Autorinnen haben in jüngster Zeit auf diesen Aspekt der urbanen Revolution aufmerksam gemacht, den wir in diesem Kapitel eingehender untersuchen werden. Die Anthropologin Rayna Rapp weist auf

Hawkes und Sir Leonard Woolley 1963, Robert Adams 1966 u. 1981, Elman Service 1975, Cambridge Ancient History (CAH) Bd. I/1, 1970: Gadd, The Cities of Babylon; Henry Wright und Gregory Johnson 1975.

99 Zu den Theorien der Staatenbildung vgl. Engels 1962, Childe 1975, Wittfogel 1977, Carneiro 1970, Adams 1966, S. 14, 42. Eine detaillierte Diskussion dieser Theorien findet sich bei Redman 1978.

den Konflikt zwischen den Stammesgruppen und den aufsteigenden Eliten hin und kommt zu der Schlußfolgerung, daß *»die Verwandtschafts- und Stammesbeziehungen im Prozeß der Zivilisation ganz besonders stark an Bedeutung verloren haben und ›die großen Verlierer‹ waren.«*

> *»In vorstaatlichen Gesellschaften war das gesamte gesellschaftliche Leben von der Stammesgemeinschaft organisiert. Während nach und nach die Staaten entstanden, wurden die Verwandtschaftstrukturen ihrer Funktion entkleidet und transformiert, um das Bestehen und die Legitimität von starken politisierten Herrschaftsbereichen abzusichern. In diesem Prozeß ... wurden Frauen mitsamt (und im Verhältnis zu) der Stammesgemeinschaft untergeordnet.«*[100]

Am Beispiel der mesopotamischen Gesellschaften werden wir zu untersuchen haben, wie dieser Transformationsprozeß sich vollzogen hat und warum er auf eine ganz bestimmte Art verlaufen ist. Wir müssen uns diesen Vorgang nicht als einen linearen Prozeß vorstellen, der in verschiedenen Regionen auf gleiche Weise stattgefunden hat, sondern eher als ein langsames Zunehmen von Veränderungen in einzelnen Bereichen, die in verschiedenen Regionen mit unterschiedlicher Geschwindigkeit und mit vielgestaltigen Ergebnissen vor sich gegangen sind. In den Worten von Charles Redman *»sollte er verstanden werden als eine Reihe von sich wechselseitig beeinflussenden Veränderungen, die von entsprechenden ökologischen und kulturellen Bedingungen ausgelöst wurden und wegen einander verstärkender Antriebskräfte andauerten.«*[101] Die urbane Revolution in Mesopotamien läßt sich in drei Abschnitte gliedern: Entstehung der Tempel, Städte, Wachsen der Stadtstaaten, Entwicklung von Nationalstaaten.

Von den großen Städten im Neolithikum, z.B. Çatal Hüyük und Hacilar in Anatolien im 6. und 8. Jahrtausend v. Chr., ist bereits die Rede gewesen. Selbst in diesen frühen Siedlungen belegen die Begräbniszeremonien Unterschiede in Reichtum und Status zwischen den Einwohnern der Stadt sowie eine Spezialisierung im Handwerk und das Betreiben von Fernhandel. Es kann davon ausgegangen werden, daß es ähnliche Dorf- und Stadtgemeinschaften in Mesopotamien gegeben hat. Während Çatal Hüyük und Hacilar als Siedlungen im Jahre 5000 v. Chr. nicht mehr bestanden, verbreiteten sich dörfliche Ansiedlungen in Mesopotamien nach und nach in das Tiefland im Süden hinein. Die Bevölkerungszunahme in einem begrenzten Raum auf einem Boden, der nur fruchtbar war, wenn genügend Wasser zur Verfügung stand, führte zwangsläufig zur

100 Reiter 1977, S. 9; andere feministische Arbeiten dazu: Ruby Rohrlich-Leavitt 1977, Ruby Rohrlich 1980, Germaine Tillion 1977.
101 Redman 1978, S. 229.

Entwicklung eines Systems künstlicher Bewässerung. Dieses ließ Einkommensunterschiede je nach der Lage des Bodens eines Bauern entstehen und führte zu einem Spannungsverhältnis zwischen den privaten und gemeinschaftlichen Eigentumsrechten und Interessen.

In einem von den jeweiligen ökologischen Gegebenheiten bestimmten und begrenzten Raum kann für den Lebensunterhalt einer wachsenden Bevölkerung nur durch Steigerung der landwirtschaftlichen Erträge oder durch Expansion gesorgt werden. Ersteres führt zum Entstehen von Eliten, letzteres zum Aufbau militärischer Strukturen, zunächst auf freiwilliger Basis, dann auf der Grundlage einer Berufsarmee. In Mesopotamien vollzog sich dieser gesellschaftliche Formierungsprozeß durch die Entstehung von Tempelstädten, die sich im 4. und 3. Jahrtausend v. Chr. entwickelten.[102] In Zeiten von kriegerischen Auseinandersetzungen zwischen Stammesgemeinschaften wirkten Städte auf die Bewohner umliegender Siedlungen wie ein Magnet: Sie zogen in die Städte, um dort Arbeit zu finden oder um in Zeiten von Krieg und Hungersnot Schutz zu suchen. Solche Bevölkerungsgruppen wurden zu Arbeitern in den großen Unternehmen, die den Bau von riesigen Tempelanlagen und Bewässerungssystemen großen Stils ermöglichten. Die Tempelgemeinschaften waren auf vielfältige Weise in den Bereichen des religiösen Lebens, der Politik und der Wirtschaft aktiv. Archäologische Funde belegen, daß seit 3000 v. Chr. Tempelhierarchien den Bau und die Erhaltung von Kanalanlagen koordinierten, die viele Kilometer lang waren und das Zusammenwirken mehrerer Siedlungen erforderlich machten. Die Finanzierung derart umfangreicher und kostspieliger Projekte, die Bereitstellung des in Rationen auszahlenden Lebensunterhalts für die Arbeitskolonnen und die Investition von Überschußerträgen in die Massenproduktion von bestimmten Handwerkserzeugnissen für den Export - all das führte zur Konsolidierung der Macht der Priesterhierarchie und zur Spezialisierung von Funktionen innerhalb der Tempelbürokratie. Der Tempel förderte die Entwicklung und fortschreitende Spezialisierung des Handwerks einschließlich der Metallverhüttung und der großangelegten Herstellung von Textilien für den Export. Der Tempel kontrollierte die Rohstoffe und monopolisierte den Handel. Das Management und die Verwaltung solcher Großprojekte wiederum förderte den Aufstieg von sachkundigen administrativen Eliten und führte unter bestimmten Umständen zur Entwicklung eines standardisierten Informationssystems.

102 Meine Darstellung folgt dem ökologischen Modell eines multifaktoriellen Systems, das von Redman vorgestellt worden ist: 1978, S. 229ff.

Die ersten Symbolsysteme oder Zeichen entstanden im Zusammenhang mit Handel und Buchhaltung. Aus diesen Zeichen entstanden Systeme des Rechnens und Schreibens.[103] Die ersten Tontafeln in Sumer zeigen Rationslisten, Aufstellungen von Tributzahlungen und Dotationen sowie die Namen von Göttern. Zur Erfindung einer ausgearbeiteten Schrift, die Elemente einer Grammatik enthielt, kam es kurz nach dem Jahre 3000 v. Chr. in Sumer. Sie ist für die Zivilisationsgeschichte Mesopotamiens von entscheidender Bedeutung. Im allgemeinen wird angenommen, daß die Entwicklung der Schrift von den Tempeln und Palästen ausging und dazu beitrug, die Herrschaft der führenden Eliten zu festigen. In den Schulen wurden Schreiber systematisch und unter besonderer Berücksichtigung des religiösen Wissens darauf vorbereitet, den Anforderungen der Ausübung von Herrschaft in den verschiedenen Lebensbereichen zu entsprechen. Später führte die Einrichtung von Archiven zu einer weiteren Institutionalisierung der Verwaltung von politischen und wirtschaftlichen Angelegenheiten im Tempel und im Palast. Geschichte beginnt also mit der Erfindung der Schrift und mit der schriftlichen Dokumentation des Geschehens.

Die früh geschichtliche Periode (ca. 3200 bis 2800 v. Chr.) entspricht der archäologischen Periode von Uruk V bis zum Beginn der frühdynastischen Periode. Es kann davon ausgegangen werden, daß während dieser Periode militärische Eliten neben den Tempeleliten entstanden und schnell zu einer eigenständigen und rivalisierenden gesellschaftlichen Kraft wurden. Starke Heerführer traten wohl zunächst an die Spitze von Siedlungsgemeinschaften und etablierten später ihre Herrschaft über zuvor in Gemeineigentum befindliche Tempelländereien und -herden, indem sie allmählich die Priester in den Hintergrund drängten und entmachteten. Wir werden diese Entwicklung noch detailliert am Beispiel des Urukagina von Lagasch darstellen.[104] Später konnten sich wohl die mächtigsten dieser Heerführer an der Spitze einzelner Siedlungsgemeinschaften als Könige etablieren, die Macht über den Tempel an sich reißen und das Tempeleigentum als das ihre behandeln. In den folgenden Jahrhunderten der Kriege zwischen den Städten gelang es dem stärksten dieser Herrscher, mehrere solcher Stadtstaaten in einem Königreich oder Nationalstaat zusammenzufassen.[105]

103 Vgl. Denise Schmandt-Besserat 1980 und 1981.

104 In neueren Forschungen wird der Name dieses Herrschers als Uruinimgina angegeben. Da er aber in weitverbreiteten Werken Urukagina genannt wird, bleibe ich bei diesem Namen, um Verwirrung zu vermeiden.

105 Einige Autorinnen und Autoren haben vermutet, das Ausgeschlossensein der Frauen aus den herrschenden Eliten sei darauf zurückzuführen, daß die Frauen vom Kriegsdienst ausgeschlossen waren. Vgl. Elise Boulding 1983. Zu einer ähnlichen Schlußfolgerung gelangte der Anthropologe

Sowohl die Entwicklung der Kriegsführung als auch der Bedarf an einem großen Arbeitskräftepotential zum Errichten öffentlicher Bauten führten zu der Praxis, Kriegsgefangene zu Sklaven zu machen, und gelegentlich sogar zur Institutionalisierung der Sklaverei – und im Zusammenhang damit zur Herausbildung einer Klassenstruktur. Wir kommen auf diesen Prozeß und seine Folgen für das Leben der Frauen im nächsten Kapitel noch zurück. Hier interessiert uns, daß diese unterschiedlichen, voneinander abhängigen Entwicklungen auf die Verstärkung der männlichen Dominanz im öffentlichen Leben und in den Außenbeziehungen hinausliefen, während sie die Macht der gemeinschaftlichen und verwandtschaftlichen Strukturen schwächten. In der frühgeschichtlichen Epoche hatten die Großfamilien weiterhin einige Bedeutung, manche als Eigentümer von Grundbesitz, andere als Inhaber von Rechten in Handwerksgilden/-zünften oder bei der Bereitstellung von Rekruten für den Militärdienst. Robert McC. Adams hat in seiner vergleichenden Untersuchung über die urbane Revolution in Mesopotamien (3900-2300 v. Chr.) und in Zentralmexiko (100 v. Chr. Bis 1500 n. Chr.) festgestellt, daß von mexikanischen Stammesgruppierungen, den »calpyllis«, im neuentstehenden Staat eine ähnliche Funktion bei der Verteilung von Reichtum und Macht erfüllt wird. Sie bilden Gilden, stellen Männer zum Wehrdienst ab und erhalten vom Staat Sklaven zugeteilt. Sobald der Staat sich konsolidiert hat, verfestigen sich Veränderungen in der Verwandtschaftsstruktur.[106]

Im Inka-Reich dehnten die Eroberer ihre Herrschaft aus, indem sie die unterworfenen Dörfer zwangen, Jungfrauen für den Staat und als potentielle Gattinnen für den Inka-Adel zur Verfügung zu stellen. Dieser Eingriff in die sexuellen Sitten und die Hochzeitsbräuche der Unterworfenen hatte die doppelte Funktion, die Organisationsform der Stammesgemeinschaften zu untergraben und einzelne Stämme aus dem Zusammenhang der Gemeinschaft herauszulösen und an die Eroberer zu binden.[107]

Dem entsprach eine ähnliche Praxis in Mesopotamien: Eroberte Städte wurden zerstört, die Männer getötet und die Frauen und Kinder in die Sklaverei im Lande der Eroberer deportiert; Ein Netz von ehelichen Verbindungen wurde zwischen den jeweils Herrschenden geknüpft, um die zwischenstaatliche Kooperation zu zementieren. Bei archäologischen Forschungen in Mesopotamien sind Zehntausende von Tontafeln ausgegraben worden, die die Gesellschaftsordnung in Sumer im 3. Jahrtausend und in Babylonien im 2. Jahrtausend v.

Marvin Harris (1978).
106 Adams 1966, S.79.
107 Silverblatt 1978.

Chr. belegen, - Material, das uns dazu dienen wird, die Veränderungen in der sozialen Stellung der Frauen darzustellen. Solche Quellen können verglichen und in Zusammenhang gebracht werden mit Siegeln, Statuen und anderen Kunstgegenständen sowie mit ganz gewöhnlichen archäologischen Funden in Gräbern und Wohnstätten. Da auf vielen der Tafeln Gedichte, Hymnen und Gesetzestexte niedergeschrieben sind, andere Tontafeln Zeugnisse eher irdischer Angelegenheiten sind und Transaktionen in Handel und Haushalt betreffen, können wir diese Zivilisation der Bronzezeit genauer rekonstruieren als andere frühe Zivilisationen. Für diese wie für die auf dieses Zeitalter folgenden Perioden gilt, daß es wesentlich leichter ist, Hinweise auf die Lebenssituation der Frauen in der Oberschicht zu erhalten als für die Lage der Frauen in den unteren sozialen Schichten. Da wir aber nicht versuchen, eine Sozialgeschichte der Frau im Vorderen Orient der Frühzeit zu schreiben, sondern untersuchen wollen, wie sich das Konzept der geschlechtsspezifischen Zuweisung sozialer Rollen herausbildete, wird sich unsere Interpretation der Quellen eher auf signifikante Zeitabschnitte sowie auf einzelne Entwicklungsmodelle konzentrieren, als eine vollständige Rekonstruktion des historischen Prozesses anzustreben.

Eines der ältesten bekannten Portraits einer Frau in Sumer ist die sorgfältig gearbeitete Skulptur eines Kopfes aus Uruk, die eine Frau von großer Würde und Schönheit zeigt - eine Priesterin, Königin oder Göttin. Diese einzigartige Skulptur (Irak Museum, Bagdad), datiert in die Zeit zwischen 3100 und 2900 v. Chr., verkörpert die wesentlichen Rollen aristokratischer Frauen, die im Tempel, im Palast und in der Wirtschaftsführung tätig waren.

Es ist charakteristisch für die Funktion der Führer in dieser frühen Periode, daß es in der Person des Herrschers zu einer Vermischung von göttlicher und weltlicher Macht kommt. Die sumerische Königsliste, ein etwa um 1800 v. Chr. niedergeschriebenes Dokument, verzeichnet die aufeinanderfolgenden Dynastien in den wichtigsten Städten Mesoptamiens bis zurück ins 3. Jahrtausend. Die Chronologien übertreiben etwas in bezug auf die Dauer der Dynastien, doch die Archäologen haben einige der Daten anhand anderer Beweismaterialien verifizieren können. Die frühesten sumerischen Dynastien hatten ihren Ursprung in Kisch, Uruk und Ur. Nach der Liste der Könige war die Königin Ku-Baba die Begründerin der dritten Dynastie von Kisch, die der Liste zufolge 100 Jahre lang regierte. Sie wird dargestellt als eine frühe Gastwirtin - eine Tätigkeit, die sie eigentlich eine gesellschaftliche Randposition einnehmen ließe. Später wird sie identifiziert mit der Göttin Kubaba, die im Norden Mesopotamiens verehrt wurde.[108] Sie ist die einzige Frau auf der Königsliste, die als aus eigener Machtvollkommenheit regierend bezeichnet wird, aber die Verschmelzung ihrer historischen Persönlichkeit mit der eines göttlichen Wesens ist nicht unähnlich der Charakterisierung der mythischen Halbgottheit Gilgamesch, Herrscher von Uruk, der – so wird angenommen – in der frühdynastischen Periode herrschte. Für dessen historische Existenz gibt es zwar keine eindeutigen Beweise, doch seine Taten wurden im Epos von Gilgamesch unsterblich gemacht.

Die von Sir Leonard Woolley 1922-1934 im Auftrag des Britischen Museums vorgenommenen Ausgrabungen in Ur bieten uns faszinierende Einblicke in die Struktur der sumerischen Gesellschaft während der frühen Dynastien, etwa 2500 v. Chr. Die Entdeckung von 1850 Grabstätten, darunter 16 Königsgräbern, lieferte wichtige Erkenntnisse über die Bestattungsriten in einer Gesellschaft, die sowohl Klassenschichtung, Reichtum und hochentwickelte künstlerische Fähigkeiten als auch eine verhältnismäßig weit fortgeschrittene Entwicklung der Technologie aufwies.

In einem der Gräber identifiziert ein Lapislazuli-Siegel mit dem Namenszug »Ninbanda, die Königin, Gemahlin des Mesannepada« eine Frau, die möglicherweise die Gattin eines Königs der ersten Dynastie von Ur gewesen ist. Der Beweis für die Existenz ihres Gatten ist wichtig, weil er die historische Zuverlässigkeit der sumerischen Königsliste bestätigt.[109]

Von besonderem Interesse für unsere Untersuchung sind die Funde im Grab 789, dem eines Königs, dessen Identität noch nicht genau bestimmt ist, und die Funde im Grab 800, dem der Königin Pu-abi (früher gelesen als Schub-ad), die wahrscheinlich um das Jahr 2500 v. Chr. lebte. Ihre Identität wurde bestätigt durch ein in der Nähe ihres Leichnams gefundenes Rollsiegel aus Lapislazuli, auf dem ihr Name steht. Jedenfalls wurde der Leichnam der Königin gemeinsam mit den Skeletten von anderen Toten, wahrscheinlich denen von Dienerinnen, in einer Steinkammer Gefunden. Dieser Beweis von Menschenopfern belegt einen Zusammenhang von religiösen Glaubensinhalten und Wertvorstellungen, die nur dieser frühen Periode zuzuordnen sind. Es ist bezeichnend, daß viele hundert andere Gräber auf den Gräberfeldern von Ur keine Anzeichen von Menschenopfern enthalten; nur bei den Königs-

108 CAH, Bd. I/2, S. 115.

109 Die Information über die Königsgräber von Ur beruhen auf den Angaben von Sir Leonard Woollcy in P. R. Moorey 1982, S. 5 1-121. Die Zahl der Königsgräber wird bei Woolley und Moorey mit 16 (S. 60) und 17 in einer Broschüre »Royal Graves at Ur«, Western Asiatic Antiquities, The British Museum, o. 0. u. J., angegeben. Vgl. auch eine frühere Ausgabe, Sir Charles Leonard Woolley London 19 54, und Shirley Glubok 1969.

gräbern sind sie sichtbar. Bemerkenswert ist außerdem, daß, wie die Könige, auch zwei Königinnen mit ihrer Dienerschaft bestattet worden sind, was darauf hinweist, daß durch die Menschenopfer das Königtum geehrt wurde und daß in dieser frühen Periode diese göttliche Qualität einer Frau wie einem Mann zukommen konnte.[110]

In den Gräbern 789 und 800 liegt die Grabkammer am Ende eines tiefen Schachtes, der das Massengrab für das Gefolge des oder der Verstorbenen bildete. Der Körper der Königin wurde auf einer Bahre gefunden; sie war mit ihrem vornehmen Kopfschmuck aus Gold, Lapislazuli und Karneol und einem kostbaren Becher in der Hand bestattet worden. Zwei Dienerinnen waren an ihrer Bahre niedergesunken, die umgeben war von außergewöhnlich schönen Grabbeigaben aus Metall und Stein. Woolley schloß daraus, daß während der Bestattungszeremonie zunächst die Königin und ihre persönlichen Bediensteten in der tiefstliegenden Grabkammer beerdigt wurden, die anschließend versiegelt wurde. Der zweite Teil der Bestattungszeremonie fand in dem die Grabkammer umgebenden Stollen statt, wo Feuer entzündet, Feste gefeiert und den Göttern Opfergaben dargebracht wurden. Ein zeremonielles Fest muß stattgefunden haben, denn in dem Schacht sind auch die Skelette von Musikern und Musikerinnen gefunden worden, deren Finger noch die Instrumente berühren. Die geopferten Menschen wurden vielleicht zunächst unter Drogen gesetzt oder vergiftet, worauf auch ein Trinkgefäß in der Nähe jedes Leichnams hinweist; dann wurde der Schacht zugemauert und mit Erde bedeckt.[111]

Im Grab Nr. 789, dem Königsgrab, sind die Skelette von sechs Soldaten gefunden worden. Sie waren, so wird angenommen, Bewacher des Stollens, die vierrädrige, von Ochsen gezogene Karren hineingeleitet hatten. In jedem der Karren verharrte der Körper des Wagenlenkers in der seiner Aufgabe entsprechenden Position. Gegen die Mauer gelehnt fanden sich neun Frauenskelette, geschmückt mit kostbaren Juwelen. Insgesamt waren mit dem König 63 Männer und Frauen bestattet worden. Zu einem späteren Zeitpunkt wurde ein Teil des Zugangs zu diesem Grab erneut genutzt für das Grab 800, das Grab der Königin. In diesem Stollen fanden sich ein von Ochsen gezogener Schlitten, eine Lyra und andere wertvolle Gegenstände aus dem Hausrat sowie die Skelette von zehn Männern und zehn Frauen. Die Frauen trugen sorgfältig hergerichtete Haartrachten und Juwelen und waren vermutlich zum Hofstaat gehörende Musikerinnen.

110 Glubok 1969, S.48f.
111 Ebd., S.43ff., 71ff.

Ein anderes Grab, genannt die Große Totengrube, enthielt die Körper von sechs Männern und 68 reichgeschmückten Frauen. Wieder standen sechs Wächter hintereinander am Eingang; die Frauen waren vier Harfenistinnen und 64 Hofdamen, die goldene und silberne Haarbänder trugen. Die Anordnung und Ausstattung der Gräber und die Grabbeigaben machen deutlich, daß in diesen Massengräbern nicht nur persönliche Diener und Dienerinnen, wahrscheinlich Sklaven und Sklavinnen, mit den königlichen Toten bestattet wurden, sondern die meisten der Geopferten hochrangige Angehörige des Hofstaates und Personen von besonderer Bedeutung waren. Woolley bemerkt dazu:

»Ganz eindeutig handelte es sich bei diesen Leuten nicht um verelendete Sklaven, die getötet worden waren, wie Ochsen getötet worden wären, sondern um Würdenträger, die ihre Amtskleidung trugen und, so ist zu hoffen, freiwillig einem Ritus beiwohnten, der ihrem Glauben zufolge ein Übergang von einer Welt zu einer anderen war, vorn Gehorsam gegenüber einem Gott auf Erden zu dem gegenüber demselben Gott in einer anderen Sphäre.«[112]

Letzteres läßt sich bei der Interpretation der Funde auf den Grabfeldern in Ur nur schwer nachweisen. Wir wissen, daß in der späteren Periode die sumerischen Könige nach ihrem Tode und sogar schon zu Lebzeiten als Götter verehrt wurden. Die Beweise für Menschenopfer scheinen zu belegen, daß es diese Vergöttlichung schon früher, in der frühgeschichtlichen Zeit, gegeben hat. Wenn der König oder die Königin zu Lebzeiten über göttliche Attribute verfügte bzw. die Gottheit verkörperte, dann muß es nicht als das größte Opfer, sondern als die höchste Ehre gegolten haben, ihnen in einer anderen Welt, der Welt der Götter, zu dienen. Die Skelette in den Totenstollen zeigten keine Spuren von Kampf oder Gewalt, sie sind stumme Zeugen für einen Glauben an die Göttlichkeit von Königen und Königinnen.[113] Eine andere interessante Bedeutung der Funde in Ur ergibt sich aus der ungeheuren Fülle von kostbaren und feinstgearbeiteten Grabbeigaben. Da diese vor allem in den Königsgräbern enthalten waren, ist zu vermuten, daß deren Bestattung eine besondere Funktion für den Nachfolger hatte. Die Verschwendung von Ressourcen im Dienst an den Göttern ist ein Ritual zur Sicherung der Legitimität des Nachfolgers, der Autorität gewinnen konnte, indem er auf den Reichtum seines Vorgängers bzw. seiner Vorgängerin verzichtete. Dies würde die Interpretation stützen, daß *»Rituale immer noch erforderlich waren, um die Autorität des Königs während einer gewissen Zeit der*

112 Ebd., S. 80.
113 Ebd., S. 47ff.

Nachfolge zu erhalten«, eine Deutung, die von anderen historischen Belegen bestätigt zu werden scheint.[114] Die Bestattung der wichtigsten Diener und Berater des Königs konnte außerdem gewährleisten, daß der neue König mit seinem Stab von ihm ergebenen Gefolgsleuten einen neuen Anfang machen konnte.

Die Königsgräber von Ur belegen, daß regierende Königinnen in gesellschaftlichem Rang, Macht, Reichtum und zugeschriebener Göttlichkeit den Königen gleich waren. Die Gräber sind Zeugnisse des Reichtums und des hohen Rangs einiger Frauen am Königshof von Sumer, sie zeigen ihre verschiedenen handwerklichen Fähigkeiten und ihre offensichtlichen ökonomischen Privilegien. Aber die Überzahl weiblicher Skelette im Verhältnis zu den männlichen unter den begrabenen Bediensteten ist auch ein Zeichen für ihre größere Schutzlosigkeit und Abhängigkeit als Bedienstete.

Die Bereitschaft der königlichen Dienerschaft, ihren Herren in den Tod zu folgen, ist Ausdruck von fundamentalen Glaubensinhalten der sumerischen Religion. Die Welt und die Menschen waren geschaffen zum Dienst an den Göttern. Die Menschen hatten keinen freien Willen, sondern wurden von den Entscheidungen der Götter bestimmt. Die Götter waren Herrscher, denen die Städte und Tempel gehörten, die sie durch ihre menschlichen Statthalter regierten. Als solche galten Hohepriester oder weltliche Herrscher, die zunächst als die Vertreter eines Ältestenrates regierten. In Krisenzeiten erweiterten diese weltlichen Regierenden unter Umständen ihre Macht und kamen so in Konflikt mit der Priesterschaft. Weltliche Herrscher traten in verschiedenen Städten unter verschiedenen Umständen auf, aber sie festigten schnell ihre eigene Machtbasis.[115]

So errang in Lagasch um 2350 v. Chr. der Herrscher Lugalanda die Macht über die wichtigsten Tempel, die der Götter Ningirsu und Schulschag und der Göttin Bau, indem er sie unter die Verwaltung eines von ihm eingesetzten Beamten stellte, der nicht wie der frühere Verwalter ein Priester war, und indem er sich selbst, seine Frau Baranamtara und andere Mitglieder seiner Familie zu Tempelverwaltern ernannte. Er betrachtete diese Tempel auch als das Privateigentum des ensi (Herrschers), erwähnte die Namen der Götter nicht mehr in den Tempeldokumenten und erhob Steuern bei den Priestern. Lugalanda und seine Frau wurden die größten Grundbesitzer. Die Frau, Baranamtara, teilte die Macht des ensi, regelte ihre eigenen Vermögensangelegenheiten und die des Tempels der Bau. Sie schickte diplomatische Gesandte in Nachbarstaaten, und sie kaufte und verkaufte Sklaven.[116]

114 Redman 1978, S.297f.
115 Ebd., S. 304f,
116 Quellen zur Herrschaft von Lugalanda und Urukagina: Anton Deimel 1931; Tyumenev 1969;

Glücklicherweise sind ausführliche Unterlagen über die Wirtschaftsführung des Tempels der Göttin Bau erhalten. Diese beziehen sich auf die Jahre der Herrschaft von Lugalanda und seines Nachfolgers Urukagina; eine Periode, in der die Spannungen zwischen dem König und der Bürgerschaft sichtbar wurden und die Autorität des Königs wuchs. Urukaginas kurze Regierungszeit war gekennzeichnet von seinen »Reformen«, die er als Inschriften auf Gebäuden festhielt. Urukagina übernahm die Macht von Lugalanda unter dem Hinweis, daß er im Auftrag von »Bootsführern, Schafhirten, Fischern und Bauern« handele und von der Priesterschaft unterstützt werde.[117] Im zweiten Jahr der Regentschaft ernannte Urukagina sich zum König und nahm den Titel *lugal* für sich in Anspruch.

Die Reformen, die Urukagina in seinem Erlaß verkündete, sind die ersten dokumentierten Versuche, den Bürgern fundamentale Grundrechte zu sichern. Urukagina beschuldigte seinen Vorgänger, sich des Eigentums der Götter in den Tempeln bemächtigt zu haben, und erklärte, er selbst habe mit dem Stadtgott von Lagasch einen Bund geschlossen, um die Schwachen und Witwen vor den Mächtigen zu beschützen. Er führte an, daß unter Lugalanda die »Männer des ensi« begonnen hätten, sich die Kontrolle über das Land von Privateigentümern zu sichern, indem sie in die Obstgärten einbrachen und sich die Früchte mit Gewalt nahmen. In der gleichen Zeit war es zu Machtmißbrauch seitens der Priester gekommen, die überhöhte Gebühren für Begräbnisse und religiöse Rituale erhoben hatten. Urukagina verfügte Steuerreformen, beschnitt die Macht korrupter Beamter und regierte die Tempel im Namen der Götter. Aber die Wissenschaftler sind unterschiedlicher Auffassung über die Wirkung dieser Reformen. Die eine Lehrmeinung betrachtet seine Herrschaft als Resultat einer Art populistischer Revolution, in der freie Menschen gegen reiche Sklavenhalter kämpften; eine andere Lehrmeinung sieht seine Regierung als Zeichen des Übergangs von der »Tempelwirtschaft« zu weltlicher Macht und Königtum.[118] In einer neueren Untersuchung be-

Gadd in: CAH; Lambert-Karlovsky r976. Zum Sklavenhandel von Baranamtara vgl. Dietz 1968, Nr. 40, 41, 45.

117 Es gibt unterschiedliche Auffassungen über diese Machtübernahme. Deimel ist der Meinung, daß Urukagina Lugalanda und ·die Königin tötete, während Tyumenev behauptet, beide seien am Leben geblieben: »Baramantara lebte noch zwei Jahre nach Urukaginas Machtantritt und erfreute sich einer Position von erheblicher Bedeutung.« Tyumenew 1969, S.93.

118 Erstere Ansicht wird vertreten durch den sowjetischen Wissenschaftler V. V. Struve. Er verweist auf eine wachsende Zahl von Freien mit dem Anrecht auf Nahrungszuteilung von seiten der öffentlich verwalteten Tempelländereien im zweiten Jahr der Regierungszeit von Urukagina und bezeichnet dies als *»Sieg der Freien von Lugasch über die Reichen, eine Art demokratischer Revolution.«* Struve 1969, Zitat S. 39. Diese Schlußfolgerung ist wenig überzeugend, und die Funde lassen sich

trachtet K. Maekawa Urukaginas »Reformen« als eine Ausweitung der Macht des Königs insofern, als er das Konzept eines mit göttlichem Segen versehenen Königtums entwickelte, dessen Geltung er auch auf den Herrschaftsbereich seiner Frau ausweitete, insbesondere auf den Bereich des Tempels der Göttin Bau. Die Zahl der in diesem Tempel Tätigen vergrößerte sich sehr in dem Jahr, in dem Urukagina sich zum *lugal* machte. Die Vorstellung eines Gottkönigtums hatte bereits während der Herrschaft von Urukaginas Vorgängern Anhänger gefunden, aber er konkretisierte sie dadurch, daß er den Tempel der Bau zum zweiten Haupttempel in Lagasch machte.[119] Obwohl Urukagina sich darauf berief, seine Reformen unter göttlicher Führung eingeleitet zu haben, um dem Machtmißbrauch unter seinem Vorgänger Einhalt zu gebieten, sollten diese wohl nicht minder eine Stärkung seiner eigenen Macht bewirken. Es gibt keine Berichte von anderen Tempelstädten, aus denen zu entnehmen wäre, wie typisch diese Entwicklung für diese Periode gewesen ist - Maekawa scheint sie nicht für typisch zu halten -, aber die Dokumente bieten uns einen wichtigen Hinweis darauf, wie sich der Übergang zur Königsherrschaft mit einem neuen Grad von Autorität vollzogen haben könnte.

Die Dokumente aus der Regierungszeit von Urukagina gewähren uns ziemlich schwer zu interpretierende Einblicke in das Leben von Frauen. Einer von Urukaginas Erlassen liest sich so: *»In der früheren Zeit heiratete jede Frau zwei Männer, aber jetzt sind die Frauen veranlaßt worden, dieses Verbrechen zu unterlassen.«*[120] Der Erlaß fährt fort mit der Feststellung, daß Frauen, die dieses »Verbrechen« begingen, in Urukaginas Zeit mit Steinen, in denen ihre üble Absicht eingeritzt war, gesteinigt wurden. Weiter stellte das Edikt fest, daß *»wenn eine Frau ... respektlos(?) zu einem Mann spricht, der Mund dieser Frau mit einem glühenden Ziegel zerstört wird.«*[121] Feministische Kommentatorinnen haben vor

gewiß auch so interpretieren, daß ein Usurpator versuchte, seine soziale Basis zu verbreitern. Der andere Erklärungsansatz wird bevorzugt von A. I. Tyumenev, The State Economy, 1969, und Deimel 1931, S. 75.

119 Maekawa 1973/74.

120 Ich habe Professor Jerrold Cooper vom Department of Near Eastern Studies der Johns Hopkins University, Baltimore, zu danken für den Hinweis auf seine Übersetzung der Quelle und deren Interpretation. Vgl. Cooper 1983. Cooper hält diese Feststellung für eine Übertreibung, die zu Urukaginas Versuch gehört, seine Usurpation der Macht zu rechtfertigen. Eine andere Übersetzung betont die Schwierigkeit dieses Textes. Sie lautet: *»Die Frauen von früher hatten je zwei Männer. Was die heutigen Frauen betrifft wird dies ... fallen gelassen.«* Steible 1982, Zitat: Urugakina Nr.6, Zeilen 20-24, Bd. I, S. 318f., Kommentar Bd. II, s. 158 f.

121 Übersetzung von Professor Jerrold Cooper; das Fragezeichen deutet auf eine Unsicherheit der Übersetzung hin. Bei Steible findet sich diese Passage wie folgt: *»Hat eine Frau einem Mann gegenüber ... erklärt, wird die Aussage dieser Frau ... und diese werden am Stadttor aufgehängt.«* (Steible 1982, Zeilen 14-19)

kurzem diese »Edikte« als Beweis für die frühere Praxis der Polyandrie und für deren Ende während der Herrschaft Urukaginas interpretiert.[122] Diese Deutung scheint unzutreffend, da es nirgendwo in Mesopotamien einen einzigen anderen Hinweis darauf gibt, daß im 3. Jahrtausend v. Chr. Polyandrie praktiziert worden ist. Die Interpretation von Keilschrifttexten ist eine hochkomplexe Angelegenheit von Fachleuten und gewöhnlich abhängig von gleichbedeutenden Ergebnissen der Interpretation anderer Texte oder archäologischer Funde. Ohne derartige bestätigende Ergebnisse sind die Assyriologen zu Recht sehr vorsichtig bei der Interpretation dieses Ediktes. Es gibt allerdings zwei alternative Interpretationen des Textes: Nach der einen bezieht er sich auf eine Steuerreform, durch die eine Scheidungssteuer aufgehoben wurde, wodurch der Mißstand beendet wurde, daß eine verheiratete Frau wegen der höhen Kosten einer Scheidung auf diese verzichtete und sich einen zweiten Gatten nahm. Der anderen möglichen Interpretation Zufolge bezieht sich das Edikt auf Witwen, denen verboten wird, wieder zu heiraten. Dies scheint mir die wahrscheinlich richtige Interpretation zu sein, weil Beschränkungen der Wiederverheiratung von Witwen in verschiedenen Gesetzessammlungen in Mesopotamien enthalten sind und eine Verbesserung der Situation von Witwen erst erheblich später in den Gesetzen des Hammurabi verfügt wurde.[123]

Das zweite Edikt, das Äußerungen einer Frau einem Mann gegenüber betrifft, ist noch schwerer zu deuten. Wenn es sich auf eine sexuelle Belästigung oder eine Schmähung seitens einer Frau einem Mann gegenüber bezieht, so ist die Strafe relativ milde im Hinblick auf die mesopotamischen Begriffe von Gerechtigkeit. Das äußerste, was sich sagen läßt, ist, daß es sich um einen frühen Fall der Regelung des Verhaltens von Frauen durch eine weltliche Autorität zu handeln scheint, wenngleich wir berücksichtigen müssen, daß Urukaginas Edikte nicht die Kraft von Gesetzen hatten. Die Interpretation, daß die Edikte

Die Bedeutung eines Wortes, das als »Nase, Mund oder Zähne« gelesen werden kann, wird von Steible für so unsicher gehalten, daß er es ausläßt. Der Hinweis … findet sich in anderen Zusammenhängen als Bezeichnung für eine Zeremonie der öffentlichen Beschämung. Die hier bei zwei Fachwissenschaftlern auftretenden Probleme bei der Interpretation einer Passage sollten uns bei der Deutung sehr vorsichtig sein lassen.

122 Rohrlich 1980, S.97.

123 Der ersten Interpretation folgend behauptet C. J. Gadd, Urukagina habe eine *»bestimmte Ermäßigung von Abgaben verfügt, die früher bei der Scheidung erhoben worden waren, und so ungesetzliche Verbindungen von Frauen eingeschränkt, die wegen dieser Geldstrafe die Frau eines anderen wurden, ohne die Ehe mit dem vorigen Gatten zu lösen.«* Gadd in: CAH I, Kap. 13, S. 51. Redman vertritt eine ähnliche Deutung; 1978, S. 306. Auf die zweite Interpretation hat mich dankenswerterweise Prof. Anne Kilmer, Department of Near Eastern Studies, University of California, Berkeley, aufmerksam gemacht.

Urukaginas einen schaden und entscheidenden Einschnitt im Status der Frauen bezeichnen, scheint ungerechtfertigt – ganz besonders, wenn wir die anderen Erkenntnisse in bezug auf Frauen in Machtpositionen berücksichtigen, auf die wir noch zu sprechen kommen.

In einer anderen dieser »Reformen« verfügte Urukagina, daß der Geld und Naturallohn für drei männliche Bestattungsbeamte stark gekürzt werden und eine Hohepriesterin zusätzlich auf die Liste der zu bezahlenden Amtspersonen bei einem Begräbnis gesetzt werden sollte. Daraus ergibt sich kein Hinweis auf eine Veränderung des sozialen Status von Frauen, doch es wird deutlich, daß Frauen mit hohen kultischen Ämtern betraut wurden, eine Schlußfolgerung, die durch zahlreiche andere Belege bestätigt wird.

Die Buchhaltungsunterlagen des Tempels der Bau zeichnen ein lebendiges Bild der verschiedenen Rollen und Funktionen von Frauen zu Beginn des 3. Jahrtausends, zumindest in Lagasch. Der Tempel der Göttin Bau, dessen Gebiet sich über nur etwa anderthalb Quadratkilometer erstreckte, beschäftigte zwischen 1000 und 1200 Personen. Die gesamte Verwaltung dieses Tempels und seines Personals oblag der Königin Schagschag, der Frau Urukaginas, die außerdem den Tempel leitete, der den Kindern der Göttin Bau gewidmet war und nominell unter der Verwaltung der Kinder des Königspaares stand. Als Verwalterin dieser beiden Tempel übte die Königin die rechtliche und ökonomische Macht in diesem Herrschaftsbereich aus. Zudem fungierte sie als oberste Priesterin im Tempel.[124]

Im ersten Jahr der Herrschaft Urukaginas bestand der Hofstaat der Königin aus 150 Sklavinnen, die beim Spinnen, in der Wollverarbeitung, beim Brauen, in der Mühle und in der Küche arbeiteten. Die Lohnlisten erwähnen außerdem eine Sklavin als Sängerin und mehrere Musikerinnen. Andere Arbeiter waren freie Männer, an die wöchentlich Lebensmittelrationen sowie Saatgut und Zugtiere ausgegeben wurden. Einhundert Fischer lieferten Fische. Der Schweinehirt beschäftigte sechs Sklavinnen, die das Korn zu Schweinefutter zerstampften. In der Küche arbeiteten 15 Köche und 27 Sklavinnen als Hilfskräfte. Die Brauerei beschäftigte 40 Arbeiter, die freie Männer waren, und sechs Sklavinnen. Etwa 90 Arbeitskräfte kümmerten sich um die Tiere, darunter fünf Kuhhirten, deren erster der Bruder der Königin war. Diese interessante Information aus der Lohnliste verweist eher zufällig auf die Tatsache, daß die Königin – wie wahrscheinlich auch ihr Gatte – aus dem gemeinen Volk stammte.[125]

124 Batto 1974, S. 8.
125 Deimel 1931, S. 36f., 85, 88f., 98, 110f.

Die Aufzeichnungen belegen, daß unter dem Vorgänger Urukaginas jedes der Königskinder eine eigene Dienerschaft und persönliches Eigentum hatte. Jedem Kind standen eine Amme, ein Kindermädchen, mehrere Dienerinnen, ein Koch, ein Schmied, mehrere Sklavinnen zum Kornmahlen, ein Gärtner und mehrere Hilfsgärtner zur Verfügung. Dieser Überfluß wurde unter Urukagina etwas reduziert. Auf der Liste stehen weder Ammen, vielleicht weil die Kinder sie nicht mehr brauchten, noch Kindermädchen. Jedes Kind hatte ein oder zwei persönliche Dienerinnen, und alle gemeinsam hatten einen Friseur. Jedem Kind gehörten Landgüter sowie die Sklaven und Handwerker zu deren Unterhaltung. Daß Urukagina entgegen seinen Beteuerungen die Macht und den Besitz seiner Person und seiner Familie konsolidierte, kann man aus dem Vergleich der Personallisten des Tempels der Bau für die einzelnen Jahre von Urukaginas Herrschaft entnehmen, die folgende Zahlen angeben: 1. Jahr – 434, 2. Jahr (Ernennung zum *lugal*) – 699, 3. Jahr – 678. Eine gesonderte Auflistung der Sklavinnen und ihrer Kinder zeugt von einem ebenso erheblichen Anstieg im 2. Jahr: 1. Jahr – 135, 2. - Jahr 229, 3. - Jahr 206, 4. - Jahr 285, 5. - Jahr 188, 6. - Jahr 221.[126]

Urukagina wurde von einem anderen Usurpator-König, Lugalzagesi aus Umma, gewaltsam gestürzt. Obwohl dieser seinen Besitz vergrößerte und sich zum obersten Herrscher über Sumer machte, war er nicht fähig, seine Eroberungen abzusichern und sie als einen einheitlichen Staat zu verwalten. Dies gelang einem Mann, der wiederum ihn stürzte und die Unabhängigkeit von Lagasch beendete, König Sargon von Akkad (ca. 2340-2284 v. Chr.). In der Periode von Urukagina können wir also das früheste Stadium der Entstehung des Königtums und der Stadtstaaten verfolgen, das der Bildung von Nationalstaaten vorangeht. Wir stellen fest, daß das Heer und die Beschäftigung von Sklavinnen in den Tempelbesitzungen schon feste Einrichtungen sind. Wir werden auch aufmerksam auf Spannungen und Konflikte zwischen verschiedenen Gruppen von Grundbesitzern: der König und seine Gefolgsmänner, private Land- und Sklavenbesitzer, die über die Besitzungen der Tempel herrschende Priesterschaft und freie Gemeinschaften von kleinen Grundbesitzern. In diesen Konflikten setzten Usurpatoren der Königswürde, die per definitionem Heerführer waren, ihre Familien, besonders aber ihre Frauen, zur Sicherung und Festigung ihrer Macht ein. So nahmen Frauen in dieser gesellschaftlichen Schicht Positionen von erheblicher ökonomischer, rechtlicher und rechtsprechender Macht ein und konnten ihre Männer bei vielen Gelegenheiten in verschiedener Hinsicht

126 Tyumenev 1969, S, 115ff. Nach dem 2, Jahr der Herrschaft Urukaginas bleibt die Liste des gesamten Personals ungefähr bei der Zahl von 1000 pro Jahr. Siehe Gadd in: CAH I, S. 39, und Maekawa 1973/74.

vertreten. Zugleich übernahmen die Frauen der niedrigen sozialen Schichten eine Vielzahl von ökonomischen Aufgaben sowohl im Handwerk als auch in der heimischen Industrie, während Sklavinnen aus der Fremde einen großen Teil der Arbeitskräfte in den Tempelbezirken stellten. Wir sollten zudem in Erinnerung behalten, daß bei dem ersten Versuch eines Königs, Recht und Gesetz per Erlaß zu gewährleisten, ein Aspekt die geschlechtsspezifischen Verhaltensweisen der Frauen betraf: ihr Recht, sich wieder zu verheiraten, sowie ihre Art und Weise, mit Männern zu sprechen. Diese Tatsache, wenngleich sie, für sich genommen, noch nicht als ein schlüssiger Beweis für eine bestimmte These herangezogen werden kann, wird eine größere Signifikanz erhalten, wenn wir weiter unten die verschiedenen Gesetzestexte analysieren. In dieser Hinsicht gehört Urukaginas »Edikt« in das Umfeld des Beginns einer langsam und unstet verlaufenden Veränderung des Status der Frauen und der Definition von kulturell bestimmten Geschlechtsrollen, der etwa 2500 Jahre lang dauerte. Dieser Prozeß soll in diesem Buch belegt und interpretiert werden.

König Sargon von Akkad, ein semitischer Herrscher, gründete eine Dynastie, zu deren Herrschaftsbereich Teile von Sumer, Assur, Elam und des Euphrattales gehörten (ca. 2340-2284 v. Chr.). Um dieses weite und aufrührerische Land regieren zu können, ließ Sargon Garnisonsstädte ausbauen und schloß Bündnisse. Zur Sicherung seiner Herrschaft setzte er Männer seines Vertrauens als Gouverneure über die zuvor unabhängigen Stadtstaaten ein, die nun zu seinem Herrschaftsgebiet gehörten. Seine Tochter Enheduanna machte er zur Hohepriesterin im Tempel des Mondgottes in der Stadt Ur sowie im Tempel von An, dem höchsten Gott des Himmels, in Uruk. Da Enheduanna außerdem auf Lebenszeit dem Kult der sumerischen Göttin Inanna geweiht worden war, symbolisierte ihre Einsetzung die Verbindung von Inanna mit der akkadischen Göttin Ischtar. Enheduanna war offenbar hochbegabt und politisch talentiert. Sargon erhob Akkadisch zur Amtssprache, doch seine Tochter, die eine hervorragende Dichterin war, die erste bekannte Dichterin der Geschichte, schrieb in sumerischer Sprache. Ein Wissenschaftler stellt fest, daß sie *»diese Gaben nutzte, um sich dafür einzusetzen, ... die Sumerer und Akkadier in einem Staat zu vereinen, der in der Lage wäre, die Herrschaft Mesopotamiens ... in die entferntesten Gegenden Vorderasiens zu tragen.«*[127]

Enheduannas Gedichte und Hymnen an die Göttin Inanna blieben der Nachwelt noch lange nach ihrem Tode erhalten. Nach Sargons Tod nahm der neue

127 Hallo 1976, S. 29.

Herrscher von Ur ihr die Position als Hohepriesterin. Sie schrieb über diese Ungerechtigkeit in einer langen Hymne, in der sie an die Göttin Inanna appelliert, ihre Demütigung zu lindern und sie wieder in ihr Amt einzusetzen. Enheduanna ist in späteren sumerischen Schriften oft als Dichterin zitiert und kommentiert worden.[128]

Auf ähnliche Art machte Sargons Enkel Naramsin seine Tochter Enmenanna zur Hohepriesterin in Ur. Diese Praxis wurde während eines Zeitraums von 500 Jahren von den sumerischen und akkadischen Herrschern beibehalten. Die schriftlichen Quellen belegen, daß *»dreizehn Prinzessinnen durchschnittlich 35 bis 40 Jahre lang als Priesterinnen im Amt waren (ca. 2280-1800 v. Chr.)«*[129]

Nach dem Zusammenbruch des akkadischen Reiches und dem langen und schwierigen Ringen zwischen den Stadtstaaten Mesopotamiens um die Vorherrschaft begannen verschiedene Herrscher, sich dynastischer und diplomatischer Ehen zur Sicherung von eroberten Gebieten oder zur Verhinderung von Kriegen zu bedienen. In der dritten Dynastie von Ur zum Beispiel schlossen die Herrscher von Ur solche Ehen zwischen ihren Töchtern und den Herrschern von Mari und anderen Städten. Einige Gedichte und Liebeslieder, geschrieben von »Damen des Reiches der dritten Dynastie von Ur«, sind erhalten geblieben.[130] Die Tradition der Eheschließung aus dynastischen Gründen wurde im Vorderen Orient zu anderen Zeiten und an anderen Orten fortgesetzt, wo immer dynastische Herrscher ihre Dominanz über eroberte oder benachbarte Territorien zu legitimieren. Oder zu festigen trachteten. Es handelt sich dabei um eine höhere und entwickeltere Form des »Frauentauschs«, der in viel früherer Zeit in den meisten Gesellschaften üblich war. Dieser Praxis entsprechend waren die Töchter aus der herrschenden Oberschicht dafür bestimmt, eine spezielle und äußerst schwierige Doppelfunktion zu erfüllen. Sie waren einerseits bloße Unterpfänder, die je nach den diplomatischen Kalkulationen und imperialistischen Ambitionen ihrer Familien eingesetzt wurden – ähnlich ihren Brüdern, die ebenfalls zu solchen dynastischen Ehen gezwungen werden konnten und in bezug auf ihre Verheiratung keine größere Freiheit der Wahl hatten als die Frauen. Und doch hatten diese Prinzessinnen, wie genaue Einzelstudien zeigen, sehr häufig großen Einfluß, waren politisch aktiv und mächtig.[131] Ihre künftige Aufgabe als Gattin in einer nach Gesichtspunkten der Diplomatie geschlos-

128 Ebd., vgl. Hallo und J. J. van Dijk 1968.
129 Hallo 1976, S. 30.
130 Ebd., s. 31.
131 Eine interessante Untersuchung über Prinzessinnen im Mittelalter, die eine derartige Aufgabe erfüllten, bietet Elise Boulding 1976, S. 429ff.

senen Ehe machte die bestmögliche Ausbildung dieser Frauen erforderlich. Sehr wahrscheinlich war es das Bestreben, Prinzessinnen eine gute Erziehung zu vermitteln, damit sie später als verheiratete Frauen als Informantinnen und diplomatische Repräsentantinnen im Interesse ihrer Herkunftsfamilien dienen könnten. Das ist gelegentlich als ein Hinweis auf »gleiche« Bildungschancen von Frauen gedeutet worden – ungeachtet der in allen Epochen der Geschichte festzustellenden allgemeinen Benachteiligung von Frauen im Erziehungs- und Bildungsbereich. Es sollte also nicht übersehen werden, daß diese winzige Gruppe von Töchtern aus der herrschenden Schicht niemals repräsentativ war für alle Frauen ihrer Zeit oder Gesellschaft.

Es sind aus der dritten Dynastie von Ur einige Gesetzestexte, bekannt als Codex Urnammu, und aus den Dynastien von Isin und Larsa der Codex Lipit-Ischtar erhalten geblieben, die uns einen Einblick geben in das soziale und wirtschaftliche Leben dieser Zeit. Während dieser Periode wurde die Praxis, Prinzessinnen zu Hohepriesterinnen zu ernennen, beibehalten. Die mit großer Würde ausgestattete und sehr individuell ausgearbeitete Portraitstatue der Priesterin Enannatuma von Isin, die wahrscheinlich auch die Göttin Ningal repräsentiert, zeugt von dem fortdauernden Prestige und der Verehrung von Frauen in der Rolle der Priesterin.[132]

In den Jahren zwischen 2000 und 1800 v. Chr. sind ständige Kriege und politische Neugliederungen ein Zeichen für den wechselvollen Verlauf des Machtkampfes zwischen Städten und Stadtstaaten. Etwa 1965 v. Chr. eroberte Sin-kaschid von Isin Uruk und gründete eine Dynastie, indem er in der Stadt Dururn einen Tempel baute und seine Tochter Nin-schatapad als Hohepriesterin einsetzte. Als der König von Larsa ihren Vater besiegte und dessen Herrschaft beendete, wurde Nin-schatapad gezwungen, ins Exil zu gehen. Sie schrieb einen eindringlichen Brief an den Sieger, in dem sie an seine Großzügigkeit appellierte und bat, er möge die Stadt Dururn und ihren Tempel nicht zerstören und ihr die priesterlichen Pflichten wieder übertragen. Dieser Brief wurde zu einem Muster seiner Art und als vorbildliches Beispiel für die Kunst des Schreibens in das Bildungsprogramm der Schule aufgenommen, die sie selbst einst erfolgreich besucht hatte.[133] Dies ist bemerkenswert, weil es nicht nur die Initiative einer Frau in öffentlichen Angelegenheiten beweist, sondern auch ein Beleg dafür ist, daß Frauen dieser Zeit noch in der Kunst des Schreibens unterwiesen worden sind. Wenn wir die Entwicklung der Rolle von Ehefrau und Tochter des Königs als

132 Hallo 1976, S.30.
133 Ebd., S. 34.

Stellvertreterin ihres Gatten oder Vaters verfolgen, so können wir uns auf Beweismaterial über eine andere Kultur an einem anderen Ort stützen, die Kultur der Stadt Mari nämlich, die im entfernten Norden von Sumer etwa dort gefunden wurde, wo heute die irakisch-syrische Grenze verläuft. Eine Sammlung von königlichen Dokumenten aus den Jahren 1810 bis ca. 1760 v. Chr. beschreibt eine Gesellschaft, die den Frauen einer Elite weitreichende wirtschaftliche und politische Aktivitäten gestattete. Frauen hatten Eigentum wie Männer und konnten wie Männer darüber verfügen; sie konnten in ihrem eigenen Namen Verträge schließen, konnten Prozesse anstrengen und als Zeuginnen aussagen. Sie nahmen teil am Wirtschaftsleben und an Rechtsgeschäften wie Adoption, Grundstückshandel und dem Aufnehmen und Gewähren von Darlehen. Einige Frauen sind auf den Listen derer zu finden, die dem König Abgaben entrichteten. Solche Zahlungen waren entweder eine Steuer oder der Tribut eines Vasallen, was darauf hinweist, daß diese Frauen über einen gewissen politischen Rang und gewisse Rechte verfügten. Frauen waren außerdem Schriftgelehrte, Musikerinnen und Sängerinnen. Ihnen oblagen wichtige religiöse Funktionen als Priesterinnen, Wahrsagerinnen und Prophetinnen. Da die Könige regelmäßig Wahrsager und Propheten befragten, bevor sie eine wichtige Entscheidung trafen oder in den Krieg zogen, waren diese Menschen faktisch Berater des Königs. Daß die Dokumente von Mari keinen Unterschied machen in bezug auf den Wert der Tätigkeit von männlichen und weiblichen Propheten, spricht für den relativ gleichrangigen Status von hochgestellten Frauen und Männern in der Gesellschaft von Mari.[134] Der Assyriologe Bernard Frank Batto erklärt die gesellschaftliche Position der Frauen in Mari im Vergleich zu den mesopotamischen Kulturen als kulturelles Überbleibsel eines früheren Entwicklungsstadiums:

> *»Nachdem sie gerade erst das Stadium der Stammesorganisation hinter sich gelassen hatten, behielten die Herrscher der Amoriter viele Eigenheiten des Stammeserbes in ihren im Werden begriffenen politischen Ökonomien bei. Im Gegensatz zu den entwickelten Stadtstaaten mit ihren klar abgegrenzten und institutionalisierten Aufgabenbereichen und Befehlsketten, scheinen die nordamoritischen Herrscher einen patriarchalen Führungsstil beibehalten zu haben. Die gesamte Autorität lag in den Händen des Königs, der persönlich alle Operationen überwachte oder zumindest diese Autorität persönlich nach Bedarf delegierte.«*[135]

134 Batto 1974, S. 5, 137f.
135 Ebd., S. 137.

Die These, die »Stellvertreterinnen«-Rolle der Frauen sei ein charakteristischer Aspekt eines früheren Begriffs von königlicher Herrschaft, ist faszinierend und stützt das Ergebnis meiner Untersuchung, daß der Rang und die Rolle von Frauen um so strikter und enger definiert wird, je komplexer der Staatsapparat wird.

Manche der Dokumente aus Mari zeichnen ein lebendiges Bild des Lebens und der Aktivitäten dieser Damen des Königshauses in ihrer Rolle als bevollmächtigte Vertreterinnen ihrer männlichen Verwandten. Die Königin, des Königs erste Frau, hatte eine unabhängige Machtposition am Hofe, im Tempel und in den Werkstätten und fungierte als Statthalterin des Königs, wenn dieser im Kriege oder während diplomatischer Missionen abwesend war. Aus eigenem Recht entschied sie über ihre eigenen Vermögensangelegenheiten und beaufsichtigte das weibliche Personal im Palast. Die Nebenfrauen des Königs lebten einer bestimmten Rangordnung entsprechend in entfernten Palästen, die der König anscheinend in regelmäßigen Abständen aufsuchte und wo diese Nebenfrauen ähnliche offizielle Pflichten erfüllten.

Eine von ihnen war Kunschimatum, die Nebenfrau von König Jasmah Adad von Mari. Ein von ihr geschriebener Brief gibt Aufschluß über das Ausmaß und die Grenzen ihrer Machtbefugnisse. Sie hatte des Königs »Haus« (Palast) eingerichtet und verwaltet, und sie betete regelmäßig für den König zu dem Gott Dagan. Nun war sie aus ungeklärten Gründen in Ungnade gefallen und fälschlicherweise der Mißwirtschaft angeklagt worden. »*Soll der Haushalt, den ich eingerichtet habe, weggegeben werden (an jemand anderen)?*« Kunschimatum appellierte an den König:

> »*Warum denn haben sie mich Deiner Zuneigung so gänzlich entfremdet? Was habe ich von Deinem Haus genommen? Befiehl Deinen Kontrolleuren, daß sie Dein Haus durchsuchen sollen ... Rette mein Leben! Weißt Du, daß(!) es (diese Worte) sind, mit denen ich ständig vor Dagan für Dich bete: ›Laß alles gut sein für Jasmah-Adad, damit es auch mir unter seinem Schutz wohl ergehe.‹*«[136]

Die Macht der Frau war wie die des männlichen Vasallen abhängig vom Willen und der Gunst des Königs. Wie der feudale Vasall eines späteren Zeitalters wußte Kunschimatum, daß es für sie nur unter dem Schutz ihres Herrn Sicherheit gab. In ihrem Fall nützte dieser Schutz wenig. Jasmah-Adad, selbst ein assyrischer Usurpator, wurde abgesetzt von Zimrilim, der damit den Thron

136 Ebd., S. 24f.

seiner Väter zurückeroberte. Kunschimatum wurde mit allen anderen Damen der königlichen Familie Teil der Beute des Siegers. Wie später in Israel übernahm der Sieger den Harem des vorigen Königs als partielle Legitimation seines Anspruchs auf den Thron.[137] Ein derartiges Schicksal traf auch die vielen Töchter eines anderen Königs von Mari, der vor Zimrilim regiert hatte. Als ihr Vater vor einem assyrischen Eroberer abgesetzt worden war, wurden diese vornehm erzogenen Töchter, die in der Kunst des Singens ausgebildet worden waren, einem nachgeordneten Beamten der neuen Regierung als Sklavinnen überlassen. Sie wurden nicht in die Textilfabriken geschickt, sondern zu Haussklavinnen gemacht.[138]

Die Korrespondenz von Königin Schibtu mit ihrem Gatten, König Zimrilim, ist von ganz besonderer Bedeutung. B. F. Batto bemerkt über sie: »*Schibtus Rolle ist außergewöhnlich, was die Reichweite und die Vielfältigkeit ihrer Aktivitäten betrifft .... Ihr Einfluß war überall zu spüren. Es kann nicht verwundern, daß so viele um ihre Gunst buhlten.*«[139]

Königin Schibtu war während der häufigen Abwesenheit ihres Gatten dessen Stellvertreterin. Sie nahm die Berichte der leitenden Beamten der Stadt Mari entgegen. Der Gouverneur von Terqa, einer Nachbarstadt, wandte sich an die Königin, »seine Herrin«, in geschäftlichen Angelegenheiten und führte ihre Anordnungen aus. Gouverneure und Vasallenkönige huldigten ihr auf eine Weise, die gewöhnlich dem Umgang mit dem Herrscher selbst vorbehalten war.[140] Schibtu brachte Opfer dar, überwachte das Orakel und das Deuten von Omen, Angelegenheiten von großer Bedeutung, von denen sie in der Regel dem König berichtete. Sie führte auch die Instruktionen des Königs aus. In einem Fall befahl ihr Gatte, sie solle über einige gefangene Frauen befinden, die er zu ihr geschickt hatte:

> »*Unter ihnen sind einige ugbabatum-Priesterinnen. Suche die ugbabatum-Priesterinnen aus und übergib sie dem Haus der Weberinnen ... Unter diesen wähle dreißig Weberinnen, oder so viele als zu wählen sind, gute, die vom Fußnagel bis zu den Haarsträhnen keinen Makel(?) haben, aus und übergib sie dem Warad-ilišu; und Warad-ilišu möge sie einen subareischen Schleier(?) nehmen lassen, und ihre Dokumente(?) mögen geändert sein(?). Auf ihre Ver-*

137 Ebd. Belege für diese Praxis in der Bibel: 2, Samuel 16: 20-23 und Genesis 49: 3-4. Ein Hinweis, daß ein ähnliches Schicksal die Frauen und Töchter von Zimrilim nach dessen Niederlage traf, bei J. M. Sasson 1984, S. 11 5.

138 Batto 1974, S.51 f.

139 Ebd., S. 20.

140 Ebd., S. 16

pflegung mache aufmerksam, damit sich ihre Gesichtszüge nicht verändern; und wenn du besagte(?) Weberinnen auswählst, so möge Warad-ilišu besagte(?) Frauen(?) prüfen(?).«[141]

Hier beauftragte der König offensichtlich seine Frau, einige der Gefangenen für seinen Harem auszuwählen. Daß er sich mit der Schönheit der Frauen befaßt und Anweisungen gibt, sie gut zu ernähren, um ihr Erscheinungsbild zu erhalten, beweist das. Aber in dem darauffolgenden Brief widerruft der König seine Aufforderung. Er schreibt seiner Frau:

»Es wird (noch weitere) Beute zu meiner Verfügung kommen; ich selbst werde aus der Beute, die sich ergeben wird, Mädchen für den Schleier(?) auswählen und heranschaffen lassen.«[142]

Die Kooperation der Gattin in dieser Angelegenheit galt als selbstverständlich; und daß ihr Mann sich der gefangenen Frauen sexuell bediente, nicht nur zur Befriedigung seiner Lust, sondern auch als Beweis von Macht und Status, galt als eine Routineangelegenheit. Dennoch war, wie wir im Falle von Kunschimatum gesehen haben, jede neue sexuelle Beziehung des Gatten eine potentielle Gefährdung der Stellung der ersten Frau, selbst wenn diese in einer rechtlich gesicherteren Position lebte als die Nebenfrauen.

König Zimrilim arrangierte die Eheschließung seiner Töchter im Interesse seiner politischen Ziele. Als er seine Tochter Kirum mit Haja-surnu, dem Herrscher von Ilanzura, verheiratete, ernannte er sie zugleich zum Oberhaupt

141 Römer 1971, S. 71; bei Batto, ebd., S. 27. Ugbabatum waren die höchsten Priesterinnen von Mari, obwohl es anderswo Priesterinnen von noch höherem Rang gegeben hat. Batto meint, daß der Begriff »Dokument« sich auf eine Tafel bezieht, auf der Gefangenen ihre Aufgaben zugewiesen wurden. Warad-ilišu war möglicherweise ein wichtigerer Amtsträger als nur ein Haremswächter. Batto vermutet aufgrund anderer Quellen, daß er auch ein Kontrolleur gewesen sein kann, was ein wichtiges Amt innerhalb der Bürokratie war. Der Begriff »subareischer Schleier« ist weder von Batto noch von anderen Interpreten dieser Textstelle erläutert worden. Als ich selbst nachforschte, fand ich keine Anmerkungen zu diesem Satz, aber ich fand heraus, daß Subartu eine Gegend nördlich von Babylonien war, von wo häufig Sklaven geholt wurden. Es mag gerechtfertigt sein, anzunehmen, daß mit »subareischer Schleier« ein Schleier gemeint ist, wie er für eine subareische Sklavin für angemessen galt.Dazu vgl. J. J. Finkelstein 1955, S. 1 ff. Jack Sasson übersetzt, so hat er mich wissen lassen, diese Passage mit »Lehre sie subareischen Tanz.« Mir scheint, daß die Verschleierung dieser Frauen beurteilt werden sollte im Zusammenhang mit dem Brauch, Frauen als Teil der Hochzeitszeremonie zu verschleiern oder einer Konkubine den Schleier anzulegen als Zeichen, daß sie zum Weib genommen wurde. Diese Praxis ist nachgewiesen für Babylonien und Sumer, und es ist anzunehmen, daß sie auch in Mari üblich war. In diesem Fall mag der Hinweis auf den »subareischen Schleier« eine symbolische Bedeutung gehabt haben, indem er die Eingliederung der Frauen in den Harem auf dem ihnen gemäßen Platz bezeichnen sollte.

142 Römer 1971, S. 72; bei Batto, ebd., S. 84

von Haja-sumus Stadt. Kirum, die eine sehr intelligente Frau gewesen zu sein scheint, nutzte ihre Machtbefugnisse als Stadtoberhaupt. Sie stand außerdem im Briefwechsel mit ihrem Vater über politische Angelegenheiten und gab ihm ganz offen Ratschläge. Ihre Aktivitäten mißfielen ihrem Gatten, der sich mehr und mehr über sie ärgerte und verbittert reagierte. Der Ehekonflikt wurde dadurch verschärft, daß Hajasumu auch eine Schwester oder Halbschwester von Kirum zur Frau genommen hatte, eine Frau namens Schibatum. Aus den bisher vorliegenden Dokumenten ist nicht ersichtlich, welche Beziehung die beiden Schwestern zueinander hatten und welche der beiden Frauen die erste und welche die zweite Frau war.[143] Die Ehe von zwei Schwestern mit einem Mann kommt in der mesopotamischen Gesellschaft häufiger vor. In diesem besonderen Fall führte sie zu einem negativen Ende für Kirum. Der Ehemann bevorzugte ganz eindeutig Schibatum, und die Ehe war schließlich so gestört, daß Kirum ihren Vater um Erlaubnis bat, wieder nach Hause zurückkommen zu dürfen, was einer Scheidung gleichkam. In einem Brief an ihren Vater beschrieb sie lebendig einen häuslichen Streit aus einer langen Reihe von Streitigkeiten:

> *»Haja-sumu stand auf und (sprach) zu mir gewandt dies: ›Du übst hier die Herrschaft aus. (Aber) da ich dich (ganz sicher) töten werde, laß ihn kommen – deinen Stern – und dich zurückholen.‹«*[144]

»Dein Stern« bezieht sich darauf, wie sie ihren Vater anredete. Der Brief wird fortgesetzt:

> *»Sie, Schimatum, stand auf vor mir und sagte: ‚Was mich betrifft, so mag mein Stern mit mir tun, was er will, (aber) ich werde tun, was ich will!‚ Wenn er (der König) mich nicht zurückbringt, so werde ich sterben; ich werde nicht leben.«*[145]

Trotz der verzweifelten Bitte Kirums unternahm ihr Vater offenbar nichts. In ihrem nächsten Brief forderte Kirum noch eindringlicher, daß er etwas unternehmen solle: *»Wenn mein Herr mich nicht zurückbringt, werde ich mich nach Mari aufmachen (und dort) vom Dach springen (fallen).«* Das hatte die gewünschte Wirkung. Der Vater, der wieder mal in Geschäften unterwegs war, wies seine Frau an, dafür zu sorgen, daß Kirum nach Mari zurückkehren könne.

143 Jack Sasson hält Kirum für die zweite Frau und Schibatum für die erste, und er nimmt an, daß Kirum kinderlos blieb, während Schibatum Zwillinge gebar; Prof. Sasson schreibt den Namen Shimatum.

144 Batto 1974, S. 42ff.

145 Der Schluß von Kirums erstem Brief und ihr zweiter Brief sind zitiert bei J. M. Sasson 1973, S. 59ff., Zitat S. 68 f.

Es gibt keine förmliche Feststellung der Scheidung, aber die Wirkung der Rückkehr war die gleiche.[146]

König Zimrilim hatte etliche Töchter. Acht von ihnen wurden mit Vasallen ihres Vaters verheiratet in der Hoffnung, daß die Gatten dadurch enger an den König gebunden wären. Diese Frauen handelten oft als Vermittlerinnen zwischen Vater und Ehemann. So bat eine der Töchter, Tizpatum, ihren Vater, eine Hundertschaft zu schicken, um ihren Mann in einem lokalen Krieg zu unterstützen.

> *»...rette deine Stadt und deinen Diener. Wenn nicht, so wird ihn der Feind gewiß(?) ergreifen. Jetzt beschäftigt(?) man sich(?) um meinerwillen mit dem Manne, folgendermaßen: wie, er ist mit einer Tochter Zimrilims verheiratet und gehorcht(?) er (deswegen) Zimrilim? Mein Vater und mein Herr möge sich für diese Sache einsetzen!«*[147]

Ganz eindeutig bestand der Sinn solcher diplomatischen Ehen darin, die Bündnisse zwischen lokale Herrschern beständiger zu machen, sie waren zudem Ausdruck gegenseitiger Verpflichtungen. Es ist erstaunlich, wie kompetent und bestimmt der Ton des Briefs der Tochter ist.

Eine andere der Töchter, die aus diplomatischem Kalkül verheiratet worden war, bewährte sich bei weitem nicht so gut. In ihren Briefen klagt sie ausführlich und detailliert über das schlechte Benehmen ihres Mannes ihr gegenüber. Auch sie bat, nach Hause zurückkehren zu dürfen. In ihrem Falle riet der König. *»Gehe hin und führe Deinen Haushalt. Wenn das aber nicht möglich ist, dann verhülle Dein Haupt und komm zu mir.«* Dieser Rat hatte nicht das gewünschte Ergebnis. Die Tochter floh zu einem Herrscher in der Nachbarschaft, und ihrem Mann gefiel es, sie dort faktisch als Gefangene ihrem Schicksal zu überlassen. Das Ende des ehelichen Haders ist unbekannt.[148]

Zwei der Töchter des Königs waren *naditum*-Priesterinnen, eine von ihnen dem Gott Schamasch und seiner Gefährtin Aja in Sippar geweiht. Wie alle diese Priesterinnen hatte sie eine Mitgift in den Tempelbesitz eingebracht und wurde auch weiterhin von ihrer Familie mit dem Notwendigen ausgestattet. Manche *naditum* nahmen sehr aktiv am Geschäftsleben teil, kauften und verkauften Grundbesitz und Sklaven und gewährten Darlehen zu den üblichen Zinsen. Die meisten von ihnen beschäftigten Sklaven und Sklavinnen als Hilfskräfte. Erischti-Aja lebte in einem Kloster und war nicht zufrieden damit. Sie hatte

---

146 Angaben und Zitat bei Sasson, ebd.
147 Römer 1971, S. 40. Vgl. Batto 1974, S. 48f.
148 Ebd., S. 39. Vgl. Sasson 1973, S. 61ff.

einen wichtigen Dienst übernommen, indem sie ständig für den König betete. Sie informierte ihn darüber, um ihrer Bitte um eine angemessene Versorgung Nachdruck zu verleihen. Ihre Briefe sind vielsagend:

> *»Nun erhalten die Töchter Deines Hauses ihre Zuteilungen an Getreide, Kleidung und gutem Bier. Und obwohl doch ich allein die Frau bin, die für Dich betet, werde ich nicht versorgt.«*[149]

Dieses Thema wird in mehreren ihrer Briefe immer wieder behandelt. In einem an ihre Mutter gerichteten Brief schreibt sie:

> *»Ich bin die Tochter eines Königs! Du bist die Gemahlin eines Königs! Selbst ungeachtet der Tafeln, mit denen Du und Dein Gatte mich ins Kloster eintreten ließet – sie behandeln die gefangenen Soldaten gut! Also behandelt auch mich gut!«*[150]

Es ist nicht ganz klar, ob ihre Klagen auf die Tatsache zurückzuführen sind, daß ihre Eltern sie vernachlässigten, oder ob die Tempelbeamten für die Vernachlässigung verantwortlich waren. Eine ihrer Feststellungen scheint letzteres anzudeuten: *»Die für mich bestimmten Zuteilungen von Korn und Kleidung, mit denen (mein) Vater mich am Leben erhält, gaben sie mir (einst), so laß sie mir (diese auch jetzt) geben, sonst verhungere ich.«*[151] B. F. Batto bemerkt, daß es ähnliche Klagebriefe von mehreren *naditum* in Sippar gibt. Das kann, so meint er, Ausdruck sein *»einer gewissen Stilisierung, die unseren Eindruck der Unmittelbarkeit schmälert.«*[152] Es kann auch ein Hinweis auf Korruption oder Vernachlässigung von Pflichten seitens der Tempelfunktionäre sein.

Wenn Erischti-Aja auch vielleicht ein Opfer ihrer Familie oder der Tempelherren gewesen sein mag, ihre eigene Einstellung denen gegenüber, die ihr dienten, war jedenfalls alles andere als fürsorglich. Sie schrieb ihrem Vater: *»Im letzten Jahr hast Du mir zwei Sklavinnen geschickt, und eine (von diesen) Sklavinnen mußte gehen und sterben! Nun hast Du mir (noch) zwei Sklavinnen gebracht, und eine (von ihnen) mußte gehen und sterben!«* Die Prinzessin, die selbst, wie sie betonte, vom »Hungertod« bedroht war, wurde durch den Tod zweier Sklavinnen zu nichts anderem veranlaßt als zu einer gewissen Verdrießlichkeit und Irritation.[153]

149 Batto 1974, S. 96

150 Ebd., S. 99. Ich danke Prof. Sasson für eine etwas andere Übersetzung dieser Passage: *»Ich bin eine Königstochter! Du bist eine Königin. Da selbst Soldaten gut behandeln, wen sie als Beute nehmen, solltet Ihr nicht auch mich so behandeln, wo Du und Dein Gatte* mich *doch ins Kloster eintreten ließet?«*

151 Batto 1974, S. 100.

152 Ebd., S. 106, Fn 44.

153 Ebd., S. 100f.

Dies sind einige der Informationen, die uns über die Töchter von König Zimrilim vorliegen. Ihre Briefe vermitteln uns einen kleinen Einblick in das Leben einer Familie vor etwa 3500 Jahren und zeigen eine Gruppe von ausdrucksstarken und klugen Frauen, die in privaten und öffentlichen Angelegenheiten engagiert mitwirkten und ihre Rechte in selbstbewußter Art wahrzunehmen suchten. Waren sie eine außergewöhnliche Gruppe von Frauen? Wir wissen, daß Zimrilim mehr Macht und Autorität an die Frauen seiner Familie delegierte, als damals üblich war. So handelte zum Beispiel eine Frau mit Namen Addu-duri, die seine Mutter oder ältere Schwester gewesen sein könnte, als seine Vertreterin bei der Überwachung religiöser Opfer und Orakel in Mari. Sie kaufte erforderliche Versorgungsgüter und traf, zu einer anderen Zeit, rechtsverbindliche Entscheidungen.[154] Wir können nicht mit letzter Sicherheit sagen, ob anderen Prinzessinnen ähnliche Autorität zugestanden wurde. Allerdings kann man aus der heftigen und erfolgreichen Reaktion von Kirums Gatten schließen, daß die Gewährung einer unabhängigen Autorität für die Ehefrau seitens ihres Vaters eine ungewöhnliche Praxis war und nicht akzeptiert wurde.

Die Fülle der vorhandenen bildlichen Zeugnisse der mesopotamischen Kultur stützt die Annahme, daß die Frauen der Oberschicht in einer Kultur respektiert und gewürdigt wurden, die in dem Gesicht und der Gestalt einer Frau Weisheit und Autorität erkannte. Eine erhabene Würde charakterisiert die Frauendarstellungen aus dieser Zeit.[155] Die strenge Darstellung ihrer Körper und Gesichter sowie ihre individuellen Züge sind bemerkenswert. Die persönlichen Merkmale deuten, weil es sich nicht um Personen aus der königlichen Familie handelt, möglicherweise darauf hin, daß Frauen in dieser Gesellschaft ganz allgemein respektiert wurden. In der europäischen Kunst finden wir nach dem klassischen Altertum bis zur frühen Renaissance keine derartigen individualisierenden Darstellungen von Personen aus den niederen sozialen Schichten.

Nach diesem kurzen Überblick über die historischen Hinweise auf das Leben von Frauen in verschiedenen Kulturen Mesopotamiens während einer Periode von 1400 Jahren ist zu fragen, welche Schlußfolgerungen sich daraus ableiten lassen. Es sind deutlich gesellschaftliche Verhältnisse erkennbar, in denen die aktive Teilnahme von Frauen am wirtschaftlichen, religiösen und politischen

154 Ebd., S. 67ff. Den Hinweis, daß sie eine Verwandte des Königs, gewesen sein könnte, habe ich in einem persönlichen Briefwechsel von Professor Sasson erhalten.

155 Etwa die Skulptur der Frau aus Uruk (ca. 3250 v. Chr.) oder zwei Statuetten betender Frauen aus dem 3. Jahrtausend: eine Beterstatuette aus Hafagi (Irak. Museum, Bagdad) und eine Beterstatuette (Britisches Museum, London).

Leben selbstverständlich war. Ebenso selbstverständlich war ihre Abhängigkeit von und ihre Verpflichtung gegenüber männlichen Verwandten und/ oder Ehemännern.

Was die herrschende Elite angeht, so verlangte ihr Eigeninteresse als Usurpatoren des Königtums eine Form der Machtausübung, die ein Beobachter zutreffend als »patrimoniale Bürokratie« bezeichnet hat.[156] Die Absicherung ihrer Macht war abhängig von der Einsetzung von Familienmitgliedern in wichtigen nachgeordneten Machtpositionen. Solche Familienmitglieder waren in der frühen Periode sehr oft Frauen – Ehefrauen, Konkubinen oder Töchter-, die sozusagen die ersten Lehnsleute ihres Mannes/Vaters/Königs wurden. So entstand die Funktion der »Frau als Stellvertreterin«, eine Rolle, in der wir seit dieser Zeit Frauen immer wieder antreffen. Wir haben die Reichweite und die Grenzen ihrer Macht am Beispiel der Königin Schibtu gesehen, die die Anordnungen ihres Mannes an der Spitze des Machtapparates ausführte und für ihn unter den Gefangenen Frauen für seinen Harem aussuchte. Ihr Bild kann als eine Metapher dafür dienen, was es vor etwa 3000 Jahren für eine Frau bedeutete, der Oberschicht anzugehören. Königin Schibtus Rolle der »Frau als Stellvertreterin« war die höchste Funktion, die solche Frauen ausüben konnten. Ihre Macht leitete sich ausschließlich von dem Manne her, von dem sie abhängig waren. Ihr Einfluß und tatsächliches Einwirken auf den Lauf der Ereignisse sind unbestreitbar ebenso wie ihre Macht über Männer und Frauen von niedrigerem Rang, die ihnen gehörten oder von ihnen kontrolliert wurden. In sexueller Hinsicht waren sie den Männern absolut unterworfen. Ganz eindeutig, das haben wir bei mehreren königlichen Gemahlinnen feststellen können, war ihre ökonomische und politische Macht abhängig davon, wie zufriedenstellend sie ihren Männern sexuell zu Diensten waren. Wenn die Männer nicht länger Gefallen an ihnen fanden, wie bei Kirum oder Kunschimatum, so verloren sie je nach der Laune ihres Mannes ihre Macht.

So lernten Frauen, sehr realitätsbezogen, sich als vom Manne abhängig zu begreifen. Dies kommt sehr deutlich in dem Gebet von Kunschimatµm zum Ausdruck. Wie der feudale Vasall in späterer Zeit verstand sie, daß ihre einzige Sicherheit in dem Schutz bestand, den ihr Herr ihr gab. Es ist bemerkenswert und stimmt nachdenklich, daß sie nicht für ihren eigenen Schutz betete, wie es das unmittelbare Eigeninteresse gebieten würde, sondern für ihren Herrn, *»damit ich meinerseits gedeihen möge unter seinem Schutz.«* Was wir hier erkennen, ist das Entstehen eines Geflechts von Machtbeziehungen, innerhalb dessen

156 N. Yoffee 1977, S. 148.

einige Männer Macht über andere Männer und über alle Frauen erlangten. So verstanden sich die Männer der herrschenden Elite als diejenigen, die Macht über andere Menschen erlangen konnten sowie Reichtum sowohl an materiellen Gütern wie an sexueller Befriedigung, etwa durch den Erwerb von Sklavinnen und Konkubinen für einen Harem. Frauen, selbst die am besten abgesicherten, hochgeborenen und selbstbewußten, nahmen sich selbst als Personen wahr, die von dem Schutz eines Mannes abhängig waren. Dies ist die weibliche Seite des Gesellschaftsvertrags: Frauen, denen die Autonomie verweigert wird, sind abhängig vom Schutz durch andere und kämpfen darum, für sich selbst und für ihre Kinder das Beste aus dieser Situation zu machen.

Wenn wir uns daran erinnern, daß wir hier eine Periode beschreiben, in der es nicht einmal einen geschriebenen Gesetzeskodex gab, können wir andeutungsweise einschätzen, wie tiefverwurzelt die patriarchalen Definitionen der Geschlechtsrollen der westlichen Kultur sind. Die Matrix, das Grundmuster von patriarchalen Beziehungen zwischen den Geschlechtern, war bereits durchgesetzt und fixiert, bevor ökonomische und politische Entwicklungen den Staat institutionalisierten und lange bevor es eine theoretisch begründete Ideologie des Patriarchats gegeben hat. In dieser frühen Zeit war der Übergang von einer sozialen Schicht zu einer anderen noch relativ fließend und der soziale Aufstieg war selbst für Angehörige der untersten Schichten möglich. Im Laufe der Zeit verwandelte sich die Zugehörigkeit zu einer bestimmten Klasse in eine geburtsbedingte Eigenschaft. Der endgültige Übergang zu einer neuen gesellschaftlichen Organisation war die Institutionalisierung der Sklaverei.

Um besser zu verstehen, welcher Zusammenhang zwischen der Familienstruktur, der Entwicklung der Sklaverei als Klassensystem und der Institutionalisierung der Staatsgewalt besteht, müssen wir uns genauer mit diesen Aspekten der historischen Entwicklung befassen und versuchen, die Lebensbedingungen von Frauen zu rekonstruieren, die nicht der Oberschicht angehörten.

Kapitel 4: Die Sklavin

Es gibt nur wenige historische Quellen über die Anfänge der Sklaverei, und diese sind wenig eindeutig und schwierig zu interpretieren. Sklaverei gibt es nur sehr selten, wenn überhaupt, in Jäger-und-Sammler-Gesellschaften, doch in weit auseinander liegenden Regionen und Perioden entsteht sie mit Beginn der Weidewirtschaft und später mit der Landwirtschaft, Urbanisation und Staatenbildung. Die Mehrzahl der Fachwissenschaftler hat daraus den Schluß gezogen, daß Sklaverei als Folge von Krieg und Eroberung auftritt. Als Gründe für die Versklavung von Menschen werden gewöhnlich angegeben: Gefangennahme im Krieg, Strafe für ein Verbrechen, Verkauf durch Familienangehörige, Selbstveräußerung aufgrund von Schulden und Schuldknechtschaft.[157] Die Sklaverei ist die erste institutionalisierte Form hierarchischer Dominanz in der Geschichte der Menschheit. Sie tritt auf in Verbindung mit dem Bestehen einer Marktwirtschaft, der Verfestigung von Hierarchien und der Formierung des Staates. Wie drückend und brutal die Sklaverei für die jeweiligen Opfer auch gewesen sein mag, so hat sie doch einen wesentlichen Fortschritt im Prozeß der ökonomischen Organisation bedeutet, einen Fortschritt, auf dem die Entwicklung der frühen Kulturen beruhte. Es ist deshalb zutreffend, die »Erfindung der Sklaverei« als einen der wichtigen Scheidepunkte der Menschheitsgeschichte zu bezeichnen.

Sklaverei konnte es nur geben, wo bestimmte Voraussetzungen bestanden: ein Nahrungsmittelüberschuß, Methoden zur Niederhaltung unbotmäßiger Gefangener, eine Unterscheidung (visuell und begrifflich) zwischen den Sklaven und den sie Versklavenden.[158] In vielen Gesellschaften, in denen auf irgendeine Weise Sklavenhaltung praktiziert wurde, gab es keinen genau fixierten Status von Sklaven und Sklavinnen, lediglich verschiedene Grade von Unterordnung und Zwangsarbeit. Damit der Sklavenstatus institutionalisiert werden konnte, mußten die Menschen in der Lage sein, gedanklich eine Vorstellung von der Möglichkeit des Funktionierens eines derartigen Herrschaftsverhältnisses zu entwickeln. Die »Erfindung der Sklaverei« bestand in der Idee, daß eine Grup-

157 The New Encyclopaedia Britannica, Bd. 16, S. 855, 857.

158 Meine die Sklaverei betreffenden Verallgemeinerungen stützen sich im wesentlichen auf folgende Quellen: D. B. Davis 1966 und 1975; C. Degler 1971; M. I. Finley 1968 und 1960; E .. D. Genovese 1974; W. D. Jordan 1968; H. S. Klein 1967; G. Myrdal 1944; S. Miers/I. Kopytoff 1977; 0. Patterson 1982.

pe von Menschen als eine »Out-Gruppe« ausgegrenzt, als versklavbar gebrandmarkt, zur Arbeit und Unterordnung gezwungen werden könne – und daß dieses Stigma der Versklavbarkeit mitsamt den realen Lebensbedingungen, die sich aus ihrem Status ergeben, diese Menschen in die Lage versetzen werde, die Sklaverei als eine Tatsache anzunehmen.[159] Außerdem beinhaltete dieser Begriff der Sklaverei, daß die Versklavung nicht nur für den einzelnen Sklaven und die Sklavin lebenslänglich ist, sondern daß dieser Sklavenstatus auf Dauer über eine Gruppe von zuvor freien Menschen und ihre Nachkommen verhängt werden konnte.

Der entscheidende Punkt bei dieser Einrichtung – über die Tatsache hinaus, daß ein anderer Mensch wie ein Tier behandele und er oder sie gegen den eigenen Willen zur Arbeit gezwungen werden kann – ist die Möglichkeit, die Gruppe, die beherrscht werden soll, als wesentlich verschieden von der Gruppe, die die Herrschaft ausübt, darzustellen. Selbstverständlich ist dieser Unterschied deutlich erkennbar, wenn diejenigen, die versklavt werden sollen, als Mitglieder fremder Stammesgemeinschaften im wörtlichen Sinne »andere« sind. Aber im Sinne der Ausweitung des Begriffs und um den oder die *Versklavte/n* zum *Sklaven*/zur *Sklavin* zu machen, sie irgendwie *anders* als menschlich erscheinen zu lassen, müssen die Menschen erkannt haben, daß eine derartige Zuschreibung tatsächlich die erstrebte Wirkung haben werde. Wir wissen, daß geistige Konstrukte gewöhnlich von einem in der Realität vorhandenen Modell abgeleitet sind und aus einer Neuordnung der Inhalte vergangener Erfahrungen bestehen. Die in diesem Zusammenhang maßgebliche Erfahrung, über die Männer bereits vor der Einführung der Sklaverei verfügten, war die Unterordnung von Frauen innerhalb ihrer eigenen Gemeinschaft.

Die Unterdrückung der Frauen hat es bereits vor der Sklaverei gegeben und diese überhaupt erst möglich gemacht. Wir haben in den vorigen Kapiteln gesehen, wie im Umgang von Männern und Frauen soziale Beziehungen hergestellt wurden, welche Dominanz und Hierarchien entstehen ließen. Wir haben auch gesehen, wie das Zusammenwirken verschiedener Faktoren zu sexueller Asymmetrie und zu einer Arbeitsteilung führte, die Frauen und Männern unterschiedlich schwere Lasten aufbürdete. Dementsprechend strukturierten die Stammesgemeinschaften die sozialen Beziehungen so, daß Frauen bei

159 Ein ähnlicher Ansatz findet sich auch bei anderen Autoren: »*Der Sklave ist ein Außenseiter: Bereits das erlaubt nicht nur seine Entwurzelung, sondern auch seine Reduktion von einer Person zu einer Sache, die jemandem gehören kann.*« R. Winks (Hrsg.) 1972, S. 5f. Siehe auch Patterson 1982, S. 5, 7; Finley 1968, 308f. »*Sklaven - in Afrika - haben eines gemeinsam: Alle sind Fremde in einem neuen Umfeld.*« Miers und Kopytoff 1977, S.15.

Eheschließungen getauscht wurden und Männer Frauen gegenüber bestimmte Rechte hatten, die den Frauen ihnen gegenüber nicht zukamen. Sexualität und Fortpflanzungsfähigkeit der Frauen wurden zu einer Ware, die nach dem Gutdünken von Familien ausgetauscht oder erworben werden konnte. Frauen galten also als eine Gruppe von Menschen mit geringerer Autonomie. In manchen Gesellschaften, wie etwa in China, blieben Frauen randständige Außenseiterinnen in ihrer Großfamilie. Männer »gehörten in« einen Haushalt oder eine Ahnenreihe, Frauen hingegen »gehörten zu« Männern, die Rechte über sie erworben hatten.[160] In den meisten Gesellschaften besteht für Frauen mehr als für Männer die Gefahr, an den Rand gedrängt zu werden. Haben Frauen erst einmal den Schutz seitens der männlichen Familienmitglieder verloren, etwa durch Tod, durch Trennung oder weil sie nicht mehr als sexuelle Partnerinnen begehrt werden, so werden sie zu randständigen Personen. Ganz zu Anfang der Staatenbildung und des Entstehens von Hierarchien und sozialen Klassen müssen Männer diese größere Verletzlichkeit von Frauen erkannt haben, um daraus abzuleiten, daß aufgrund von gewissen Unterschieden eine Gruppe von Menschen von anderen getrennt und abgesondert werden kann. Solche Unterschiede können »natürlicher« Art, also biologisch bedingt sein, wie das sexuelle Geschlecht und das Alter, oder sie können von Menschen selbst verursacht worden sein, so z. B. durch Gefangennahme oder die Brandmarkung eines Menschen als Eigentum.

Zur »Erfindung der Sklaverei« gehört die Entwicklung von Techniken der permanenten Versklavung und – bei Dominierten wie Dominierenden die Vorstellung, daß dauernde Machtlosigkeit der einen und absolute Macht der anderen als Bedingungen sozialer Interaktion zu akzeptieren sind. Wie Orlando Patterson in seiner außerordentlich gründlichen Untersuchung zur Soziologie der Sklaverei dargestellt hat, waren für die Technik der Versklavung drei Merkmale charakteristisch: 1. Sklaverei war ursprünglich ein Ersatz für einen üblicherweise gewaltsamen Tod und war *»in wesentlicher Weise eine bedingte Umwandlung.«* 2. Sklaven erlebten eine *»Entfremdung von der Heimat«*, d. h. er oder sie war *»exkommuniziert von allen Ansprüchen qua Geburt«* und von der aus eigenem Recht legitimierten Teilnahme am gesellschaftlichen Leben. 3. Sklaven waren *»ganz allgemein entehrt.«*[161] Historische Erkenntnisse legen die Auffassung nahe, daß dieser Prozeß der Versklavung zunächst im Umgang mit weiblichen Gefangenen entwickelt und vervollkommnet wurde und daß er gefördert wurde durch

160 J. Watson in: Watson (Hrsg.) 1980, S. 231f.
161 Patterson 1982, S. 5, 6, 10.

bereits bekannte Praktiken des Austauschs von heiratsfähigen Frauen und des Konkubinats. Während langer Perioden, vielleicht vielen Jahrhunderten, in denen männliche Feinde von den Siegern getötet oder schwer verletzt und verstümmelt oder in ferne und abgelegene Gegenden verschleppt wurden, wurden Frauen und Kinder gefangengenommen und in die Haushalte und die Gesellschaft der Sieger eingegliedert. Es ist schwer zu sagen, was zuerst zur »bedingten Umwandlung des Todes« für Frauen und Kinder veranlaßte. Sehr wahrscheinlich wurde angenommen, daß sie wegen ihrer größeren körperlichen Schwäche und Verletzlichkeit in Gefangenschaft weniger gefährlich wären als feindliche Krieger. *»Entfremdung von der Heimat«* wurde vollzogen, indem die Frauen und Kinder aus ihrer Heimat, die meist zerstört wurde, verschleppt wurden. Da ihre männlichen Verwandten getötet worden waren, konnten die Gefangenen nicht auf eine Rückkehr hoffen. Ihre Isolation und Hoffnungslosigkeit steigerten um so mehr den Triumph der Sieger. Dieser Prozeß der Entehrung und Demütigung der gefangenen Frauen gipfelte oftmals in dem finalen Akt männlicher Dominanz, ihrer Vergewaltigung. Wenn eine Frau mit ihren Kindern gefangengenommen worden war, so war zu erwarten, daß sie sich jedweder Bedingung des Siegers unterwerfen würde, um das Überleben der Kinder zu sichern. Hatte sie keine Kinder, so hatte ihre Vergewaltigung oder sexuelle Nutzung wohl bald eine Schwangerschaft zur Folge. Diese Erfahrung ließ die Sieger erkennen, daß Frauen bereit waren, Versklavung zu ertragen, und daß sie sich entsprechend einrichteten in der Hoffnung, dadurch ihre Kinder zu retten oder wenigstens deren Los erleichtern zu können.[162]

Die meisten Historiker, die sich mit dem Thema der Sklaverei befassen, haben bemerkt, daß zunächst die Mehrheit der Gefangenen Frauen waren; aber sie sind über diese Tatsache hinweggegangen, ohne ihr viel Beachtung zu schenken. Der Beitrag »Sklaverei« der Encyclopaedia Britannica stellt fest:

> *»Kriegführung war im alten Vorderen Orient die erste Möglichkeit, zu Sklaven zu kommen ... Ursprünglich wurden Gefangene offenbar getötet; später ließ man Männer und Frauen am Leben, damit sie denen, die sie gefangengenommen hatten, zu Diensten sein konnten.«*[163]

162 Gerda Lerner belegt diese Interpretation nicht. Möglicherweise überträgt sie eine zu moderne Vorstellung der emotionalen Bindung zwischen Mutter und Kind auf die damaligen Verhältnisse. Zu fliehen und damit eine Ausgestoßene und Verfolgte zu werden, die Ungewissheit, bis in die Heimat zu gelangen und dort Aufnahme zu finden, mag eine nicht unerhebliche Rolle dabei gespielt haben, in der Gefangenschaft zu bleiben. (Anm. d. Hrsg.)
163 Patterson 1982, Bd. 6, S.855.

Ein anderer Historiker schreibt:

»Es mag bedeutsam sein, daß männliche Sklaven nicht nur später, sondern auch in sehr viel geringerer Zahl erwähnt werden als weibliche ... Möglicherweise waren noch keine Methoden entwickelt worden, wie die männlichen Gefangenen sicher untergebracht und auch effektiv zur Arbeit eingesetzt werden könnten, so daß sie in der Regel getötet wurden.«[164]

Wie der Assyriologe I. M. Diakonoff bemerkt, war das Behalten von männlichen Gefangenen gefährlich:

»Um eine Kolonne von gefangenen Sklaven – d. H, zuvor freien Kriegern – zu zwingen, ein Feld mit Kupferhacken zu bearbeiten, wäre etwa die doppelte Anzahl von Soldaten zu ihrer Bewachung erforderlich gewesen, weil sich in einer bewaffneten Auseinandersetzung solch eine Kupferhacke nicht sehr von einem Kupferbeil unterschied, das zu jener Zeit die normale Ausrüstung eines Kriegers war ... Deshalb wurde gewöhnlich allen männlichen Kriegsgefangenen auf der Stelle der Schädel eingeschlagen, und nur Sklavinnen wurden in beliebiger Anzahl in der Wirtschaft der Siegerstaaten zur Arbeit herangezogen.«[165]

Selbst dort, wo es unter ökonomischen Gesichtspunkten einen großen Bedarf an Sklavenarbeit gab, standen auf seiten der Sieger nicht genügend männliche Arbeitskräfte zur Verfügung, um die Sklaven rund um die Uhr bewachen und so ihre Ungefährlichkeit sicherstellen zu können. Es sollte bei verschiedenen Völkern unterschiedlich lange dauern, bis ihnen klar wurde, daß Menschen durch ganz andere Methoden als die der Anwendung offener und brutaler Gewalt versklavt und unter Kontrolle gehalten werden können.

Orlando Patterson hat einige der Methoden beschrieben, durch die freie Menschen zu Sklaven gemacht wurden:

»Sklaven waren immer Menschen, die auf eine ganz allgemeine Art entehrt worden waren ... Der Sklave konnte keine Ehre haben, wegen des Grundes für seinen Status, wegen der Unehrenhaftigkeit und Grenzenlosigkeit seiner Schuld, wegen der totalen Abhängigkeit seiner sozialen Existenz, aber vor allem, weil er ohne jede eigene, nicht von anderen abgeleitete Macht war.«[166]

Ein Aspekt dieses Prozesses der »Entehrung« ist das Zertrennen der Familienbande:

164 R. McC. Adams 1966, S. 96f.
165 Diakonoff 1972, S.45.
166 Patterson 1982, S. 10.

»Die Weigerung, die sozialen Beziehungen des Sklaven förmlich anzuerkennen, hatte tiefreichende emotionale und soziale Auswirkungen. In allen Sklavenhaltergesellschaften konnten verheiratete Sklaven zur Trennung gezwungen werden und wurden es auch, und die per Zustimmung (Konsens) als ›Frau‹ eines Sklaven Anerkannten hatten sich sexuell ihrem Herrn zu fügen, Sklaven hatten kein Sorgerecht und keine elterliche Gewalt über ihre Kinder, und von den Eltern gingen keinerlei Ansprüche oder Verpflichtungen an die Kinder über.«[167]

Mit dem typischen androzentrischen Blick ignoriert Patterson, daß in der historischen Entwicklung zuerst Frauen versklavt wurden und übersieht so, auf wie signifikant unterschiedliche Art Frauen und Männer die Sklaverei erleben.

Die Vergewaltigung der Frauen der Besiegten hatte auf die Besiegten eine doppelte Wirkung: Sie entehrte die Frauen und diente als symbolische Kastration der Männer. Männer in patriarchalen Gesellschaften, die die sexuelle Reinheit ihrer Frauen, Schwestern und Kinder nicht schützen können, sind im eigentlichen Sinne impotent und ehrlos. Die Praxis der Vergewaltigung der Frauen einer besiegten Gruppe ist seit dem 2. Jahrtausend v. Chr. ein Merkmal von Kriegsführung und Eroberung geblieben. Vergewaltigung ist eine soziale Praxis, die – wie das Foltern von Gefangenen dem »Fortschritt«, humanitären Reformen und aufgeklärten ethischen und moralischen Theorien gegenüber resistent geblieben ist. Ich vermute, daß das so ist, weil es sich um eine Praxis handelt, die ein wesentliches Charakteristikum der Struktur patriarchaler Institutionen und also untrennbar mit ihnen verbunden ist. Während der Entstehung des patriarchalen Systems, noch vor der Herausbildung von sozialen Klassen, können wir das am besten erkennen.

Der Begriff der Ehre selbst ist für Männer gleichbedeutend mit Autonomie, mit der Macht, über sich selbst zu verfügen und selbständig Entscheidungen treffen zu können, sowie dem Recht auf Anerkennung dieser Autonomie durch andere. Frauen hingegen können unter den Bedingungen patriarchaler Herrschaft weder über sich verfügen noch selbständig Entscheidungen treffen. Ihre Körper und ihre sexuellen Aktivitäten stehen unter der Verfügungsmacht ihrer Großfamilie, ihrer Gatten, ihrer Väter. Frauen haben weder Vormundschaftsrechte noch Macht über ihre Kinder. Frauen haben keine »Ehre.« Die Vorstellung, die Ehre einer Frau liege in ihrer Jungfräulichkeit und der Zuverlässigkeit ihrer sexuellen Dienste ihrem Gatten gegenüber, war im 2. Jahrtausend v. Chr. noch nicht voll entwickelt. Meines Erachtens war die

167 Ebd., S. 6.

sexuelle Versklavung von weiblichen Gefangenen ein Schritt zur Entwicklung und Erweiterung von patriarchalen Institutionen, wie etwa der patriarchalen Ehe und der sie unterstützenden Ideologie, derzufolge die »Ehre« der Frau in ihrer Keuschheit liege. Die kulturelle »Erfindung« der Sklaverei beruhte ebensosehr auf der Herausbildung von Symbolen der Unterordnung der Frau wie auf der tatsächlichen Erbeutung von Frauen. Indem sie sich Frauen der eigenen Gemeinschaft und später weibliche Gefangene unterordneten, erkannten Männer die symbolische Macht der sexuellen Kontrolle über Menschen. Sie erweiterten die symbolische Sprache, um ihre Dominanz zum Ausdruck zu bringen und eine Klasse von psychologisch versklavten Menschen zu schaffen. Aufgrund der Erfahrung mit der Versklavung von Frauen und Kindern begriffen Männer, daß es möglich ist, Menschen in die Lage zu versetzen, ihre Versklavung anzunehmen; und sie entwickelten Techniken und Formen der Versklavung, die sie befähigten, ihre uneingeschränkte Dominanz zu einer gesellschaftlichen Institution zu erheben.

Es gibt überzeugende historische Belege dafür, daß männliche Gefangene überwiegend getötet oder verstümmelt wurden, während weibliche Gefangene in der Regel versklavt und vergewaltigt wurden. Die frühesten Hinweise auf das Verhalten gegenüber überlebenden Frauen in Mesopotamien stammen aus der Zeit um 2450 v. Chr. auf der Geierstele stellte Eannatum, ein Herrscher von Lagasch, seinen Sieg über die Stadt Uroma dar und beschrieb, wie die Sieger Tausende von Leichen der Feinde in großen Haufen aufschichteten. Später beschrieb Rimusch, der zweite König aus der akkadischen Dynastie, die Eroberung mehrerer babylonischer Städte und die Tötung mehrerer tausend Männer in jeder dieser Städte sowie die Gefangennahme von einigen tausend Menschen. Eine Inschrift des Königs Schu-Sin aus der dritten Dynastie von Ur (ca. 2037-2029 v. Chr.) erläutert, wie er die feindlichen »Sklaven«, seine Kriegsbeute aus der besiegten Stadt Simanum, in einer Stadt an einer fernen Grenze ansiedelte. Diese Beute bestand offenbar aus gefangengenommenen Zivilisten und feindlichen Kriegern, die später freigelassen wurden. In diversen babylonischen Texten gibt es andere Hinweise auf »Beute«, die gemacht und verschiedenen Tempeln angeboten wurde. Der Begriff »Beute« bezog sich auf Gegenstände, Tiere und Menschen. Feindliche Krieger wurden sofort nach der Gefangennahme gefesselt oder in Holzrahmen fixiert, einer Art Nackenblock oder Joch.[168] In einer Untersuchung über das gesamte vorliegende Quellenmaterial über Gefangene in Babylonien stellt I. J. Gelb fest:

168 I. J. Gelb 1973, S. 74 ff.

»Es kann als gesicherte Erkenntnis gelten, daß Kriegsgefangene, solange sie als Sklaven der Krone unterstanden, sich unter den unmenschlichsten Bedingungen zu Tode arbeiten mußten oder infolge von Krankheiten starben oder aber wenn irgend möglich wegliefen.«[169]

Die aufgefundenen Schriftstücke enthalten einige Hinweise auf geblendete Kriegsgefangene, die in den Obstgärten arbeiteten. Einer dieser Texte stammt aus der sargonischen Zeit und befaßt sich mit zwölf männlichen Gefangenen aus einer Stadt in Elam, die geblendet worden waren. Der andere Text, die Niederschriften des Tempels der Göttin Bau in Lagasch, die bereits zitiert worden sind, erwähnen ebenfalls »blinde Männer« im Obstanbau. In diesem Fall gibt es unter den Assyriologen unterschiedliche Auffassungen in bezug auf die Bedeutung des Begriffs »igi-nu-du.« Einige vertreten die These, er könnte »ungelernt«, also im metaphorischen Sinne blind, bedeuten oder sich beziehen auf Männer, die von Natur aus blind waren und so beschäftigt wurden. I. J. Gelb neigt zu der Annahme, daß diese Männer blinde Gefangene waren, und verweist auf die außerdem vorliegenden Erkenntnisse über die neuassyrische Periode, daß männliche Kriegsgefangene geblendet wurden.[170] Eine Inschrift von Salmanassar I. (ca. 1264-1234 v. Chr.) berichtet von der Blendung von 14400 Gefangenen durch die Assyrer.[171]

Im Alten Testament sind einige Ereignisse erwähnt, bei denen Kriegsgefangenen das Augenlicht genommen wurde: Samson (Richter, 16: 21), Zedekia (2.Könige, 25: 7) und die Geschichte der Männer von Jabes (2. Samuel, II: 2). Herodot schreibt in Buch IV, 2 über die Skythen, die alle Kriegsgefangenen blendeten.[172] Auch in China wurde die Sklaverei vor allem aus dem System des Strafens entwickelt. Kriminelle wurden dadurch bestraft, daß sie verstümmelt wurden. Die Verstümmelung bestand gemeinhin in einer Tätowierung des Gesichts, dem Amputieren von Nase und Füßen sowie der Kastration. Die Art der

169 Ebd., S. 94. Orlando Patterson zeigt, daß bis vor etwa einem Jahrzehnt die Meinung vorherrschte, daß Kriegsgefangene in Mesopotamien in der Regel versklavt wurden; neuere Studien in der Sowjetunion und im Westen scheinen jedoch darin übereinzustimmen, daß Kriegsgefangene eine gewisse Zeitlang in Gefängnissen festgehalten und dann freigelassen und angesiedelt worden seien. Dieser Ansicht sind I.I. Semenow und I. J. Gelb. Patterson selbst ist der Auffassung, daß dies zwar für die Mehrzahl der Kriegsgefangenen zutrifft, aber *»zu allen Zeiten einige Kriegsgefangene als Sklaven dienten ... und daß im Falle der neubabylonischen Periode Anlaß zu der Annahme besteht, daß die Mehrheit versklavt worden ist.«* Patterson 1982, S. 109f.

170 Gelb 1973, S. 91. Über »igi-nu-du« siehe V. V. Struve 1969, S. 23f. Eine andere Interpretation bei Tyumenew 1969, S. 99, Fn. 36.

171 Struve 1969, S. 23.

172 Vgl. Gelb 1973, S. 91

Verstümmelung war jeweils von der Schwere des Verbrechens abhängig. Sie konnte an dem Kriminellen oder Mitgliedern seiner Familie vollzogen werden. Der Han-Codex stellt fest: »*Die Frauen und Kinder von Kriminellen werden als Sklavinnen und Sklaven konfisziert und im Gesicht tätowiert.*« Personen, die in dieser Weise erniedrigt worden waren, bildeten eine besondere Klasse, sie waren auf niedrige Arbeiten verwiesen und lebten in einem »*Zustand der Versklavung* .«[173] Kastration als eine Form der Bestrafung von Verbrechen und später als Mittel der Zurichtung von Sklaven für den Dienst im Harem war in China und Mesopotamien weit verbreitet. Dieses Vorgehen führte zur Entwicklung eines Eunuchentums aus politischen Gründen in China, Persien, im antiken Rom, Byzanz, Ägypten, Syrien und in Afrika. Diese Praxis ist in dem hier diskutierten Zusammenhang insofern von Interesse, als sie zum einen ein Bedürfnis nach sichtbarer Markierung und Marginalisierung von Personen belegt, um deren lebenslänglichen Sklavenstatus anzuzeigen, und zum anderen bezeugt, daß die Kontrolle der Sexualität zur Verstärkung und Perpetuierung der Versklavung der Menschen angewendet worden ist.[174]

Zwei Texte aus der mesopotamischen Verwaltung, die während der Regierungszeit von Amar-Suen (Dritte Dynastie von Ur) im Abstand von fünf Monaten geschrieben worden sind, geben Informationen über 197 gefangengenommene Frauen und Kinder. Im ersten Text geht es um die Rationen für 121 Frauen (46 werden als tot aufgeführt) und 28 Kinder (von denen nur noch fünf als lebend gemeldet werden). 23 der noch lebenden 121 Frauen werden als krank bezeichnet. Im zweiten Text sind 49 Frauen und 10 Kinder als Überlebende aufgelistet, an die Mehlrationen und Bier ausgegeben wurden. Von den 24 krankgemeldeten Frauen auf der ersten Liste sind nur noch fünf auf der zweiten Liste. Das legt die Schlußfolgerung nahe, daß nur diese fünf die Krankheit überlebt haben. Da die Lebensmittelration der Gefangenen derjenigen der Leibeigenen entsprach, ist die hohe Krankheits- und Sterblichkeitsrate ein Indiz entweder für die lebensbedrohlichen Bedingungen während des Transports vom Kriegsschauplatz zum Aufenthaltsort der Gefangenen oder dafür, daß in einer bestimmten Zeit die Menschen wegen großer Probleme bei der Lebensmittelversorgung beinahe verhungerten.

Ein anderer dieser Texte beschreibt die Beute, die dem Tempel in Umma überlassen wurde: 113 Frauen und 59 Kinder. I. J. Gelb berichtet auch, daß »*gefangengenommene Frauen beim Bau des Palastes von Bur-Sin eingesetzt wurden.*

173 E. G. Pulleyblank 1958. Die Zitate aus dem Han-Codex sind zitiert bei C.M. Wilbur 1943, S. 84; über andere Begebenheiten von Sklavenverstümmelung ebd., S.286.
174 C. W. W. Greenidge 1958, S. 29

Diese Art von Schwerstarbeit wurde von einheimischen Frauen in der Regel nicht geleistet.«[175]

In den Zuteilungslisten des Tempels der Bau in Lagasch aus dem Jahre 2350 v. Chr. sind alle im Tempel Beschäftigten ihrem Rang und Aufgabengebiet entsprechend aufgeführt. Es gibt eine besondere Liste »Sklavinnen und ihre Kinder.« Die meisten von ihnen waren beim Vorbereiten und Spinnen von Wolle eingesetzt; manche von ihnen hatten Korn zu mahlen; wieder andere arbeiteten in der Küche oder in der Brauerei oder hüteten Tiere.[176] Da sie zum Haushalt der Königinnen gehörten, dienten diese Sklavinnen nicht als Haremssklavinnen der sexuellen Befriedigung des Königs. In dieser frühen Periode gibt es keine Belege für das Bestehen von Harems im allgemeinen, und was den besonderen Fall des Tempels der Bau betrifft, so stehen vergleichbare Aufstellungen für den Haushalt des Königs zur Verfügung. Die Sklavinnen des Tempels der Bau gehörten nicht zu Familien mit einem männlichen Familienoberhaupt, da solche Familien auf einer besonderen Zuteilungsliste standen. Wenn diese Frauen zu sexuellen Diensten herangezogen worden wären, so hätte im Laufe der Jahre die Zahl der Kinder pro Mutter zunehmen müssen; das aber scheint nicht der Fall gewesen zu sein. Das ziemlich gleichbleibende zahlenmäßige Verhältnis von Müttern und Kindern – halb so viele Kinder wie Mütter – läßt darauf schließen, daß diese Mütter mit ihren Kindern in die Sklaverei gerieten und nur als Arbeiterinnen eingesetzt wurden.[177]

175 Gelb verwendet den Namen Bur-Sin, der inzwischen als Amar-Suen transkribiert wird. 1973, S. 89.

176 P. A. Deimel 1931, S. 88f.; eine detaillierte Auswertung der Rationsliste des Tempels der Bau findet sich bei V. V. Struve und A. I. Tyumenew in: Diakonoff 1969.

177 Tyumenew macht folgende Angaben über die Liste der Sklavinnen und ihrer Kinder (1969, S. 116):

	Frauen	Kinder
Jahr 1 der Herrschaft Urukaginas	93	42
2	143	89
3	141	65
4	128	57
5	128	60
6	173	48

Da die Liste keine Angaben darüber enthält, wie viele Frauen kinderlos waren, können wir die jeweilige Zahl der Kinder pro Frau nicht bestimmen. Aber die Tatsache, daß die Gesamtzahl der Kinder in fünf Jahren nicht nennenswert steigt, scheint zu belegen, daß diese Frauen nicht zu sexuellen Zwecken benutzt wurden.

Entsprechend der relativ hohen Kindersterblichkeit scheint die Zahl der Kinder abzunehmen, während die der Frauen steigt. Das mag auf den Tod oder den Verkauf von Kindern zurückzuführen sein. Zahlen aus vier anderen Tempeln in Lagasch aus dem Jahre 5 des Urukagina verweisen auf 104 Sklavinnen und 51 Kinder im Tempel der Göttin Nansche; 10 Sklavinnen und 3 Kinder im Tempel des Gottes Nindar; 16 Sklavinnen und 7 Kinder im Tempel des Gottes Dumuzi und 14 Sklavinnen

Etwa 500 Jahre später ist den bereits zitierten Briefen von König Zimrilim von Mari zu entnehmen, daß die weiblichen Kriegsgefangenen als »Beute« betrachtet und als Textilarbeiterinnen in den Haushalt des Königs einbezogen wurden. Aber in diesem Fall scheint die Tatsache, daß er die schönsten Frauen für spezielle Dienste auswählte, zu beweisen, daß es einen Harem gab oder doch diese Frauen zu Konkubinen des Königs und vielleicht auch seiner Gefolgsleute gemacht wurden.[178]

Aus den Unterlagen des Schamasch-Tempels in Sippar, die aus etwa der gleichen Zeit stammen wie die Niederschriften aus dem Tempel der Bau, ist zu entnehmen, daß es im Verhältnis zur Gesamteinwohnerzahl nur eine relativ kleine Gruppe von Sklaven gegeben hat. Von 18000 auf der Liste aufgeführten Namen sind nur 300 Namen die von Sklaven, zwei Drittel davon Sklavinnen. Diese Überzahl von Sklavinnen gegenüber den Sklaven scheint für die Situation in der altbabylonischen Zeit typisch zu sein. Das Zahlenverhältnis ist bezeichnend für den überwiegenden Einsatz von Sklavinnen in privaten Haushalten.[179]

Die *Ilias*, geschrieben im 8. Jahrhundert v. Chr., gibt die soziale Situation in Griechenland um das Jahr 1200 v. Chr. wieder.[180] Im 1. Gesang der Ilias wird mehrmals beiläufig die Praxis erwähnt, gefangengenommene Frauen zu versklaven und sie den Kriegern als Gespielinnen zu überlassen. Die Konkubine des Königs Agamemnon, Chryseis, eine Kriegsgefangene von vornehmer Geburt, wird von ihrem Vater, einem Priester, zurückverlangt. Den Zorn der Götter fürchtend, drängen die Argonauten ihren König, das Mädchen zurückzugeben. Widerwillig stimmt Agamemnon zu, fordert aber als Kompensation für den Verlust von Chryseis einen anderen Anteil an der Beute. Er wird darauf hingewiesen, daß das nicht möglich ist, weil die Beute bereits verteilt worden ist. Die Beute besteht aus gefangenen Frauen; und das Verfahren gilt als so selbstverständlich, daß Homer es nicht zu erläutern braucht. Agamemnon besteht mit folgenden Worten darauf, die Konkubine des Achilles für sich zu nehmen:

> *»...Dann aber komm ich und hole des Brises blühende Tochter,*
> *Deine Spende, aus deinem Gezelt, damit du gewahr wirst,*
> *Daß ich höher als du, daß jeder andere scheue,*
> *Sich zu mir zu erheben und sich mit mir zu vergleichen.«*[181]

---

und 7 Kinder im Tempel der Göttin Ninmar. (Diakonoff 1969, S. 123) Diese Angaben zeigen immer das gleiche Zahlenverhältnis wie das in obiger Aufstellung ersichtliche: weniger als halb so viele Kinder als Frauen.

178 Batto 1974, S. 27, Dok. 126.

179 R. Harris 1975, S. 333.

180 Zur Datierung der Ilias siehe M. I. Finley 1964, S. 26.

181 Homer, *Ilias*, 1. Gesang, 184-188,

Hier stellt Agamemnon mit exemplarischer Deutlichkeit fest, was die Versklavung von Frauen bedeutet. Sie dient der Absicherung von Rang und Ehre gegenüber anderen Männern. Nachdem Agamemnon seine Drohung wahrgemacht und sich Briseis mit Gewalt geholt hat – was Achilles veranlaßt, sich beleidigt in sein Zelt zurückzuziehen und am Kampf nicht mehr teilzunehmen-, läßt der König sie unberührt. Er begehrte in Wirklichkeit nicht sie, vielmehr ging es ihm lediglich darum, seinen Rang gegenüber Achilles unter Beweis zu stellen- ein gutes Beispiel für die Verdinglichung von Frauen. Viel später, als die Griechen teils wegen des Rückzugs des Achilles, teils wegen der Ungunst der Götter die Niederlage vor Augen haben, gibt Agamemnon seinen Fehler in der Auseinandersetzung mit Achilles zu. Vor seinen versammelten Heerführern und Kriegern verspricht Agamemnon, Briseis zurückzugeben; er schwört einen »heiligen Eid«:

»Daß ich ihr Lager noch nie zu den Freuden der Liebe bestiegen,
Wie es doch Sitte der Menschen zusammen bei Männern und Frauen.«[182]

Um Achilles zur Teilnahme an der Schlacht zu bewegen, bietet er zusätzliche Geschenke aus Gold und Pferde, und er verspricht:

»Frauen gebe ich sieben, erfahren in mancherlei Künsten,
Lesbische, die ich, als jener das blühende Lesbos erobert,
Selber mir auswählte, voller Reize und siegender Schönheit...«[183]

Außerdem bietet er ihm an, sich eine seiner drei Töchter als Gemahlin auszusuchen. Nach der Niederlage von Troja sagt Agamemnon:

»Und er wähle sich selbst noch zwanzig troische Weiber,
Wie sie am schönsten ihm nach der argeiischen Helena dünken.«[184]

Keines dieser Angebote beeindruckt Achilles, der sie alle ablehnt. Als Achilles sich schlafen legt, erzählt der Dichter,

»Neben ihm ruhte das Weib, das einst er aus Lesbos entführte,
Diomede, die Tochter des Phorbas, mit blühenden Wangen.
Und Patroklos lag auf der anderen Seite, daneben
Iphis, die schlanke, die ihm der hehre Achilleus gegeben,
Als er das ragende Skyros genommen, die Burg des Enyeus.«[185]

182 9. Gesang, 133-134.
183 9. Gesang, 128-130.
184 9. Gesang, 139-140
185 9. Gesang, 664-668.

An keiner Stelle der Ilias findet sich ein Hinweis auf versklavte Krieger. Das Schicksali das die Besiegten erwartet, wird auch von einer der Trojanerinnen beschrieben als:

»... Greuel,
Die in eroberten Städten die leidenden Menschen erfahren;
Töten die Männer sie doch und tilgen die Städte im Feuer,
Schleppen die Kinder hinweg und die tiefgegürteten Weiber.«[186]

Und Hektor, der Trojaner, bekennt am Abend vor der Schlacht im Gespräch mit seiner Frau Andromache, daß ihn nicht so sehr der Schmerz über den sicheren Tod seiner Mitstreiter leiden macht oder über den seines Vaters und seiner Mutter:

»Als dein eigener Schmerz, wenn der eisernen Danaer einer
Weg die Weinende schleppt und raubt die Tage der Freiheit.
Sitzt du dann drüben in Argos nach fremden Geboten am Webstuhl,
schleppst du gar Wasser vom Quell Hypereia oder Messeis,
Still in verschlossenem Groll, doch mächtigem Drucke gehorchend«[187]

Die Versklavung der weiblichen Kriegsgefangenen und ihre Behandlung als Konkubinen und Beutestücke ist beibehalten worden von der im homerischen Epos besungenen Zeit bis in die Neuzeit. Der Historiker M. I. Finley stellt in bezug auf das Griechenland im 9. und 10. Jahrhundert v. Chr. fest:

»Sklaven gab es in großer Zahl, sie waren Eigentum, mit dem man nach Belieben umgehen konnte. Genauer gesagt, es gab Sklavinnen, denn die Hauptquelle des Erwerbes waren Kriege und Beutezüge; das Leben der besiegten Männer zu schonen, bestanden weder wirtschaftliche noch moralische Gründe. In der Regel töteten die Helden die Männer und schleppten die Frauen hinweg, ohne Rücksicht auf Standeszugehörigkeit.«[188]

Der Historiker William Westermann, der sich auf eine detaillierte Studie von historischen und literarischen Quellen stützt, beschreibt die Praxis der Versklavung von Gefangenen während des ganzen Altertums.[189] Westermann stellt fest, daß z.B. während des Peloponnesischen Krieges die Griechen ihre männlichen Gegner töteten anstelle *»der üblichen Praxis des Austauschs von Festgehaltenen*

186 9. Gesang, 591-594, vgl. 16, Gesang, 830-832.
187 6. Gesang, 454-458.
188 Finley 1974, S. 47.
189 Westermann 1955, S. 26, 28, 63.

und der Entlassung männlicher Gefangener gegen ein Lösegeld. Die weiblichen Gefangenen wurden gewöhnlich als Sklavinnen auf den Markt geworfen.«[190] Thukydides erwähnt in seiner *Geschichte des Peloponnesischen Krieges* viele Vorkommnisse, bei denen männliche Gefangene getötet und Frauen versklavt wurden. Einige Beispiele sollen das belegen: »*So brachten sie von den Plataiern selbst mindestens 200 um ... die Frauen verkauften sie als Sklavinnen.*« Weiter unten: Die Kerkyrer wurden getötet. »*Und alle Frauen, die sie in der Festung gefangen hatten, verkauften sie in die Sklaverei.*« Und an anderer Stelle: »*...eroberten die Athener Skione, töteten die Mannbaren, machten Kinder und Frauen zu Sklaven ...* «[191]

Diese Praxis gab es nicht nur bei den Griechen und Römern. Über germanische Stämme im Römischen Reich etwa im 2. Jahrhundert n. Chr. schreibt E. A. Thompson:

> *»Einige der germanischen Völker töteten ihre Gefangenen, jedenfalls ihre erwachsenen männlichen Gefangenen, nach einem Beutezug ... Nun ist es eine bei primitiven Völkern sehr weitverbreitete Vorgehensweise, die Krieger des besiegten Feindes zu töten und die Frauen mit ihren Kindern zu versklaven, Aber diese Praxis ist allgemein verbreitet nur auf den ersten Stufen der Entwicklung des Ackerbaus. Auf den fortgeschritteneren Entwicklungsstufen läßt die Häufigkeit der Anwendung dieser Methode abrupt nach und wird ersetzt durch den ebenso plötzlichen Übergang dazu, die gefangengenommenen Krieger zu Sklaven zu machen.«*[192]

Offensichtlich ließ sich die zunächst den Frauen der eigenen Gruppe gegenüber praktizierte Dominanz leichter auf gefangene Frauen anwenden als auf Männer.[193]

---

190 Ebd., S. 7.

191 Thukydides, III, 68; IV, 8; V, 32. Vgl. O. Patterson 1982, S. 121: »*Das primitive Verhalten, die Männer zu massakrieren und nur die Frauen und Kinder zu versklaven, ist in vielen Fällen belegt.*«

192 E. A. Thompson 1960, S. 195f.

193 In seinem Überblick über die Sklaverei in allen Teilen der Welt kommt O. Patterson zu dem Ergebnis: »*Der Gesichtspunkt des Geschlechtes bei der Gefangennahme war nicht bestimmt vom Stand der gesellschaftlichen Entwicklung oder dem Grad der strukturellen Abhängigkeit von der Sklaverei, sondern davon, wozu Sklaven verwendet werden sollten ... ausschließlich militärische Überlegungen und das Problem der Sicherheit in der Gesellschaft der Sieger. Es ist offensichtlich, daß Frauen und Kinder leichter in Schach zu halten waren als Männer; sie waren auch besser in die Gesellschaft einzuordnen und von der Gemeinschaft zu absorbieren. Außerdem waren in den meisten vormodernen Gesellschaften die Frauen hochproduktive Arbeitskräfte ...* « (1982, S. 120f.) In einer Auswertung von Angaben über 186 Sklavenhaltergesellschaften, die er aus dem Sample von Murdock ausgewählt hatte, legt Patterson dar, daß »*in 54 % aller Sklavenhaltergesellschaften es mehr Sklavinnen als Sklaven gegeben habe ...; in 17°/o der in die Untersuchung einbezogenen Gesellschaften habe es ebenso viele*

Auch linguistische Belege für die Tatsache, daß Frauen früher als Männer versklavt worden sind, überzeugen: Das akkadische Keilschriftzeichen für »Sklavin« war »Frau« plus »Berg«, was auf eine fremde Herkunft der Sklavinnen hinzuweisen scheint. Tatsächlich kamen die meisten Sklaven und Sklavinnen aus der Bergregion im Osten, wahrscheinlich aus der Gegend von Subarea. Ein anerkannter Wissenschaftler ist der Meinung, daß es das Zeichen für »Sklavin« früher gegeben hat als das Zeichen für »Sklave.«[194] Das dürfte die These stützen, daß Frauen, meistens Kriegsgefangene, vor Männern versklavt worden sind.

A. Bakir weist in seiner Beschreibung der Sklaverei im pharaonischen Ägypten darauf hin, daß das Wort »Sklave« in einem Bedeutungszusammenhang mit »erzwungener Arbeit« gesehen wird. Der Begriff MR(Y)T, der Kriegsgefangene und Tempeldiener bezeichnet, kann auch »Webkamm« bedeuten.[195] Dies ist interessant im Hinblick darauf, daß Sklavinnen in Ägypten und der gesamten Alten Welt meist beim Weben und als Arbeiterinnen in der Textilproduktion eingesetzt waren.

In einer Studie über die griechische Terminologie zum Themenbereich Sklaverei zeigt Fritz Gschnitzer, daß das griechische Wort *doela* (*doulos*) im Epos des Homer zweimal in seiner weiblichen, aber nirgends in seiner männlichen Form vorkommt. Er kommentiert die Feststellung, daß beträchtlich viel mehr Sklavinnen als Sklaven in diesem Epos erwähnt werden, in einer Fußnote dahingehend, daß die Griechen dazu neigten, männliche Gefangene zu töten und die Frauen zu versklaven. Interessanterweise verweisen einige Autoren in bezug auf das hier zu diskutierende Thema darauf, daß das Wort doule die doppelte Bedeutung von Sklave/ Sklavin und Konkubine hat. In ähnlicher Weise wird der Begriff amphipo/os (Magd, Aufwartung), der im Griechischen von der mykenischen Zeit an nur für Frauen verwendet worden ist, gelegentlich auch zur Bezeichnung von Sklavinnen verwendet. Gschnitzer meint, der Begriff wäre auf Sklavinnen angewendet worden, die vorher freie Frauen waren. Das würde bestätigen, daß es üblich war, die Frauen einer eroberten Siedlung zu versklaven und sie als Haussklavinnen einzusetzen.[196]

Sklavinnen wie Sklaven und in 29% der Fälle mehr Sklaven als Sklavinnen gegeben.« (Ebd., S. 199) Diese Schlußfolgerung stützt meine These, daß Frauen in den meisten Sklavenhaltergesellschaften leichter und umstandsloser versklavt wurden als Männer.

194 Adams 1966, S. 96.

195 A. Bakir 1952, S.25

196 Gschnitzer 1976, S. 8, 10, Fn. 25, 114f. Die Tatsache, daß sowohl *doulos* als auch *amphipolos* erst Jahrhunderte später auf Männer angewendet wurden, entspricht den linguistischen Belegen aus anderen Kulturen, die ich angeführt habe, um zu zeigen, daß Frauen erheblich früher versklavt worden sind als Männer.

Biologische und kulturelle Faktoren verschafften Männern die Möglichkeit, Frauen zu versklaven, noch bevor sie gelernt hatten, wie Männer versklavt werden könnten. Physischer Terror und Zwang, die wesentlichen Elemente der Umwandlung von freien Menschen in Sklaven, wurden Frauen gegenüber als Vergewaltigung ausgeübt. Frauen wurden durch Vergewaltigung physisch unterworfen; einmal schwanger geworden, konnten sie psychologisch an ihre Herren gebunden werden. Hieraus leitete sich die Institutionalisierung des Konkubinats ab, die das soziale Instrument zur Eingliederung gefangener Frauen in die Haushalte der Sieger darstellte und so den Siegern nicht nur die loyalen Dienste der Frauen, sondern auch die ihrer Kinder sicherte.

Historische Studien über Sklaverei beschreiben, daß versklavte Frauen sexuell benutzt wurden. Robin Winks stellt in einer Zusammenfassung des vorhandenen Wissens zu diesem Thema fest: »*Die uneingeschränkte sexuelle Verfügbarkeit von Sklavinnen ist ebenso ein Zeichen für den Unterschied zwischen ihnen und allen anderen Menschen wie ihre juristische Klassifikation als Eigentum.*«[197]

Über die Sklaverei in Babylonien schreibt Isaac Mendelsohn:

> »*Was die Sklavin betrifft, so hatte der Herr ein Recht nicht nur auf ihre Arbeitsleistung, sondern auch auf ihren Körper. Er oder ein Mitglied der Familie konnte ihr nach Gutdünken und ohne die geringste Verpflichtung beiwohnen.*«[198]

In Babylonien war es auch möglich, eine Sklavin als Prostituierte zu einem festen Preis einem anderen zu überlassen – manchmal einem Bordellbesitzer, manchmal privaten Interessenten, die dem Herrn den Lohn für die Dienste der Sklavin zu zahlen hatten. Das geschah während des Altertums im ganzen Vorderen Orient, in Ägypten, Griechenland und Rom, überall wo es Sklaverei gab. In einer Abhandlung über die Sklaverei in Griechenland während des 9. und 10. Jahrhunderts v. Chr. schreibt M. I. Finley: »*Der Platz der Sklavinnen war zwar im Haushalt, sie wuschen, sie nähten, sie reinigten, sie mahlten das Korn, sie bedienten. Waren sie aber noch jung, so war ihr Platz auch im Bett ihres Herrn.*«[199] Junge Sklavinnen gehörten zum Angebot der Bordelle und füllten die Harems der Welt des Altertums.

In der Neuzeit geschah das in Afrika, Lateinamerika, den USA und in der Karibik. Es handelte sich um eine weltweit verbreitete Praxis; Beispiele ließen sich für jede geschichtliche Epoche und jede Sklavenhaltergesellschaft anführen.

Im Malaya des 19. Jahrhunderts wurden versklavte Schuldner zu »Dienstverpflichteten« im Haushalt des Gläubigers, die dessen Wünsche zu erfüllen

197 Winks 1972, S. 6.
198 Mendelsohn 1932, S. 47.
199 Finley 1974, S. 48.

hatten und ihm bei militärischen Abenteuern als Gefolgsleute zu Diensten sein mußten. Sklavinnen oder Hausdienerinnen, die entweder durch Verschuldung oder infolge von Überfällen auf Siedlungen hinzukamen, waren Arbeiterinnen in der Hauswirtschaft oder Sexualobjekte, die vom Gläubiger an die männlichen Dienstleute/Bediensteten »gegeben« wurden.[200]

In China war das »Kaufen von Konkubinen« vom 3. Jahrtausend v. Chr. bis ins 20. Jahrhundert n. Chr. ein akzeptiertes Verhalten. Dem gleichen Zweck diente die Adoption von Kindern, die während der Hungersnöte von ihren armen Eltern reichen Familien zum Kauf angeboten wurden. Das Verschachern von kleinen Mädchen in der Art des Mui Tsai oder »Kleine-Schwester«-Adoptionsverfahrens wurde trotz des Verbots der Sklaverei im Jahre 1909 bis weit ins 20. Jahrhundert beibehalten. Der Ausdruck macht bereits deutlich, daß es sich vor allem um das Vermarkten von jungen Mädchen handelt, die zur Prostitution oder sexuellen Dienstleistungen erzogen wurden.[201]

Ein Bericht der Vereinten Nationen aus dem Jahre 1948, der die damaligen Verhältnisse in islamischen Ländern beschreibt, stellte fest: *»Die meisten Sklavinnen verbinden die Funktionen von Dienerin und Konkubine in jedem arabischen Haushalt, der sich eine Sklavin leisten kann.«*[202] Der Einsatz von Sklavinnen als Dienerinnen und Sexualobjekte wurde zum Standard der Dominanz über Frauen in allen historischen Epochen. Von Frauen der unteren sozialen Schichten (Leibeigene, Bauern, Arbeiter) wurde erwartet, daß sie den Männern der Oberschicht sexuell zu Diensten waren, ob sie wollten oder nicht. Das feudale »Recht des Herrn«, das Recht der ersten Nacht, das dem Herrn zustand, der seinem Leibeigenen das Recht zu heiraten zugestanden hatte, institutionalisierte nur die allgemein übliche Praxis.

Der sexuelle Gebrauch von jungen Dienerinnen durch ihre Herren ist in der europäischen Literatur des 19. Jahrhunderts, einschließlich der des zaristischen Rußlands und des demokratischen Norwegens, thematisiert worden. Die sexuelle Ausbeutung von schwarzen Frauen durch weiße Männer aller sozialen Schichten war charakteristisch für die Beziehung zwischen den Rassen in den USA im 18. und 19. Jahrhundert, und sie blieb über die Abschaffung der Sklaverei hinaus bestehen und bis weit in das 20. Jahrhundert hinein ein Merkmal von Rassen- und Klassenunterdrückung.[203]

---

200 Gullick 1972, S. 55ff.

201 Greenidge 1958, S.47. S.Watson 1980, S.225, 231ff., 244.

202 Greenidge 1958, S. 30.

203 Es gibt eine umfassende Literatur über das Thema Vergewaltigung und sexuelle Ausbeutung von Frauen. Vgl. S. Brownmiller 1975. über Vergewaltigung und Gewalt in der Ehe siehe W. Breines

So bedeutete Sklaverei von Beginn an für Männer und Frauen etwas ganz Unterschiedliches. Männer wie Frauen waren, einmal versklavt, dem Willen eines anderen Menschen total unterworfen. Sie verloren Autonomie und Ehre. Sklaven und Sklavinnen hatten unbezahlte Arbeit und oft persönliche Dienste für ihren Herrn zu verrichten. Aber für Frauen bedeutete die Sklaverei ganz unvermeidlich, daß sie sexuelle Dienste für ihren Herrn oder für andere, die die Herren dazu auswählten, zu leisten hatten. In höher entwickelten Systemen der Sklaverei gab es selbstredend auch viele Fälle, in denen männliche Sklaven zu sexuellen Handlungen durch den Herrn oder die Herrin gebraucht oder mißbraucht wurden, aber das waren Ausnahmen. Für Frauen stellte sexuelle Ausbeutung geradezu die Definition von Sklaverei dar. Für Männer trifft das nicht zu. Auf ähnliche Weise war von Beginn der Entstehung der Klassengesellschaft an bis in die Gegenwart die sexuelle Dominanz der Männer einer höheren sozialen Schicht über Frauen einer niedrigeren Schicht das besondere Merkmal der Klassenunterdrückung von Frauen. Ganz offensichtlich kann Klassenunterdrückung unter keinen Umständen beschrieben werden, als bedeute sie für Frauen und Männer dasselbe, etwas Gleichartiges.

Wie die Unterordnung der Frauen durch Männer das konzeptionelle Modell für die Schaffung der Sklaverei als Institution gewesen ist, so ist die patriarchale Familie das strukturelle Modell. In der mesopotamischen Gesellschaft hatte die patriarchale Dominanz in der Familie, wie anderswo auch, verschiedene Formen: die absolute Autorität des Mannes über die Kinder; Autorität über die Frau, eingeschränkt durch die wechselseitigen Verpflichtungen gegenüber der Verwandtschaft der Frau, und das Konkubinat.

Der Vater war Herr über Leben und Tod der Kinder.[204] In Babylonien und Sumer hatte der Vater die Macht zur Kindestötung durch Aussetzen oder Ver-

---

und L. Gordon 1983, J. R. Chapman und M. Gates 1978; M. Straus u. a. 1980; M. F. Hirsch 1981. Über sexuelle Beziehungen zwischen Dienerinnen und Herren siehe L. Stone 1977; E. Shorter 1975; J. Scott, L. Till y 1975; J. Scott, L. Tilly, M. Cohen 1976; J. R. Gillis 1979. Meine Anmerkungen über den sexuellen Gebrauch von Sklavinnen durch weiße Männer stützen sich auf die Lektüre zahlreicher Erzählungen von Sklaven und Sklavinnen und Primärquellen über die Sklaverei in den USA; vgl. G. Lerner 1979, S. 63ff., 191, Fn. 15, 16.

204 Patterson hat darauf hingewiesen, daß Gesellschaften, in denen es mehr weibliche als männliche Sklaven gab, in der Regel solche waren, in denen die hauswirtschaftliche Produktionsweise vorherrschte. »*In solchen Gesellschaften hatte der Meister-Herr, als patria-potestas, gewöhnlich die Macht, bis zur Todesstrafe hin alle Mitglieder des Haushalts zu disziplinieren, nicht nur die Sklavinnen, sondern auch die Ehefrauen, Kinder, Jungmänner und Gefolgsleute ... [die Sklavin] konnte ungestraft getötet werden, denn sie gehörte dem Herrn ›mit Blut und Knochen‹, aber als Ausdruck der Macht des Herrn geschah dies nicht häufiger als im Umgang mit ›freien‹ Personen.*« (1982, S. 199)

lassen. Er konnte seine Tochter (bereits in früher Kindheit) gegen Zahlung eines Brautpreises verheiraten, oder er konnte sie einem Leben in Keuschheit im Tempeldienst weihen. Er konnte Eheschließungen für Kinder beiderlei Geschlechts arrangieren. Ein Mann konnte seine Frau, seine Konkubinen und Kinder an seine Gläubiger verpfänden; und wenn er es versäumte, seine Schulden zu begleichen, wurden die Verpfändeten zu Schuldsklaven. Eine derartige Macht leitete sich her von der Vorstellung, daß die gesamte Verwandtschaft für das Fehlverhalten eines ihrer Mitglieder verantwortlich gemacht werden kann. Die Gesetze der frühen Hethiter besagten:

> *»Wann immer ein Diener seinem Herrn lästig ist, töten sie ihn oder verletzen sie seine Nase, seine Augen und Ohren; oder er / der Herr / zieht ihn zur Rechenschaft und ebenso seine Frau, seine Söhne, seinen Bruder, seine Schwester, seine angeheirateten Verwandten und seine Familie, sei es nun ein männlicher oder ein weiblicher Diener.«*[205]

In diesem Fall, der männliche und weibliche Sklaven (Dienerinnen) betrifft, scheint die Strafe männliche und weibliche Verwandte ziemlich gleichmäßig zu treffen.

Die Gesetzgebung des Hammurabi, die in ihrer vorliegenden Form höchstwahrscheinlich im 40. Jahr der Herrschaft Hammurabis veröffentlicht worden ist, also 1752 v. Chr., ist Driver und Miles zufolge *»nicht eine Sammlung von geltenden Gesetzen mit ihren Zusätzen ... Es handelt sich vielmehr um eine Reihe von Anfügungen und Neuformulierungen von Teilen des Rechts, das galt, als er schrieb.«*[206] Driver und Miles nehmen an, daß es im 3. Jahrtausend v. Chr. ein allgemeines mesopotamisches Recht gegeben hat.[207] Wir können also davon ausgehen, daß die sozialen Bedingungen, die in diesen Gesetzen zum Ausdruck kommen, für die gesamte mesopotamische Gesellschaft bezeichnend sind.

Der Codex Hammurabi (CH) legte die Behandlung von Schuldverpfändeten fest und setzte dem potentiellen Mißbrauch dieser Menschen Grenzen. Einem Mann, der seine Schulden nicht zurückzahlen konnte, war es gestattet, seine Frau, seine Kinder, seine Konkubinen sowie deren Kinder und seine Sklaven und Sklavinnen zu verpfänden. Er konnte das auf zwei Arten tun:

---

205 Zit. n. Hawkes und Woolley 1963, S. 475.

206 G. R. Driver und J. C. Miles, BL, 2 Bde. 1952, 1955,Bd. I,S. 36, und »Chronologie« zur Diskussion über die Datierung der Gesetze des Hammurabi. Die Zeit der Herrschaft von Hammurabi ist bei Driver und Miles mit 1711-1669 v. Chr., bei Ungnad mit 1801-1759 v. Chr., bei Boehl mit 1704-1662 v. Chr. angegeben. Das Zitat: Driver und Miles 1952, Bd. I, S. 45,

207 Ebd., I, S. 11.

entweder, indem er die von ihm Abhängigen als Pfand gab für einen Kredit, den er bei einem Geldverleiher aufnahm, um Schulden zu bezahlen, oder aber, indem er sie direkt an seinen Gläubiger als Ausgleich für seine Schulden verkaufte. Im ersten Fall konnte der Verwandte innerhalb einer bestimmten Frist gegen Zahlung des geliehenen Betrags ausgelöst werden; konnte der Schuldner jedoch die Schuld nicht tilgen, so wurden die Verpfändeten zu regulär Versklavten, die von dem neuen Eigentümer auch verkauft werden konnten. Im zweitgenannten Fall wurden die Verpfändeten sofort versklavt.[208] Der physische Mißbrauch von Schuldsklaven war durch CH § 116 unter Strafe gestellt, der festlegt, daß für den Fall, daß ein Schuldsklave, der eines freien Mannes Sohn war, infolge nachgewiesener schlechter Behandlung im Haus des Kreditgebers starb, der Sohn des Kreditgebers getötet werden müsse. Wenn aber der Verpfändete ein Sklave und nicht frei geborenen war, so war in diesem Fall eine Geldstrafe zu entrichten und die Schuld galt als getilgt.[209] Ganz eindeutig beinhaltet dieses Gesetz, daß jedermanns Sohn für seines Vaters Vergehen büßen mußte und daß Kinder noch weniger Rechte hatten als Verpfändete. Die Tatsache, daß keinerlei Strafe für die Mißhandlung weiblicher Verpfändeter erwähnt ist, kann ein Hinweis darauf sein, daß ihre Mißhandlung fraglos hingenommen wurde. Andererseits beweist der Codex Hammurabi (CH § 117) eine Verbesserung der Bedingungen von Schuldsklaven durch die Beschränkung der Dienstleistungen der Frau und der Kinder eines Schuldners auf drei Jahre, nach denen sie freigegeben werden mußten. Zuvor konnten sie auf Lebenszeit behalten werden. CH § 119 spezifizierte, daß ein Mann, der seine Sklavin-Konkubine, die ihm Söhne geboren hatte, verpfändete, auch dann, wenn er sie verkauft hatte, das Recht hatte, sie durch Erstatten des Kaufpreises vom neuen Eigentümer zurückzukaufen.[210] Wahrend diese Regelungen auf eine in gewisser Hinsicht bessere Behandlung der weiblichen Verpfändeten hinzuweisen scheinen, schützen sie eigentlich doch nur die Rechte der Ehemänner (Schuldner) gegen die Rechte der Gläubiger. Zwei Voraussetzungen, die diesen Gesetzen zugrunde lagen, blieben unberührt: daß die männlichen Verwandten das Recht haben, über ihre weiblichen Verwandten zu verfügen, und daß Frau und Kinder eines Mannes Teile seines Eigentums sind, über die als solche verfügt werden kann.

Die absolute Autorität des Vaters über seine Kinder bot den Männern ein begriffliches Modell von temporärer Dominanz und Abhängigkeit aufgrund

208 Ebd., I, S. 212f.
209 CH § 116, ebd., Bd.11, S. 47; Kommentar zum Gesetz Driver und Miles I, S. 215 ff.
210 CH § 117 - § 119, ebd., II, S. 49; Kommentar Driver und Miles BL I, S. 217ff.

der Hilflosigkeit der Heranwachsenden. Doch ein derartiges Modell kann nicht dazu taugen, um das Konzept einer permanenten Dominanz eines Menschen über andere Menschen zu entwickeln: Der Zustand der Abhängigkeit des Nachwuchses geht von selbst zu Ende; die Jugend ihrerseits kommt schließlich in das Alter, in dem Dominanz ausgeübt wird. Außerdem wurde von den Jugendlichen erwartet, daß sie ihren Teil der wechselseitigen Verpflichtungen gegenüber ihren alternden Eltern erfüllten. Deshalb wirkte die elterliche Autorität unter der Einschränkung sowohl des Lebenszyklus als auch der Tatsache, daß später die Jungen über das Machtpotential verfügen würden. Der Junge, der sah, wie der Vater den Großvater behandelte, lernte, wie er später seinen Vater zu behandeln haben werde, wenn er an der Reihe wäre. So stellte das Verhältnis von Mann und Frau in der Ehe das erste Modell einer sozialen Interaktion mit einer Gleichgestellten dar, die nicht ganz frei war. Die Frauen, deren Sexualität im ehelichen Austausch bereits als eine Art von Eigentum verdinglicht war, hatten noch gewisse Rechtsansprüche und Eigentumsrechte, und sie konnten wegen des Schutzes, den ihre Verwandten ihnen boten, die Einhaltung der ihnen gegenüber bestehenden Verpflichtungen erzwingen. Das sich aufgrund der patriarchalen Privilegien der in der Familie dominierenden Männer entwickelnde Konkubinat stellt die Übergangsform zwischen der ehelichen Abhängigkeit und der Unfreiheit dar.

Es gibt nicht genügend historische Belege, um mit Sicherheit feststellen zu können, ob das Konkubinat vor der Sklaverei bestanden hat oder aus ihr hervorgegangen ist. Uns sind zwar viele Fälle bekannt, in denen Männer erste und zweite Frauen nahmen – manchmal, indem sie Schwestern heirateten, manchmal, indem sie die zweite Frau später ehelichten -, doch scheint die Institutionalisierung des Konkubinats mit Sklavinnen vor der Abfassung der Gesetze des Hammurabi erfolgt zu sein. Diese Gesetzessammlung enthält eine Reihe von Bestimmungen, die sich auf Sklavinnen als Konkubinen und auf ihre Rechte als Ehefrauen und Mütter sowie die Erbrechte ihrer Kinder erstrecken. Ob die leichte Verfügbarkeit von weiblichen Gefangenen für häusliche Dienstleistungen oder die zunehmende Verarmung früher selbständiger Bauern, die zu einer Erhöhung der Zahl von Schuldsklaven führte, zur weiteren Verbreitung des Konkubinats beigetragen haben, kann auf der Basis der zur Verfügung stehenden Quellen nicht mit Sicherheit angegeben werden.

Offensichtlich wurde die Entwicklung des Konkubinats als Institution zur Erhaltung der patriarchalen Eigentumsordnung dadurch erforderlich, daß es immer wichtiger wurde, das Privateigentum innerhalb der Familie zu sichern.

Die Kinderlosigkeit eines Paares, die den Verlust des Eigentums in der männlichen Linie bedeutete, konnte ausgeglichen werden, wenn eine Konkubine in den Haushalt aufgenommen wurde. Ein babylonischer Kaufvertrag liest sich so:

> *»Im 12. Jahr des Hammurapi ... Schamasch-nuri, die Tochter des Ibi-Saän, hat von Ibi-Saän, ihrem Vater, Bunini-abi und Belizunu gekauft. Dem Bunini-abi ist sie Ehefrau, der Belizunu Sklavin.«*[211]

Von besonderem Interesse ist hier, daß die Nebenfrau eine doppelte Funktion hat: Sie ist dem Herrn mit Wissen und Zustimmung der Ehefrau sexuell zu Diensten, und sie ist die Dienerin der Ehefrau. Diese Situation unterscheidet sich sehr von dem Verhältnis zwischen der ersten Frau und den später geehelichten Frauen in vielen polygamen Gesellschaften, in denen der Status der zweiten und dritten Frau dem der ersten Frau gleich ist. Jede Frau und ihre Kinder haben Anspruch auf gewisse Rechte, auf einen eigenen Wohnplatz, auf die Erfüllung gewisser ökonomischer und sexueller Verpflichtungen durch den Ehemann auf eine Weise, die die Rechte keiner der Frauen verletzt. So scheint die Verknüpfung von sexuellen Leistungen gegenüber dem Herrn und wirtschaftlichen Diensten gegenüber der Herrin eine Besonderheit des Konkubinats unter den Bedingungen des Patriarchats zu sein.

Die biblischen Geschichten der Genesis, zusammengetragen zwischen 1200 und 500 v. Chr., spiegeln eine soziale Wirklichkeit, die der in dem babylonischen Kaufvertrag (ca. 1700 v. Chr.) beschriebenen ähnlich ist.

Die kinderlose, alternde Sarai drängt Abram zum Beischlaf mit ihrer Magd Hagar:

> *»Und Sarai sprach zu Abram: Siehe doch, mich hat Gott verschlossen, daß ich nicht gebäre; komm doch zu meiner Magd, vielleicht werd' ich bekindert von ihr. Und Abram hörte auf die Stimme Sarai's.«*[212]

Und alle ähnliche Weise drängt Rahel ihren Mann Jakob:

> *»Siehe, da ist meine Magd Bilhah, komme zu ihr, daß sie gebäre auf meinen Knien, und auch ich zu Kindern komme durch sie.«*[213]

---

211 Scharr 1913, Nr.77, S. 121. Scharr erläutert: *»Bunini-abi und dessen Ehefrau Belizunu kaufen von Ibi-Sa‹an seine Tochter um den Preis von 5 Sekel. Dem Ehemann ist sie Kebsweib, der Ehefrau Sklavin.«* Den Hintergrund dieses Dokuments kommentieren Driver und Miles so: *»Eine Ehefrau Belizunu (Belessunu) scheint eine naditum - Priesterin, G. L. - zu sein, denn sie hatte keine Kinder und für ihren Gatten eine Konkubine gekauft.«* Driver und Miles, BL I, S. 333, Fn. 1.

212 I. Mose 16: 2. Zur Quelle der deutschen Bibelzitates. Anm. 13, S. 315.

213 I. Mose 30: 3.

Diese Angebote gehen von verschiedenen unausgesprochenen Voraussetzungen aus: Eine Sklavin ist zu sexuellen Diensten dem Gatten ihrer Herrin gegenüber verpflichtet, und die Nachkommen aus solchen sexuellen Verbindungen gelten als Kinder der Herrin. Alle Frauen sind zum sexuellen Verkehr mit dem Mann verpflichtet, in dessen Haushalt sie leben, und sie sind angehalten, im Tausch gegen ihren »Schutz«, Nachkommen zu liefern. Wenn ihnen das nicht gelingt, so können die ihnen gehörenden Sklavinnen das ebenso übernehmen, wie ein Mann eine Schuld bezahlen kann, indem er die Arbeit seines Sklaven an den Gläubiger verpfändet. Der abhängige Status der »freien« Frau wird deutlich in Sarais Feststellung: »*... vielleicht werd' ich bekindert von ihr.« Die unfruchtbare Frau wird als fehlerhaft und wertlos betrachtet; nur die Geburt eines Kindes wird ihr Respekt verschaffen. Rahel ruft, bevor sie Jakob ihre Magd anbietet: »Schaffe mir Kinder; wo nicht, so sterbe ich.«*[214] Und schließlich, als »*Gott gedachte der Rahel und erhörte sie und machte sie fruchtbar*«, sagte sie: »*Weggenommen hat Gott meine Schmach.*«[215] Die Verdinglichung von Frauen und die Instrumentalisierung von Ehefrauen kann nicht deutlicher zum Ausdruck gebracht werden.

Der Codex Hammurabi spezifiziert ein Arrangement, das der in der Bibel geschilderten Praxis ähnlich ist, für Männer, die mit einer *naditum*, einer Priesterin, die keine Kinder gebären darf, verheiratet sind. Entweder gibt die *naditum* ihrem Gatten ihre Sklavin, damit diese ihr Kinder gebäre, oder der Gatte ist – wenn sie das nicht tut – berechtigt, sich eine zweite Frau zu nehmen, eine *schugitum*, eine rangniedrigere Priesterin oder »Laienschwester«, damit er von dieser Söhne bekomme.[216] Sind die Söhne von einer Sklavin geboren worden, so gelten sie wie bei Rahel als Söhne der Hauptfrau. CH § 146 behandelt den Fall einer jungen Sklavin, die von einer Priesterin ihrem Manne zugeführt wurde und Söhne gebar und dann »*herumgeht und sich der Herrin gleichstellt, weil sie Söhne geboren hat.*« In diesem Fall darf die Herrin sie nicht verkaufen, sie aber »*mit den Sklavenmädchen zählen.*« Hat die Sklavin keine Söhne geboren, so darf die Herrin sie verkaufen.[217]

Hier wie auch im Fall von Schamasch-nuri wird die Zwiespältigkeit der Position einer Konkubine deutlich. CH § 171 legt fest, daß ein Vater seine von einer Sklavin als Konkubine geborenen Söhne legitimieren kann, indem er sie zu seinen Lebzeiten öffentlich als Nachkommen anerkennt. Werden sie nicht auf

214 I. Mose 30: 1.
215 I. Mose 30: 22-23.
216 CH § 144 und CH § 145; Driver und Miles BL II, S. 57, Kommentar BL I, S. 304f.
217 CH § 146; Driver und Miles BL II, S. 57; Kommentar BL I, S. 305 f. Driver und Miles kommentieren die Parallelen in der Bibel (BL I, S. 333 Fn. 8). Vgl. auch unten Kapitel 5, S. 319, Anm. 33 u. 34.

diese Weise legitimiert, so werden die Sklavin-Konkubine und ihre Söhne nach dem Tod des Vaters freigelassen, haben aber kein Anrecht auf ein Erbe. Ganz offensichtlich verbesserte die Sklavin ihre Position und die ihrer Kinder durch ein Konkubinat; sie blieb aber immer die Sklavin der ersten Frau und hatte diese Doppelrolle öffentlich zu akzeptieren.[218]

Das Verfahren, Konkubinen, die Söhne geboren hatten, freizulassen, wurde in das Rechtssystem des Islam aufgenommen und verbreitete sich mit der Ausbreitung des Islam über die ganze Welt. Diese Regelung ist deshalb eines der weltweit am häufigsten zu beobachtenden Merkmale der Sklaverei. Dem entspricht, daß bei den Malaien im 19. Jahrhundert eine Sklavin-Konkubine das Recht hatte, freigelassen zu werden, wenn sie die Kinder ihres Herrn geboren hatte.[219]

In China waren die Verhältnisse etwas anders insofern, als Konkubinen die höchsten gesellschaftlichen Positionen erreichen konnten. Während der Ban-Dynastie heirateten Könige und hohe Würdenträger oft ihre Konkubinen, und manche von ihnen wurde Kaiserin und Mutter von Königen. Deshalb rivalisierten aristokratische Familien miteinander um den Vorzug, ihre Töchter als Konkubinen am Hof unterzubringen. Gleichwohl wurde in späteren Perioden das Kind eines freien und eines unfreien Elternteils immer als Sklave betrachtet.[220]

Das Konkubinat als Mittel des sozialen Aufstiegs von Frauen gibt es in einer etwas anderen Form auch im präkolumbianischen Inkareich (ca. 1438-1532 n. Chr.). Als sich das Inkareich ausdehnte, festigte die Hierarchie der Eroberer ihre Macht durch die Kontrolle der Fortpflanzung in den eroberten Provinzen. Dies erfolgte in der institutionalisierten Form von *accla* – Jungfrauen aus den eroberten Gebieten, die *accla*, wurden zum Staatsdienst verpflichtet, aus ihren Dörfern weggeholt und zum Spinnen, Weben und Zubereiten ritueller Speisen eingesetzt. Diese gewöhnlich aus den höchstrangigen Familien eines Ortes ausgewählten Jungfrauen waren entweder zum Dienst bei der Verehrung des Sonnengottes oder für ein Leben als Nebenfrau der Inkas bestimmt; oder sie wurden vom Staat offiziell an Männer des Adels gegeben. Sie wurden respektiert und waren einflußreich, weshalb es viele Familien als eine große Ehre betrachteten, ihre Töchter für einen derartigen Dienst zur Verfügung zu stellen.[221] Die Doppelbedeutung des Konkubinats ist hier ebenso offensichtlich wie in den anderen Beispielen, die ich angeführt habe.

---

218 CH § 171; Driver und Miles BL II, S. 67, Kommentar BL I, S. 324-34.

219 Patterson 1982, S. 144f.; über das Konkubinat in Malaya: Gullick 1972, S. 55f.

220 Wilbur 1943, S. 133, 163, 183; auch Patterson 1982, S. 141f.

221 I. Silverblatt 1978, S. 48 ff.

Die Anthropologin Sherry Ortner hat die These vertreten, daß die Entwicklung der Hypergamie (aufstiegsorientierte Ehen von Frauen aus niedrigeren Schichten mit Männern aus höheren Schichten) oder vertikale Verbindungen ein wichtiges Element der sozialen Kontrolle in Gesellschaften sind, deren Sozialstruktur unterschiedliche Schichten aufweist. Hypergamie ist abhängig von der vorehelichen Keuschheit der Mädchen aus den unteren sozialen Schichten. Die Unberührtheit einer Tochter oder Schwester war die Voraussetzung dafür, daß sie auserwählt werden konnte, die Frau oder Konkubine eines Adligen zu werden oder im Tempel zu dienen. Daher wird die Keuschheit der Frau zu einer Familienangelegenheit, die von den Männern der Familie eifersüchtig bewacht wird. Ortner legt die Schlußfolgerung nahe, daß diese Deutung es plausibel macht, warum die Frauen an ihrer eigenen Unterordnung mitwirken.[222] Im Rahmen meiner Argumentation illustriert das auch den wesentlichen Zusammenhang zwischen dem Status der Ehefrau, Konkubine und Sklavin.

Es gibt zudem einige linguistische Belege, die den essentiellen Zusammenhang zwischen dem Konkubinat und der Versklavung von Frauen zu bestätigen scheinen.

Das chinesische Wort für Sklavin, das im 3. und 2. Jahrhundert v. Chr. verwendet wurde, war »pi«, was auch »niedrig, demütig« bedeutet. Es wurde auch gebraucht, um eine Konkubine niedrigen Ranges oder eine Frau, die aus den unteren sozialen Schichten stammte, zu bezeichnen. In einer zusammenfassenden Darstellung der sozialen Stellung von Sklaven zu dieser Zeit in China stellt der Historiker E. G. Pulleyblank fest: *»Ein Sklave war ein geringgeachtetes Mitglied des Haushalts seines Herrn und unterlag denselben Verpflichtungen ... wie ein Kind oder eine Konkubine.«*[223]

Ein nach dem 2. Jahrhundert v. Chr. verwendetes Wort für Sklave war »nu«, das mit dem Schriftzeichen »Frau« und »Hand« verdeutlicht wurde. Pulleyblank bemerkt:

> *»Es gibt noch ein anderes Wort, das genauso ausgesprochen wird wie ›nu‹, ›Sklave‹, aber anders geschrieben wird, ein Wort, das in frühen Texten mit der Bedeutung ›Kind‹ oder kollektiv ›Ehefrau und Kinder‹ zu finden ist.«*

Er zitiert einige Beispiele für die Verwendung des Begriffs und schlußfolgert:

222 S. B. Ortner 1978, S. 19ff.
223 Pulleyblank 1958, S. 203 f., 218

> *»Es kann, so meine ich, kein Zweifel daran bestehen, daß die beiden Worte identisch sind und die Bedeutung ›Sklave‹ eine spätere Ableitung von der ursprünglichen Bedeutung Kind und Ehefrau mit Kindern ist.«*[224]

Das leuchtet ein als ein Hinweis auf die Praxis der Versklavung der Frauen und Kinder von Kriminellen, die im Codex von Schang Yang (ca. 350 v. Chr.) spezifiziert ist.

C. M. Wilbur stellt fest: *»Die Begriffe ›Sklavin‹ und ›Konkubine‹ kommen manchmal gemeinsam vor, so als gebe es keinen großen Unterschied zwischen ihnen.«*[225]

Ähnlich wird der assyrische Begriff »asirtu« oder »esertu«, der sich herleitet von dem Wortstamm »eseru«, einschließen, übersetzt mit »die Gefangene« und mit »Konkubine.«[226]

S. I. Feigin schließt daraus:

> *»Die Gefangene hatte nicht überall dieselbe soziale Stellung. Aber nirgendwo war sie frei, und überall diente sie als Konkubine. Im allgemeinen hatte sie mehr Möglichkeiten zum sozialen Aufstieg als der ›asiru‹, der Gefangene.«*[227]

Ob das »Konkubinat« nun für eine Möglichkeit des sozialen Aufstiegs oder für eine Form der zusätzlichen Unterdrückung und Ausbeutung gehalten wird, die Institution war jedenfalls nicht nur strukturell signifikant, sondern auch ein wichtiges Kriterium, das Männern und Frauen half, ihren Begriff von Freiheit und Unfreiheit zu definieren.

In den frühen Kulturen wie auch in späteren Epochen der historischen Entwicklung gab es gleichzeitig verschiedene Formen von Abhängigkeit und Unfreiheit. Zweifellos bestanden die patriarchalen Familienbeziehungen, das Konkubinat und die Versklavung von Fremden immer nebeneinander, in Babylonien ebenso wie in China, Ägypten und anderswo. Aber logischerweise dauerte es einige Zeit, bis der Begriff der Hierarchie und der auferlegten Unfreiheit und schließlich die Vorstellung von ständiger Unfreiheit, wie sie im Status des permanenten Sklaven repräsentiert war, entwickelt und ausgeprägt war. In späteren Perioden der Geschichte sollte es mehrere Jahrhunderte dauern, bis der

224 Ebd., S. 194f.
225 Wilbur 1943, S. 162.
226 Jastrow, Luckenbill und Geers übersetzen den Begriff als »gefangene Frau«, Ebeling und Scharr als »Konkubine.« Ehelohlf übersetzt den Begriff als »eine Eingeschlossene« und merkt an: *»Offensichtlich ein Begriff für eine Art von Frauen, die in der Mitte zwischen freien Herrinnen und unfreien Sklavinnen steht.«* Die Genannten werden zitiert in S. I. Feigin 1934, S. 229.
227 S. I. Feigin 1934, S. 234.

Begriff der Freiheit als unveräußerliches Menschenrecht genau bestimmt war. In den archaischen Staaten und den Stadtstaaten des Altertums wurde ein Sklave als eine Art sachlichen Eigentums betrachtet, zugleich jedoch als ein abhängiges Mitglied des Haushalts, dem ein gewisses Maß an Schutz zu gewähren war. Mit der Zeit entwickelte sich die Sklaverei zu einem dominanten System, in dem die soziale Stellung des Sklaven die einer niedrigeren Ordnung von Menschen war, die das bleibende Stigma ihres Status an ihre Nachkommen weitergaben. Wenn diese Form der Sklaverei als das Ergebnis einer schrittweisen Entwicklung von sozialer Schichtung betrachtet werden kann und wenn man die Lebensbedingungen der Frauen unter patriarchaler Herrschaft/ patriarchalem Schutz als die soziale Position ansieht, an dem der Prozeß begonnen hat, dann hat die Konkubine eine Stellung irgendwo zwischen diesen beiden Lebensformen.

Während einer Periode von etwa tausend Jahren wurde die Vorstellung von »Sklaverei« auf eine Weise aktualisiert und institutionalisiert, als reflektiere sie geradezu die Definition von »Frau.« Weibliche Personen, deren sexuelle und fortpflanzungsrelevanten Dienste in früheren Jahren bei Tauschakten zum Zwecke der Verehelichung zur Ware gemacht worden waren, wurden am Ende dieser Periode als Personen betrachtet, die sich in ihrer Beziehung zu privaten und öffentlichen Angelegenheiten von männlichen Personen in wesentlicher Hinsicht unterschieden. Während die Klassenposition der Männer sich festigte und durch ihre Beziehung zu Eigentum und Produktionsmitteln definiert wurde, bestimmte sich die Klassenposition der Frauen durch ihre sexuellen Beziehungen.

Der Unterschied zwischen einer freien verheirateten Frau und einer Sklavin drückte sich in Graden der Unfreiheit aus. Der Klassenunterschied zwischen einer Frau unter der patriarchalen Dominanz/dem patriarchalen Schutz ihres Mannes und der Sklavin unter der Dominanz/dem Schutz ihres Herrn bestand vor allem darin, daß die Ehefrau Eigentümerin von versklavten Frauen und Männern und anderem Besitz sein konnte. Die Sklavin konnte nicht einmal sich selbst besitzen. Die Ehefrau Belessunu zum Beispiel konnte Eigentümerin der Sklavin Schamasch-nuri sein, deren Arbeit sie von bestimmten unangenehmen Aufgaben entlastete. Aber Belessunu konnte sich, solange sie sich nicht scheiden ließ, den häuslichen Pflichten und den von ihr erwarteten sexuellen Diensten nicht ganz entziehen. Schamasch-nuri ihrerseits hatte ständig die doppelte Unterdrückung durch die Sklavenarbeit und die sexuelle Versklavung zu ertragen.[228]

228 Wenn es zutrifft, wie Driver und Miles deuten, daß Belessunu eine *naditum* Priesterin war, so

Die Hierarchie der Männer stützte sich auf die Eigentumsverhältnisse und wurde gefestigt durch militärische Macht. Der Platz der Frauen in der Hierarchie war vermittelt durch den gesellschaftlichen Status der Männer, von denen sie abhängig waren. Am Fuß der Pyramide stand die Sklavin, über deren Sexualität von mächtigen Männern verfügt wurde, als handele es sich um eine Ware; in der Mitte der Hierarchie stand die Sklavin/Konkubine, deren sexuelle Leistung unter Umständen zu sozialem Aufstieg führen konnte, zu gewissen Privilegien und bestimmten Erbrechten für ihre Kinder; an der Spitze befand sich die Ehefrau, deren sexuelle Dienste einem einzigen Mann gegenüber sie mit rechtlichen Ansprüchen und Eigentum versah. Irgendwo über der Ehefrau rangierte die außergewöhnliche Frau, die aufgrund ihrer Jungfräulichkeit und religiösen Dienste Rechte genoß, die sonst den Männern vorbehalten waren.

Wir wollen uns abschließend noch einmal der Literatur zuwenden, um eine metaphorische Deutung dieses historischen Prozesses zu versuchen.

Die Art, wie die Konkurrenz zwischen Männern sich im Besitzen und Verdinglichen von Frauen ausdrückt, ist in der Geschichte von Achilles, Agamemnon und der Sklavin Briseis deutlich geworden. Die Komplexität der Beziehungen zwischen Männern und Frauen in einem patriarchalen Zusammenhang der ungezügelten Macht von Männern wird in einem - anderen Epos des Homer beleuchtet, der Odyssee. In der Abwesenheit des Odysseus bedrängten die Freier seine Frau Penelope. Sie verteidigte ihre Tugend durch eine List: Sie erklärte den Freiern, sie werde einen von ihnen erhören, sobald sie ihre Webarbeit beendet haben werde; und sie webte angestrengt den ganzen Tag, verbrachte aber die Nacht damit, das tagsüber gewebte Stück Teppich wieder aufzuziehen. Die ununterbrochen webende Gattin schützt ihre Tugend und ihr Heim mit dem Produkt ihrer Tätigkeit, indem sie ihre ökonomische und sexuelle Doppelrolle perfekt erfüllt. Inzwischen verstrickt sich der umtriebige Odysseus in einer Vielzahl von sexuellen und kriegerischen Abenteuern. Bei seiner Rückkehr ist er rechtschaffen erzürnt über die Verletzung seiner Interessen durch die Freier und hält ihnen vor:

> *» ... und zehrtet darum mein Haus auf.*
> *Und so habt ihr hier gewaltsam die Mägde beschlafen,*
> *habt mein Weib umworben, derweil ich noch selber am Leben ... «*[229]

war es ihr nicht gestattet, Kinder zu gebären, aber wahrscheinlich verkehrte sie sexuell mit ihrem Mann unter Anwendung von empfängnisverhütenden Methoden. Das Prinzip, daß Frauen sich den sexuellen Regeln zu unterwerfen hatten, die ihnen von ihrem Ehemann und der Gesellschaft auferlegt wurden, bleibt jedenfalls bestehen.

229 Odyssee, 22. Gesang, 36-38.

In einem gnadenlosen Kampf erschlägt er alle Freier im Hof seines Hauses und schickt dann nach der Sklavin Eurycleia. Vorher haben wir erfahren, daß Eurycleia von Laertes, dem Vater des Odysseus, für den *»Preis von 20 Rindern« »auf Zeit«* gekauft worden war:

»Ehrte sie im Palast gleich seiner hehren Gemahlin,
Ohne ihr Lager zu teilen, den Zorn der Gattin zu meiden.«[230]

Eurydeia, selbst eine Magd, war verantwortlich für die 50 Mägde des Odysseus. Er fordert sie auf: *»Nun aber nenne du mir jene Weiber im Hause, / Die mich mißachtet haben und die sträflich gewandelt.«*[231]

Eurycleia sagt:

»Fünfzig dienende Weiber hast du in deinem Palaste,
Und die haben wir alle gelehrt, ihr Werk zu verrichten,
Wolle zu krempeln und sonst sich in allen Diensten zu fügen.
Davon haben nun zwölf die Bahn des Lasters beschritten ... «[232]

Der Knabe, Telemachos, der zu jung war, um seine Mutter zu beschützen, und offensichtlich nicht in der Lage, seinen Dienerinnen den erforderlichen Schutz zu gewähren, hat das Abschlachten der Freier durch seinen Vater beobachtet. Nun befiehlt Odysseus ihm, die schuldigen Sklavinnen zu holen, damit sie die Toten wegschaffen und die Hallen schrubben. Dann soll Telemachos sie *»mit seinem langen Schwert«* töten. Aber Telemachos, plötzlich zum Mann gemacht, lehnt es ab, denn er *»gönne diesen nicht, ehrlichen Todes zu sterben, die da mit Schmach mein eigenes Haupt und das meiner Mutter überhäuft und mit den Freiern Buhlschaft gepflogen.«*[233] Er stranguliert die Frauen lieber, indem er ihnen Schlingen um den Hals legt und diese an einem dicken Tau, das um eine Säule und den Rundbau geführt war, so weit hochzieht, daß die Füße den Boden nicht mehr berühren. Der Dichter erzählt: *»Mit den Füßen zuckten sie etwas, aber nicht lange.«*[234]

Dann eilen die tugendhaften Dienerinnen herbei

»Alle umringten sie nun mit frohem Willkommen den König,
Und mit Jubel ergriffen sie seine Hände und küßten

230 1. Gesang, 432-33.
231 22. Gesang, 417-18.
232 22. Gesang, 421-24.
233 22. Gesang, 462-64
234 22. Gesang, 473.

Ihn auf Schultern und Haupt. Da überkam ihn ein süßes
Sehnen, laut aufzuweinen, sein Herz erkannte ja alle.«[235]

Sklavinnen, die von den Freiern vergewaltigt worden sind, werden wegen der Schande, die sie über das Haus ihres Herrn gebracht haben, ermordet. Der jugendliche, der zu schwach gewesen war, sie zu schützen, war nun stark genug, sie zu töten, und zwar auf eine sehr grausame Art. Zunächst aber müssen die Sklavinnen die Hausarbeit erledigen – ihr Tod wird aufgeschoben, bis sie die Leichen weggebracht und die Böden geschrubbt haben, auf daß alles bereit sei für die Idylle des häuslichen Glücks, die folgen soll, sobald die Entehrung des Hauses durch ihren Tod getilgt worden ist.

Es ist erstaunlich, in diesem klassischen Emblem das Stereotyp der US-amerikanischen Sklaverei zu erkennen – die fröhlichen N****kinder und entzückten Sklavinnen, die den heimgekehrten Herrn auf der Plantage verwöhnen. Die sittsamen Sklavinnen des Odysseus, die zweifellos froh waren, noch am Leben zu sein, küßten ihren Herrn *»liebevoll«*[236], und er ist zu Tränen gerührt und voller süßen Sehnens (wahrscheinlich mit sexuellem Anklang), denn *»sein Herz erkannte ja alle.«*

Penelope war durch Geschick und unablässige Anstrengung in der Lage, ihre Tugendhaftigkeit und Ehre zu verteidigen, aber sie versuchte nicht, den Mord an ihren Dienerinnen zu verhindern, und hätte dabei auch keinen Erfolg gehabt. Durch die Klassenschranken gehörte Penelope zu ihrem Mann und ihrem Sohn. Die Opfer einer Vergewaltigung sind schuldig; sie sind entehrt, weil sie zu entehren sind. Die Untat, die ihnen angetan worden ist, gilt nicht als ein Anschlag, Überfall oder Sexualverbrechen, sondern als ein Eigentumsdelikt gegen den Herrn, dem sie gehören.

Und schließlich werden die untergeordneten Frauen, alles Sklavinnen, nach ihrem jeweiligen Rang unterteilt: Die Sklavin Eurycleia, die lediglich ein Instrument in der Hand ihres Gebieters ist und ganz in seinem Interesse handelt; die »guten« Sklavinnen im Gegensatz zu den »schlechten.« Unter solchen Bedingungen können sich schwesterliche Beziehungen nicht entwickeln. Und was den Herrn angeht, so nimmt seine Liebe die Form von Gewaltanwendung und Besitzgier an. Mord und süßes Sehnen sind für ihn nicht unvereinbar. Der Sohn des Herrn schließlich wird zum Mann, indem er sich an dem Anschlag auf die Sklavinnen beteiligt.

235 22. Gesang, 498-501.
236 Die Wiedergabe von »frohem Willkommen« in der amerikanischen Übersetzung, auf die G. L. sich stützt; A. d. Ü.

Der Dichter hat uns hier eine häusliche Szene geschildert, die als Metapher für die Beziehungen zwischen den Geschlechtern unter dem Patriarchat dienen kann. Derartige Szenen gab es immer wieder im kaiserlichen China, in griechischen und türkischen Dörfern vom Altertum bis ins 20. Jahrhundert und in der heutigen Verfolgung der unehelichen Kinder von vietnamesischen und koreanischen Frauen und US-Soldaten. Es gab sie wieder, als Frauen in Bangladesch, die von Soldaten der pakistanischen Invasionsarmee vergewaltigt worden waren, gnadenlos aus ihren Familien verstoßen wurden.

Dies ist das Ergebnis eines langen historischen Prozesses in seiner extremsten Form.

Diese Entwicklung beginnt in der prähistorischen Zeit, als die erste geschlechtsspezifische Arbeitsteilung, die im Interesse des Überlebens und der biologischen Evolution erforderlich war, Männer und Frauen die Erfahrung machen ließ, daß zwischen Menschen aufgrund sichtbarer Merkmale Unterschiede gemacht werden konnten. Menschen konnten allein wegen ihres biologischen Geschlechts einer besonderen Gruppe zugeordnet werden. Dieses psychologisch-soziale Potential ermöglichte die spätere Durchsetzung von Herrschaftsverhältnissen. Komplementarität wechselseitige Abhängigkeit – vorausgesetzt, sollten Menschen dann bereitwillig akzeptieren, daß nach Merkmalen der Geschlechtszugehörigkeit gebildete Gruppen getrennte Handlungsräume, unterschiedliche Privilegien und Pflichten hätten. Sehr wahrscheinlich vollzog sich die Unterordnung der Frauen als sozialer Gruppe unter die Gruppe der Männer, die wohl erst nach Jahrhunderten verbindlich durchgesetzt worden sein dürfte, in einem Kontext gegenseitiger Ehrerbietung und Rücksichtnahme innerhalb einer Verwandtengemeinschaft: der Achtung der Alten durch die Jungen. Diese Form der Ehrerbietung, die als zyklisch und deshalb gerecht empfunden wurde – jeder kommt in der Position des – Untergeordneten und des Dominierenden an die Reihe -, bildete ein akzeptables Modell der Einstellung von Gruppenmitgliedern zueinander. Als aber die Frauen mit der Zeit herausfanden, daß die neue Art der Ehrerbietung, die ihnen abverlangt wurde, inhaltlich nicht dem entsprach, sondern von einer anderen Art war, da war diese Rollenzuschreibung schon so fest verankert, daß sie als unwiderruflich erschien.

Wie Meillassoux dargestellt hat, werden Frauen auf eine neue Weise wahrgenommen, sobald die Dominanz der Männer einmal etabliert und fixiert worden ist. Vielleicht bestand früher die Vorstellung, Frauen seien der »Natur« näher als der »Kultur« und dementsprechend minderwertiger, wenn auch nicht ganz ohne Macht. Sind Frauen aber erst einmal zum Tauschobjekt geworden, dann werden sie nicht mehr als gleichwertige menschliche Wesen betrachtet; sie werden statt dessen zu Instrumenten des gestaltenden Willens von Männern, zu vergleichen mit einem Gebrauchsgegenstand. *»Frauen werden verdinglicht, weil sie erobert und beschützt werden, während Männer es sind, die verdinglichen, weil sie diejenigen sind, die erobern und beschützen.«*[237] Das Stigma, einer Gruppe anzugehören, die beherrscht werden kann, verstärkt die zu Beginn der Entwicklung getroffene Unterscheidung. Relativ schnell werden Frauen als eine unterlegene, geringerwertige Gruppe wahrgenommen.

Der Präzedenzfall einer solchen Betrachtungsweise, die Frauen als eine minderwertige Gruppe einstuft, läßt die Übertragung eines solchen Stigmas auf jede andere Gruppe zu, die versklavt werden kann. Die häusliche Unterordnung der Frauen stellte das Verhaltensmodell bereit, aufgrund dessen sich die Sklaverei als soziale Institution entwickeln konnte. Ist eine Gruppe erst einmal als versklavt gekennzeichnet, belegt sie sich selbst mit dem Stigma, versklavt worden zu sein, und, schlimmer noch, mit dem Stigma, zu einer Gruppe zu gehören, die versklavbar ist.[238] Dieses Stigma wirkt als verstärkende Kraft, indem es im Bewußtsein der dominanten wie im Bewußtsein der versklavten Gruppe die Praxis der Versklavung als entschuldbar und gerechtfertigt erscheinen läßt. Ist dieses Stigma von den Versklavten erst einmal ganz verinnerlicht worden – ein Prozeß, der mehrere Generationen lang dauert und die intellektuelle Isolation der Versklavten verlangt-, so wird die Versklavung als »natürlich« und deshalb als akzeptabel begriffen.

Zu der Zeit, als die Sklaverei weit verbreitet war, war die Unterordnung der Frauen ein historisches Faktum. Wenn damals überhaupt darüber nachgedacht wurde, dann muß auf diesen Zustand etwas von dem Stigma der Sklaverei übergegangen sein: Wie Frauen waren Sklaven inferiore Menschen, die versklavt werden konnten. Frauen, denen immer Unterordnung abverlangt werden konnte, galten nun als minderwertig, weil ihr Status dem der Sklaven ähnlich war.[239] Die Verbindung zwischen diesen beiden Bedingungen – Unterordnung und Minderwertigkeit – bestand darin, daß alle Frauen die Kontrolle ihrer Sexualität und Fortpflanzungsfähigkeit durch Männer oder von Männern beauftragte Institutionen als unabänderlich zu akzeptieren hatten. Für Sklavinnen waren die sexuelle und die wirtschaftliche Ausbeutung durch die historischen Umstän-

237 P. Aaby 1977, S. 39.
238 Eine detaillierte Diskussion darüber, wie die Tatsache der Versklavung zum Verlust des sozialen Prestiges und zur Mißachtung und Marginalisierung bei diesen früher versklavten Menschen führt, findet sich bei Patterson 1982, S. 249f.
239 Aristoteles 1967, 1. Buch, II-VII

de miteinander verknüpft. Die Freiheit mancher Frauen, die allerdings niemals der Freiheit von Männern entsprach, beruhte auf der Versklavung von anderen Frauen, und sie war immer eingeschränkt durch Grenzen, die ihrer Mobilität und ihrem Zugang zu Bildung und zur Entwicklung ihrer Fähigkeiten gesetzt waren. Für Männer andererseits war Macht dem Begriffe nach mit Gewalt und sexueller Dominanz verbunden. Die Macht der Männer beruht ebenso darauf, daß sie im häuslichen Bereich über die sexuelle und wirtschaftliche Leistung von Frauen verfügen können, wie auf der Verfügbarkeit und reibungslosen Anwendbarkeit von militärischer Gewalt.

Die dauerhafte Unterscheidung zwischen Menschen nach der Klasse und nach der Rasse, beide erstmals manifestiert in der Institutionalisierung von Sklaverei, stützen sich auf die unauflösbare Verknüpfung von sexueller Dominanz und ökonomischer Ausbeutung, die für die patriarchale Familie und den archaischen Staat charakteristisch sind.

Kapitel 5: Die Ehefrau und die Konkubine

Die drei wichtigsten der erhaltenen mesopotamischen Gesetzessammlungen die Gesetze des Hammurabi (CH), die mittelassyrischen Gesetze (MAL), die Gesetze der Hethiter (HL)[240] - sowie die Mosaischen Gesetze sind ergiebige Quellen für die historische Forschung.[241]

Das Babylonische Reich umfaßte während der Herrschaft des Königs Hammurabi Völker verschiedener ethnischer Herkunft und Kultur, es erstreckte sich von den Flußläufen des Euphrat bis zu den Ufern des Tigris. Seine Zeitgenossen betrachteten ihn allerdings nur als einen mächtigen König unter anderen.[242]

---

240 Anmerkung der Übers.: Der Einheitlichkeit wegen werden die Abkürzungen des amerikanischen Originaltextes beibehalten, weil diese den jeweiligen Quellenangaben der Autorin entsprechen: CH für Codex Hammurabi, MAL für Middle Assyrian Laws, HL für Hittite Laws.

241 Den Codex des Hammurabi habe ich in folgenden Editionen gelesen: G. R. Driver und J. C. Miles, The Babylonian Laws, 2 Bde., Oxford I 1952, II 1955 – im folgenden zitiert als BL; »The Code of Hammurabi«, in: J.B. Pritchard (Hrsg.), Ancient Near Eastern Texts Relating to the Old Testament, 2. Auflage Princeton 1955. Ich habe zu Rate gezogen D.A. Müller, Die Gesetze Hammurabis und ihr Verhältnis zur mosaischen Gesetzgebung, Wien 1903; J. Kohler und F. E. Peiser, Hammurabi‹s Gesetz, Leipzig 1904, Band 1. Alle Zitate der amerikanischen Originalausgabe stammen aus Driver-Miles.
»The Middle Assyrian Laws«, in: Pritchard 1955; »The Assyrian Code«, in: J. M. Powis Smith, The Origin and History of Hebrew Law, Chicago 1931; G. R. Driver and J. C. Miles, The Assyrian Laws, Oxford 193 5. Alle Zitate stammen aus Driver-Miles, AL. - »The Hittite Laws«, in: Pritchard 1955, hieraus alle Zitate; außerdem »The Hittite Code«, in: Powis Smith 1931; Johann Friedrich, Die Hethitischen Gesetze, Leiden 1959. (Diese Übersetzung folgt größtenteils den neuen Übersetzungen in Otto Kaiser (Hg.), Texte aus der Umwelt des Alten Testaments, 3 Bde., Gütersloh, Bd. 1: Rechts- und Wirtschaftsurkunden, Historisch-chronologische Texte, 1. Lieferung: Rykle Borger u. a., Rechtsbücher, 1982.
Bei Abweichungen dieses Textes gegenüber den von G. Lerner zitierten Driver-Miles Texten wurde dem Wortlaut der Driver-Miles Texte gefolgt; andere Ausnahmen sind jeweils angegeben. (A.d. Ü.)
Den genauen Wortlaut der für meine Argumentation wichtigen Gesetze zitiere ich in den Anmerkungen, auf andere Gesetze verweise ich mit der Nummer des Paragraphen.

242 C. J. Gadd, CAH, II/1, Kap. 5. Gadd zitiert die Botschaft eines Gesandten, den König Zimrilim von Mari zu halbnomadischen Stämmen an den Flußarmen des Euphrats geschickt hatte und der einige Stammesführer so ansprach: *»Es gibt keinen König, der aus sich selbst heraus mächtig ist. Zehn oder fünfzehn Könige sind Gefolgsleute von Hammurabi, dem Mann von Babylon, eine etwa gleiche Zahl Gefolgsleute des Rim-Sin von Larsa, eine etwa gleiche Zahl solche des Ibalpiel von Eschnunna, eine etwa gleiche Zahl stützen Amutpiel von Qatana und weitere zwanzig den Jarimlim von Jamhad.«* S. 181f. Dennoch war es Hammurabi, der Rim-Sin von Larsa und eine Koalition von Elam, Gutium, Assyrien und Eschnunna besiegte, obwohl es ihm nie gelang, Assyrien selbst zu besiegen. Später war er sogar Sieger über König Zimrilim von Mari.

Hammurabi, der die bereits geltenden Gesetze der von ihm beherrschten Völker zusammenstellte und mit Zusätzen versah, verlieh den Gesetzen die Autorität seines Amtes und die Sanktionsgewalt des Gottes Schamasch, um ihre Geltung in seinem ganzen Herrschaftsbereich zu gewährleisten. Sein Codex, eingemeißelt auf einer Dorit-Stele etwa 1760 v. Chr., enthält eine Vielzahl von Gesetzen, die schon seit Jahrhunderten galten. Die hethitischen und assyrischen Gesetze stammen aus der Zeit vom 15. bis zum 11. Jahrhundert v. Chr. Das Mosaische Gesetz wurde wohl zwischen dem späten 9. und frühen 8. Jahrhundert v. Chr. niedergeschrieben und stützte sich auf Gesetzestexte, die bis zu 300 Jahre zuvor formuliert und angewendet worden waren.

Bei der Betrachtung dieser Gesetzessammlungen aus vier verschiedenen Gesellschaften in einem Zeitraum von 1000 Jahren ist zunächst einmal fraglich, ob es möglich ist, irgendwelche zuverlässigen Erkenntnisse über die Lebensverhältnisse in den betreffenden Gesellschaften zu gewinnen – einmal abgesehen von der Tatsache, daß es eine Kontinuität in den rechtlichen Begriffen und der Rechtsprechung gegeben zu haben scheint.[243] Die babylonischen und assyrischen Gesetze zeigen beachtliche Parallelen. Es ist nicht bekannt, in welcher Weise, wenn überhaupt, das hethitische Gesetz von den beiden anderen Gesetzessammlungen beeinflußt worden ist. Die mittelassyrischen Gesetze werden als Erläuterung und Ergänzung des Codex Hammurabi betrachtet. Die Gesetze der Juden lassen keinen hethitischen Einfluß erkennen, aber die Hälfte dieser Mosaischen Gesetze zeigen Parallelen zum Gesetz des Hammurabi und ein noch größerer Teil dessen bezieht sich auf die anderen babylonischen Gesetzeskodizes.

Wenn wir Gesetzestexte als Quellen für die historische Forschung benutzen, so liegen dem bestimmte methodologische Voraussetzungen zugrunde. Wir gehen davon aus, daß Gesetze auf eine ganz besondere Weise die gesellschaftlichen Verhältnisse widerspiegeln. Dieser Interpretationsansatz wird von J. M. Powis Smith zutreffend beschrieben:

> *»Ganz allgemein kann man sagen, daß die Gesetzgebung den Lebensumständen, mit denen sie sich befassen soll, nicht vorangeht, sondern aus den tatsächlich existierenden Bedingungen und Situationen heraus entsteht, die sie zu beeinflussen und zu kontrollieren sucht.«*[244]

Wenn Gesetze erlassen werden, so weist das immer darauf hin, daß es das kommentierte oder unter Strafe gestellte Verhalten tatsächlich gibt und daß es

243 Meine Verallgemeinerungen stützen sich auf Smith 1931, S. 15 ff. und Driver-Miles, BL, I, S.9, 41ff.
244 Powis Smith 1931, S. 3.

in der jeweiligen Gesellschaft zum Problem geworden ist. Wenn z.B. keine oder alle Cousins und Cousinen einander heiraten, bedarf es keines Gesetzes, um dieses Verhalten zu verbieten. Gibt es aber ein Gesetz, daß die Ehe zwischen Cousins und Cousinen verbietet, so können wir zu Recht annehmen, daß a) dieses Verhalten vorkommt und b) es in der betreffenden Gesellschaft für problematisch gehalten wird.

In den hier zu erörternden Gesetzessammlungen ist ein Großteil der Aufmerksamkeit auf die rechtliche Regelung des Sexualverhaltens gerichtet, wobei Frauen sehr viel mehr eingeschränkt werden als Männer. Das zeigt sich an der Gewichtung der Themenbereiche, mit denen die Gesetze sich befassen. So betreffen von den 282 Gesetzen des Codex Hammurabi 73 Gesetze Sachverhalte aus dem Themenkomplex Eheschließung und Sexualverhalten. Von den 112 überlieferten mittelassyrischen Gesetzen befassen sich 59 mit diesen Themen. Das kann auf ein in dieser Zeit bestehendes Problem hinweisen, kann aber auch ganz einfach eine Verzerrung aufgrund der Unvollständigkeit der archäologischen Funde sein. Doch selbst wenn das Auffinden bisher unentdeckter Niederschriften des mittelassyrischen Gesetzes dazu beitrüge, die Proportionen der ungleichmäßigen Verteilung der Themen in ein anderes Licht zu rücken, so bliebe doch auffallend, einen wie großen Raum die rechtliche Regelung des Verhältnisses der Ehegatten und des Verhaltens der Frauen einnimmt. Von 200 Gesetzen des hethitischen Rechts behandeln nur 26 Gesetze Fragen der Ehe und des sexuellen Verhaltens, die allerdings in bezug auf die Frauen restriktiver sind als die Bestimmungen in den anderen Gesetzessammlungen.

Eine weitere methodologische Überlegung setzt sich mit der Tatsache auseinander, daß das gesetzlich Vorgeschriebene nicht notwendig mit der realen Praxis übereinstimmt. Wir können davon ausgehen, daß ein großer Teil des mesopotamischen Rechts mehr auf die Festsetzung von allgemeinen Normen des Verhaltens gerichtet war als darauf, Regeln und Präzedenzfälle zur Beurteilung ganz bestimmter realer Verhaltensweisen anzugeben. Das Gesetz des Hammurabi setzte *»einen festen Bestand an akzeptierten allgemeinen Normen«* der Moral und des sozialen Verhaltens voraus; nur spezifische Einzelfälle bedurften der genauen Untersuchung.[245] A. L. Oppenheim stellt ganz allgemein fest, daß der Codex des Hammurabi *»keinen direkten Bezug zu den Rechtspraktiken seiner Zeit aufweist.«*[246] W. G. Lambert bemerkt, daß das Hammurabische Recht sich oft nicht durchsetzen ließ, etwa bei der Bestimmung, ein Chirurg sei nach einer

245 Lambert 1957/58, S. 187. Driver-Miles, AL, S. 187. Vgl. Finkelstein 1966.
246 Oppenheim 1964, S. 158.

nicht erfolgreich verlaufenen Operation durch das Abhacken einer Hand zu bestrafen. Das konnte wohl nur in den allerwenigsten Fällen praktiziert werden; sonst wäre diesem Berufsstand bald ein Ende gemacht worden. Außerdem wurde das kodifizierte Recht gewöhnlich nicht beachtet oder herangezogen, wie aus der Tatsache zu schließen ist, daß in den Tausenden von überlieferten Prozeßakten und Vertragstexten nur in einem von zwei Fällen auf gesetzliche Bestimmungen Bezug genommen wird.[247] Die überlieferten Dokumente, auf die sich unser Wissen über die babylonische Gesellschaft zum großen Teil stützt, sind Schriftstücke, wie sie meist von Angehörigen der, Oberschicht erstellt wurden. Wir haben deshalb keine genauen Kenntnisse von den realen Lebensbedingungen gewöhnlicher Leute, über das Alltagsleben, durch das die einzelnen Gesetze in einen gewissen Zusammenhang gebracht würden, einen Bezugsrahmen fänden. Unter diesen einschränkenden Voraussetzungen wäre es ein Fehler, die Gesetze wörtlich zu interpretieren, d. h. aus dem bloßen Vorhandensein eines Gesetzes zu schließen, daß es ein tatsächliches Verhalten beschreibt. Das Recht dient dazu, erlaubtem Verhalten Grenzen zu setzen, und es bietet uns grobe Hinweise auf die dem Recht zugrunde liegenden sozialen Strukturen. Die Gesetze lassen erkennen, was und was nicht getan werden sollte, und beschreiben deshalb eher die *Wertvorstellungen* einer bestimmten Gesellschaft als die jeweils tatsächlich gegebenen Zustände.

In einer Periode, in der sich wesentliche Veränderungen in den Eigentums- und den politischen Verhältnissen vollzogen haben, gibt eine sich verändernde Akzentuierung bestimmter Themen und Tatbestände durch die Gesetzgebenden bzw. die Verfasser von Gesetzessammlungen Aufschluß über einen Wertewandel. Die in den mesopotamischen Gesetzen zunehmende Betonung von Eigentumsdelikten, Schuldnerrechten und -pflichten, der Kontrolle von Sklaven und der Regulierung des sexuellen Verhaltens von Frauen weisen darauf hin, daß geschlechtsspezifische Rollenerwartungen, Klasse und wirtschaftliche Macht problematisch wurden und neue Definitionen erforderten, die zugleich die Beziehung zwischen diesen Bereichen auf eine ganz spezifische Weise regelten. In ähnlicher Weise ist die Härte der Bestrafung bestimmter Rechtsverletzungen ein Indikator für die Wertvorstellungen einer Gemeinschaft zum Zeitpunkt der Kodifizierung von Gesetzen. Der Codex Hammurabi sieht die Todesstrafe für folgende Vergehen vor: bestimmte Arten von Diebstahl; Hausfriedensbruch; Duldung der Flucht von Sklaven; unzulängliche Leistungen bei der Errichtung von Bauwerken, die zu Todesfällen führen; schwarze Magie; Menschenraub;

247 Lambert 1957/58, S. 187.

Brigantentum; Vergewaltigung; Inzest; bestimmte Methoden der Abtreibung; Ehebruch seitens der Frau.

Das Recht spiegelt die Beziehungen zwischen den sozialen Klassen und den Geschlechtern wider. Durch einen Vergleich von verschiedenen Rechtsauffassungen und Gesetzen können wir also Veränderungen in diesen Beziehungen aufspüren. Außerdem können wir durch die Beachtung von Gegebenheiten, die das Gesetz als selbstverständlich voraussetzt, einiges über die besondere Struktur der Gesellschaft und ihre Wertvorstellungen herausfinden.

Das mesopotamische Recht wurde in den einzelnen Gemeinwesen durch Richter und Älteste angewendet, die ein Tribunal bildeten. Zeugen, die vor Gericht die Wahrheit ihrer Aussagen mit einem Eid beschworen, waren durch die konkrete Furcht vor der Kritik ihrer Nachbarn mindestens ebenso bestimmt wie durch den Respekt vor den Abstraktionen des Rechts. Die Entscheidungen der Richter, die üblicherweise auf Tontafeln festgehalten und von Zeugen unterschrieben wurden, sind in vielen Fällen erhalten geblieben und von Historikern und Historikerinnen zu Kommentaren über einzelne Gesetze herangezogen worden. In der altbabylonischen Zeit nahmen Frauen an der Rechtsprechung als Zeuginnen und Klägerinnen, nicht nur als Angeklagte, teil.

Sowohl dem Codex Hammurabi als auch den mittelassyrischen Gesetzen liegt das Prinzip der *Lex talionis* zugrunde, die Vorstellung, daß die Bestrafung eine physische Beeinträchtigung des Schuldigen beinhalten muß, die so weit wie möglich dem Schaden entspricht, der dem Kläger zugefügt worden ist. Auge um Auge, Zahn um Zahn usw. Das Gesetz des Hammurabi und mehr noch das assyrische Recht ersetzen dies bei einigen Vergehen durch finanzielle Belastungen, etwa in der Form einer Geldstrafe, und durch die Zumessung von physischen Schmerzen, etwa durch Schläge. Dies gilt in der Geschichte des Rechts gemeinhin als Fortschritt im Sinne einer zunehmenden Symbolisierung von Strafe.[248] Ein anderer Aspekt der Rechtstheorie und -praxis, der diesen Gesetzessamm-

248 A. S. Diamond argumentiert, daß die lex talionis gegenüber dem früheren Rechtskonzept des Schadensausgleichs durch die Verhängung von Geldstrafen über die nächsten Verwandten einen Fortschritt darstelle. Er zitiert als Beispiel die Gesetze des Urnammu (etwa 300 Jahre vor dem CH),in dem alle für Beleidigung vorgesehenen Strafen Geldstrafen sind. Eine Einbeziehung von Körperstrafen in die Rechtsprechung erfolgt seiner Auffassung nach erst mit dem Aufkommen starker Staaten, welche die Autorität bei der Regelung von Streitfällen, meist durch Zahlung von Schadensersatz, von den streitenden Familienclans auf die Staatsmacht übergehen lassen, So wurde Fehlverhalten kriminalisiert und - Gefängnisse gab es nicht- mit Tod und Verstümmelung bestraft. Er erklärt das überwiegen von Geldstrafen im assyrischen und hethitischen Recht als in deren »einfacherer Kultur« und »Rückständigkeit« begründet. A.S. Diamond 1957, S. 155,153

lungen zugrunde liegt, ist der Gesichtspunkt der Substitution: Ein Mann kann die Mitglieder seiner Familie, seine Diener und Sklaven und/ oder Sklavinnen statt seiner für ein von ihm begangenes Verbrechen oder Vergehen bestrafen lassen. Dieses Verfahren und das entsprechende Verständnis von Beziehungen beleuchten die tatsächlichen Machtverhältnisse einer Gesellschaft deutlicher, als einzelne gesetzliche Bestimmungen es tun. Ganz offensichtlich waren in dieser Zeit Männer mächtig genug, um Familienmitglieder – Frauen und Kinder beiderlei Geschlechts – zu inkorporieren, als Teile ihrer selbst zu behandeln, und zwar so, daß sie jene im Falle einer Bestrafung als Ersatz für sich anbieten konnten. Die Bestattung von Dienern und Dienerinnen, Sklaven und Sklavinnen sowie Gefolgsleuten mit einem König oder einer Königin in derselben Grabstätte war eine frühere Manifestation der Macht, andere Menschen zu inkorporieren. Diese Macht hatten zunächst nur die Herrscher und Herrscherinnen, die selbst als Götter und Göttinnen oder doch als direkte Abgesandte der Götter galten. Für das Verständnis der Entwicklung der Klassenhierarchie ist es wichtig zu erkennen, wie in die Geltung dieses Prinzips die zivilbürgerlichen, nichtköniglichen Familienoberhäupter einbezogen wurden, und zu berücksichtigen, daß diese in der Regel männlich waren.

Der Codex Hammurabi unterscheidet drei Klassen von Menschen: Patrizier, darunter auch Priester und Regierungsbeamte, Bürger, Sklaven. Das Strafmaß ist bestimmt von der Klassenzugehörigkeit der Betroffenen entsprechend der Auffassung, daß der einer höherrangigen Person zugefügte Schaden eine härtere Strafe verdient als der einer Person von niedrigerem Rang verursachte. Wir werden uns noch damit befassen, wie unterschiedlich sich die Entwicklung von Klassen und Klassenunterschieden auf Frauen und Männer auswirkt. Bei einer Erörterung des mesopotamischen Rechts ist zu berücksichtigen, daß die Klassenzugehörigkeit noch fließend war und sich nicht unbedingt aus der Familienzugehörigkeit ergab. Wie einer der kompetentesten Fachwissenschaftler, A. L. Oppenheim, festgestellt hat, war die mesopotamische Gesellschaft geprägt durch *»einen erstaunlichen Grad von ökonomischer Mobilität; Arme rechnen damit, reich zu werden; Reiche fürchten zu verarmen; beide befürchten Eingriffe seitens der Palastadministration.«*[249] Der Übergang von einer Klasse zur anderen war einfach und hatte im Falle der Verschuldung oft für den ökonomischen Status einer Familie katastrophale Folgen. Zahlreiche Bestimmungen der Hammurabischen Gesetze befaßten sich mit der Lage von Schuldnern und ihren Familien. Eine Mißernte, Dürreperioden oder etliche andere Notsituationen konnten

249 Oppenheim 1964, S. 87.

einen Mann veranlassen, sich zu verschulden und eine Anleihe aufzunehmen. Bei den zu jener Zeit üblichen horrenden Zinssätzen war es sehr wahrscheinlich, daß der Schuldner sich bald nicht mehr zur Rückzahlung der Zinsen in der Lage sah.[250] Der Schuldner konnte einen Aufschub erreichen, indem er seine Frau oder seine Kinder zum Schuldendienst verpflichtete. Das Gesetz des Hammurabi begrenzte einen solchen Schuldendienst auf drei Jahre.[251] Früher geltenden Regeln zufolge konnten Schuldner in Babylonien auf Lebenszeit versklavt werden.

Das Mosaische Gesetz des Alten Bundes (Exodus, 21: 2-11) sieht vor, daß der Schuldsklave nach sechs Jahren der Knechtschaft freigelassen wird, aber eine mit ihm verheiratete Sklavin und Kinder zurücklassen muß. Wenn er bei seiner Familie bleiben will, wird er zum unbegrenzt Versklavten. Die Schuldsklavin kann nicht freigelassen werden wie der Schuldsklave: Sie kann zurückgekauft- oder -genommen werden, mit dem Sohn des Herrn verheiratet werden oder vom Herrn selbst geheiratet werden. Das Gesetz sieht für den Fall, daß der Herr sie nicht heiratet, vor, daß sie gut behandelt oder entlassen werden muß.[252] Dieser Regelung über den Umgang mit Schuldsklavinnen liegt die Annahme zugrunde, daß die Frau während ihrer Versklavung als Konkubine gedient hat. Deshalb wäre sie im Falle ihrer Freilassung aller Voraussicht nach nicht mehr geheiratet worden, und so wäre ihr als einzige Alternative zur Sklaverei nur die Prostitution geblieben. J. M. Powis Smith ist der Auffassung, daß *»das Recht ... in*

250 Driver-Miles, BL, I, S. 174ff. In § 50 des CH ist ein Zinssatz von 33,5 Prozent für das Leihen von Getreide und 20 Prozent für Geldanleihen vorgesehen. Driver und Miles halten das durchaus für repräsentativ und weisen darauf hin, daß auch die assyrischen Zinssätze auf 25-33,5 Prozent festgelegt waren. Vgl. auch S. 176.

251 CH § 117: Wenn einen Bürger eine Schuldverpflichtung erfaßt und er seine Frau, seinen Sohn oder seine Tochter für Geld hingibt oder in ein Gewaltverhältnis gibt, so sollen diese drei Jahre lang das Haus ihres Käufers oder desjenigen, der sie in ein Gewaltverhältnis genommen hat, besorgen, und im vierten Jahre sollen sie freigelassen werden. Vgl. auch Kapitel 6.

252 Als Quelle für Bibelzitate wurde die Ausgabe »The Holy Scriptures According to the Masoretic Text«, Philadelphia 1931, benutzt - Exodus 21: 2.-11, Deuteronomium, 15:12-15,18. (In dieser Übersetzung zitiert nach: Die vierundzwanzig Bücher der Heiligen Schrift nach dem masoretischen Text, unter der Redaktion von Dr. Zuns, Basel 1980. A. d, Ü.) Kommentierung bei Driver-Miles, BL, I, S. 211. Die Nuzi-Schriften bestätigen die häufige Verwendung von Sklavinnen als Konkubinen oder als Frauen für Sklaven des Herrn. In der Nuzi-Schrift V 437 wird z.B. von einem Mann berichtet, der seine Schwester einem Mann übergibt, der sie mit einem seiner Sklaven verheiraten will. Der Vertrag sieht vor, daß sie im Falle des Todes ihres Mannes mit einem anderen Sklaven verheiratet werden wird und nach dessen Tod mit wieder einem anderen Sklaven und so weiter. Diese Niederschrift ist uns aus einer Gesellschaft überliefert, in der auf Frauen der Oberschicht ein hohes Maß an Macht übertragen wurde und über Besitz verfügende Frauen sich im Geschäftsleben betätigten und Besitzveräußerungen vornahmen, in die häufig auch der Verkauf von Sklavinnen und deren Kindern einbezogen war. Siehe C. H. Gordon 1936, S. 152, 160, 168.

der Tat einfühlsam Rücksicht nimmt auf die Sklavin, wenn man bedenkt, welchen Lebensbedingungen sie unterworfen war.«[253] Ich würde eher sagen, daß das Mosaische Gesetz ein weiterer Beleg dafür ist, daß Sklavinnen im allgemeinen als Konkubinen dienten und es krasse Unterschiede im sozialen Rang von männlichen und weiblichen Sklaven gab. Männer, die von Juden versklavt worden waren, konnten im siebten Jahr ihr Leben als freie Menschen wieder aufnehmen. Weibliche Schuldsklavinnen konnten demgegenüber einen Schritt des sozialen Aufstiegs ins Konkubinat oder sogar in die Ehe erreichen, oder sie stiegen ab in die Prostitution. Ihr Schicksal war abhängig von ihren sexuellen Diensten. Auf dieses Prinzip, daß der soziale Status eines Mannes von seinen ökonomischen Verhältnissen bestimmt wird, der Status der Frau aber von ihren sexuellen Beziehungen abhängt, werden wir außer bei der Betrachtung dieser Periode der Herausbildung der Klassengesellschaft noch bei anderen Gelegenheiten stoßen. Es ist ein Prinzip, das über Tausende von Jahren seine Geltung bewahrt hat.

Was können wir diesen Gesetzen über die Lebensbedingungen mesopotamischer Frauen entnehmen?

Merkmale der patriarchalen Gesellschaft sind patrilineare Abstammung, ein das Erbrecht der Söhne garantierendes Eigentumsrecht, männliche Dominanz in Vermögensangelegenheiten und sexuellen Beziehungen, Bürokratien im militärischen, politischen und religiösen Bereich der Gesellschaft. Diese Institutionen stützten sich auf die patriarchale Familie und bewirkten ihrerseits wiederum deren Weiterbestehen.

Familien in Babylonien schätzten die Geburt von Söhnen weit mehr als die Geburt von Töchtern. Söhne erhielten den Namen der Familie, waren Stammhalter und konnten den Besitz und die Interessen der Familie durch Geschäftssinn und Organisationsvermögen, durch den Dienst in der Armee und/oder den Dienst im Tempel oder am Hof des Königs fördern. Es wurde ihnen auch eine wichtige Rolle für das Wohlergehen der Eltern nach deren Tod zugeschrieben, weil nur sie bestimmte Rituale für die Toten erledigen konnten. Unter diesen Gesichtspunkten adoptierten kinderlose Ehepaare, Eunuchen oder unverheiratete Männer und Frauen - die meisten von ihnen Priesterinnen – Kinder, um ihre Versorgung im Alter sicherzustellen.

Die Autorität des Vaters über seine Kinder war unbeschränkt, wie wir schon gesehen haben. Im Codex Hammurabi wurde das rebellische Verhalten eines Sohnes, der seinem Vater gegenüber handgreiflich wurde, für ein schweres

253 Smith 1931, S. 20.

Verbrechen gehalten, das durch die Abtrennung der Hand des Sohnes zu ahnden war. Ein adoptierter Sohn, der die Bindung zu den Eltern löste, indem er sich vom Adoptivvater lossagte, war dadurch zu bestrafen, daß ihm die Zunge herausgeschnitten wurde (CH §§ 192 u. 193). Das Mosaische Gesetz war noch entschiedener, indem es den Tod des Sohnes forderte, der Vater oder Mutter geschlagen hatte.[254] Es ist bemerkenswert, daß dem Codex Hammurabi zufolge die Rebellion des Sohnes gegen seinen Vater das schwerste Verbrechen ist, wobei die Priesterin ihrer sozialen Rolle entsprechend dem Rang des Vaters am nächsten kam. Nur in der Gesetzgebung der Hebräer bezieht sich das Verbrechen auf beide Elternteile. Ich werte das als einen Hinweis darauf, daß die Mutterrolle im Gesetz der Hebräer höher bewertet wurde.[255] Die Möglichkeit des rebellischen Verhaltens einer Tochter ist in den Gesetzen nicht erwähnt - vielleicht weil sie ohne weiteres verheiratet oder verkauft werden konnte, wenn ihr Benehmen den Eltern nicht paßte.

Der Wert einer Tochter bestand für eine Familie im wesentlichen darin, daß sie sich zur Braut machen ließ. Der für eine Tochter erlöste Brautpreis diente meist dazu, den Preis für die Braut eines Sohnes aufbringen zu können. Die Ehen in Mesopotamien wurden in der Regel vom Vater des Bräutigams in Verhandlungen mit dem Vater der Braut arrangiert. Manchmal verhandelte der Bräutigam auch direkt mit dem Vater der Braut. Der Austausch von Geld und Geschenken zur Besiegelung des Eheversprechens ist Gegenstand vieler Gesetze im Codex Hammurabi. Der Vater des Bräutigams hatte dem Vater der Braut ein Verlobungsgeschenk (biblum) und ein Brautgeschenk (tirhâtum) zu bezahlen, wonach das Paar als verlobt galt; aber die Braut blieb im Haus des Vaters, bis die Hochzeit durch die sexuelle Vereinigung vollzogen war. Einem anderen Arrangement entsprechend, das in der Regel für eine Kinderbraut galt, wurde die Braut vom Vater des Bräutigams ausgesucht und lebte fortan im Haushalt des

254 CH § 195: Wenn ein Sohn seinen Vater schlägt, so soll man ihm eine Hand abschneiden. CH § 192: Wenn ein (adoptierter) Sohn eines Höflings oder ein (adoptierter) Sohn einer epicene-Priesterin zu seinem Ziehvater und seiner Ziehmutter sagt: *»Du bist nicht mein Vater, du bist nicht meine Mutter«*, so soll man ihm seine Zunge abschneiden.

Zu beachten ist, daß das geschlechtsneutrale Wort »epicene« (Geweihter, durch ein Gelübde gebundener Mensch) hier eine Sal-zirkum-Priesterin bezeichnet. Diese Priesterinnen, denen es verboten war, eigene Kinder zu haben, adoptierten häufig Kinder zur Sicherung ihrer Versorgung im Alter. Daraus ergibt sich, daß die in § 192 erwähnten »Vater« und »Mutter« nicht ein verheiratetes Paar sind, sondern auf zwei verschiedene Fälle Bezug genommen wird: In einem Fall war der Sohn von einem Kammerherrn adoptiert worden, im anderen Fall von einer *Sal-zirkum*-Priesterin. Vgl. Driver-Miles, BL I, S.401 ff.

255 *»Wer seinen Vater oder seine Mutter schlägt, der soll getötet werden.«* 2. Mose (Exodus) 21: 15. Kommentiert in Driver-Miles BL I, S. 407 f.

Schwiegervaters, wo sie bis zur Hochzeit als Magd diente. Daß ein derartiges Arrangement die Braut in vielerlei Hinsicht dem möglichen Mißbrauch durch den Schwiegervater preisgab, ist den §§ 155 und 156 des Codex Hammurabi zu entnehmen, die für den Schwiegervater, der solch ein Mädchen vergewaltigte, schwere Strafen vorsahen. Hatte der Sohn bereits Geschlechtsverkehr mit dem Mädchen, so wurde der Schwiegervater als Ehebrecher behandelt und zum Tod durch Ertränken verurteilt. Hatte der Schwiegervater das Mädchen vergewaltigt, als sie noch Jungfrau war, mußte er eine Geldstrafe zahlen, ihr alles, was sie in die Ehe mitgebracht hatte, wie die Mitgift, zurückgeben und sie in das Haus ihres Vaters zurückschicken.[256] Es ist interessant, daß das Gesetz für einen solchen Fall bestimmt, daß *»ein Mann nach ihrem Herzen sie heiraten mag.«* Dies ist eine der wenigen Gelegenheiten, in denen das Gesetz der Frau eine gewisse Entscheidungsfreiheit bei der Wahl ihres Gatten zugesteht, immer vorausgesetzt, daß ihr Vater mit ihrer Wahl einverstanden ist. Bemerkenswert ist auch der eher beiläufige Hinweis auf die Möglichkeit, daß auch der Sohn mit der Kinderbraut sexuellen Verkehr gehabt haben kann. Das wird nicht unter Strafe gestellt, denn sie ist durch die Verlobung bereits sein sexuelles Eigentum.

Ehen konnten auch durch das Unterschreiben eines Ehevertrages (*riksatum*) geschlossen werden.[257] Solche Verträge konnten den Frauen gewisse Eigentumsrechte sichern, spezielle Bedingungen für den Fall der Scheidung festlegen und verhindern, daß sie wegen Schulden, die der Gatte vor der Eheschließung gemacht hatte, der Sklaverei unterworfen werden könnten.

Nachdem die Ehe vollzogen worden war, erhielt die Braut von ihrem Vater eine Mitgift (hab. Scheriktum), auch bekannt als »Versorgung« (*nudunnum*). Hat eine Frau Söhne geboren, so geht bei ihrem Tode ihr scheriktum an diese über (CH §§ 162, 172). Im mittelassyrischen Recht sieht § 29 etwas Ähnliches für eine Mitgift vor, die von der Mutter auf die Söhne übergeht.[258] Während der Ehe bestimmt

256 CH § 155: Wenn ein Bürger für seinen Sohn eine Schwiegertochter auswählt und sein Sohn sie erkennt, er selbst aber nachher in ihrem Schoß liegt, und man ihn dabei ertappt, so soll man diesen Bürger fesseln und ins Wasser werfen. (Driver-Miles, BL II S. 61).
CH § 156: Wenn ein Bürger für seinen Sohn eine Schwiegertochter ausgewählt und sein Sohn sie noch nicht erkannt hat, er selbst aber in ihrem Schoße liegt, so soll er ihr eine halbe Mine Silber zahlen, und alles, was sie aus dem Hause ihres Vaters mitgebracht hat, soll er ihr voll erstatten, und ein Ehemann nach ihrem Herzen mag sie heiraten.

257 In dieser Hinsicht sind die Fachwissenschaftler sich nicht einig. Driver und Miles betrachten den Vertrag als wesentlich für die Legitimierung einer Oberschicht-Ehe. Andere Wissenschaftler halten ihn für eine freiwillige Festlegung. Siehe unten CH §§ 148, 149. Eine detaillierte Erläuterung zum Ehevertrag bei S. Greengus 1969.

258 CH § 162: Wenn ein Bürger eine Frau nimmt und sie ihm Söhne gebiert; wenn diese Frau das Zeitliche segnet, so darf ihr Vater keinen Klageanspruch erheben auf ihre Mitgift, ihre Mitgift gehört

der Gatte, was mit dem scheriktum geschieht; nach seinem Tode ist es Besitz der Witwe, die bis zu ihrem Tode darüber verfügen kann, selbst wenn sie wieder heiraten sollte (CH §§ 173, 174).[259] Wenn der Gatte seine Frau verstößt, weil sie keine Söhne geboren hat oder krank ist und er eine andere Frau heiraten will, so ist die erste Frau berechtigt, weiter in seinem Haus zu wohnen und lebenslang unterhalten zu werden. Wenn sie das nicht will und sie ihn lieber verlassen möchte, kann sie ihre Mitgift zurückfordern.[260] Stirbt eine Frau, die keine Söhne geboren hat, so muß der Schwiegervater des Gatten den Brautpreis an diesen zurückerstatten, der wiederum dem Schwiegervater die Mitgift zurückgeben muß.[261]

---

ihren Söhnen.
CH § 172: Wenn ihr Ehemann ihr keine Ehegabe gegeben hat, soll man ihre Mitgift ihr voll erstatten und vom Besitz des Hauses ihres Ehemannes soll sie einen Anteil wie ein Erbsohn bekommen. Wenn ihre Söhne, um sie aus dem Hause zu vertreiben, sie schikanieren, so sollen die Richter ihre Angelegenheiten überprüfen und den Söhnen eine Strafe auferlegen; diese Frau braucht aus dem Hause ihres Ehemannes nicht auszuziehen. Wenn diese Frau plant, auszuziehen, so soll sie die Ehegabe, die ihr Mann ihr gegeben hat, ihren Söhnen zurücklassen, die Mitgift vom Hause ihres Vaters darf sie an sich nehmen, und ein Ehemann nach ihrem Herzen mag sie heiraten.
MAL §29: Wenn eine Frau in das Haus ihres Gatten einzieht, so sind ihre Mitgift und alles, was sie aus dem Hause ihres Vaters mitgebracht hat, oder was ihr Schwiegervater ihr bei ihrem Einzug gegeben hat, für ihre Söhne frei, die Söhne ihres Schwiegervaters dürfen (diese Sachen) nicht anrühren; wenn aber ihr Gatte sie überlebt, so kann er sie seinen Söhnen, die er liebt, geben.
Kommentare zu CH § 162 und § 172 bei Driver-Miles, BL I, S. 344, 351f.; zu MAL §29 bei Driver-Miles, AL, S. 189f., 205ff. Ich danke Dr. Anne Kilmer, University of California at Berkeley, für den Hinweis, daß das Wort »Söhne« hier sowohl Söhne als auch Töchter bedeuten kann, d.h. Kinder beiderlei Geschlechts. - (Die benutzte deutsche Übersetzung, s. Anm. 230, gebraucht durchgängig das Wort »Kinder« im Gegensatz zu den älteren Übersetzungen; hier wird der von Gerda Lerner zitierte Text von Driver-Miles wiedergegeben. A. d. Ü.)
259 CH § 173: Wenn diese Frau, wo sie eingezogen ist, ihrem späteren Ehemann Söhne gebiert und wenn nachher diese Frau stirbt, so sollen die früheren und die späteren Söhne ihre Mitgift teilen.
CH § 174: Wenn sie ihrem späteren Ehemann keine Söhne gebiert, so sollen die Söhne ihres (ersten) Gemahls ihre Mitgift nehmen. Kommentar in Driver-Miles BL I, S. 350ff.
260 CH § 148: Wenn ein Bürger eine Ehefrau nimmt und die la'bu-Krankheit sie befällt, wenn er dann plant, eine andere zu heiraten, so darf er das tun; seine (erste) Ehefrau, welche die la'bu-Krankheit befallen hat, darf er (jedoch) nicht verstoßen, im Hause, das er gebaut hat, soll sie wohnen bleiben, und solange sie lebt, soll er sie unterhalten.
CH § 149: Wenn diese Frau nicht bereit ist, im Hause ihres Ehemannes zu wohnen, so soll er ihr ihre Mitgift, die sie aus dem Hause ihres Vaters mitgebracht hat, voll erstatten, und sie kann davongehen. Kommentar Driver-Miles, BL I, S. 309ff.
261 CH § 163: Wenn ein Bürger eine Ehefrau nimmt und sie ihn nicht Söhne bekommen läßt, wenn diese Frau das Zeitliche segnet, und wenn dann sein Schwiegervater den Brautpreis, den dieser Bürger in das Haus seines Schwiegervaters gebracht hat, ihm zurückgibt, so soll ihr Ehemann keinen Klageanspruch erheben auf die Mitgift dieser Frau; ihre Mitgift gehört dem Hause ihres Vaters.
CH § 164: Wenn sein Schwiegervater ihm den Brautpreis nicht zurückgibt, so soll er von ihrer Mitgift einen ihrem Brautpreis entsprechenden Betrag abziehen und ihre Mitgift dem Hause ihres Vaters zurückgeben.
Kommentar Driver-Miles BL I, S. 252.ff.

Offensichtlich waren die finanziellen Arrangements, die hier Rechtskraft erlangten, nur zwischen Familien möglich, die über Vermögen verfügten. Und diese Gesetze sicherten – bei Homogamie, der Eheschließung von Partnern gleichen sozialen Ranges – das Verbleiben der Vermögen innerhalb der besitzenden Klasse. Dies wurde erreicht, indem Kinder beiderlei Geschlechts erbberechtigt waren: Die Söhne erbten beim Tod des Vaters, die Töchter erhielten ihr Erbteil als Mitgift. Die ständige Überwachung der Mädchen zur Sicherung ihrer vorehelichen Keuschheit und die strenge Kontrolle der Wahl des Ehepartners durch die Familie förderten zusätzlich die Tendenz zur Homogamie. Mitgift und Erbe schufen einen Fonds des Ehepaares, der zur Stabilisierung der Ehe beitrug, weil beide Teile ein finanzielles Interesse an ihrer Aufrechterhaltung hatten. Der Ehemann erfreute sich der lebenslangen Verfügung über den eigenen Besitz und den seiner Gattin; aber er war verpflichtet, die Mitgift der Gattin zu erhalten, sowohl um das Erbe seiner Söhne zu garantieren als auch um den Lebensunterhalt seiner Frau im Witwenstand zu sichern. Die Frau hatte ein Nutzungsrecht (Nießbrauch) an ihrer Mitgift, es lag deshalb in ihrem Interesse, Investitionen zu tätigen und das Vermögen zu vermehren wie dies auch die *naditum*-Priesterin tun konnte. Dies ist der Grund für die Geschäftstätigkeit der Frauen des Patrizierstandes und für ihre beträchtlichen zivilrechtlichen Befugnisse und ökonomischen Rechte. Der scheinbare Widerspruch, daß Frauen der Oberschicht derartige ökonomische Rechte hatten, wo doch ihre sexuellen Rechte immer stärker eingeschränkt wurden, ist ein integraler Bestandteil der Herausbildung der patriarchalen Familie. Der Sozialanthropologe Jack Goody hat in seiner gründlichen Untersuchung über die Formen der Ehe in aller Welt diese Entwicklung als typisch für die Gesellschaften Eurasiens bezeichnet, deren ökonomische Basis der Ackerbau war und die eine komplexe Sozialstruktur mit Klassenschichtung und eine fortgeschrittene Arbeitsteilung aufwiesen. Solche Gesellschaften entwickeln im allgemeinen die Form der patriarchalen monogamen Ehe, die Homogamie, eine besondere Wertschätzung der vorehelichen Keuschheit und einen hohen Grad von sozialer Kontrolle über das Sexualverhalten der Frauen. In Mesopotamien finden wir eine der ersten Ausprägungen einer solchen Gesellschaft vor.[262]

262 Driver und Miles sind der Auffassung, daß es sich bei der Mitgift um einen Ersatz für das Erbteil handelt. Sie verweisen darauf, daß eine Priesterin, die keine Mitgift erhalten hat, das Recht auf einen Anteil am Erbe ihres Vaters bei dessen Tode hat.
Dies mag bedeuten, »*daß jede Frau das Recht auf ein Erbe hat, wenn ihr kein scheriktum gegeben worden ist.*« (Driver-Miles, BL I, S. 272). Jack Goody hat das Phänomen, das er als »divergierende Devolution«, verzweigende Erbfolge, bezeichnet, nach der der Besitz an Kinder beiderlei Geschlechts weitergegeben wird, in einen Zusammenhang mit sozialer Schichtung gebracht. Goody betrachtet

Es ist durchaus sinnvoll, derartige Zusammenhänge nachzuweisen, d. h. die Gesellschaften weltweit zu klassifizieren und dabei die jeweiligen Beziehungen zwischen Eigentumsordnung und geschlechtsspezifischen Rollenerwartungen zu zeigen. Wir sollten jedoch die Analyse noch weitertreiben und feststellen, daß das Einräumen eines Erbrechts für Söhne und Töchter zur Erhaltung des Familienbesitzes noch nicht bedeutet, daß Söhne und Töchter gleiche Rechte haben. Das Beispiel Mesopotamien macht vielmehr deutlich, daß hier das Eigentum von Mann zu Mann, von männlichem Familienoberhaupt zu männlichem Familienoberhaupt, überging, daß es aber durch Frauen weitergegeben wurde. Die Frau hatte ein lebenslanges Nutzungsrecht an ihrer Mitgift, aber ihr Mann (oder ihre Söhne) hatten unveräußerliche Rechte an diesem Besitz, der nach dem Tode der Frau an sie überging. Im Falle einer Scheidung oder wenn sie keine Söhne geboren hatte, fiel die Mitgift wieder an ihren Vater (oder an ihre Brüder) zurück. Eine Frau konnte ihr Eigentum weder abtreten noch in einem Testament über seine Nutzung verfügen, so daß ihre Rechte äußerst eingeschränkt waren. Bezeichnend ist, daß ihre wie immer gearteten Rechte in jedem Falle abhängig waren von ihren sexuellen oder fortpflanzungsrelevanten Diensten gegenüber ihrem Gatten, insbesondere davon, ob sie ihn mit Söhnen versorgte.

Wo Anthropologen eine starke Kausalbeziehung zwischen der Regelung von Erbschaftsangelegenheiten und Eigentumsfragen einerseits und dem Sexualverhalten andererseits konstatieren, befassen sich Assyriologen mehr mit den Besonderheiten konkreter Einzelfälle und der Frage, wie diese zu interpretieren seien. Es gibt zwei Hauptrichtungen der Interpretation der besonderen Form der babylonischen Ehe. Driver und Miles vertreten die Auffassung, das babylonische Eherecht stelle einen Fortschritt hinsichtlich der Rechte der Frauen dar, da deren wirtschaftliche und gesetzliche Rechte in der Ehe weitgehend gesichert gewesen seien. Nach dieser Auffassung stellt das tirhâtum keinen Kaufpreis für die Braut dar, sondern lediglich ein symbolisches Geschenk zur Besiegelung der Ehe, ein kulturelles Überbleibsel des früheren Brauchs, die Braut zu kaufen.[263]

---

das Geben einer Mitgift an eine Frau als ein Äquivalent für ihr Erbteil am Vermögen der Familie. Goody stellt ein System der »divergierenden Devolution« der Erbteilung (das in den Ländern Eurasiens überwog) dem afrikanischen System gegenüber, in dem der Besitz des verstorbenen Mannes nicht zur Versorgung der überlebenden Ehefrau herangezogen wird. Die Frauen bringen keine Mitgift in die Ehe und sie erhalten nichts, wenn die Ehe nicht mehr besteht. (Vgl. Goody 1979, S. 7, 11, 14ff.) - In einem weltweiten Vergleich von Gesellschaften, der sich mit der Beziehung zwischen Berufstätigkeit von Frauen und Ehestrukturen befaßt, kommt Esther Boserup (1970) zu ähnlichen Ergebnissen wie Goody.

263 Die Debatte ist zusammengefaßt bei Driver-Miles BL I, S. 259ff. Sie wird fortgesetzt und erweitert in Driver-Miles, Al, S. 142ff. Zu Koschakers Ansicht vgl. Koschaker 1917, S. 13off.

Driver und Miles arbeiten den Ursprung und die Entwicklung dieses »früheren Brauchs« nicht heraus. Sie gehen von der Tatsache aus, daß ein Heiratsvertrag geschlossen wurde, und folgern aus der Existenz eines solchen Vertrages, daß dessen Abschluß seit der Zeit der Herrschaft Hammurabis der für die Rechtskraft der Ehe entscheidende Akt war und daß dieser Vertrag zugleich den wesentlichen Unterschied zwischen Ehe und Konkubinat ausmachte. Die Autoren weisen darauf hin, daß die wenigen noch erhaltenen babylonischen Eheverträge sich in der Form von den im Geschäftsleben geschlossenen Kaufverträgen deutlich unterscheiden; und sie führen an, daß der Brautpreis viel geringer war als der Marktpreis einer jungen Sklavin, was zeige, daß der Brautpreis kein Kaufpreis gewesen sein könne.[264]

Der von Paul Koschaker und den meisten europäischen Assyriologen vertretenen entgegengesetzten Auffassung zufolge war die babylonische Ehe eine Ehe durch Kauf und der Brautpreis tatsächlich eine Zahlung seitens des Bräutigams oder seiner Familie für die Braut.[265] Koschaker macht auf das Bestehen von zwei Arten der Ehe in der mesopotamischen Region aufmerksam. Die lange Zeit bestehende ältere Form ist eine Ehe ohne gemeinsamen Wohnsitz: Die Ehefrau bleibt im Haus ihres Vaters (oder ihrer Mutter); der Gatte wohnt als zeitweiliger oder ständiger Gast bei ihr. Hinweise auf diese Form der Ehe finden sich im Codex Hammurabi und in der Bibel, wo sie beena-Ehe genannt wird. In dieser Form der Ehe wird der Frau eine größere Autonomie zugebilligt und ist die Scheidung für sie relativ einfach. Koschaker meint, der Codex Hammurabi und die mittelassyrischen Gesetze hätten jedoch die andere Art, die patriarchale Ehe, formalisiert, die nach und nach zur vorherrschenden Form geworden sei. In einer derartigen Ehe lebt die Ehefrau im Haus ihres Gatten und ist völlig abhängig von seinen Unterhaltsleistungen. Eine Scheidung auf Wunsch der Frau ist fast unerreichbar. Koschaker zufolge entstand diese Form der Ehe ursprünglich als Heirat durch Kauf, entwickelte sich aber ungefähr zur Zeit des Gudea von Lagasch (ca. 2130/40 v. Chr.) zu einer durch schriftlichen Vertrag geschlossenen Ehe. Diese Entwicklung war bezeichnend für die sumerische Gesellschaft; die semitischen Gesellschaften blieben bei der

264 Driver-Miles, BL I, S. 163 über Eheverträge; Driver-Miles, AL, S. 145 über den Preis von Sklavinnen. Während der ersten babylonischen Dynastie betrug der Brautpreis für ein freies Mädchen 5 bis 30 Schekel; 5 Schekel für ein freigelassenes Sklavenmädchen. Zur gleichen Zeit betrug der Kaufpreis für eine junge Sklavin 33 1/6 bis 84 Schekel. Ebd. Demgegenüber ist den Tafeln von Nuzi zu entnehmen, daß *»der für ein gesundes Mädchen durchschnittlich gezahlte Preis bei 40 Schekel Silber liegt, ob ... als Ehefrau oder Magd.«* Gordon 1936, S. 156.

265 *»Koschakers Ansichten scheinen fast uneingeschränkt akzeptiert worden zu sein.«* Driver-Miles, AL, S. 142.

früheren Form der patriarchalen Ehe. Beide Konzepte sind im Codex Hammurabi enthalten.[266]

»Der semitischen Kaufehe stand die sumerische Ehe gegenüber, die zwar auch von der Kaufehe ausgegangen war, diese aber schon längst überwunden hatte ... Hammurabi hat daher in der weisen Erkenntnis, daß es Aufgabe des Gesetzgebers sei, Gegensätze auszugleichen, nicht aber solche zu schaffen, ... beide Ehesysteme in sein Gesetz aufgenommen. Neben die Kaufehe hat er die Ehe ohne tirhâtum gestellt, neben die tirhâtum die sumerische Eheschenkung, den nudunnum.«[267]

So versucht Koschaker, die Widersprüche in den Gesetzen des Hammurabi zu erklären, auf die wir aufmerksam gemacht haben. Er warnt auch vor einer vulgarisierenden, vereinfachenden Lesart seiner Hypothese, die diese so interpretiert, als hätte es sich darum gehandelt, daß die Frau wie eine Sklavin zum Eigentum geworden wäre. Seine Auffassung stimmt mit der von Driver und Miles insofern überein, als der Brautpreis nicht als ökonomisches Äquivalent für die Frau verstanden wird. Aber dieser Preis, so stellt Koschaker fest, war das rechtlich gesicherte, einklagbare Äquivalent.

»Denn bei der Frage der Kaufehe handelt es sich in erster Linie um die Form des Ehevertrags, um die Frage, ob der Bräutigam für die traditio puellae einen Gegenwert an den Muntwalt leisten muß. Ist dies der Fall, so ist die Ehe Kaufehe, und zwar auch dann, wenn das aus ihr entstehende Rechtsverhältnis nicht mehr Eigentum an der Frau, sondern eheherrliche Gewalt ist.«[268]

Diesen Unterschied zu machen ist unter den hier interessierenden Aspekten außerordentlich einleuchtend, zumal er eine neue Art von Machtverhältnis zwischen Ehemann und Ehefrau definiert, dem in früheren Gesellschaften nichts Vergleichbares entsprochen hat.

266 Koschaker 1917, S.150ff.; Driver-Miles, AL, S.138ff. Über die beena-Ehe siehe auch E.M. MacDonald 1931, S. 1-32, bes. 5-10, 24.

267 Koschaker 1917, S. 182f.

268 Ebd., S. 198f. Koschaker zieht auch philologische Belege heran, um diese Position zu stützen (S. 153f.) *»Der sumerische Rechtsausdruck für ›heiraten‹ (vom Manne aus gesagt) ist tu(g) mit dem Objekt: die Braut. Das Wort ... hat auch dieselbe Grundbedeutung ›ergreifen, in Besitz nehmen‹ wie in den sumerischen Eheverträgen aus Nippur, die der Zeit der ersten babylonischen Dynastie angehören, hier in der ausführlichen Fassung: Der Bräutigam hat die Braut ... ›zur Ehefrau genommen‹.«*
Obwohl sie an anderer Stelle zustimmen, daß die Frau *»das Objekt, nicht das Subjekt der Ehe ist«*, widersprechen Driver und Miles der Ansicht Koschakers, indem sie darauf hinweisen, daß das betreffende Verb bedeutet »Besitz haben«, keinesfalls aber »kaufen.« Wenn das Objekt durch Kauf erworben worden ist, so wird von dem Käufer gesagt, daß er die Dinge »nimmt« oder »mitnimmt.« Driver-Miles, BL, I, S. 263f.

Neuere anthropologische Forschungen scheinen Koschakers Rekonstruktion der Aufeinanderfolge von Eheformen von der Ehe ohne ständigen gemeinsamen Wohnsitz zur patrilokalen patriarchalen Ehe zu bestätigen. Die erstere ist charakteristischer für Stämme von Nomaden und Jägern-und-Sammlern, die letztere hingegen entwickelt sich mit dem Ackerbau. Weder Driver und Miles noch Koschaker erklären hinreichend, wie es zur Heirat durch Kauf gekommen ist; sie gehen einfach von der Tatsache ihres Bestehens aus und zeigen, wie sie sich weiter entwickelte. Ein Verständnis dieser Entwicklung ist nur möglich, wenn in die Analyse die soziale Klasse als ein Faktor der Entwicklung einbezogen wird. Heirat durch Kauf war ein Phänomen der Klassengesellschaft, und es betraf die Frauen der verschiedenen Klassen nicht in gleicher Weise.

Das Gewohnheitsrecht männlicher Familienmitglieder (Väter, Brüder, Onkel), weibliche Familienmitglieder durch Eheschließung zu tauschen, bestand schon vor der Entwicklung der patriarchalen Gesellschaft und war einer der Faktoren, die zu deren weiter Verbreitung führten. Mit der Entwicklung des Privateigentums und der Klassenschichtung erhielt dieses Gewohnheitsrecht eine entscheidende ökonomische Bedeutung. Die männlichen Familienoberhäupter mußten nun die Eheschließung der Familienmitglieder so regeln, daß der Familienbesitz maximiert und der soziale Status der Familie erhalten oder gar verbessert wurde. Die Frauen wurden immer wichtiger für die wirtschaftliche Situation der Familie: nicht nur als Warenproduzentinnen, als Kinderproduzentinnen, bei der Hausarbeit, sondern auch als Personen, deren sexuelle Fähigkeiten sich in eine vermarktbare Ware verwandeln ließen. Es sind die sexuellen und fortpflanzungsrelevanten Dienste von Frauen, die verdinglicht wurden, nicht die Frauen selbst.

Familien der Oberklasse nutzten die Ehen der Töchter, um ihre soziale und ökonomische Situation zu verbessern. Ehen zementierten militärische und geschäftliche Vereinbarungen und Bündnisse. Väter hatten die Möglichkeit, einige ihrer Töchter dem Dienst an den Göttern und Göttinnen zu weihen, was als spiritueller Vorteil den Segen der Götter und Göttinnen sicherte und den ökonomischen Vorteil hatte, daß die dem Tempel beim Eintritt der Tochter in die Tempelgemeinschaft übergebene Mitgift nach deren Tode an die Familie zurückfiel.[269] So

269 Rivkah Harris beschreibt die familienökonomische Rolle von klösterlich abgeschieden lebenden *naditum*-Priesterinnen im Tempel des Gottes Schamasch. Eine Priesterin brachte beim Eintritt in den Tempel eine Mitgift ein, die bei ihrem Tode an die Familie zurückfiel. CH § 178 und § 179 sehen vor, daß die Priesterin den gleichen vollen Erbteil wie der Sohn aus dem väterlichen Vermögen zu erhalten hat, wenn sie nicht zuvor eine Mitgift erhalten hat. Hat sie eine Mitgift erhalten, so

konnte auch eine Überzahl von Töchtern im Verhältnis zur Zahl der Söhne für die Familien in einen Vorteil verwandelt werden.

In einer Gesellschaft, in welcher der Besitz von Land und Herden einen hohen sozialen Rang begründete, wurde es zum Zweck der Ehe, die Abstammungslinie der Familie durch Söhne fortzusetzen, für Söhne als Stammhalter zu sorgen. Der Austausch von Geschenken zwischen zwei wohlhabenden Familien bei der Hochzeit ihrer Kinder festigte die gegenseitigen Verpflichtungen der beiden Familien und gewährleistete die Weitergabe des Besitzes an die männlichen Familienmitglieder. Die Mitgift wurde erst übergeben, nachdem die Ehe vollzogen worden war, weil die wichtigste Vertragsbedingung erst erfüllt war, wenn die Frau sich als fähig erwiesen hatte, tatsächlich (oder doch potentiell) Söhne zu gebären. Nur dann hatte die Frau einen eigenen Anspruch auf bestimmte wirtschaftliche und soziale Rechte. Aber die Bestimmung, daß ihre Mitgift an ihre Söhne fallen mußte, bedeutete, daß die Söhne zur Familie des Vaters gehörten und deren Vermögen zu übernehmen hätten. Der Wert der Frauen richtete sich vor allem nach ihrer Fortpflanzungsfähigkeit, und ihre lebenslange Abhängigkeit von einem Mann war institutionell festgelegt.[270]

Dasselbe Streben nach Homogamie und sozialem Aufstieg durch Heirat führte in ärmeren Familien zu ganz anderen Ergebnissen. Der Mangel an finanziellen Mitteln zur Zahlung des Brautpreises für die Frau eines Sohnes konnte durch die Verheiratung einer Tochter behoben werden. Wenn aber, so berichtet die Orientalistin Elena Cassin, *»kein junges Mädchen vorhanden war, durch dessen Verehelichung die Familie zu Geld kommen konnte, so mußte ein Teil des Familienbesitzes veräußert werden, indem als Brautpreis ein Acker oder ein Haus angeboten wurde.«*[271] Solche Transaktionen konnten durchaus den Weg in den wirtschaftlichen Ruin der Familie ebnen und führten unter Umständen zu Verschuldung und Statusverlust.

---

hat sie die volle Verfügung darüber, solange sie lebt; und sie kann ihr Vermögen vermachen, wem sie will. Driver-Miles BL II, S. 71 ff. Rivkah Harris dazu: *»Zum ersten Mal in Mesopotamien gibt es eine Konzentration von Reichtum in den Händen einer größeren Gruppe von privaten Einzelpersonen neben dem im Tempel und im Palast herrschenden Überfluß ... Es lag wohl, aus einsichtigen Gründen; im Interesse dieser Familien, die Aufteilung ihres Reichtums zu verhindern, zu der es gekommen wäre, wenn die Töchter bei ihrer Eheschließung ihre Mitgift zu einer anderen Familie mitgenommen hätten.«* Die Institution der *naditum »hatte die ökonomische Funktion, ein Mädchen bis zu ihrem Tode unverheiratet zu lassen, so daß nach ihrem Tode ihr Anteil am Familieneigentum wieder an die Familie zurückgegeben würde.«* Harris 1975. S. 307.

270 Zu einer Diskussion über die Funktion des Austauschs von Geschenken als Zeichen der Schaffung eines Netzes von gegenseitigen Verpflichtungen vgl. Marcel Mauss 1954. Zur Beziehung zwischen Erbschaft und Klasse vgl. Goody 1976, Kap. 8.

271 Cassin 1969, S. 130.

Wenn ein solcher Fall eintrat, waren die Familien gezwungen, ihre Töchter und eventuell auch Söhne als Schuldsklaven zu verpfänden oder sie in die Sklaverei zu verkaufen. Töchter, die unter solchen Umständen verkauft wurden, konnten zu Konkubinen, zu gewöhnlichen Haussklavinnen oder zu Prostituierten gemacht werden. Sie wurden vielleicht auch von einem Herrn als Frauen für seine Sklaven gekauft. Was auch immer geschah, die Familie und die Tochter hatten unter den Folgen eines ökonomischen und sozialen Statusverlustes zu leiden.

In einer Familie der Unterschicht, die über ein nicht ausreichendes oder gar kein Vermögen verfügte, wurden Menschen (Kinder beiderlei Geschlechts) als Besitz behandelt und in die Sklaverei oder in die Ehe mit niedrigrangigen Partnern verkauft. Wesentlich war dabei, daß sie dadurch alle Rechte auf den Besitz ihrer Herkunftsfamilie verloren. Doch das Arrangement, in dem die Ehe eines Sohnes mit einem Mädchen seiner eigenen sozialen Klasse durch den Verkauf seiner Schwester ermöglicht wurde, hatte für die Schwester faktisch die Bedeutung einer Heirat durch Verkauf.

In diesem Licht betrachtet lassen sich die beiden Interpretationen in bezug auf die Ehe in Mesopotamien miteinander vereinbaren. Heirat durch Verkauf und Heirat durch Vertrag gab es seit der Zeit des Hammurabi nebeneinander. Die beiden Formen der Ehe betrafen Frauen aus verschiedenen sozialen Schichten. Die Vorstellung, die Braut sei eine Partnerin in der Ehe, war implizit in dem Ehevertrag, der in der Oberschicht üblich war, enthalten. Für Frauen aus niedrigeren Schichten lief die Ehe jedoch auf eine häusliche Versklavung hinaus. Im mesopotamischen Recht und mehr noch im hebräischen Recht sind mit der Zeit deutlichere Unterschiede zwischen den ersten Frauen (Oberschicht) und den Konkubinen (Unterschicht) gemacht worden. Alle Frauen gerieten mehr und mehr unter sexuelle Dominanz und Regulierung, doch der Grad ihrer Unfreiheit variierte je nach der sozialen Klasse. Wie wir gezeigt haben, befinden sich die verheirateten Frauen an dem einen Ende eines Spektrums, die Sklavinnen am anderen Ende, und die Konkubinen nahmen eine Position dazwischen ein. Es wäre aber ein folgenschweres Mißverständnis, die untergeordnete Position einer Ehefrau, die über ökonomische und gesetzlich geregelte Rechte verfügte und die Möglichkeit hatte, selbst in absoluter Weise über ihr gehörende Menschen zu verfügen und von deren Arbeit zu profitieren, mit der Position einer Sklavin gleichzusetzen. Eine solche Interpretation führt in die Irre und verschleiert die tatsächlichen Klassenverhältnisse.

Das Hammurabische Recht regelt das Sexualverhalten, indem es den Unterschied zwischen der Aneignung der Frauen durch Versklavung und dem Erwerb von Frauen durch Heirat verschärft. Im gesamten mesopotamischen Recht und mehr noch im hebräischen Recht können wir eine sich zunehmend verschärfende Unterscheidung zwischen den ersten Frauen und den Konkubinen, zwischen verheirateten Frauen und den Sklavinnen beobachten.

Die meisten Ehen waren monogam. Wir haben bereits die besonderen Umstände, unter denen ein Mann eine zweite Frau (Konkubine) nehmen konnte, erörtert: wenn er eine *naditum*-Priesterin heiratete oder wenn die Ehefrau unfruchtbar war. In beiden Fällen konnte seine Frau ihm eine Sklavin zuführen, damit ihm diese an ihrer Stelle Kinder gebäre. Es war dem Gatten überlassen, ob er ein derartiges Arrangement akzeptieren wollte oder nicht. Die Zweischneidigkeit der Position der Konkubine wurde noch verschärft durch das Hammurabische Recht, das ihr verbot, *»sich der Herrin gleichzusetzen.«*[272] Eine Sklavin-Konkubine, die Mutter von Söhnen geworden war und deshalb eine der Herrin gleichgestellte Position anstrebte, konnte nach dem Gesetz als Sklavin behandelt, aber nicht verkauft werden. War sie nicht die Mutter von Söhnen geworden und machte sich dieses Vergehens schuldig, so durfte sie verkauft werden.[273]

Ein babylonischer Ehevertrag mit einer zweiten Frau bestimmt, daß die Konkubine verpflichtet ist, der ersten Frau zu dienen, ihre tägliche Mahlzeit zuzubereiten und ihren Stuhl zum Tempel zu tragen.[274] Die biblische Geschichte von der Vertreibung Hagars – der Sklavin, die von Sarai ihrem Mann Abram zugeführt wurde, damit sie Söhne gebäre – beweist, daß nach wie vor ein Statusunterschied zwischen der ersten Frau und der Sklavin-Konkubine bestand.[275]

Das Mosaische Gesetz betont ganz besonders die Rechte der legitimen Ehefrau und Mutter. Wir müssen nur auf den Fortschritt vom Hammurabischen

---

272 CH § 145: Wenn ein Bürger eine naditu-Priesterin heiratet und (diese) ihn keine Söhne bekommen läßt, wenn er dann plant, eine schugitu-Priesterin zu heiraten, so darf dieser Bürger tatsächlich eine schugitu-Priesterin heiraten und sie in sein Haus eintreten lassen, aber diese schugitu-Priesterin darf sich mit der naditu-Priesterin nicht gleichstellen.
Kommentar Driver-Miles, BL I, S. 372f. Die Tatsache, daß CH §§ 145-147 Bezug nehmen auf die Ehe mit einer *naditum*-Priesterin und nicht auf eine ganz gewöhnliche Ehe, ändert nichts am Prinzip der Klassenunterschiede, die in dieser Beziehung zwischen Konkubine und zweiter Frau einerseits und der ersten Frau andererseits gemacht. Es ist bemerkenswert, daß die zweite Frau als nach Klasse und Status niedriger eingeschätzt wird, und zwar unabhängig davon, ob sie eine Freie (wie in CH § 145) oder eine Sklavin (CH §§ 146, 147) ist.

273 CH § 146: Wenn ein Bürger eine naditu-Priesterin heiratet, sie ihrem Ehemann eine Sklavin gibt und diese Söhne gebiert, wenn dann nachher diese Sklavin sich mit ihrer Herrin gleichstellt, darf ihre Herrin, weil sie Söhne geboren hat, sie nicht für Gold verkaufen, aber sie darf sie mit einer Sklavenmarke versehen und sie zu den Sklavinnen zählen.
CH § 147: Wenn sie keine Söhne geboren hat, darf ihre Herrin sie für Geld verkaufen.
Kommentar Driver-Miles, BL I, S. 372.f.

274 Schort 1913 (1971), S.4f.

275 Genesis 16: 1-16; 21: 1-21. Siehe auch im folgenden Kapitel 6.

Recht, das vom Sohn Respekt dem Vater gegenüber verlangt, zu den Zehn Geboten und zum 2. Buch Mose (Exodus 21: 1) verweisen, wo es zum Grundgebot gemacht wird, daß alle Kinder beide Eltern respektieren und ehren sollen. Die genau bezeichneten strengen Verpflichtungen von Ehemännern und Söhnen gegenüber Müttern und Ehefrauen nach dem Hammurabischen und dem hebräischen Recht kann so als eine Stärkung der patriarchalen Familie gesehen werden, die abhängig ist von der Kooperationsbereitschaft der Ehefrauen in einem System, das ihnen Klassenprivilegien im Austausch für die Unterordnung in sexueller Hinsicht gewährt.

Die männliche Dominanz in sexuellen Beziehungen kommt am deutlichsten zum Ausdruck in der Institutionalisierung der Doppelmoral im mesopotamischen Recht.

Das Hammurabische Recht legte die Verpflichtung des Mannes zum Unterhalt seiner Frau fest (CH §§ 133-135) und bestimmte seine Verpflichtungen ihren männlichen Verwandten gegenüber. Ehen waren im allgemeinen monogam, aber Männern war Ehebruch mit Dirnen und Sklavinnen erlaubt. Verallgemeinernd läßt sich feststellen, daß es den Brauch, eine zweite Frau geringeren Ranges zu nehmen, nur in der altbabylonischen Zeit gab.[276]

Die Ehefrau war gesetzlich verpflichtet, ihre hauswirtschaftlichen Aufgaben zur Zufriedenheit des Mannes zu erledigen. Ein Mann konnte sich scheiden lassen oder seine Frau auf den Rang einer Sklavin herabsetzen und eine zweite Frau heiraten, wenn sie »*Verschwendungen sich zuschulden kommen läßt, ihr Haus vergeudet, ihren Ehemann vernachlässigt und man sie gerichtlich überführt*« (CH § 141). In einem solchen Fall mußte der Mann einen Gerichtsbeschluß herbeiführen, bevor er die Ehe auflöste.[277] Was die sexuellen Pflichten betrifft, so war die Jungfräulichkeit der Braut eine Voraussetzung der Ehe, und jede Eheschließung konnte rückgängig gemacht werden, wenn sich herausstellte, daß sie nicht mehr Jungfrau war. In der Ehe schuldete die Frau ihrem Manne absolute Treue. L. M. Epstein stellt in seiner Untersuchung über die das Sexualverhalten betreffenden Gesetze und Sitten im Altertum die Position der Ehefrau zusammenfassend folgendermaßen dar:

276 CH §§ 133-135. Kommentar Driver-Miles, BL I, S. 284ff.; Oppenheim 1964, S.77.

277 CH § 141: Wenn die Ehefrau eines Bürgers, die im Hause des Bürgers wohnt, ihren Sinn darauf setzt, aushäusig zu sein, Privateigentum erwirbt; ihren Haushalt verschlampt und ihren Ehemann vernachlässigt, so soll man sie überführen; wenn ihr Ehemann die Scheidung von ihr erklärt, so darf er sie verstoßen, Wegegeld und Scheidegeld braucht ihr gar nicht gegeben zu werden; wenn ihr Ehemann die Scheidung von ihr nicht erklärt, so darf ihr Ehemann eine andere Frau heiraten, und jene Frau soll wie eine Sklavin im Hause ihres Ehemannes wohnen. Kommentar Driver-Miles, BL I, S. 299ff.

»Ehebruch kann es nur vonseiten der Ehefrau geben, weil sie das Eigentum des Gatten ist, nicht aufseiten des Ehemannes ... die Ehefrau schuldet ihrer eigenen Ehe Treue, der Ehemann hat der Ehe eines anderen Mannes gegenüber Treue zu bewahren.«[278]

Epstein scheint mit Koschaker dahingehend übereinzustimmen, daß die Eheschließung mit einem Kauf der Ehefrau gleichzusetzen sei. Ich vertrete die These, daß die verheiratete Frau beträchtliche und genau bestimmte Rechte in Anspruch nehmen konnte, während sie zugleich sexuell das Eigentum ihres Mannes war. Epstein betont, daß entsprechend der Auffassung, nach der *»Ehebruch eine Verletzung der Eigentumsrechte des Mannes war«*, der Ehemann die allein verletzte Partei war und die *»Schuld der Frau die Todesstrafe verdiente.«*[279] Dementsprechend sieht CH § 129 vor, daß die Ehefrau und der Ehebrecher ertränkt werden sollen, wenn nicht *»der Herr der Ehefrau seine Ehefrau am Leben lassen will (und) so ... auch der König seinen Untertan am Leben lassen (soll).«*[280] Diese Festsetzung beinhaltet, daß der Ehemann, der seine Frau auf frischer Tat ertappt hat, diese vor das Gericht des Königs stellen muß, damit hier ein Urteil über sie gesprochen werde. In früherer Zeit war es üblich, daß der Ehemann und seine männlichen Verwandten selbst außerhalb der Zuständigkeit des Gesetzes Rache übten. Ein anderes Prinzip wird hier deutlich: Die beiden Schuldigen müssen auf die gleiche Weise bestraft werden. Wenn der Gatte bereit ist, seiner Frau gegenüber nachsichtig zu sein, so muß das Gericht auch den Ehebrecher ungestraft lassen. Ein entsprechendes Gesetz im assyrischen Recht (MAL § 15) ist bei der Definition dieses Grundsatzes genauer: Wenn der Mann das Leben seiner Frau schont und *»seiner Gattin die Nase abschneiden will, so soll er den (anderen) Bürger zu einem Verschnittenen machen und man soll sein ganzes Gesicht zerstören; wenn er jedoch seine Gattin (straffrei lassen will), so soll man auch den (anderen) Bürger straffrei lassen.«* In den Paragraphen 197 und 198 des hethitischen Rechts sind dieselben Strafen vorgesehen, und es wird im einzelnen festgelegt, daß der Gatte straffrei bleiben soll, wenn er beschließt, seine Frau und den Ehebrecher zu töten. Beschließt er aber, den Fall vor das Gericht zu bringen, so kann er beiden garantieren, daß sie am Leben bleiben. Wenn er beschließt, daß sie bestraft werden

278 Epstein 1948, S. 194.

279 Ebd., S. 194f.

280 CH § 129: Wenn die Gattin eines Bürgers beim Beischlaf mit einem anderen Manne ertappt wird, so soll man sie (beide) fesseln und ins Wasser werfen; wenn der Herr der Ehefrau seine Ehefrau am Leben lassen will, so soll auch der König seinen Untertan am Leben lassen.
Driver-Miles, BL II, S. 51, Kommentar I, S. 281 f.

sollen, dann obliegt es dem König, die Strafe festzusetzen, der sie zum Tode verurteilen oder aber freilassen kann.[281]

Einmal abgesehen von der Unverhältnismäßigkeit zwischen dem Tatbestand des Ehebruchs und der Grausamkeit der Strafe ist bemerkenswert, daß dem Staat (dem König) eine zunehmende Macht hinsichtlich der Regelung sexueller Angelegenheiten eingeräumt wird. Oblag in früheren Zeiten die Kontrolle des sexuellen Verhaltens einer Ehefrau ganz eindeutig der privaten Regelungsmacht des Ehemannes, so wird durch das Hammurabische Gesetz das Gericht einbezogen, wenn auch nach wie vor der Ehemann die eigentliche Entscheidung über Leben und Tod trifft. Das assyrische Recht beschränkt die Entscheidungsfreiheit des Ehemannes und legt fest, welche Arten der Bestrafung er verhängen kann. Das hethitische Gesetz erlaubt es dem Ehemann zu töten, schließt ihn aber von der Entscheidung über die Verhängung anderer Strafen aus. Das Mosaische Gesetz geht noch weiter, indem es darauf besteht, daß die Gesetzesbrecher vor ein Gericht gestellt werden müssen und daß *»der Ehebrecher und die Ehebrecherin getötet werden (sollen).«*[282] Bei Ezechiel 16: 38-50 wird die öffentliche Hinrichtung der Schuldigen durch Steinigen als die angemessene Art der Bestrafung beschrieben.

Alle diese Kodizes bemühen sich um eine Unterscheidung zwischen der Ehefrau, die innerhalb oder außerhalb ihres Hauses sexuelle Begegnungen sucht, und der Frau, die vergewaltigt worden ist. Die Vergewaltigung einer unberührten Braut, die noch im Hause ihres Vaters lebt, wird wie ein Ehebruch behandelt.

---

281 MAL$ 15: Wenn ein Bürger bei seiner Gattin einen (anderen) Bürger ertappt, man es ihm beweist und ihn überführt, so soll man sie beide töten; eine Schuld seinerseits besteht nicht. Wenn er ihn ertappt und zum König oder zu den Richtern bringt, und man es ihm beweist und ihn überführt, so soll der Gatte der Frau, wenn er seine Gattin töten will, auch den (anderen) Bürger töten; wenn er seiner Gattin die Nase abschneiden will, so soll er den (anderen) Bürger zu einem Verschnittenen machen, und man soll sein ganzes Gesicht zerstören; wenn er jedoch seine Gattin (straffrei lassen will), so soll man auch den (anderen) Bürger straffrei lassen.
Driver-Miles, AL, S. 389.
HL § 197: Wenn ein Mann eine Frau im Gebirge ergreift, (ist es) des Mannes Sünde, und er wird hingerichtet. Wenn er (sie) aber in (ihrem) Haus ergreift, ist es
Schuld der Frau. Die Frau wird hingerichtet. Wenn der (Ehe-)Mann sie (beide) ertappt und sie totschlägt, gibt es kein Ärgernis.
HL § 198: Wenn er sie (beide) zum Tor des Palastes bringt und sagt: *»Meine Frau wird nicht hingerichtet!«*, so läßt er seine Ehefrau leben, (doch) auch den Liebhaber läßt er (dadurch) leben. Er bekleidet dessen Kopf. Wenn er sagt: *»Alle beide sollen hingerichtet werdenl«*, so knien sie an das Rad. Der König tötet sie (oder) der König läßt sie leben.
Vgl. Götze in: Pritchard 1955, S. 198 / Hebräische Gesetze: Deut. 22: 23-28, Levit. 20: 10 / Kommentar Driver-Miles,AL, S. 35ff.; zu den Mosaischen Gesetzen über Vergewaltigung vgl. Epstein 1948, S. 179ff.
282 Levit. 20: 10. Vgl. Deut. 22: 22.

Der Vergewaltiger einer solchen Frau wird getötet, während sie straffrei bleibt, wenn sie beweisen kann, daß sie sich gewehrt hat (CH § 130).[283]

Für Frauen konnte bereits die Anschuldigung, einen Ehebruch begangen zu haben, fatale Folgen haben. Wenn der Ehemann die Frau vor einem Gericht anklagte, so konnte sie sich retten, indem sie *»beim Leben eines Gottes«* einen Eid schwor (CH § 131). Wenn sie aber nicht von ihrem Ehemann, sondern von anderen Mitgliedern der Gemeinschaft beschuldigt wurde, konnte sich die Frau nur retten, wenn sie sich einem Gottesgericht unterwarf: Das bedeutet, daß sie *»für ihren Mann in den Fluß springen«* mußte (CH § 132). Der Flußgott hatte dann über ihre Schuld oder Unschuld zu entscheiden.[284]

Eine Scheidung war vom Ehemann leicht zu erreichen, da er seine Scheidungsabsicht nur öffentlich bekanntzumachen brauchte. Die Vorrechte des Gatten hinsichtlich der Scheidung waren allerdings begrenzt durch eine Reihe von Vorkehrungen in bezug auf das Vermögen und den Unterhalt der Ehefrau. Diese verpflichteten zur Rückgabe ihrer Mitgift, der Hälfte ihres Eigentums oder zumindest einigen Silbers als »Trennungsgeld.«[285]

283 CH § 130: Wenn ein Bürger die (künftige) Gattin eines (anderen) Bürgers, die noch keinen Mann erkannt hat und noch im Hause ihres Vaters wohnt, knebelt und in ihrem Schoße liegt, und wenn man ihn dabei erwischt, so wird dieser Bürger getötet; diese Frau geht frei aus.
Driver-Miles, BL II, S. 53.

284 CH § 131: Wenn die Gattin eines Bürgers von ihrem Ehemann bezichtigt wird, jedoch nicht beim Beischlaf mit einem anderen Mann ertappt wird, so soll sie beim Leben eines Gottes schwören und in ihr Haus zurückkehren.
CH § 132: Wenn über die Ehefrau eines Bürgers wegen eines anderen Mannes üble Nachrede verbreitet wird, sie jedoch nicht beim Beischlaf mit einem anderen Manne ertappt worden ist, so soll sie ihrem Gatten zuliebe in den heiligen Fluß eintauchen.
Kommentar Driver-Miles, BL, I, S. 282 ff.; Epstein 1948, S. 196ff. Bemerkenswert ist, daß der Gatte den Ehebrecher nicht bestrafen konnte, wenn das ehebrecherische Paar nicht in flagranti ertappt worden war, weil dann nur die Umstände als Indizien gegen ihn sprachen. Der Gatte konnte aber aufgrund solcher Indizien seine Frau bestrafen, indem er sie zwang, öffentlich einen Eid zu leisten oder sich wie in dem in CH § 132 beschriebenen Fall einem Gottesurteil zu unterwerfen, An der angegebenen Stelle weisen Driver und Miles auf dieses Beispiel für eine nach zweierlei Normen entscheidende Rechtsprechung hin. In ihrem Kommentar zu der Praxis des Gottesentscheids durch Wasser stellen Driver und Miles fest, daß nichtbekannt ist, wie das Ergebnis festgestellt wurde. Manche Fachwissenschaftler meinen, daß die Unschuld einer Person durch Schwimmen, ihre Schuld durch Ertrinken bewiesen wurde. Sollte das zutreffen, so wäre es, darauf machen Driver und Miles aufmerksam, die Umkehrung der semitischen Praxis, die im Christentum in Europa beibehalten wurde, derzufolge davon ausgegangen wurde, daß das Wasser die Unschuldigen aufnehmen, die Schuldigen aber zurückweisen werde. Wenn also die Angeklagte ertrank, so wurde das für einen Beweis der Unschuld gehalten, blieb sie an der Wasseroberfläche, so galt das als Zeichen ihrer Schuld. Die Ziele der Gerechtigkeit wurden gewahrt, zumindest in einigen historisch nachweisbaren Fällen, indem die Beschuldigten angeseilt wurden, so daß diejenigen, deren Unschuld sich im Untergehen zeigte, gerettet werden konnten, indem sie herausgezogen und in Sicherheit gebracht wurden. (Vgl. Driver-Miles, AL, S. 86ff.)

285 CH § 138: Wenn ein Bürger seine Gattin, die ihm keine Söhne geboren hat, verstoßen will, so

Für eine Frau war es schwierig, eine Scheidung zu erreichen, und nur eine völlig unbescholtene Frau konnte versuchen, diesen Schritt zu tun. Der Codex Hammurabis legt in § 142 fest:

»Wenn eine Frau gegen ihren Ehemann Abneigung bekommt und sagt: ›Du sollst nicht mit mir verkehren‹, so soll ihre Angelegenheit von ihrer Behörde überprüft werden; wenn sie unbescholten ist und keine Schuld trägt, ihr Ehemann hingegen aushäusig ist und sie schwer vernachlässigt, so ist diese Frau schuldlos, sie darf ihre Mitgift nehmen und weggehen zum Hause ihres Vaters.«

Und § 143 lautet:

»Wenn sie nicht unbescholten ist, aushäusig ist, ihren Haushalt verschlampt und ihren Ehemann vernachlässigt, so soll man diese Frau ins Wasser werfen.«

Die Asymmetrie bei der Festlegung der Strafe für das »Aushäusigsein« ist offensichtlich. Die Frau eines ehebrechenden Mannes, wenn sie denn eine Scheidung erreichen wollte, riskierte, daß ihr Mann sie verschiedener Missetaten anklagte und sie deshalb unter Umständen getötet wurde.

Diese Doppelmoral setzte sich im Mosaischen Recht fort, das es einem Ehemann gestattete, willkürlich eine Scheidung zu vollziehen, aber der Frau das Recht versagte, unter welchen Umständen auch immer, eine Scheidung zu verlangen.

Die verschiedenen gesetzlichen Bestimmungen zur Bestrafung von Vergewaltigung gingen prinzipiell davon aus, daß die geschädigte Partei der Ehemann oder der Vater der vergewaltigten Frau ist. Die Vergewaltigte mußte nachweisen, daß sie sich durch Schreien oder handgreiflichen Widerstand der Vergewaltigung widersetzt hatte. Wenn allerdings die Vergewaltigung außerhalb einer Siedlung oder an einem abgelegenen Platz stattgefunden hatte, wurde die Schuld des Vergewaltigers angenommen, denn die Schreie der Frau waren nicht

---

soll er ihr Geld in Höhe ihres Brautpreises geben; die Mitgift, die sie aus dem Hause ihres Vaters mitgebracht hat, soll er voll erstatten, bevor er sie verstößt.
CH § 139: Wenn ein Brautpreis nicht vorhanden, so soll er eine Mine Silber als Scheidegeld geben.
CH § 140: Wenn er ein Palasthöriger ist, soll er ihr ein Drittel Mine Silber geben.
Driver-Miles, BL, II, S. 55; Kommentar Driver-Miles, BL, I, S. 190ff. Driver und Miles zitieren altassyrische und altbabylonische Rechtsquellen, aus denen sich ergibt, daß *»der Gatte zu seiner Frau sagt: ›Du bist nicht meine Frau‹, ihr das Scheidungsgeld gibt und sie verläßt.«* In manchen Fällen bekräftigt er die Scheidung förmlich, indem er den Saum ihres Kleides auftrennt. (Ebd., S.291)

zu hören gewesen. Das Gesetz des Hammurabi sah für den Mutter-Sohn-Inzest die Todesstrafe für beide vor (CH § 157), verfügte aber für einen Vater, der seine Tochter vergewaltigte, nur die Verbannung aus der Stadt (CH § 154). Ein Vater, der sich die Braut seines Sohnes gefügig machte, bevor die Ehe vollzogen war, wurde bestraft. Wenn jedoch der Schwiegervater die Schwiegertochter vergewaltigte, nachdem die Ehe vollzogen worden war, wurde er als Ehebrecher behandelt und mit der Todesstrafe belegt. (CH §§ 155, 156).[286]

Das assyrische Recht (MAL§ 55) behandelt detailliert die Vergewaltigung einer Jungfrau: Wenn ein verheirateter Mann eine Jungfrau vergewaltigt, die im Hause ihres Vaters wohnt,

> *»ob es innerhalb der Stadtmauern geschehen ist oder außerhalb auf dem unbebauten Land oder des Nachts auf einer (öffentlichen) Straße oder in einem Kornspeicher oder bei einer der Festlichkeiten der Stadt, so darf der Vater der jungen Frau die Gattin des Beischläfers der jungen Frau nehmen und sie der Notzucht preisgeben; er braucht sie ihrem Gatten nicht zurückzugeben, er darf sie behalten...«*[287]

Wenn der Vergewaltiger unverheiratet war, so mußte er an den Vater den Preis einer Jungfrau bezahlen, das Mädchen heiraten und wissen, daß er sich niemals von ihr scheiden lassen konnte. Stimmte der Vater des Mädchen dieser Regelung nicht zu, so mußte er die Geldbuße annehmen und *»seine Tochter einem Mann seiner Wahl geben.«*

Hier erkennen wir die Auffassung, daß Vergewaltigung die Rechte des Vaters oder Ehemanns der Mißhandelten verletzte, was grausame Folgen für die betroffene Frau hatte: Die vergewaltigte Frau mußte mit der unauflöslichen Ehe mit dem Vergewaltiger rechnen; die völlig unschuldige Frau des Vergewaltigers wurde zur Prostituierten gemacht. Die Wortwahl des Gesetzes gibt einen Eindruck von der absoluten »Verfügungsgewalt« der Väter über ihre Töchter.[288]

---

286 CH § 157: Wenn ein Bürger nach dem Tode seines Vaters im Schoße seiner Mutter liegt, so soll man sie beide verbrennen.
CH § 154: Wenn ein Bürger seine Tochter (geschlechtlich) erkennt, soll man diesen Bürger aus der Stadt verjagen. CH §§ 155 und 156 siehe Anmerkung 245; Kommentar Driver-Miles, BL, I, S. 318ff.
287 CH § 157: Wenn ein Bürger nach dem Tode seines Vaters im Schoße seiner Mutter liegt, so soll man sie beide verbrennen.
CH § 154: Wenn ein Bürger seine Tochter (geschlechtlich) erkennt, soll man diesen Bürger aus der Stadt verjagen. CH §§ 155 und 156 siehe Anmerkung 245; Kommentar Driver-Miles, BL, I, S. 318ff.
288 Der vollständige Wortlaut des MAL § 55 deutsch a.a.O., S. 91 f.; bei Driver-Miles, AL, S.423. Kommentar: AL, S. 52ff. Zum Vergleich im Mosaischen Gesetz siehe Exodus 22: 16-17. Finkelstein (1966, S. 3 59f.) führt eine Gerichtsverhandlung in Nippur an, bei der es um einen Mann ging, der eine Sklavin in einem Kornspeicher vergewaltigte, das Verbrechen leugnete, das aber von Zeugen

Dies wird bekräftigt von MAL § 56, der besagt, daß die Frau des Vergewaltigers verschont bleiben soll, wenn der Mann schwört, von dem vergewaltigten Mädchen verführt worden zu sein; dann soll er eine Geldstrafe an den Vater des Mädchens zahlen (für das Rauben ihrer Jungfernschaft und die dadurch erfolgte Wertminderung) und *»der Vater kann seine Tochter, wie er will, behandeln.«*[289]

Es ist sehr unwahrscheinlich, daß mit dieser Ausflucht irgendein Vergewaltiger jemals verurteilt werden konnte, es sei denn, er selbst wollte diese Gelegenheit nutzen, um sich seiner Frau zu entledigen. Andererseits müssen die in § 55 des MAL enthaltenen Angaben über die Orte, an denen Vergewaltigungen am ehesten vorkamen, zu einer gewissen Änderung unserer Vorstellung vom Leben der ehrbaren Mädchen in einem geschützten Raum hinter den Mauern ihrer Wohnstätten führen. Offensichtlich läßt sich aus den Schilderungen schließen, daß es durchaus möglich war, jungen Mädchen relativ oft auf dem Lande, nachts in der Stadt, in Kornspeichern (vielleicht beim Einkaufen) und bei Festlichkeiten zu begegnen.

Es mag als Hinweis auf eine generelle Mißachtung in der Behandlung verheirateter Frauen oder auf einen repressiveren Charakter der assyrischen Gesellschaft gelten, daß im Gegensatz zum Hammurabischen Gesetz, das eine physische Züchtigung von Frauen nicht erwähnt, das MAL drei Methoden kennt, die alle sehr grausam sind. Nach MAL§ 57 muß die Züchtigung einer Ehefrau, wenn sie *»den Tafeln entsprechend«*, d. h. rechtmäßig, verhängt worden ist, öffentlich ausgeführt werden. MAL§ 58 verleiht dem Nachdruck: Alle gesetzlich bestimmten Strafen für Ehefrauen, wie etwa das Ausreißen der Brüste und das Abschneiden der Nase oder Ohren, müssen von einem dazu beauftragten Beamten des Staates ausgeführt werden. Das bedeutet, daß der Ehemann die Bestrafung nicht selbst übernehmen darf, wie er es vielleicht in früherer Zeit tun konnte. Das entspricht der Rechtsentwicklung in bezug auf den Ehebruch, die

---

bestätigt wurde. Er wurde verurteilt und mußte dem Eigentümer der Sklavin eine halbe Mine Silber erstatten. Wahrend der Verhandlung wurde nicht erörtert, ob die Sklavin einverstanden war oder vergewaltigt wurde oder nicht. Finkelstein kommentiert: *»Die Sklavin wurde nicht als rechtsfähige Person betrachtet.«*

289 Finkelstein kommentiert MAL§ 55 folgendermaßen (1966, S. 357): *»Wir können ohne weiters - als ein Stück des typisch assyrischen ›kalkulierten Schreckens‹ - die weitere Festlegung übergehen, derzufolge die Frau des Vergewaltigers dem Vater des vergewaltigten Mädchens zur (sexuellen) Erniedrigung zu übergeben ist ... «* Es gibt nicht das geringste Beweismaterial zur Bestätigung dieses Vorschlags, einen Teil des Gesetzes zu ignorieren, der die Empfindlichkeit unserer Zeit verletzt, Vgl. Claudio Saporetti 1979, besonders S. 10, als Interpretation von MAL § 55, die dessen repressiven Charakter nicht unterschätzt und Beispiele von Privatverträgen heranzieht, um den niedrigen Status von Frauen der unteren Schichten zu belegen. Saporetti zeigt durchgängig *»die totale und absolute Abhängigkeit der Frau«* von Vater und Ehemann (S. 13).

wir schon dargelegt haben. Das Ausmaß der Macht des Ehemannes ergibt sich deutlich aus § 59 des mittelassyrischen Rechts, der festlegt, daß abgesehen von den gesetzlich vorgesehenen Strafen »*...ein Mann seine Frau prügeln, raufen, ihre Ohren verletzen und durchbohren (darf), ohne daß ihn Schuld trifft.*«[290]

Dies ist das letzte Gesetz auf den Tontafeln, auf denen die Paragraphen 1 bis 59 des mittelassyrischen Rechts niedergeschrieben sind. Es vermittelt ein lebendiges Bild von der Erniedrigung einer verheirateten Frau in der assyrischen Gesellschaft im Vergleich zur altbabylonischen Gesellschaft.

Auch als Witwe blieb die Frau abhängig. Ihre ökonomische Stellung war besser, wenn sie die Mutter von Söhnen war, ob als Haupt- oder als Nebenfrau. Das Gesetz des Hammurabi sah vor, daß sie mit Respekt zu behandeln sei und ein lebenslängliches Recht auf Wohnung und Lebensunterhalt im Hause ihres Mannes oder Sohnes genieße. Die Sklavin-Konkubine ihres verstorbenen Mannes mußte mit ihren Söhnen freigelassen werden. Implizit besagt das, daß einer kinderlosen Witwe oder der Mutter von Töchtern nicht die gleichen Rechte zustanden.[291] MAL§ 46 scheint sich zumindest teilweise auf diese Lücke zu beziehen. Er gibt der Frau, für die im Testament ihres Gatten nicht gesorgt worden ist, das Recht auf Wohnung und Unterhalt im Haushalt ihres Sohnes. Wenn sie die zweite Frau ist, die selbst keine Söhne geboren hat, so sollen die Söhne ihres Gatten sie unterstützen. Das Recht behandelt auch den Fall, daß ein Sohn des Gatten die Witwe ehelicht. Dieser Brauch, dementsprechend in Assyrien der Sohn eines Verstorbenen seines Vaters Konkubinen oder Nebenfrauen, mit Ausnahme seiner eigenen Mutter, heiraten konnte, leitete sich möglicherweise her von einer alten semitischen Praxis. Diese sah vor, daß ein Herrscher die Frauen und Konkubinen als Zeichen der auf ihn übergegangenen Königswürde erbte. Solche Sitten scheinen Ausdruck der Vorstellung zu sein, daß Frauen aus den niederen sozialen Schichten als eine Art von Eigentum anzusehen seien.[292]

290 MAL§ 56: Wenn eine junge Frau sich aus eigenem Antrieb einem Bürger hingibt, so soll der Bürger schwören, und man darf seiner Gattin nicht nahetreten. Das Dreifache des Kaufpreises für eine junge Frau soll der Beischläfer geben. Der Vater kann seine Tochter, wie er will, behandeln. Driver-Miles, AL, S. 423 ff.

291 Kommentar Driver-Miles, AL, S. 425. »*Die Züchtigung der Ehefrau, auf die sich dieser Abschnitt bezieht, ist also das, was einem Manne aufgrund seiner häuslichen Autorität oder ehelichen Kontrollrechte zusteht .... Der babylonische Codex hat keinen Abschnitt, der sich ausdrücklich mit der unumschränkten Vollmacht befaßt, die einem Ehemann dies in bestimmten Fällen seiner Frau gegenüber erlaubt ... .*« (Ebd., 292)

292 CH §§ 171 und 172, Driver-Miles, BL, II, S. 67; Kommentar BL, I, S. 334f.

Wie wir schon gesehen haben, sah das Hammurabische Gesetz ebenfalls vor, daß eine vermögende Witwe auch das Recht hatte, mitsamt ihrer Mitgift und dem Brautgeschenk in das Haus ihres Vaters zurückzukehren. Unter der Voraussetzung, daß die Vermögensrechte ihrer Söhne gewahrt blieben, konnte sie wieder heiraten. Wahrend der Geltung der mittelassyrischen Gesetzgebung hatten jedoch nicht alle Witwen die Wahl, eine neue Ehe einzugehen oder nicht.

Eine Braut, deren Verlobter vor der Hochzeit starb, konnte von ihrem Schwiegervater mit einem seiner anderen Söhne verheiratet werden. Im umgekehrten Fall, wenn einem Bräutigam die Braut starb, konnte der Brautvater ihm eine seiner anderen Töchter zur Frau geben. § 33 des mittelassyrischen Rechts legt im einzelnen fest, daß eine junge Witwe, die keine Söhne hat, an einen der Brüder ihres Mannes oder an dessen Vater gegeben werden soll. Nur wenn keine männlichen Verwandten zur Verfügung stehen, um sie zu heiraten, kann sie gehen, *»wohin sie will.«*[293] Diese Gesetze sind Ausdruck der Vorstellung, daß die Verehelichung eine Transaktion ist, die nicht in erster Linie das jeweilige Paar betrifft, sondern vielmehr die Rechte der männlichen Mitglieder einer Familie gegenüber den weiblichen Mitgliedern einer anderen Familie regelt.

Dieses Konzept liegt der Institution der jüdischen Leviratsehe zugrunde. Louis M. Epstein erklärt das hier geltende Prinzip:

> *»Die Familie hatte für sie (die Witwe des Sohnes) bezahlt, und sie gehörte der Familie ... Familieneigentum ... durfte nicht ungenutzt bleiben .... Diese Frau, für die bei Kauf bezahlt worden war und die zum Vollzug der Ehe und zum Gebären fähig war, durfte nicht ohne Ehemann bleiben ... «*[294]

293 MAL §46: Eine Frau, deren Gatte stirbt, braucht beim Tode ihres Gatten aus ihrem Hause nicht auszuziehen. Wenn ihr Gatte ihr nichts verschrieben hat, kann sie im Hause ihrer Söhne, wo es ihr gefällt, wohnen. Die Söhne ihres Gatten sollen sie verköstigen, Verköstigung und Getränk sollen diese für sie wie für eine Braut, die sie lieben, festsetzen. Wenn sie eine spätere Gattin ist und keine Söhne hat, so kann sie bei einem (ihrer Stiefsöhne) wohnen, und {ihre Stiefsöhne) sollen sie gemeinsam verköstigen. Wenn sie (eigene) Söhne hat und die Söhne der ersten (Gattin) nicht einwilligen, sie zu verköstigen, so kann sie im Hause ihrer eigenen Söhne, wo es ihr gefällt, wohnen, und ihre eigenen Söhne sollen sie verköstigen, und sie soll ihnen zu Diensten sein. Wenn aber unter den Söhnen ihres Gatten einer ist, der sie heiraten will, dann soll derjenige, der sie heiratet, (sie verköstigen); (ihre Söhne) brauchen sie dann nicht zu verköstigen.
Driver-Miles, AL, S. 415. Es ist bemerkenswert, daß von der verwitweten Mutter als Gegenleistung für die Unterstützung durch ihre Söhne erwartet wird, daß sie »ihre Arbeit tue«, wahrscheinlich Arbeit im Haushalt oder bei der Herstellung von Textilien. Der alte semitische Brauch wird diskutiert in Driver-Miles, BL, I, S. 321. Beispiele in 2. Samuel 16: 21-22 und 1. Könige 2: 21-22.
294 MAL §§ 30, 31. Driver-Miles, AL, S. 399-401.
MAL § 33 :. Wenn eine Frau im Hause ihres Vaters wohnt, ihr Gatte stirbt und Söhne / ein Sohn vorhanden sind / ist ... und ... er kann sie ihrem Schwiegervater zur Ehe geben. Wenn ihr Gatte und ihr Schwiegervater sterben und sie keinen Sohn hat, so ist sie Witwe und kann gehen, wohin sie will.

Starb der Ehemann, ohne einen Sohn zu haben, so sollte die Wiederverheiratung der Witwe mit einem anderen Familienmitglied zur Geburt eines Sohnes führen, der als Sohn des gestorbenen Ehemannes gelten würde. Da der Status einer alleinstehenden Frau prekär, wenn nicht unmöglich war, bot die Leviratsehe auch einer kinderlosen Witwe *»Schutz, Versorgung und Unterhalt ... und die gesellschaftlichen Vorteile der (anhaltenden) Mitgliedschaft in der Familie des Gatten.«*[295] Es würde über den Rahmen dieser Untersuchung hinausgehen, die komplexe Entwicklung der Leviratsehe darzustellen, wie sie der Bibel zufolge entstand und in der jüdischen Tradition gestaltet wurde. Wir sollten jedoch festhalten, daß auch sie einen »Klassen«unterschied zwischen den Frauen bestätige – die Frau, die Söhne geboren hatte, erfreute sich größerer Sicherheiten und Privilegien als die Frau, die nur Töchter geboren hatte, oder eine kinderlose Frau. Frauen erhielten einen höheren sozialen Rang nicht nur durch ihr sexuelles Verhalten, sondern ebenso durch ihren Beitrag zur Sicherung des Nachwuchses.

Auch die Gesetze, die Fehlgeburt und Abtreibung zum Gegenstand haben, bieten Einsichten in die Beziehung von Geschlecht und sozialer Schicht. Nach dem mesopotamischen Gesetz gab es verschiedene Strafen je nach der Schichtzugehörigkeit der Betroffenen. Bei Frauen bezog sich das gewöhnlich auf die Schichtzugehörigkeit des Mannes, der Eigentumsrechte an der Frau hatte. Dementsprechend legt das Gesetz des Hammurabi fest, daß die Mißhandlung einer Patriziertochter, die zu einer Fehlgeburt führt, mit einer Geldstrafe von zehn Schekel geahndet wird, diese Strafe im Falle einer Bürgertochter aber nur fünf Schekel beträgt. Verursacht die Mißhandlung den Tod der Tochter eines Patriziers, so wird die Tat mit dem Tod der Tochter des Täters bestraft. Handelt es sich um die Tochter eines Bürgerlichen, so ist eine Geldstrafe ausreichend. Dem Talionsgesetz (Gleiches ist mit Gleichem zu vergelten) entsprechend wird auch

---

Es ist bemerkenswert, daß dieses Gesetz nur für bestimmte Witwen gilt, nämlich solche, die auch als verheiratete Frau im Haushalt ihres Vaters gewohnt haben. Das träfe in der Regel nur auf eine Kinder-Braut zu. In diesem Fall könnten ihr Vater und ihr Schwiegervater in einer Leviratsehe über sie Verfügen. Saporetti erläutert die gesellschaftliche Situation der Frau als Witwe in Assyrien unter besonderer Berücksichtigung des außergewöhnlichen und speziellen Falles der almattu, die eine freie Frau ohne Söhne war (es sei denn, diese wären minderjährig), deren Schwiegervater auch gestorben war und die unter niemandes Vormundschaft hätte gestellt werden können. Eine solche Frau konnte mit einem Manne ihrer Wahl zusammenleben, über ihren Besitz verfügen und unter Umständen eine rechtmäßig verheiratete Ehefrau werden. Sie konnte auch als Familienoberhaupt gelten. Saporetti weist darauf hin, daß dies außergewöhnlich ist und der allgemein geringen sozialen Stellung von Witwen in den Gesellschaften des Vorderen Orients widerspricht. Saporetti 1979, S. 17ff.

295 L. M. Epstein 1942, S. 77.

hier das Leben der Tochter des Aggressors zum Substitut des Lebens des schuldigen Vaters (CH §§209-214).[296]

Das assyrische Gesetz bezieht sich auf eine größere Zahl unterschiedlicher Fälle. § 50 des mittelassyrischen Rechts sieht vor, daß ein Mann, der bei einer verheirateten Frau eine Fehlgeburt verursacht, seine eigene Frau in der gleichen Weise behandelt sehen soll; *»die Frucht (ihres Leibes) soll behandelt werden, wie er sie behandelt hat.«* Wenn die Mißhandlung den Tod der schwangeren Frau zur Folge hat, so soll der Täter getötet werden. Dieses Prinzip gilt ausnahmslos, unabhängig davon, ob das Opfer eine ehrbare Frau oder eine Dirne war. Zwei andere Regelungen sind bemerkenswert: Die erste setzt fest, daß der Täter getötet werden soll, wenn der Ehemann des Opfers keinen Sohn hat und die Ehefrau aufgrund der Mißhandlung eine Fehlgeburt hatte; und auch die zweite: *»Wenn die Frucht des Leibes ein Mädchen ist, muß er dennoch bezahlen (nach dem Grundsatz von) ein Leben (für ein Leben).«*[297]

Vergleichen wir die beiden Gesetzessammlungen (Codex Hammurabi und Mittelassyrisches Recht), so sehen wir, daß das Strafmaß für die Verursachung des Todes einer schwangeren Frau heraufgesetzt worden ist: Nach dem mittelassyrischen Recht muß der Täter selbst sterben, während dem Gesetz des Hammurabi entsprechend die Tochter des Täters getötet wurde. Und offensichtlich wurden die Unterschiede der Klassenzugehörigkeit des Opfers der Mißhandlung in dem späteren Kodex differenzierter festgelegt als in dem früheren. In einem besonderen Fall, der Fehlgeburt einer *»Adligen durch Geburt«*, wird das Verbrechen aus dem Bereich des Privatrechts in den des öffentlichen Rechts übernommen. In diesem Fall muß der Rechtsbrecher eine hohe Geldstrafe entrichten, wird mit fünfzig Rutenschlägen gezüchtigt und muß einen einmonatigen *»Arbeitsdienst für den König«* leisten (MAL §21). Offenbar wurde der Verlust des potentiellen Erben eines Adligen als Anschlag auf die gesellschaftliche Ordnung betrachtet, der öffentlich und schwer bestraft werden mußte.[298] Geht

296 Ebd. S. 79.

297 CH §§ 209-214. Driver-Miles, BL, II, S. 79. Kommentar, I, S. 413ff. Die Autoren weisen darauf hin, daß diese Gesetze einen Klassenunterschied zwischen Frauen machen und daß die Person, die einen Geldbetrag erhält als Schadensersatz *»für den Verlust des ungeborenen Kindes ..., der Ehemann oder Herr sein muß«* (S.415).

298 Die diesbezüglichen MAL Gesetze sind:
MAL§ 21: Wenn ein Bürger die Tochter eines (anderen) Bürgers schlägt und bei ihr eine Fehlgeburt verursacht, man es ihm beweist und ihn überführt, so soll er dreißig Minen Zinn geben, man soll ihm fünfzig Stockschläge versetzen, und er soll einen vollen Monat für den König Frondienste leisten.
Driver-Miles, AL, S. 393.
MAL §50, im Text zitiert, AL, S.419.

es um Fehlgeburten bei Frauen geringeren sozialen Ranges, so werden klare Unterschiede bei der Erhebung der Geldstrafen gemacht, doch wenn die Frau infolge der Mißhandlung stirbt, so wird ohne Berücksichtigung des sozialen Status der Frau ausnahmslos die Todesstrafe verhängt. Dies mag den Beginn einer juristischen Unterscheidung zwischen Kapitalverbrechen und weniger schweren Straftaten belegen.

Das Gesetz der Hethiter ist einfacher und weniger gegliedert. Ein Mann, der bei einer Frau eine Fehlgeburt verursacht, muß eine Geldstrafe bezahlen, deren Höhe je nach dem Alter des Fötus festgesetzt wird. Die Strafe ist im Falle einer Sklavin halb so hoch wie bei einer freien Frau (HL §§ 17, 18).[299] Es gibt einige entsprechende Gesetze im hethitischen Recht, die geringere Strafen für die Verursachung von Fehlgeburten bei Kühen oder Stuten vorsehen (HL § 77a). Ganz eindeutig geht es hier um Eigentumsrechte, nicht um die Belange der Verletzung eines lebenden Wesens, etwa der schwangeren Frau.

Das Mosaische Gesetz verbindet einige Inhalte der verschiedenen babylonischen Gesetzgebungen. Ein Mann, der die Fehlgeburt eines Kindes verursacht hat,

> *»werde am Gelde gebüßt, so viel ihm der Gatte des Weibes auflegt, und er zahle durch die Richter. Wenn aber Lebensgefahr ist, so gib Leben um Leben. Auge um Auge, Zahn um Zahn, Hand um Hand, Fuß um Fuß.«* (Exodus, 21: 22-24)

Das Prinzip, das dieser Gesetzgebung zugrunde liegt, beinhaltet, daß das Verbrechen darin besteht, dem Gatten einen Sohn vorzuenthalten und, im Falle des Todes der Frau, ihn ihres Potentials als künftige Gebärerin seiner Kinder zu berauben.[300]

MAL §51; Wenn ein Bürger die Gattin eines (anderen) Bürgers, die nicht (Kinder) großzieht, schlägt und bei ihr eine Fehlgeburt verursacht, so ist dies die Strafe: Er soll zwei Talente Zinn geben.
Driver-Miles, AL, S. 421.
MAL § 52: Wenn ein Bürger eine Dirne schlägt und bei ihr eine Fehlgeburt verursacht, so soll man ihm Schläge für Schläge versetzen. Das Leben soll er ersetzen.
Driver-Miles, AL, S.421.
Jedes dieser Gesetze bezieht sich auf eine andere Gruppe von Frauen: MAL§ 21 auf eine Adlige, MAL§ 50 auf die Frau eines Bürgerlichen, MAL§ 51 auf eine Frau, die ihre Kinder nicht aufzieht, weil sie krank ist oder die Kinder verkauft hat und bei der deshalb davon ausgegangen wird, daß sie einen geringeren Verlust erlitten hat als die anderen Frauen; und MAL § 52 bezieht sich auf eine Dirne. In ihrem Fall haben Kinder einen großen Wert, weil sie aufgezogen werden, damit sie verkauft werden oder auch als Prostituierte arbeiten können, um den Unterhalt der Frau zu sichern, die nicht von einem Mann versorgt wird. Kommentar Driver-Miles, AL, s. 106ff.

299 MAL§ 21 s. Anm. 286; Driver-Miles, AL, S. 108: »*...die Tat wird in diesem Falle gewissermaßen als ein Vergehen gegen den Staat betrachtet ...*«

300 HL § 17 (frühere Version): Wenn jemand die Leibesfrucht einer freien Frau abstößt, gibt er

Die politischen Implikationen dieser Gesetzgebung sind am deutlichsten sichtbar in§ 53 des mittelassyrischen Rechts, der im Codex Hammurabi keinen Vorgänger hat. Wenn eine Frau eine Fehlgeburt selbst hervorruft,

> *»man es ihr beweist und sie überführt, so soll man sie pfählen und sie nicht begraben. Wenn sie bei der Fehlgeburt stirbt, so soll man sie pfählen und nicht begraben ... «*[301]

Auffallend ist hier vor allem, daß die selbstverursachte Abtreibung als ein von Staats wegen zu verfolgendes Verbrechen gilt, von dem der König (das Gericht) in Kenntnis gesetzt werden muß. Die Pfählung und Verweigerung eines Begräbnisses sind die schwersten Strafen nach dem mittelassyrischen Recht, und sie sind nach öffentlichem Recht verhängte Strafen für Schwerverbrechen. Welchen Sinn hat es, die selbst herbeigeführte Abtreibung als Verbrechen seiner Schwere nach dem Hochverrat oder einem Attentat auf den König gleichzustellen? Driver und Miles, deren Erläuterungen zum mittelassyrischen Recht für abschließend gehalten werden, stellen fest:

> *»Es scheint nicht zusammenzupassen, daß das Aussetzen unerwünschter Kinder erlaubt ist, das Verursachen von Fehlgeburten aber mit den strengsten Strafen belegt wird. Im Falle einer verheirateten Mutter läßt sich das damit erklären, daß das Recht zum Aussetzen beim Vater liegt, während die Mutter nicht das Recht hat, durch ihr Verhalten ihm die Wahlmöglichkeit hinsichtlich des Lebens oder Sterbens des Kindes zu nehmen.«*[302]

Und sie argumentieren weiter:

> *»Der Grund mag sein, ... daß die Frau durch ihr Verbrechen das heilige Blut der Familie vergossen hat und deshalb den Zorn des Himmels nicht nur auf sich selbst, sondern über die gesamte Gemeinschaft gebracht hat.«*[303]

(wenn) (es) der 10. Monat (ist), 10 Sekel Silber, wenn es der 5. Monat ist, 5 Sekel Silber.
HL § 17 (spätere Version): Wenn jemand die Leibesfrucht einer freien Frau abstößt, gibt er 20 Sekel Silber.
HL § 18 (frühere Version): Wenn jemand die Leibesfrucht einer Unfreien abstößt, gibt er, wenn es der 10. Monat ist, 5 Sekel Silber.
HL § 18 (spätere Version): Wenn jemand die Leibesfrucht einer Unfreien abstößt, gibt er 10 Sekel Silber.
(Albrecht Goetze in: Pritchard 1955, S. 190; Rückübers. v.d. Ü.)

301 MAL § 53. Driver-Miles, AL, S. 42 1, Kommentar, AL, S. 115 ff.

302 Ebd. S. 116.

303 Ebd., S. 117.

Meines Erachtens muß dieser Wandel in der Gesetzgebung in einem Zusammenhang mit anderen Veränderungen in bezug auf die Kontrolle des Geschlechtslebens der Frauen gesehen werden. Die brutale Bestrafung von Selbstabtreibungen hat zu tun mit der Bedeutung, die das ganze mittelassyrische Recht dem Zusammenhang zwischen der Macht des Königs (des Staates) und der Macht des patriarchalen Familienoberhauptes über seine Frauen und Kinder beimißt. So ist das bis dahin durch Gewohnheitsrecht sanktionierte Recht des Vaters, über das Leben seiner unmündigen Kinder zu bestimmen – was tatsächlich bedeutete, daß er entscheiden konnte, ob seine neugeborenen Töchter leben oder sterben sollten-, im mittelassyrischen Recht gleichgesetzt mit der Achtung der gesellschaftlichen Ordnung. Die Usurpation dieses Rechtes durch eine Frau gilt nun als ein ebenso schweres Verbrechen wie Hochverrat oder ein Anschlag auf das Leben des Königs.

Offensichtlich erweiterte sich in dem hier untersuchten Zeitraum eines Jahrtausends die patriarchale Herrschaft über das Privatleben hinaus auf die durch das öffentliche Recht zu regelnde Sphäre der Gesellschaft. Die Kontrolle der weiblichen Sexualität, die zuvor dem einzelnen Ehemann oder dem Familienoberhaupt oblag, wurde nun zu einer staatlich reglementierten Angelegenheit. Das entspricht zweifellos einer allgemeinen Tendenz zur Erweiterung der Macht des Staates und der Durchsetzung eines öffentlichen Rechts.

Die patriarchale Familie, die zuerst in der Gesetzgebung des Hammurabi rechtlich voll abgesichert worden ist, war ein Spiegelbild des archaischen Staates in seiner Mischung aus Paternalismus und nicht in Frage gestellter Autorität. Was aber besonders wichtig ist zum Verständnis des geschlechtsbestimmten Systems sozialer Rollen, in dem wir noch heute leben, das ist die Kehrseite dieses Prozesses: Der archaische Staat wußte von Beginn an um seine Abhängigkeit von der patriarchalen Familienstruktur und setzte das ordnungsgemäße Funktionieren der Familie der öffentlichen Ordnung gleich. Die Metapher der patriarchalen Familie als Zelle, als Grundbaustein eines gesunden gesellschaftlichen Organismus wurde zuerst im mesopotamischen Recht formuliert. Diese Vorstellung wurde drei Jahrtausende lang sowohl in der Ideologie wie in der Praxis ständig bestätigt. Daß sie noch immer einen beherrschenden Einfluß ausübt, läßt sich verdeutlichen an der Kampagne gegen das Verfassungsänderungsgesetz über die Gleichberechtigung in den USA im 20. Jahrhundert (Equal Rights Amendment).

Während des zweiten Jahrtausends v. Chr. hatte sich die Klassenbildung in einer Weise vollzogen, die den ökonomischen Status der Frauen untrennbar an ihre sexuellen Dienstleistungen band. Die Klassenposition der Frauen war also von Anfang an anders definiere als die der Männer. Strukturelle Veränderungen hatten bereits zu wachsenden Unterschieden zwischen den Frauen der Ober- und denen der Unterschicht geführt. Der Gesetzgebung oblag es nur noch, diese Aufspaltung institutionell zu fixieren. Das kann auf beeindruckende Weise an einem Gesetz des mittelassyrischen Rechts belegt werden, das zugleich die nachdrücklichste Bekräftigung des staatlichen Interesses an der Regulierung der weiblichen Sexualität zum Ausdruck bringt, nämlich dem Paragraphen 40 MAL, der das Erscheinen von Frauen in der Öffentlichkeit regelt. Mit diesem Gesetz, das faktisch die Aufteilung der Frauen je nach ihrem sexuellen Verhalten in verschiedene Gesellschaftsklassen rechtlich absichert, werden wir uns im nächsten Kapitel befassen. Dazu ist es erforderlich, in einem kurzen Exkurs die gesellschaftliche Anerkennung der Prostitution zu erörtern, die dieser Regelung vorausging.

Kapitel 6: Die Verschleierung der Frau

»Die Prostitution, oft als das älteste Gewerbe der Welt bezeichnet, ist in der gesamten aufgezeichneten Geschichte nachweisbar.«[304] Diese Feststellung entspricht der Auffassung einiger Fachwissenschaftler und dem Stand des allgemeinen Bewußtseins. Die Prostitution gilt demnach geradezu als eine Begleiterscheinung, ein Nebenprodukt der Vergesellschaftung des Menschen, die einer genaueren Erklärung nicht bedarf.

Andere Fachleute sind nicht dieser Meinung. »Prostitution«, so entnehmen wir der New Encyclopaedia Britannica, *»ist, dem heutigen Wissensstand nach, keine allgemeine kulturelle Erscheinung. In vielen sexuell permissiven Gesellschaften ist sie selten, weil unnötig, während sie in anderen Gesellschaften weitgehend unterdrückt worden ist.«*[305]

In seiner Doktorarbeit über die Geschichte der Prostitution führt der deutsche Arzt I. Bloch aus, daß sie sich mit der Reglementierung der Sexualität entwickelt: *»Prostitution taucht unter primitiven Völkern immer dort auf, wo der freie Geschlechtsverkehr beschränkt oder verboten ist. Sie ist nichts anderes als ein Ersatz und eine neue Form der primitiven Promiskuität.«*[306] Wenn dies auch zweifellos richtig ist, so wird dadurch doch nicht erklärt, unter welchen Bedingungen die Prostitution entsteht und in einer bestimmten Gesellschaft institutionalisiert wird. Dieser Erklärungsansatz vernachlässigt auch den ökonomischen Aspekt der Prostitution: Sie wird behandelt, als sei sie einfach eine besondere Variante des Geschlechtsverkehrs zwischen miteinander übereinstimmenden Beteiligten. Bloch geht aus von der Annahme der Existenz eines »natürlichen« Zustands der Promiskuität, der später von verschiedenen Formen ehelicher Strukturen verdrängt wurde. Diese Theorie des 19. Jahrhunderts, die von J. J. Bachofen und dem amerikanischen Ethnologen Lewis H. Morgan entwickelt worden war, bildet die Grundlage der Untersuchung von Friedrich Engels, die die moderne feministische Theorie so sehr beeinflußt hat:

304 Encyclopedia Americana 1979, Bd. 22, S. 169.
305 New Encyclopaedia Britannica 1979, Bd. 15, S. 76.
306 Iwan Bloch 1911, S.70f. (Rückübers. a. d. Englischen; A. d. Ü.)

»....Hetärismus leitet sich ganz direkt ab aus der Gruppenehe, aus dem Preisgebungsopfer der Frauen, wodurch sie sich das Recht der Keuschheit erkauften. Die Hingebung für Geld war zuerst ein religiöser Akt, sie fand statt im Tempel der Liebesgöttin, und das Geld floß ursprünglich in den Tempelschatz .... Bei anderen Völkern leitet sich der Hetärismus her aus der den Mädchen vor der Ehe gestatteten Geschlechtsfreiheit. ... Mit dem Aufkommen der Eigentumsverschiedenheit ... tritt die Lohnarbeit sporadisch auf neben Sklavenarbeit und gleichzeitig, als ihr notwendiges Korrelat, die gewerbsmäßige Prostitution freier Frauen neben der erzwungenen Preisgebung der Sklavin ... Der Hetärismus ist eben eine gesellschaftliche Einrichtung wie jede andere; er setzt die alte Geschlechtsfreiheit fort – zugunsten der Männer.«[307]

Einige Seiten später bezeichnet Engels die Prostitution als *»Ergänzung« der Monogamie und sagt ihr Verschwinden »mit dem Übergang der Produktionsmittel in Gemeineigentum«* voraus.[308] Selbst wenn wir den viktorianischen Blickwinkel in seiner Vorstellung, die Frauen sehnten sich nach der Ausübung ihres *»Rechtes auf Keuschheit«*, für falsch halten, müssen wir doch seine Einsicht zur Kenntnis nehmen, daß die Prostitution aufgrund von sich wandelnden Auffassungen über Sexualität entstanden ist und außerdem abhängig ist von bestimmten religiösen Glaubensinhalten und daß Veränderungen in den ökonomischen und sozialen Bedingungen während der Institutionalisierung des Privateigentums und der Sklaverei sich auf die sexuellen Beziehungen ausgewirkt haben. Ganz gleich, wie viele Irrtümer und Fehlschlüsse Engels nachzuweisen sind, er war der erste, der uns auf diese Zusammenhänge aufmerksam gemacht und uns den engen Bezug zwischen sozialen und sexuellen Beziehungen gezeigt hat. Mit seiner Darstellung der Analogie der Gleichzeitigkeit von freier Arbeit und Sklavenarbeit und der Gleichzeitigkeit von *»gewerbsmäßiger Prostitution freier Frauen neben der erzwungenen Hingabe der Sklavin«* hat er uns den Weg gewiesen zu einer Neudefinition des Begriffs der »Klasse« in bezug auf Männer und Frauen, die er selbst unglücklicherweise im Fortgang seiner Arbeit nicht vorgenommen hat.

Um die historische Entwicklung der Prostitution zu verstehen, müssen wir dem Hinweis von Engels folgen und untersuchen, welche Beziehung zwischen der Prostitution und der Reglementierung des Sexualverhaltens aller Frauen in den archaischen Staaten sowie zwischen der Prostitution und der Versklavung von Frauen besteht. Doch zunächst müssen wir uns mit der am weitesten ver-

307 Engels 1974, S. 76f. Engels‹ Hinweis auf die Tempelprostitution beruht auf seiner unkritischen Anerkennung einer Deutung Herodots. Siehe unten.
308 Engels 1974, S. 86f.

breiteten und akzeptierten Erklärung des Entstehens der Prostitution befassen: mit der Auffassung nämlich, daß sie sich aus der »Tempelprostitution« entwikkelt habe.

Leider verwenden die meisten wissenschaftlichen Autoritäten den gleichen Begriff für ein breites Spektrum von Verhaltensweisen und Handlungen und zur Bezeichnung von mindestens zwei Formen organisierter Prostitution, die es in archaischen Staaten gegeben hat: der religiös und der kommerziell motivierten. Es wird zum Beispiel die These vertreten, daß in Mesopotamien und in anderen Gesellschaften die geheiligte Prostitution, die für überlieferte Fruchtbarkeitsriten und Göttinnenverehrung charakteristisch ist, zur gewerbsmäßigen Prostitution geführt habe.[309] Diese Reihenfolge ist bestenfalls zweifelhaft. Der Gebrauch des Begriffs »geheiligte Prostitution« für alle sexuellen Praktiken im Zusammenhang mit dem Tempeldienst hindert uns zu verstehen, welche Bedeutung solche Praktiken für die damals Lebenden hatten. Ich werde deshalb unterscheiden zwischen »kultischen sexuellen Diensten« und »Prostitution«, worunter ich nur die gewerbsmäßige Prostitution verstehe.

Kultische sexuelle Dienste von Männern und Frauen hat es möglicherweise schon im Neolithikum und in verschiedenen Kulten zu Ehren der Muttergöttin oder der sogenannten Großen Göttin in ihren vielen Erscheinungsformen gegeben.[310] In ganz Europa, dem Mittelmeerraum und in Ostasien bezeugen archäologische Funde in großer Zahl die Existenz von weiblichen Figurinen, die Brüste, Hüften und Gesäß betonen. Diese Figurinen sind an vielen Stellen gefunden worden, die von Archäologen als Schreine gedeutet worden sind, aber es gibt keine Möglichkeit zu erkennen, wie diese Figurinen gebraucht oder verehrt worden sind. Wir werden es nie wissen.

Im Gegensatz dazu haben wir klare und historisch verifizierte Belege – linguistische, literarische, bildliche und rechtliche Quellen -, aus denen wir die Verehrung von Göttinnen und das Leben und die Verhaltensweisen von Priesterinnen im alten Mesopotamien in der neubabylonischen Periode rekonstruieren können.

Die Menschen im alten Babylonien waren der Meinung, daß die Götter und Göttinnen tatsächlich im Tempel wohnten, dort also nicht nur symbolisch an-

309 New Encyclopaedia Britannica, Bd. 15, S. 76; Encyclopedia Americana, Bd. 22, S. 672-674; Encyclopedia of the Social Sciences 1934, Bd. 13, S. 553; V. u. B. Boullough 1978, S.19f., Bloch 1912, Bd. 1, S. 70f.; F. Henriques 1962, Kap. 1; William Sanger 1858, S.40f.; Geoffrey May 1934; Max Ebert 1926, S. 323; Erich Eheling u. Bruno Meissner 1926, Bd. 4, S. 223, 391ff.

310 Marija Gimbutas 1982, Edwin 0. James 1959; eine gründlichere Erörterung dieses Themas folgt in Kapitel 9.

wesend waren. Alle, die im Tempel Dienst taten, die Priester und Priesterinnen jeden Ranges, die Künstler, Handwerker, Arbeiter und Sklaven, sie alle bemühten sich um das Wohlbefinden und die Ernährung der Gottheiten, wie sie auch für das Wohlbefinden und die Verpflegung eines weltlichen Herrn gesorgt hätten. Täglich wurden für die Gottheit die Mahlzeiten sorgfältig zubereitet und aufgetragen, ihr Bett wurde gemacht, und zur Unterhaltung des Gottes oder der Göttin wurde musiziert. Für Menschen, die Fruchtbarkeit als etwas Heiliges und für ihr Überleben Wesentliches verehrten, beinhaltete die Sorge um das Wohlergehen der Götter oder Göttinnen auch, ihnen sexuell zu Diensten zu sein.[311] So entstand eine besondere Gruppe von Tempeldirnen. Es scheint, daß diese sexuelle Aktivität im Namen und zum Wohlgefallen des Gottes oder der Göttin als etwas galt, das den Menschen und dem oder der Heiligen zugute kam. Die Praktiken unterschieden sich je nach dem betreffenden Gott oder der Göttin, nach dem jeweiligen Ort und je nach der historischen Epoche. Es gab auch, besonders in späterer Zeit, gewerbsmäßige Prostitution, die in der Umgebung oder im Inneren des Tempels blühte. Und auch in dieser Hinsicht haben Wissenschaftler in unserer Zeit diese unterschiedlichen Erscheinungsformen nicht deutlich auseinandergehalten und alle diese Aktivitäten als Prostitution bezeichnet oder mit dem Begriff »Hierodule« belegt, ohne die verschiedenen Arten von Frauen zu unterscheiden, die aus kultischen Gründen oder aber kommerziell motiviert sexuelle Dienste verrichteten.[312] Erst seit 1956, als der erste Band des Chicago Assyrian Dictionary erschien, ist es möglich, die Begriffe genauer zu bestimmen und den Auffassungen der Babylonier entsprechend – die verschiedenen Arten von Tempeldienerinnen zu unterscheiden.

In der altbabylonischen Periode wurden die Töchter von Königen und Herrschern zu Hohepriesterinnen des Mondgottes oder der Göttin Ischtar gemacht. Die en- oder enu-Priesterinnen entsprachen in ihrer Bedeutung den männlichen Hohepriestern. Sie trugen eine besondere Kleidung, eine Kappe mit Aufschlägen, ein gefaltetes Gewand, Juwelen und einen Stab – die gleichen Insignien und Kleidungsstücke, die auch ein Herrscher trug. Sie lebten innerhalb des heiligen Schreins, waren verantwortlich für die Angelegenheiten des Tempels, verrichteten rituelle und zeremonielle Aufgaben und waren in der Regel unverheiratet. Die nin-dingir-Priesterinnen im alten Sumer hatten eine ähnliche Rolle. Assyriologen glauben, daß es diese Art von Frauen war, die jedes Jahr an der Heiligen Hochzeit teilnahmen und dabei die Göttin repräsentierten oder personifizierten.

311 A. Leo Oppenheim 1964, S. 187ff.
312 Vern Bullough 1976, S.22-ff.

Die Grundlage des Rituals der Heiligen Hochzeit war der Glaube, daß die Fruchtbarkeit des Bodens und der Menschen abhängig sei von der Zelebrierung der sexuellen Kraft der Fruchtbarkeitsgöttin. Wahrscheinlich hatte dieser Ritus seinen Ursprung schon vor dem Jahre 3000 v. Chr. in der sumerischen Stadt Uruk, die der Göttin Inanna geweiht war. Die Heilige Hochzeit war die Vermählung der Göttin Inanna entweder mit dem Hohepriester, der den Gott repräsentierte, oder dem König, der mit dem Gott Dumuzi identifiziert wurde.[313] Ein typisches Gedicht beschreibt, wie die Begegnung von der Göttin, die ihre Sehnsucht nach der Vereinigung mit dem Geliebten zum Ausdruck bringt, eingeleitet wird. Nach ihrer Vereinigung blüht das Land auf:

Pflanzen wuchsen hoch an seiner Seite,
Getreide wuchs hoch an seiner Seite
... Gärten gediehen über die Maßen an seiner Seite.

Die Göttin, glücklich und zufrieden, verspricht, das Haus ihres Gatten, des Hirten/Königs zu segnen:

Mein Gatte, die Vorratskammern, den heiligen Stall,
Ich, Inanna, werde sie dir erhalten,
Ich werde wachen über dein »Haus des Lebens« ...[314]

Die jährliche symbolische Wiederholung dieser mythischen Vereinigung war eine öffentliche Zeremonie, von der angenommen wurde, sie sei für das Wohl der Gemeinschaft von wesentlicher Bedeutung. Bei der Gelegenheit einer solchen freudigen Zeremonie mag es zur Einbeziehung der sexuellen Aktivität der Gläubigen im Tempel und um ihn herum gekommen sein. Es ist wichtig zu verstehen, daß die Zeitgenossen diese Gelegenheit damals als heilig betrachteten, ihr eine mythische Bedeutung für das Gemeinwohl beimaßen und daß sie dem König und der Priesterin Respekt entgegenbrachten und sie hoch verehrten, weil sie diesen »heiligen« Dienst leisteten.

Die Heilige Hochzeit wurde fast zweitausend Jahre lang in den Tempeln der verschiedenen Fruchtbarkeitsgöttinnen vollzogen. Der junge göttliche Geliebte oder Sohn der Göttin wurde in verschiedenen Sprachen Tammuz, Attis, Adonis, Baal und Osiris genannt. In einigen dieser Rituale ging der geheiligten Vereinigung der Tod des jungen Gottes voraus, der eine Zeit der Dürre oder Unfruchtbarkeit symbolisierte, die nur durch seine Auferstehung durch die Vereinigung

313 Zur Diskussion über die Heilige Hochzeit siehe Samuel N. Kramer 1969, S. 59; Thorkild Jacobsen 1970; Judith Ochshorn 1981, S. 124; auch W. G. Lamhert 1957-58, s. 195.
314 Beide Zitate S. N. Kramer 1969, S. 59.

mit der Göttin beendet werden konnte. Sie konnte ihn wieder zum Leben erwecken, sie konnte ihn zum König machen und ihm die Macht geben, das Land fruchtbar werden zu lassen. Eine reiche geschlechtsbestimmte Vorstellungswelt mit ihrer lustvollen Verehrung von Sexualität und Fruchtbarkeit war in der gesamten Dichtung und in den Mythen zu finden und kam in Statuen und Skulpturen zum Ausdruck. Riten, die dem Ritus der Heiligen Hochzeit ähnlich waren, entfalteten sich auch im klassischen Griechenland und im vorchristlichen Rom.[315]

Während der größte Teil der Informationen über *en*-Priesterinnen aus der altbabylonischen Zeit stammt, gibt es in der neu babylonischen Periode von Ur und Girsu viele Hinweise auf *nindingir*-Priesterinnen. Zur Zeit des Hammurabi (1792-1750 v. Chr.) lebten solche Priesterinnen zwar nicht mehr in klösterlicher Abgeschiedenheit, doch auf ihren guten Ruf wurde weiterhin genau geachtet.[316]

Als nächste in der Rangordnung folgten auf die *en-* und *nin-dingir* Priesterinnen die *naditum*-Priesterinnen. Das Wort *naditum* bedeutet *»die Brachliegende«*, was bedeutet, daß es ihnen verboten war, Kinder zu gebären.[317] Wir wissen recht viel über die *naditum*-Priesterinnen des Gottes Schamasch und des Gottes Marduk während der ersten Dynastie von Babylon. Diese Frauen kamen aus den oberen Schichten der Gesellschaft; einige waren Königstöchter, die meisten waren die Töchter hoher Verwaltungsbeamter, Schreiber, Ärzte oder Priester. Eine *naditum* des Gottes Schamasch kam als junges Mädchen in den Tempel und blieb unverheiratet. Das Kloster, in dem diese Frauen mit ihren Dienerinnen lebten, bestand aus einem weitläufigen Komplex einzelner Gebäude innerhalb des Tempels. Das Kloster im Tempel der Stadt Sippar, das zeigte sich bei Ausgrabungen, verfügte auch über eine Bibliothek, eine Schule und einen Friedhof.[318] In dem Kloster lebten bis zu zweihundert Priesterinnen zur gleichen Zeit, aber die Zahl der *naditum* ging nach der Zeit Hammurabis mehr und mehr zurück.[319]

---

315 Thorkild Jacobsen 1970, S. 73-101.

316 Meine Angaben über die kultischen Dienerinnen sind vor allem gestützt auf die gründliche Untersuchung von Johannes Renger 1967.

317 Driver und Miles 1952, 1955, im folgenden als BL angeführt. Die Autoren sind der Auffassung, daß die *naditum*, obwohl unverheiratet, es nicht so genau nahmen mit der Keuschheit, *»denn es ist wahrscheinlich, daß sie in einigen Tempeln, etwa denen der Ischtar, geweihte Prostituierte waren«* (BL, 1, S. 366).

318 BL, I, S. 359.

319 Die umfassendste Studie über diese Frauen ist die von Rivkah Harris 1975; Hinweise auf ihre Zahl auf S. 304. Siehe auch Renger 1967, S. 1 56-68. Renger, Driver und Miles sowie Landsberger halten die *naditum* für Priesterinnen, Harris aber kann keine Beweise dafür erkennen, daß sie eine religiöse Funktion hatten. Sie hält deren Position für die einer »Schwiegertochter des Gottes Scham-

Naditum-Priesterinnen brachten eine reiche Mitgift in den Tempel, wenn sie dem Gott geweiht wurden. Bei ihrem Tode fiel diese Mitgift wieder an ihre Herkunftsfamilie. Sie konnten diese Mitgift als Kapital für geschäftliche Transaktionen nutzen oder Geld verleihen und Zinsen einnehmen, und sie konnten das Kloster auch verlassen, um sich ihrer Geschäfte anzunehmen. *Naditum* verkauften Land, Sklaven und Häuser, gaben Kredite und Geschenke und betrieben Ackerbau und Viehwirtschaft. Die Namen von 185 weiblichen Schriftkundigen, die im Tempel des Sippar dienten, sind bekannt.[320] Aus den Erträgen ihrer Geschäfte opferten die *naditum* regelmäßig an Festtagen den Göttern. Da sie selbst keine Kinder gebären durften, adoptierten die *naditum* häufig Kinder, damit diese im Alter für sie sorgen könnten. Anders als andere Frauen ihrer Zeit konnten sie ihr Eigentum weiblichen Erben vermachen, sehr wahrscheinlich Familienmitglieder, die auch als Priesterinnen dienten.

Naditum des Gottes Marduk lebten nicht im Kloster und durften heiraten, nicht aber Kinder haben. Diese Gruppe von Frauen war es, die vor allem den Regeln des Codex Hammurabi unterlag. Wie schon erwähnt, konnte eine *naditum* dafür sorgen, daß ihrem Manne Kinder geboren wurden, indem sie ihm eine Sklavin oder eine niedere Tempeldienerin als Konkubine oder zweite Frau zuführte, *schugitum* genannt. Das Hammurabische Gesetz sorgt ausdrücklich und detailliert für die Erbrechte solcher Kinder, was auch als Hinweis auf die Bedeutung der *naditum* für die gesellschaftliche Ordnung gelten kann. Es kann aber auch ein Zeichen dafür sein, daß die soziale Position dieser Frauen während der Herrschaft des Hammurabi auf irgendeine Weise prekär geworden war oder sich veränderte. Letzteres erklärt vielleicht den Inhalt von § 110 des Codex Hammurabi, der die Todesstrafe vorsieht für eine außerhalb des Klosterbezirks lebende *naditum*, die ein Wirtshaus betritt oder ein solches Etablissement führt. Wenn der Begriff Wirtshaus oder Etablissement, wie der Kommentator anzunehmen scheint, ein Bordell oder ein Lokal, das von Prostituierten aufgesucht wird, bezeichnet, so bedeutet das Gesetz offenbar, daß ihr jede Beziehung zu einem solchen Ort verboten ist. Ihr Lebenswandel muß nicht nur dem Anstand genügen, sie hat auch auf ihren Ruf zu achten, um über jeden Zweifel erhaben zu sein.[321] Das Bedürfnis, ein solches Gesetz zu erlassen, mag sich vielleicht aus

asch und seiner Braut Aja.« Als solche übernahmen sie alle den Sitten entsprechenden Dienste von Schwiegertöchtern. Harris betrachtet ihre Funktion als eine »kultische«, insofern ihr Leben dem Dienst an dem Gott geweiht war. Siehe Harris, S. 308f.

320 Harris 1975, S. 285.

321 BL, II, S. 45; Kommentar BL, I, S. 205 f. Nebenbei wird hier auch deutlich, daß die Zeitgenossen die von Priesterinnen vollzogenen kultischen sexuellen Dienste in einem ganz anderen Lichte sahen als gewerbsmäßige Prostitution. Renger kommentiert diese Textstelle so: »*Das Interesse des Staates,*

einer gewissen Lockerung der Sitten bei den kultischen Dienerinnen ergeben haben. Es weist aber, wie wir noch erörtern werden, auch auf ein wachsendes Bedürfnis der Gesetzgeber hin, eine klare Trennung zwischen anständigen und unanständigen Frauen vorzunehmen.

Kulmaschitum und *qadischtum* waren weniger geachtete Tempeldienerinnen, die in den Texten gewöhnlich gemeinsam genannt werden. Der Unterschied zwischen ihnen ist nicht recht verstanden worden. Ihre Erbrechte sind in § 181 des Codex Hammurabi spezifiziert, der festlegt, daß sie berechtigt sind, ein Drittel des väterlichen Erbes zu erhalten, wenn ihnen beim Eintritt in den Tempel keine Mitgift gegeben worden ist. Sie haben aber an ihrer Erbschaft nur ein Nutzungsrecht auf Lebenszeit. Ihr Erbe gehört ihren Brüdern.[322] Driver und Miles interpretieren die Tatsache, daß die Erbschaft dieser Tempelsklavinnen an ihre Brüder zurückfällt, als Hinweis darauf, daß nicht angenommen wurde, sie würden Kinder gebären. Dem scheint zu widersprechen, was sich aus einer Reihe von Quellen ergibt, nämlich daß die *qadischtum* nicht selten als bezahlte Ammen dienten und deshalb selbst Kinder gehabt haben müssen. Sie haben möglicherweise außerhalb des Klosters gelebt und geheiratet, nachdem sie eine gewisse Zeit im Tempel Dienst getan hatten. Vielleicht waren sie auch während ihres Tempeldienstes Prostituierte. In diesem Falle würde ihre Beschäftigung als Amme bei reichen Leuten belegen, daß ihre soziale Rolle nicht als minderwertig galt und nicht verachtet wurde. Um die Angelegenheit noch weiter zu komplizieren, gibt es Texte, in denen die Göttin Ischtar selbst eine *qadischtum* genannt wird.[323]

Es gibt zwei »historische« Bewertungen der sexuellen Aktivitäten in den babylonischen Tempeln und deren Umgebung, die beide die Historiker der Gegenwart über Gebühr beeinflußt haben. Eine Darstellung ist die des griechischen Historikers Herodot aus dem 5. Jahrhundert v. Chr., die sich mit der religiösen Prostitution im Tempel der Göttin Mylitta befaßt. Die andere wurde etwa vier-

---

wie es sich in der Rechtspraxis und im Codex Hammurabi CH ausdrückt, war darauf gerichtet, die wirtschaftliche Sicherheit der naditum unbedingt zu gewährleisten, damit vermieden wurde, daß eine naditum wegen ungenügenden Einkommens zur Prostituierten wurde. Die Einrichtung des gagum *diente dem gleichen Zweck.«* (1967, S.156)

322 BL, II, S. 73, Kommentar BL, I, S. 379f. Die Autoren übersetzen *Kulmaschitum* mit »Hierodule« (Tempelsklavin) und *qadischtum* mit »Geweihte.«

323 Harris 1975, S. 1-27. Einige Orientalisten unterscheiden nicht zwischen diesen beiden Gruppen von Tempeldienerinnen; sie übersetzen beide Bezeichnungen mit »Hierodule« und beschreiben sie als Frauen, die »heilige Prostitution« ausübten. Driver und Miles weisen darauf hin, daß es keine Beweise gibt, die diese Deutung bestätigen oder widerlegen, daß es aber Fälle gibt, in denen die Göttin Ischtar selbst als *qadischtum* bezeichnet wird. (BL, I, S.369f.). Eine andere Übersetzung von *qadischtum* z.B. bei P. Koschaker (1917, S. 189).

hundert Jahre später von dem römischen Geographen Strabo geschrieben und bestätigte Herodot. Ich zitiere aus dem Werk Herodots:

> *»Jede Babylonierin muß sich einmal in ihrem Leben in den Tempel der Aphrodite begeben, dort niedersitzen und sich einem Manne aus der Fremde preisgeben. ... Hat sich eine Frau hier einmal niedergelassen, so darf sie nicht eher nach Hause zurückkehren, als bis einer der Fremden ihr Geld in den Schoß geworfen und sich draußen außerhalb des Heiligtums mit ihr vereinigt hat .... Die Größe des Geldstücks ist beliebig .... Dem ersten, der es ihr zuwirft, folgt sie; keinen verwirft sie. Ist es vorüber, so geht sie nach Hause und ist der Pflicht gegen die Göttin ledig. Wenn du ihr nachher noch so viel bietest, du kannst sie nicht noch einmal gewinnen .... Die Häßlichen müssen lange Zeit warten und gelangen nicht dazu, dem Brauch zu genügen. Drei, vier Jahre müssen manche im Tempel weilen...«*[324]

Abgesehen von Strabo gibt es keine Bestätigung dieser Geschichte, und »Gesetze«, die diese Praxis regeln oder sich auf sie beziehen, sind nicht bekannt. Herodot mag das Treiben der Prostituierten rund um den Tempel fälschlicherweise für einen Ritus gehalten haben, an dem jede assyrische Jungfrau beteiligt war. Eine andere der von Herodot niedergeschriebenen Geschichten, die ihm ein babylonischer Priester erzählt haben soll, scheint historisch besser fundiert zu sein. Sie beschreibt einen hohen Turm im Tempelbezirk von Marduk, an dessen Spitze die Hohepriesterin in einem Raum wohnte, ausgestattet mit einem Lager, wo sie nächtliche Besuche des Gottes empfing. Diese Erzählung hat eine Parallele in einer Darstellung aus dem ersten Jahrtausend v. Chr., die beschreibt, wie der neubabylonische König Nabunid seine Tochter als Hohepriesterin des Mondgottes Sin einsetzt. Er umgab das Gebäude, in dem sie lebte, mit einer hohen Mauer und stattete es mit Ornamenten und fein gearbeiteten Möbeln aus. Das stimmt in etwa überein mit dem, was wir über die Lebensbedingungen von einigen der königlichen Hohepriesterinnen wissen, und mit dem Glauben, daß der Gott sie nachts besuchte und auch in der Nacht die für ihn zubereiteten Mahlzeiten zu sich nahm. Herodot zitiert dies als ein Beispiel für »Tempelprostitution«, und Historiker der Gegenwart wiederholen diese Behauptung Herodots, als ob es sich um eine Tatsachenschilderung handele. Ich interpretiere die Funktion der Priesterin als ein signifikantes Beispiel geheiligter sexueller Dienste, ob diese nun tatsächlich ausgeführt oder nur symbolisch vollzogen wurden.[325]

---

324 Herodot, Historien 1. Buch, Nr.199; GA 1963, S.91.
325 BL, I, S.361f.

Ausgehend von diesen einander widersprechenden Interpretationen der Quellen über Frauen im Tempeldienst ist es schwer, deren gesellschaftliche Rolle genau zu verstehen. Was ehemals eine rein religiös-kultische Aufgabe war, erhielt möglicherweise eine andere Bedeutung, als in der Umgebung des Tempels bereits die gewerbsmäßige Prostitution blühte. Sexueller Verkehr im Tempel zu Ehren der Fruchtbarkeit und sexuellen Kraft der Göttin in Anwesenheit von Außenstehenden ist vielleicht, weil es so Brauch war, durch ein Geschenk an den Tempel belohnt worden. Gläubige brachten regelmäßig Speisen, Öl, Wein und wertvolle Geschenke als Opfer zum Tempel, um die Gottheiten zu ehren und im Sinne der eigenen Anliegen günstig zu stimmen. Es ist denkbar, daß diese Praxis einige der Tempeldienerinnen korrumpierte und sie dazu verleitete, diese Gaben ganz oder teilweise für sich zu verwenden. Priester haben möglicherweise dazu ermutigt oder zumindest gebilligt, daß Sklavinnen und die niedrigsten Tempeldienerinnen gewerbsmäßige Prostitution betrieben, um so den Reichtum des Tempels zu mehren.

Dies macht uns auf zwei weitere Gruppen von Tempeldienerinnen aufmerksam: Erstens die Gruppe der sekretum, die im Codex Hammurabi im Zusammenhang der Erbrechte erwähnt ist. Sie waren Frauen von hohem Rang, die wahrscheinlich im Klosterbereich lebten. Driver und Miles legen die Vermutung nahe, daß sie keine Priesterinnen waren, sondern eher »Vorgesetzte« der Frauen im Tempelharem. *»Ihre Pflichten entsprechen denen des Eunuchen-Kammerherrn, der den Palastharem bewacht.«*[326] Andere Erklärungen sprechen davon, diese Person, die sekretum, sei ein als Frau verkleideter Mann oder eine als Mann verkleidete Frau gewesen. Im Codex Hammurabi jedenfalls wird sie immer als Frau bezeichnet, als die Tochter ihres Vaters oder als die Mutter eines Adoptivkinds erwähnt. Diese verwirrende Figur mag sehr wohl auch eine Person gewesen sein, die einen früheren Aspekt der Verehrung der Muttergottheit repräsentierte, der die Betonung auf Bisexualität oder Hermaphroditentum legte.

Zweitens gab es noch die Gruppe der *harimtum*, Prostituierte, die zum Tempel gehörten. Diese waren möglicherweise die Töchter von Sklavinnen; sie standen unter der Aufsicht eines nachgeordneten Amtsträgers. Es ist nicht geklärt, ob diese Frauen zum Tempelharem gehörten. Die Sippar-Texte führen elf dieser Frauen auf. Diese kleine Zahl spricht dafür, daß sie Sklavinnen waren, die den Priestern oder Priesterinnen gehörten. Was diese Sklavinnen verdienten, kam, wie auch bei den anderen Sklavenarbeiterinnen, den jeweiligen Eigentümern zugute, die diese Erträge unter Umständen an den Tempel weitergaben.

326 Ebd., S. 368f.

Mitte des ersten Jahrhunderts v. Chr., wenn nicht früher, waren zwei Arten sexuellen Verhaltens im Tempel oder in dessen Umgebung zu beobachten: sexuelle Riten, die Teil des religiösen Rituals waren, und gewerbsmäßige Prostitution. Tempel standen wie die mittelalterlichen Kirchen im Zentrum einer Vielzahl von Handelsaktivitäten. Männliche und weibliche Prostituierte zeigten sich in der Nähe der Tempel, weil dort ihre Kunden anzutreffen waren. Es gab also wahrscheinlich eine örtliche Beziehung zwischen dem Tempel und dem Gewerbe der Prostitution. Die Kausalbeziehung – zumal das Entstehen der gewerbsmäßigen Prostitution aus der Tempelprostitution -, die von Historikern unterstellt worden ist, scheint sehr viel weniger einsichtig, als gemeinhin versichert wird.

Es gibt einige linguistische Hinweise, denen wir nachgehen können, um die Entwicklung der Prostitution zu verstehen. Kar.kid, das sumerische Wort für eine Prostituierte, ist enthalten in einer der frühesten Berufslisten der altbabylonischen Periode um 1800 v. Chr. Da dieses Wort unmittelbar hinter nam. lukur steht, was die Möglichkeit des »*naditum*-Seins« bedeutet, kann man auf eine Verbindung zum Dienst im Tempel schließen. Es ist interessant, daß der Begriff kur-garru, ein Prostituierter oder Transvestit, auf derselben Liste steht, allerdings zusammen mit den Unterhaltungskünstlern. Dies stimmt mit einer Praxis überein, die mit dem Ischtar-Kult in einem Zusammenhang steht, bei dem Transvestiten als Messerwerfer auftreten. Auf derselben Liste sind folgende weibliche Berufe zu finden: Ärztin, Schriftkundige, Barbierin, Köchin. Offenbar gehört die Prostitution zu den ältesten Berufen, wenn es auch nicht bewiesen ist, daß es der älteste Beruf ist.[327] Prostituierte sind auch auf mehreren späteren Berufslisten aus der mittelbabylonischen Periode aufgeführt. In einer Liste aus dem siebten Jahrhundert v. Chr. erscheint eine Vielzahl von weiblichen Unterhaltungskünstlern wie auch Transvestiten, Hebamme, Kinderfrau, Zauberin, Amme und »*eine grauhaarige alte Dame.*« Prostituierte sind wieder als kar.kid und *harimtum*, das akkadische Wort, aufgeführt. Es ist sehr interessant, daß unter den fünfundzwanzig Schreibern auf dieser Liste keine weibliche Schriftkundige erwähnt ist und unter den Ärzten keine Ärztin.[328]

Die frühesten Texte auf Tontafeln stellen eine Beziehung her zwischen *harimtum* und Tavernen. Es gibt sogar einen Satz, der so lautet: »*Wenn ich im Eingang*

327 »Old Babylonian Proto-Lu list«, in: B. Landsberger u. a. (Hrsg.) 1969, S. 58f. Ich bin Dr. Anne D. Kilmer, Departmenr of Near Eastern Studies der University of California, Berkeley, sehr dankbar für ihren hilfreichen Hinweis auf diese Listen und deren Übersetzung.
328 Ebd., Canonical Series lu-scha, S. 104f.

der Taverne sitze, dann bin ich, Ischtar, eine liebende harimtum.«[329] Dieser Hinweis und andere Verweise legen es nahe, lschtar mit Tavernen sowie mit ritueller und gewerbsmäßiger Prostitution zu assoziieren.

Die Existenz verschiedener Berufsgruppen, die sowohl mit kultischen sexuellen Diensten als auch gewerbsmäßiger Prostitution zu tun haben, sagt wenig aus über die Bedeutung, die diese Betätigungen für die Zeitgenossen hatten. Wir können uns bemühen, etwas darüber zu erfahren, indem wir den ältesten bekannten poetisch gefaßten Mythos, das Epos von Gilgamesch, lesen. Dieses Gedicht, das die Taten eines mythischen Gottkönigs beschreibt, der möglicherweise zu Beginn des dritten Jahrtausends v. Chr. tatsächlich gelebt hat, ist in verschiedenen Versionen überliefert. Die vollständigste Version ist die akkadische, die sich auf eine frühere sumerische stützt, welche am Anfang des zweiten Jahrtausends v. Chr. auf zwölf Tafeln niedergeschrieben worden ist. Das Epos berichtet, daß das aggressive Verhalten des Helden seinen Untertanen und den Göttern mißfällt:

»Am lichten Tag und bei Nacht (trotzt er dem Volke)
...
Nicht läßt Gilgamesch die Jungfrau (zum Geliebten)
Die Tochter des Helden, die Gemahlin des Mannen.«[330]

Die Götter erschaffen einen Mann, »seinen Doppelgänger«, der mit Gilgamesch wetteifern soll. Dieser wilde Mensch, Enkidu, lebt in Harmonie mit den Tieren in den Wäldern. *»Er kennt weder Menschen noch Land.«* Nachdem Enkidu von einem Jäger entdeckt worden ist und flüchtet, sucht der Jäger Rat, wie er ihn wohl bändigen könne. Es wird ihm gesagt, er möge eine *harimtum* holen. Der Jäger bringt sie in den Wald und sagt ihr, was sie zu tun hat.

»Tat auf ihren Schoß, er nahm ihre Fülle,
Sie scheute sich nicht, nahm hin seinen Atemstoß
Entbreitet ihr Gewandt, daß auf ihr er sich bette
Schaffte ihm, dem Wildling, das Werk des Weibes
Sein Liebesspiel rannte er über ihr.«[331]

Nachdem er sechs Tage mit ihr verbracht hat, merkt Enkidu, daß sich die wilden Tiere vor ihm fürchten. *»Er aber wuchs, ward weiten Sinnes.«* Die Dirne empfiehlt:

329 Assyrian Dictionary ... 1968, Bd. 6, S. 101f.
330 Gilgamesch-Epos, l. Tafel, Stuttgart 1958, S. 18.
331 Ebd.

»Komm, ich führ dich hinein nach Uruk-Gart
Zum strahlenden Tempel, dem Wohnsitz von Anu und Ischtar,
Wo Gilgamesch ist ... «[332]

Enkidu stimmt zu, und die Dirne führt ihn zu Gilgamesch, dessen bester Freund er wird.

Die Tempeldirne ist ein akzeptierter Teil der Gesellschaft, ihre Rolle ist ehrenhaft – sie ist es, die ausgewählt wird, um den wilden Mann zu zivilisieren. Hier wird von der grundsätzlichen Voraussetzung ausgegangen, daß Sexualität zivilisiert und den Göttern wohlgefällig ist. Die Dirne tut *»das Werk des Weibes«*; und so wird sie wegen ihrer Tätigkeit nicht von anderen Frauen unterschieden. Sie besitzt ein Wissen, das den wilden Mann zu zähmen vermag. Er folgt ihr in die Stadt des zivilisierten Lebens. Einem anderen Gilgamesch-Fragment entsprechend, das erst vor kurzem veröffentlicht worden ist, bedauert Enkidu später seinen Eintritt in die Zivilisation. Er zürnt dem Jäger und der *harimtum*, weil sie ihn von seiner früheren Freiheit in der Natur weggeholt haben. Er spricht einen ausdrücklichen Fluch gegen die *harimtum*:

»Ich will dich verwünschen mit großer Verwünschung
...
Nicht sollst du einrichten dürfen ein Haus, in dem du Frau bist
Auf daß du nicht lieben kannst ein Kind deines Leibes! Nicht sollst du wohnen im ... der Mädchen!
...
Der Kreuzweg sei dein Wohnsitz,
Wüste Gegenden dein Lager!
Der Schatten der Mauer sei dein Aufenthalt,
Stachelkraut und Dornen sollen deine Füße wund stechen!
Auf die Backe soll der Trunkene dich und der Durstige schlagen!«[333]

Die Art dieses Fluchs macht deutlich, daß die *harimtum*, die die Gefährtin des Gilgamesch war, ein angenehmeres und besseres Leben hatte als die Dirne, die einen Verschlag an der Stadtmauer hat und von ihren betrunkenen Kunden mißbraucht wird. Dies würde die Unterscheidung bestätigen, die wir weiter oben zwischen der Frau, die einen geheiligten sexuellen Dienst leistet, und einer gewerbsmäßigen Prostituierten gemacht haben. Es ist anzunehmen, daß es einen solchen Unterschied in der früheren Zeit eher gegeben hat als in einer späteren Periode.

332 Ebd., S. 22.
333 Ebd. S. 60f.; vgl. C. J. Gadd 1966, S. 108.

Es ist wahrscheinlich, daß die Prostitution als Gewerbe eine Folge der Versklavung von Frauen und der Herausbildung und Verfestigung von sozialen Klassen war. Militärische Eroberungen führten im 3. Jahrtausend v. Chr. zur Versklavung und zum sexuellen Mißbrauch von weiblichen Gefangenen. Sobald die Sklaverei zu einer gesellschaftlich akzeptierten Einrichtung geworden war, überließen Sklavenhalter ihre Sklavinnen anderen Männern als Prostituierte, und manche dieser Herren richteten Bordelle ein, in denen Sklavinnen sich gewerbsmäßig zu sexuellen Diensten anzubieten hatten. Daß gefangene Frauen für private sexuelle Dienste leicht verfügbar waren und daß Könige und Stammesfürsten häufig Usurpatoren der Macht waren, deren Legitimität sie durch ein Zurschaustellen ihres Reichtums zu beweisen trachteten – etwa durch die Zahl ihrer Sklavinnen und Konkubinen-, führte zur Einrichtung von Harems. Diese wurden zu Symbolen der Macht, mittels derer Aristokraten, Bürokraten und reiche Männer einander den Rang streitig machten.[334]

Eine andere Wurzel der kommerziellen Prostitution war die Pauperisierung der Bauern und ihre wachsende Abhängigkeit von Krediten, die das Überleben in Hungerperioden ermöglichten und zum Schuldsklaventum führten. Kinder beiderlei Geschlechts wurden als Schuldsklaven verpfändet oder zur »Adoption« verkauft. Aufgrund derartiger Praktiken konnte es leicht zur Prostitution weiblicher Familienmitglieder im Dienste des Familienoberhauptes kommen. Frauen endeten dann als Prostituierte, weil ihre Eltern sie in die Sklaverei verkaufen mußten oder ihre verarmten Ehemänner sie auf diese Weise ausnutzten. Oder sie konnten zu selbständigen gewerbsmäßigen Prostituierten werden – als letzte Alternative zur Versklavung. Wenn sie Glück hatten, so gelang ihnen als Konkubine ein sozialer Aufstieg. In der Mitte des 2. Jahrtausends v. Chr. war die Prostitution fest etabliert als eine weitverbreitete Art der Erwerbstätigkeit der Töchter der Armen.

In dem Maße, in dem die Reglementierung der Sexualität der Frauen aus den besitzenden Klassen verschärft wurde, wurde die Jungfräulichkeit von Töchtern, die als respektabel galten, zu einer finanziellen Angelegenheit ihrer Familie. So kam es dazu, daß die gewerbsmäßige Prostitution als eine gesellschaftlich notwendige Einrichtung betrachtet wurde, die den Männern die Befriedigung ihrer sexuellen Bedürfnisse ermöglichte. Ungeklärt und problematisch war es, wie der Unterschied zwischen anständigen und unanständigen Frauen eindeutig und dauerhaft festgestellt werden konnte. Ein anderes Problem, das gelöst werden mußte, war es wohl auch, Männer davon abzuhalten, eine gesellschaftliche

334 Dazu siehe im Detail Kapitel 6.

Beziehung zu Frauen einzugehen; die nun als »unanständig« definiert waren. Beiden Zwecken wurde durch die Inkraftsetzung des § 40 des mittelassyrischen Rechts Genüge getan.

Bevor wir uns mit der Analyse dieses Gesetzes befassen, müssen wir zunächst zur Kenntnis nehmen, daß die assyrische Gesellschaft militaristischer und das dort geltende Recht im allgemeinen strenger war als in Babylon. Es ist deshalb schwierig zu bestimmen, wie repräsentativ dieses einzelne Gesetz für Praktiken in anderen mesopotamischen Gesellschaften ist. Auch wenn in anderen überlieferten Gesetzessammlungen kein ähnlicher Paragraph enthalten ist, gehen die Assyriologen doch allgemein von der Annahme aus, daß es in dieser Region fast zweitausend Jahre lang einen gemeinsamen Grundstock von Rechtsvorstellungen gegeben hat. Andere Bestimmungen zur Regelung der weiblichen Sexualität zeigen Ähnlichkeiten zwischen den verschiedenen Rechtskodizes, so daß der § 40 des mittelassyrischen Rechts durchaus als repräsentativ für die Gesellschaften in Mesopotamien gelten kann. Sehr wichtig ist, daß die in diesem Paragraphen rechtlich fixierte Sitte der Verschleierung so weit verbreitet war und über die Jahrtausende bis in unser Jahrhundert beibehalten worden ist, daß die Annahme als gerechtfertigt gelten kann, es handele sich hier um das früheste bekannte Beispiel einer derartigen Reglementierung, die es auch in vielen anderen Gesellschaften gegeben hat.[335]

Der § 40 des mittelassyrischen Rechts lautet:

> *»Sowohl Gattinnen eines Bürgers als auch (Witwen) oder (assyrische Frauen), die auf die Straße hi(nausgehen), (dürfen) ihre Köpfe (nicht entblößen). Töchter eines Bürgers(...) werden entweder mit einem Kopftuch? Oder mit Kleidern oder(r mit einem Mantel?) verhüllt sein; ihre Köpfe (werden sie nicht entblößen). Entweder(...) oder(...) (od)er (...)(nicht ver)hüllt wer(den sie sein, aber) an dem Tage, da sie auf der Straße a(llein) gehen, werden sie (ge-*

335 Meine Interpretationen des mittelassyrischen Rechts, im folgenden als MAL bezeichnet, stützen sich auf eine ausführliche Lektüre der verschiedenen Übersetzungen von mesopotamischen Gesetzessammlungen. Über MAL habe ich gelesen: Th. Meek in: Pritchard 1955; D. D. Luckenbill u. F. W. Geers in: M. P. Smith 1931; C. R. Driver u. J. C. Miles 1935. Die Textzitate sind entnommen aus Driver-Miles, AL. Die Deklassierung der Prostituierten im Assyrischen Codex wurde von Isaac Mendelsohn in einer Fußnote seiner Studie über die Sklaverei erwähnt. Er führte verschiedene Beispiele von Gesetzestexten an, die zeigen, daß die Prostitution eine anerkannte und feste Institution im Vorderen Orient des Altertums gewesen ist. *»Obwohl der Beruf nicht sehr geachtet war, haftete den Menschen, die ihn ausübten doch kein Makel an. Die professionelle Prostituierte war eine frei geborene, unabhängige Frau, und ihre ökonomische Stellung stand unter dem Schutz des Rechts ... Die Erniedrigung der Prostituierten auf das Niveau der Sklavin in Assyrien und Neubabylonien lag daran, daß die Mehrzahl der Prostituierten dieser Zeit Sklavinnen waren, die von ihren Besitzern Privatleuten oder Bordellen gegen Bezahlung überlassen wurden.«* (Mendelsohn 1949, Fußnote p, S. 131f.)

wiß) verhüllt sein. Die ‚Eingesperrte', die mit (ihrer) Herrin auf die Straße geht, wird verhüllt sein. Eine Hierodule, die ein Gatte (zur Ehefrau) genommen hat, wird auf der Straße verhüllt sein. Aber (diejenige, die) ein Gatte nicht genommen hat, (wird) auf der Straße ihren Kopf entblößt (halten), sie wird nicht verhüllt sein. Eine Dirne wird nicht verhüllt sein. Ihr Kopf (bleibt) unverhüllt ... «[336]

Das Gesetz legt auch fest, daß ein Sklavenmädchen sich nicht verschleiern darf. Der Schleier, der Symbol und Emblem der verheirateten Frau war, wird hier zu einem Unterscheidungsmerkmal gemacht, und das Tragen des Schleiers wird zum Privileg. Dennoch ist die Liste etwas seltsam. Das Verschleiern scheint nicht die Freien von den Unfreien, nicht die Oberschicht von der Unterschicht zu unterscheiden. Dirnen und unverheiratete geweihte Prostituierte können freie Frauen sein, werden aber doch mit den Sklavinnen in einer Gruppe zusammengefaßt. Eine Sklavin-Konkubine kann verschleiert sein, wenn sie in Begleitung ihrer Herrin ist, aber selbst eine freigeborene Konkubine muß unverschleiert sein, wenn sie alleine ausgeht. Bei einer genaueren Untersuchung können wir erkennen, daß sich die Unterscheidung zwischen den Frauen aus ihren sexuellen Aktivitäten ergibt. Die Frauen eines Hausherrn, die nur einem Manne sexuell zu Diensten sind und sich unter seinem Schutz befinden, werden hier durch Verschleierung als »respektabel« kenntlich gemacht; Frauen, die nicht unter dem Schutz und der sexuellen Kontrolle eines Mannes stehen, werden als »öffentliche Frauen« gekennzeichnet, sind daher unverschleiert.

Selbst wenn das Gesetz nicht mehr beinhaltet hätte, als dieser Regelung normative Geltung zu verschaffen, so wäre dies als ein Wendepunkt in der Geschichte der Frau zu betrachten: die gesetzliche Klassifikation von Frauen entsprechend ihres Sexualverhaltens. Aber das Gesetz geht noch darüber hinaus, indem es spezifiziert, mit welchen Strafen Frauen zu rechnen haben, die diese Rechtsvorschrift verletzen:

»Der(jenige, der) eine verhüllte Dirne sieht, wird sie festnehmen(?), Zeugen wird er ihr (gegenüber)stellen und sie zum Tor des Palastes bringen. Ihren Schmuck werden sie nicht (weg)nehmen, (aber) ihre Kleidung wird derjenige, der sie ergriffen hat, nehmen. (Mit) 50 Stockschläge(n) werden sie sie schlagen. Erdpech werden sie über ihren Kopf gießen ... «[337]

336 Alle Zitate von MAL §40 im folgenden aus Pritchard 195 5, S. 183; deutsch zit. n. R. Haase 1979, S. 99f. In der sonst zitierten Sammlung ist §40, weil nur sehr fragmentarisch vorhanden, nur teilweise enthalten.
337 Ebd.

Was zunächst als Verletzung einer weniger wichtigen, eher übertriebenen Anstandsregel erschien, wird hier plötzlich als eine schwerwiegende gegen den Staat gerichtete Straftat betrachtet. Es müssen Zeugenaussagen gemacht werden, die Angeklagte muß vor das »Palast-Tribunal«, also vor ein Gericht, gestellt werden. Die Dirne darf zwar ihren Schmuck behalten, wahrscheinlich weil sie ihn zur Ausübung ihres Berufs braucht, aber sie wird grausam bestraft. Die Strafe hat auch einen sehr symbolischen Charakter das Bedecken ihres Kopfes mit Pech gibt ihr die einzige Art von »Schleier«, zu der ihr niedriger sozialer Status sie berechtigt. Diese Bestrafung muß sie aber auch ganz konkret an der Ausübung ihres Gewerbes gehindert haben, denn das Pech ließ sich nur entfernen, wenn das Haar geschoren wurde; und dadurch war sie für eine lange Zeit entstellt.

Das Gesetz spezifiziert als nächstes die Strafe für eine junge Sklavin, die beim Tragen des Schleiers ertappt wird: ihr sollen die Kleidung weggenommen und die Ohren abgeschnitten werden. Über die Bedeutung dieses Unterschieds in der für die Dirne und für die Sklavin festgelegten Strafe lassen sich nur Vermutungen anstellen – Ist das Abschneiden der Ohren eine geringere Strafe als fünfzig Stockschläge? Ist es schlimmer? Wenn ja, kommt darin die übliche Annahme des mesopotamischen Rechts zum Ausdruck, daß die Person mit dem niedrigsten sozialen Rang die härtesten Strafen erleiden soll? Bedeutet das dann in diesem Fall, daß eine Dirne einen höheren Rang hat als eine Sklavin? Es scheint so.

Der interessanteste Aspekt des Gesetzes betrifft jedoch die Strafe, die der Person (dem Mann) droht, der es versäumt, einen Verstoß gegen das Verschleierungsgesetz anzuzeigen:

> *»Wenn ein Bürger eine Dirne verhüllt gesehen hat, sie aber hat gehen lassen, (und) sie nicht zum Tor des Palastes gebracht hat, werden sie diesen Bürger mit 50 Stockschläge(n) schlagen. Seine Ohren werden sie durchbohren, mit einer Schnur durchziehen und nach hinten binden; einen Monat wird er die Arbeit des Königs machen.«*[338]

Die Strafe für einen Mann, der eine verschleierte Sklavin nicht denunziert, ist die gleiche, abgesehen davon, daß ihm außerdem die Kleidung von »seinem Strafverfolger« weggenommen werden soll. Driver und Miles erläutern in ihrem Kommentar zum assyrischen Recht, daß es im babylonischen Recht keine vergleichbare Bestimmung gibt. Sie erklären die Bedeutung der Bestrafung des Mannes: Indem seine Ohren durchbohrt und eine Schnur hindurchgezogen wird,

338 Ebd.

erscheint er als aufgezäumt, *»vielleicht damit er durch die Straßen geführt und öffentlich der Lächerlichkeit preisgegeben werden kann.«*[339] Sie schlußfolgern, daß das Gesetz

> *»dazu dient, Adlige und andere angesehene Frauen von Dirnen und Sklavinnen zu unterscheiden. Außerdem ist bemerkenswert, daß das Gesetz keine Strafe für angesehene Frauen vorsieht, die den Schleier nicht tragen, während es mit allen Mitteln zu verhindern sucht, daß er fälschlicherweise getragen wird ... Einen Schleier zu tragen ist ein Privileg der oberen sozialen Schichten, das das Gesetz aus irgendeinem Grund aufrechtzuerhalten sucht. Es läßt sich denken, daß es sich um eine Art der Erweiterung der Geltung von Haremsregeln handelt, wonach eine Frau, die im Privatbereich eingeschlossen ist, dies auch in der Öffentlichkeit sein soll.«*[340]

Diese Analyse ist scharfsinnig, dennoch betonen die Autoren, der Zweck des Gesetzes sei ihnen »unklar.«

Ganz im Gegenteil: Der Zweck des Gesetzes ist auf eine bedrückende Weise offensichtlich. Wir können feststellen, daß der Staat es unternimmt, die Bekleidung der Frauen vorzuschreiben, indem er ein Gesetz erläßt und fordert, Zuwiderhandelnde vor Gericht zu stellen, Zeugen zu vernehmen und die Staatsanwaltschaft einzuschalten. Wir bemerken außerdem, daß – im Unterschied zu den anderen in diesen Gesetzen beschriebenen Straftaten die Strafwürdigkeit einer Frau, die sich *»in unzulässiger Weise verschleiert«* oder *»sich unerlaubt als respektabel ausgegeben hat«*, so groß ist, daß die Verfolgung der Tat noch zwingend durch die harte Bestrafung für einen sympathisierenden oder dem Gesetz zuwiderhandelnden Mann verschärft wird. Und wir stellen fest, daß die Strafe öffentlich zu vollziehen ist Schlagen, Ausziehen aller Kleidungsstücke auf der Straße, Zur-Schaugestellt-Werden in der Öffentlichkeit. Auf diese Weise ist das Anliegen der Klassifizierung von Frauen in respektable und nichtrespektable Frauen zu einer Angelegenheit des Staates geworden.

§ 40 des mittelassyrischen Rechts institutionalisiert eine Rangordnung für Frauen: an der Spitze die verheiratete Dame oder ihre unverheiratete Tochter; darunter, aber auch noch als respektabel geltend, die verheiratete Konkubine, ob sie nun frei geboren oder Sklavin oder eine Tempelprostituierte ist; auf der untersten Stufe, klar als nichtrespektabel gekennzeichnet, die unverheiratete Tempelprostituierte, die Dirne und die Sklavin.

339 Driver und Miles, AL, S. 134.
340 Ebd.

Die Einordnung der unverheirateten Tempelprostituierten, wahrscheinlich die *Kulmaschitum* und *qadischtum*, auf derselben Stufe wie die gewerbsmäßige Dirne, die *harimtum* und die Tempelhure aus einer Sklavenfamilie ist eine deutliche Deklassierung der ersteren. Nicht mehr die geheiligte Natur der sexuellen Tempeldienste entscheidet über den Ruf der Frau, vielmehr wird die Tempelprostituierte mehr und mehr der gewerbsmäßigen Dirne gleichgestellt.

Warum geht das Gesetz mit größerer Härte gegen Sklavinnen vor als gegen Prostituierte? Die Sklavinnen waren von freien Frauen schon durch ihre Haartracht und wahrscheinlich ein Brandmal auf der Stirn zu unterscheiden. Der offensichtlichste Grund könnte sein, daß die Verschleierung diese Charakteristika verbergen und so die Möglichkeit eröffnen könnte, als Freie »durchzukommen.« Das Gesetz versucht aber auch, genau zu unterscheiden zwischen der Sklavin und der Sklavin-Konkubine. Letztere war als eine respektable Frau zu behandeln, wenn sie sich in Begleitung ihrer Herrin – also der ersten Frau ihres Herrn – befand. In dieser Situation käme ihr Status als Dienerin, wie wir bereits in anderen Fällen gesehen haben, dadurch zum Ausdruck, daß die Konkubine hinter der Herrin geht, eventuell deren Stuhl oder andere Gegenstände tragend. Andere zum Haushalt gehörende Sklavinnen, die nicht Konkubinen waren, waren auf der Straße zu erkennen, weil sie keinen Schleier trugen und deshalb ihre Sklavenmale zu erkennen waren. Die unmittelbare Konsequenz des § 40 des mittelassyrischen Rechts war es, der Sklavin-Konkubine einen öffentlich anerkannten Status zu verleihen, der sie unterschied von den gewöhnlichen Sklavinnen in der Hauswirtschaft. Dies stimmt überein mit den verschiedenen anderen rechtlichen und sozialen Praktiken, die Konkubinen eine soziale Position zwischen Sklavinnen und freien Frauen zuweisen.

Die Strafe, mit denen Männer bedroht waren, die nicht aufmerksam genug waren, um Frauen, die sich nicht an die Regel hielten, anzuzeigen und zu verfolgen, hatte eine andere interessante Bedeutung. Erstens verrät sie, daß die Durchsetzung der Regeln ein Problem darstellte. Wenn alle Männer, oder doch die meisten von ihnen, willens und tatkräftig genug gewesen wären, dieses Gesetz gegenüber den Frauen, die es verletzten, durchzusetzen, dann wäre es nicht nötig gewesen, die Männer zu bestrafen, die das unterließen. Hielten die Männer dieses Gesetz für irrelevant? Meinten die Männer der unteren sozialen Schichten, dieses Gesetz sei Ausdruck lediglich der Interessen der Männer aus der Oberschicht, und war ihre Kooperation deshalb ungewiß?[341] Vielleicht erhalten

341 Bei Pritchard wird awilum mit »seignior« übersetzt, in anderen Übersetzungen lautet der Begriff »Bürger«, und es ist anzunehmen, daß es auch »Edler« bedeutet. Der Begriff bezieht sich also möglicherweise auf Männer sowohl der besitzenden Mittelschicht als auch der Oberschicht.

wir nie eine Antwort auf diese Fragen, aber die Tatsache, daß die Durchsetzung des Gesetzes über die Verschleierung auf Widerstand stieß, beweist, daß es zumindest für eine gewisse Zeit für diejenigen, die es durchsetzen wollten, problematisch gewesen sein muß. Es ist nur zu verständlich, daß nach der Auffassung derjenigen, die diesem Gesetz Geltung verschafft sehen wollten, das Gesetz dem Interesse des Staates entsprach, d. h. einer Elite von begüterten Männern, von Bürokraten und vielleicht der Klasse von Tempel-Würdenträgern.

Wie konnte ein Mann erkennen, ob eine Frau, die ihm auf der Straße begegnete, berechtigt war, einen Schleier zu tragen? Das ist eine schwierige Frage. Es mußte schwierig, wenn nicht unmöglich sein, eine verschleierte Frau von einer anderen verschleierten Frau zu unterscheiden, wenn wir davon ausgehen, daß der Schleier nicht nur das Gesicht und den Kopf, sondern den Körper der Frau bedeckte.[342] Das Verbot konnte deshalb für Fremde nicht gelten. Sehr wahrscheinlich bezog es sich auf Frauen, die sich in Begleitung von Männern befanden. Einem Mann, der mit einer verschleierten Frau das Haus verließ, war ihr gesellschaftlicher Stand wohl bekannt. War sie verschleiert, ohne ein Anrecht auf dieses Privileg zu haben, so konnte er nach dem Gesetz dafür zur Rechenschaft gezogen werden. Auf den ersten Blick erscheint der hier bezeichnete Fall, daß ein Mann mit einer verschleierten Dirne oder Sklavin auf der Straße geht, so weit hergeholt, daß es wundernimmt, wozu es ein Gesetz geben muß, das dies verbietet.

Was aber, wenn es der Sinn des Gesetzes gewesen wäre, Männer davon abzuhalten oder es ihnen zu verbieten, sich gelegentlich und öffentlich mit Prostituierten und Sklavinnen zu zeigen? Die Wirkung des Gesetzes hätte dann darin bestanden, die soziale Stellung dieser Frauen herabzusetzen und den Umgang mit ihnen ausschließlich auf die jeweils bezahlten sexuellen Dienste zu beschränken. Das Gesetz wäre also ein frühes Beispiel für die unzähligen Gesetze, die in Jahrtausenden erlassen worden sind, um die Prostitution zu reglementieren. Die Wirkung derartiger Gesetze auf die Prostituierten und ihre Kunden war immer recht unterschiedlich. Den Vorschriften entsprechend unverschleiert in der Öffentlichkeit zu erscheinen, würde eine Frau sofort als Prostituierte ausweisen und eine klare Abgrenzung zwischen ihr und respektablen Frauen schaffen. Dadurch wäre das Zusammensein eines Mannes mit einer Prostituierten ein Verhalten, das sich deutlich wahrnehmbar von seinem gesellschaftlichen Kontakt mit einer ehrbaren Frau unterschied.

342 Wir hinterfragen hier nicht die implizite Annahme, jeder Mann könnte Dirnen und ehrbare Frauen unterscheiden, wenn sie nicht verschleiert sind.

Es ist bemerkenswert, daß § 40 des mittelassyrischen Rechts Strafen nur für deklassierte Frauen und sich nicht konform verhaltende Männer vorsieht. Warum sind keine Strafen vorgesehen für Frauen, die es unterlassen, diejenigen anzuzeigen, die das Gesetz über die Verschleierung mißachten? Nach dem mesopotamischen Recht wurden Frauen in anderen Fällen in vollem Umfang zur Rechenschaft gezogen. Wurde davon ausgegangen, daß respektable Frauen keines Anreizes bedurften, um dem Gesetz zu entsprechen, weil es in ihrem Interesse lag, Männer ihrer Gesellschaftsschicht daran zu hindern, sich mit deklassierten Frauen einzulassen? Oder stellte das Gesetz die Reaktion sowohl der Männer als auch der Frauen der Oberschicht auf Personen geringeren Ranges dar, die versuchten, die Klassenunterschiede zwischen Frauen zu verwischen? Die Vermutung, daß Frauen aus der Oberschicht an dieser Gesetzgebung interessiert waren, kann weder bewiesen noch entkräftet werden. Eindeutig ist, daß die Schwere der Strafen und ihr öffentlicher Vollzug die staatliche Intervention in den Bereich privater Moral zum vorrangigen Merkmal des Gesetzes machten.

Die Herausbildung von Klassen verlangt nach deutlich sichtbaren Mitteln der Unterscheidung zwischen den Angehörigen der verschiedenen Klassen. Kleidung, das Vorhandensein oder Fehlen von Ornamenten und im Fall der Sklaven deutlich erkennbare Zeichen ihrer sozialen Stellung gibt es in allen Gesellschaften, die solche Unterscheidungen für wichtig halten. Es ist nicht wesentlich, ob § 40 des MAL eine solche Praxis in bezug auf Frauen einführte oder ob er nur das früheste Beispiel ist, das wir historisch belegen können. Wichtig ist zu untersuchen, wie Klassenunterschiede zwischen Frauen institutionalisiert wurden, und das zu unterscheiden von der Methode, die zu demselben Zweck bei Männern angewendet wurde. Die verschleierte Ehefrau, Konkubine oder jungfräuliche Tochter waren für jeden Mann deutlich als Frauen zu erkennen, die unter dem Schutz eines anderen Mannes standen. Als solche waren sie als unverletzt und unverletzlich gekennzeichnet. Und umgekehrt war jede unverschleierte Frau erkennbar ungeschützt und deshalb der Willkür der Männer, denen sie begegnete, ausgeliefert. Dieses Grundmuster einer erzwungenen wahrnehmbaren Unterscheidung wiederholte sich in der gesamten Geschichte immer von neuem in den unzähligen Bestimmungen, die »Frauen mit schlechtem Ruf« in bestimmte Distrikte oder Häuser verwies, die eindeutig bezeichnet waren, oder diese Frauen zwang, sich staatlich registrieren zu lassen und Kennkarten bei sich zu haben. Ähnliches gilt für die vielen immer wieder auftretenden Variationen der Art, in der zwischen dem unbeschützten Sklavenmädchen und der Konkubine unterschieden wird. Eine dieser Methoden ist die in den USA während der Zeit der Sklaverei und auch später noch herrschende Regel, daß Weiße und Schwarze getrennt essen, einmal abgesehen von den Schwarzen, die eindeutig als Personal zu identifizieren sind. So können schwarze Kindermädchen mit den ihnen anvertrauten weißen Kindern durchaus an Orten auftreten, die Weißen vorbehalten sind. Und schwarze Diener können ihre Herrschaften begleiten.

Männer nehmen in der Klassenhierarchie ihren Platz je nach ihrem Beruf oder dem sozialen Status ihres Vaters ein. Ihre Klassenposition wird in der Regel durch äußere Kennzeichen zum Ausdruck gebracht – Kleidung, Wohnsitz, Vorhandensein oder Fehlen von bestimmten Ornamenten. Seit es den § 40 des mittelassyrischen Rechts gibt, ist die Klassenposition der Frauen abhängig von ihrer Beziehung zu einem Mann, der ihnen Schutz gewährt – oder dem Fehlen einer solchen Beziehung-, und ihrem sexuellen Verhallten. Die Einteilung der Frauen in »respektable Frauen«, die von ihren Männern beschützt werden, und »nichtrespektable Frauen«, die sich ohne den Schutz eines Mannes auf der Straße aufhalten und frei ihre Dienste verkaufen können – diese Einteilung war die grundlegende Klassenspaltung für Frauen. Sie hat die beschränkten Privilegien von Frauen der Oberschicht abgegrenzt von der ökonomischen und sexuellen Unterdrückung der Frauen der niedrigeren Schichten und hat die Frauen voneinander getrennt. Von besonderer historischer Bedeutung ist, daß sie klassenübergreifende Bündnisse zwischen Frauen erschwert und das Entstehen eines feministischen Bewußtseins verhindert hat.

Der Codex Hammurabi markiert die beginnende Institutionalisierung der patriarchalen Familie als eines Aspekts der Macht des Staates. Diese Gesetzessammlung reflektiert eine Klassengesellschaft, in der die soziale Stellung der Frau abhängig ist vom sozialen Status und dem Vermögen des männlichen Familienoberhaupts. Die Frau eines verarmten Bürgers konnte ohne ihr Zutun und ohne eigene Schuld aufgrund einer Veränderung von dessen gesellschaftlicher Stellung von einer respektierten Frau zur Schuldsklavin oder Prostituierten werden. Andererseits konnten das Sexualverhalten einer verheirateten Frau, etwa Ehebruch, oder der Verlust der Jungfräulichkeit bei einer unverheirateten Frau Frauen in einer Weise deklassieren, wie kein Mann jemals durch sein sexuelles Verhalten deklassiert werden konnte. Seit dieser Zeit ist bis in die Gegenwart der Klassenstatus einer Frau immer anders definiert als derjenige eines Mannes derselben sozialen Schicht.

Von der altbabylonischen Periode bis zu der Zeit, in der der Ehemann die Macht über Leben und Tod seiner ehebrecherischen Frau hat, haben sich große Veränderungen auch hinsichtlich der Macht von Königen und Herrschern über das Leben von Männern und Frauen vollzogen. Das patriarchale Familienoberhaupt zur Zeit Hammurabis war in seiner Machtausübung über seine Frau noch eingeschränkt durch die verwandtschaftlichen Verpflichtungen gegenüber dem männlichen Oberhaupt der Familie seiner Frau. Zur Zeit des mittelassyrischen Rechts wurde er vor allem von der Staatsgewalt in seiner Machtausübung beschränkt. Väter, die ermächtigt waren, die Keuschheit ihrer Töchter als einen Teil des Vermögens der Familie zu behandeln, repräsentierten eine Autorität, die der Autorität des Königs entsprach. Kinder, die im Wirkungskreis einer derartigen Autorität erzogen und sozialisiert wurden, wuchsen heran zu Bürgern und Bürgerinnen, wie sie in einem absolutistisch regierten Königreich gebraucht wurden. Die Macht des Königs stützte sich auf Männer, die von ihm ebenso abhängig, ihm ebenso ergeben waren, wie deren Familien von ihnen abhängig und ihnen ergeben waren. Der archaische Staat bildete sich heraus und entwickelte sich in der Form des Patriarchats.

Hierarchie und Klassenprivilegien waren unabdingbare Voraussetzungen seines Funktionierens. Deshalb war eine Dirne, die es wagte, verschleiert auf der Straße zu erscheinen, eine ebenso große Herausforderung für die gesellschaftliche Ordnung wie der meuternde Soldat oder der rebellische Sklave. Die Jungfräulichkeit der Töchter und die monogame Treue der Ehefrauen waren zu wichtigen Charakteristika der Gesellschaftsordnung geworden. Mit § 40 des mittelassyrischen Rechts übernahm der Staat die Kontrolle über die weibliche Sexualität, die bis dahin von den Oberhäuptern der einzelnen Familie oder des Stammes ausgeübt worden war. Seit 1250 v. Chr., von der Verschleierung der Frau in der Öffentlichkeit bis zur staatlichen Regelung der Geburtenkontrolle und Abtreibung, ist die Kontrolle der weiblichen Sexualität ein wesentlicher Faktor der patriarchalen Machtausübung.

Die Reglementierung des sexuellen Verhaltens der Frauen ist eine der Voraussetzungen für die Herausbildung von sozialen Klassen, und sie ist eines der Fundamente des Staates.

Kapitel 7: Die Göttinnen

Wir haben gesehen, wie in den Gesellschaften Mesopotamiens die Institutionalisierung des Patriarchats genau bestimmte Grenzen zwischen Frauen der verschiedenen Klassen festlegte, obwohl die neuen Definitionen von Geschlechtsrollen und die entsprechenden Sitten sich ungleichmäßig entwickelten. Der Staat erweiterte bei der Abfassung geschriebener Rechtskodizes die Eigentumsrechte der Frauen aus der Oberschicht, während er ihre sexuellen Rechte einschränkte und schließlich völlig aufhob. Die lebenslange Abhängigkeit der Frauen von ihren Vätern und Gatten wurde im Recht und in den Sitten so fest verankert, daß sie für »natürlich« oder gottgegeben gehalten wurde. Im Fall der Unterschichtfrauen kam deren Arbeitskraft entweder ihrer Familie zugute oder denjenigen, die über die Arbeit ihrer Familien verfügen konnten. Ihre sexuellen oder fortpflanzungsrelevanten Fähigkeiten wurden verdinglicht und zur Ware gemacht, gehandelt, verliehen oder verkauft im Interesse der männlichen Familienmitglieder. Frauen aller Klassen waren traditionell aus dem Bereich militärischer Machtausübung ausgeschlossen, und seit der Wende zum 1. Jahrtausend v. Chr. war ihnen der Zugang zu den Institutionen formaler Bildung verwehrt.

Doch selbst unter diesen Umständen gab es weiterhin mächtige Frauen in einflußreichen Funktionen bei den kultischen Verrichtungen, den religiösen Zeremonien und in der Welt der Symbole. Es lag eine ziemlich lange Zeit zwischen der Unterordnung der Frau in der patriarchalen Gesellschaft und der Deklassierung der Göttinnen. Wenn wir den Wandel der Position von männlichen und weiblichen Gottheiten im Pantheon in einer Zeitspanne von mehr als tausend Jahren genauer betrachten, sollten wir überdies bedenken, daß die Macht der Göttinnen und ihrer Priesterinnen im Alltag und in der Religion des Volkes bestehen blieb, selbst als die höchsten Göttinnen entthront worden waren. Es ist bemerkenswert, daß in Gesellschaften, in denen Frauen ökonomisch rechtlich und hinsichtlich der Bildung untergeordnet waren, die den Göttinnen zugeschriebene spirituelle und metaphysische Macht erhalten blieb und in ihrer Wirkung nicht nachließ.

Einige deutliche Hinweise auf die praktische Religionsausübung ergeben sich aus archäologischen Funden, aus überlieferten Tempelgesängen und Gebetstexten. In den Gesellschaften Mesopotamiens galten die Bereitstellung von Nahrung und andere Dienstleistungen für die Götter als wesentliche Bedingung des Fortbestehens der Gemeinschaft. Die sich daraus ergebenden Verpflichtungen wurden von männlichen und weiblichen Tempeldienern übernommen. Bei wichtigen politischen Entscheidungen des Staates, etwa in bezug auf die Kriegführung, oder auch bei wichtigen persönlichen Entscheidungen wurde in der Regel ein Orakel befragt oder ein Wahrsager bzw. eine Wahrsagerin aufgesucht. Bei persönlichen Sorgen, Krankheit oder Unglücksfällen konnte die betroffene Person ihren Hausgott um Hilfe angehen und, wenn das nichts nutzte, sich an den- oder diejenige/n unter den vielen Göttern oder Göttinnen wenden, der/die über eine besondere Qualifikation zur Abwendung des jeweiligen Übels verfügen sollte. Wenn die Hilfe einer Göttin erfleht wurde, so erbat die betreffende Person die Vermittlung und guten Dienste einer Priesterin dieser besonderen Göttin. Es gab selbstverständlich auch männliche Götter, die Kranken helfen konnten, und denen dienten gewöhnlich männliche Priester.

In Babylonien zum Beispiel hätte sich ein kranker Mann oder eine kranke Frau im Geiste der Demut zum Ischtar-Tempel begeben in der Annahme, daß die Krankheit die Folge einer Missetat sei. Der oder die Hilfesuchende hätte entsprechende Opfergaben mitgebracht: Speisen, ein junges Opfertier, Öl und Wein. Zu den Gaben für die Göttin Ischtar gehörten sehr häufig auch Abbildungen der Vulva, Symbol der Fruchtbarkeit, gefertigt aus dem kostbaren Lapislazuli-Stein.[343] Die hilfesuchende Person hatte sich vor der Priesterin auf den Boden zu werfen und einige für diesen Fall vorgesehene Hymnen und Gebete zu sprechen. Eines der typischen Gebete enthielt die folgenden Zeilen:

»Hehre Ischtar, die die Weltgegenden beherrscht,
Heldenhafte Ischtar, Schöpferin der Menschen,
die eintritt zum Vieh, den Hirten liebt …
Dich gehen um Hilfe an die, denen Unrecht geschah, dem Mißhandelten
schaffst du Recht,
in ihrer (aller) Prozesse richtest du.
Ohne dein Zutun wird kein Kanal geöffnet,
kein Kanal abgesperrt, der Leben spendet;
Ohne dein Zutun wird kein Bewässerungsgraben geöffnet,
kein Bewässerungsgraben abgesperrt,
aus dem die weitverbreiteten Menschen trinken; …
Ischtar, barmherzige Herrin …
erhöre mich und sei mir gnädig!«[344]

343 Der Hinweis auf das Opfern einer Vulva findet sich bei Ebeling 1918, Bd. II, S. 12.
344 Farber 1977, S. 143.

Wenn sie verzweifelt oder krank waren, neigten sich Männer und Frauen in Mesopotamien voller Demut vor einer Statue der Göttin oder vor ihrer priesterlichen Dienerin. In Worten, in denen die Haltung eines Sklaven gegenüber seinem Herrn zum Ausdruck kam, priesen und verehrten sie die Macht der Göttin. So spricht eine andere Hymne Ischtar an als *»Herrin der Feldschlacht, die die Berge immer wieder niederstößt«*, *»Herrliche Löwin unter den Igigu, die die zornig abgewandten Götter sich dienstbar macht,/ die alle Herrscher meistert/ das Leitseil der Könige ergreift, die den Schleier aller Mädchen öffnet / ob du (hoch) erhoben stehst oder niedergelegt bist,/ kriegerische Ischtar, sind deine Kampftaten groß.«* Indem er Lobpreisung auf Lobpreisung folgen läßt, fährt der Bittsteller fort:

»Wo du hinblickst, wird der Tote lebendig,
steht der Kranke auf,
kommt, der nicht in Ordnung ist, zurecht,
wenn er dein Antlitz sieht.
Ich habe dich gerufen, (ich), dein müder, ermatteter,
schmerzerfüllter Knecht:
Sieh mich doch an, meine Herrin,
nimm an mein Flehen ...
Ich harre auf dich, meine Herrin,
auf dich waren meine Ohren gerichtet;
ich flehe dich an,
löse doch meine Verschuldung!
Löse meine Sünde, meine Missetat,
meinen Frevel und meine Verfehlung,
achte gering meine Frevel,
nimm an mein Flehen!«[345]

Wir sollten beachten, daß die Hilfesuchenden die Göttin für allmächtig hielten. Im Symbol der Vulva der Göttin, die aus Edelstein geformt war und zu ihrem Lobe dargebracht wurde, zelebrierten sie die Heiligkeit der weiblichen Sexualität und ihre mystische lebenspendende Kraft, die auch die Macht zu heilen einschloß. Und in den besonderen Gebeten, die die Gnade der Göttin erflehten, priesen sie diese als Herrin des Schlachtfeldes, mächtiger als Könige und mächtiger als andere Gottheiten. Ihre Gebete zu den Göttern stellten auf ähnliche Weise deren Tugenden und jeweilige Wirkungsmöglichkeiten in Su-

345 Falkenstein / von Soden 1953, S. 328ff. - von G. Lerner zitiert n. Zimmern 1905, S. 20ff.

perlativen dar. Mir kommt es hier darauf an zu zeigen, daß Männer und Frauen, die in Bedrängnis solche Gebete sprachen, davon ausgegangen sein müssen, daß Frauen wie Männer über metaphysische Kräfte verfügten und daß beide potentiell als Mittler zwischen Gottheiten und menschlichen Wesen wirken könnten. Dies ist eine Vorstellung, die sich sehr unterscheidet von den Glaubensinhalten zum Beispiel der Christen, die in einer späteren Zeit zur Jungfrau Maria beten sollten, um ihre Anliegen vor Gott bringen zu können. Die Macht der Jungfrau Maria ist begründet in ihrer Fähigkeit, um Gottes Gnade und Vergebung bitten zu können; sie leitet sich her aus ihrer Mutterschaft und dem Wunder ihrer unbefleckten Empfängnis. Maria hat keine Macht aus sich selbst heraus, und die besonderen Quellen ihrer Macht, zwischen den Menschen und Gott zu vermitteln, trennen sie unwiderruflich von anderen Frauen. Die Göttin Ischtar und andere Göttinnen hatten Macht aus eigenem Recht. Es war die Macht, die auch Männer hatten, abgeleitet von militärischen Siegen und der Fähigkeit, den Göttern und Göttinnen ihren Willen aufzuzwingen oder sie zu beeinflussen. Und doch war Ischtar weiblich, ausgestattet mit einer Sexualität, wie sie auch gewöhnlichen Frauen eigen ist. Es besteht also im antiken Mesopotamien ein erstaunlicher Widerspruch zwischen der Macht der Göttinnen und den zunehmenden gesellschaftlichen Beschränkungen, denen sich die Frauen im Alltag ausgesetzt sahen.

Die Veränderungen im gesellschaftlichen und wirtschaftlichen Status der Frauen sind in den Untersuchungen über das alte Mesopotamien nur am Rande und vereinzelt berücksichtigt worden – ganz im Gegensatz zu der Vielzahl von Studien, in denen der Übergang vom Polytheismus zum Monotheismus und die damit einhergehende Verschiebung der hervorragenden Bedeutung von mächtigen Göttinnen auf einen einzigen männlichen Gott zum Gegenstand der Untersuchung gemacht worden sind. Dieses Thema ist unter den Aspekten der Theologie, Archäologie, Anthropologie und Literaturwissenschaft behandelt worden. Historische Quellen und Kunstgegenstände sind mit den Mitteln der einzelnen Fachwissenschaften interpretiert worden; linguistische und philosophische Arbeiten haben die Vielfältigkeit der Interpretation erweitert und bereichert.[346] Mit Freud, Jung und Erich Fromm sind Psychiatrie und Psychologie als Untersuchungsmethoden hinzugekommen, die unsere Aufmerksamkeit

346 W. F. Albright 1957, H. Frankforc 1963, John Gray 1969, J. E. Harrison 1963, Th. Jacobsen 1970, W. Jayne 1925, A. Jeremias 1929, E. O. James 1960, S. N. Kramer 1969, S.N. Kramer 1961, Th. Meek 1960, H. W.F. Saggs 1978, A. Ungnad 1921, H. Winckler 1901.

auf Mythos, Symbole und Archetypen richten.[347] Und neuerdings haben einige feministische Wissenschaftlerinnen aus verschiedenen Fachbereichen diese Periode und den Gegenstand der Untersuchungen unter einem Gesichtspunkt diskutiert, der die patriarchalen Postulate kritisch in Frage stellt.[348]

Wegen der Vielfalt und der Ergiebigkeit der Quellen und der Interpretationen ist es nicht möglich, sie alle im Rahmen dieses Buches zu erörtern. Ich will die Aufmerksamkeit deshalb, wie ich es bisher getan habe, auf einige analytische Fragestellungen konzentrieren und einige Modelle detailliert diskutieren, die meiner Auffassung nach die Struktur umfassender Zusammenhänge verdeutlichen.

Die unter methodologischen Gesichtspunkten problematischste Frage ist die nach dem Verhältnis zwischen den gesellschaftlichen Veränderungen und den Veränderungen in den religiösen Glaubensvorstellungen und Mythen. Die Fachleute aus Archäologie, Kunstgeschichte und Geschichtswissenschaft können solche Veränderungen zwar darstellen, dokumentieren und beobachten, es besteht jedoch keine Gewißheit in bezug auf die Ursachen und die Bedeutung der Veränderungen.

Unterschiedliche Interpretationsverfahren bieten verschiedene Deutungen, deren keine ganz befriedigend ist. In dem hier zur Diskussion stehenden Fall scheint es mir besonders wichtig, die historischen Zeugnisse im einzelnen aufzuzeichnen und in ihrer Gesamtheit zu überblicken sowie eine schlüssige Erklärung anzubieten, die – das gebe ich zu – etwas spekulativ ausfallen wird. Dasselbe gilt für alle anderen Erklärungen, einschließlich – und vor allem – der patriarchalen Tradition.

Ich vermute, daß sich die Religion in Mesopotamien als eine Antwort auf die sozialen Bedingungen in den verschiedenen Gesellschaften entwickelte und daß sie diese Bedingungen widerspiegelt. Theorien können nicht aus dem Nichts geschaffen werden. Sie reflektieren immer bestimmte Ereignisse und die Vorstellungen der Menschen in einer historisch konkreten Gesellschaft. Daß im »Gilgamesch-Epos« eine Götterversammlung beschrieben wird, ist interpretiert worden als ein Indiz dafür, daß es in der vorstaatlichen Gesellschaft Mesopotamiens Dorfversammlungen gegeben hat. Auf ähnliche Weise kann die Erklärung im sumerischen Atrahasis-Mythos, die Götter hätten die Menschen erschaffen, damit diese ihnen dienen und ihnen die schwere Arbeit abnehmen könnten, betrachtet werden als eine Widerspiegelung der sozialen Bedingungen

347 S. Freud 1939; E. Fromm 1951; R. Graves 1966; E. Neumann 1963.
348 J. Ochshorn 1981, C. Ochs 1977, P. R. Sanday 1981, M. Scone 1976.

in den sumerischen Stadtstaaten der ersten Hälfte des 3. Jahrtausends v. Chr., wo sehr viele Menschen in Bewässerungsprojekten und in der Landwirtschaft arbeiteten, die rund um die Tempel angelegt waren.[349] Das Verhältnis von Mythos und Wirklichkeit ist gewöhnlich nicht so unvermittelt, aber wir können davon ausgehen, daß kein Volk eine Versammlung der Götter hätte erfinden können, das nicht zu irgendeiner Zeit Erfahrungen mit einer dementsprechenden Institution auf Erden gemacht hat. Wenn wir auch nicht mit Gewißheit sagen können, daß bestimmte politische und ökonomische Veränderungen einen Wandel in Glaubensinhalten und Mythen »verursacht« hätten, so ist doch ein bestimmtes Muster festzustellen, nach dem die Veränderungen in religiösen Vorstellungen in einer Reihe von Gesellschaften sich nach oder gleichzeitig mit sozialen Veränderungen vollziehen.

Ich vertrete die These, daß gerade so wie die Verwendung des Pfluges in der Landwirtschaft, einhergehend mit einem erstarkenden Militarismus, wichtige Veränderungen der Verwandtschaftsstrukturen und der Beziehung zwischen Männern und Frauen mit sich brachte, auch die Entstehung eines starken Königtums und des archaischen Staates einen Wandel der religiösen Glaubensinhalte und Symbole zur Folge hatten. Die zu beobachtende Entwicklung verläuft in folgender Weise: zunächst die Herabwürdigung der Muttergottheit und der Achtungszuwachs und die schließliche Dominanz ihres männlichen Gefährten oder Sohnes; dann dessen Verschmelzung mit einem (Sturm-)Gott zu einem männlichen Schöpfergott, der im Pantheon der Götter und Göttinnen eine beherrschende Stellung einnimmt. Wo immer es zu solchen Veränderungen kommt, wird die Macht des Schöpfertums und der Fruchtbarkeit von der Göttin auf den Gott übertragen.[350]

Die Anthropologin Peggy Reeves Sanday trägt einige sehr interessante methodologische Hypothesen zur Interpretation solcher Veränderungen vor. Sie argumentiert, daß die geschlechtsspezifischen Symbole in Schöpfungsgeschichten verläßliche Hinweise geben auf die Geschlechtsrollen und die sexuelle Identität von Männern und Frauen in einer bestimmten Gesellschaft. *»Durch die Art, in der Menschen darstellen, wie die Dinge am Anfang gewesen sind, ... machen sie eine grundsätzliche Aussage über ihre Beziehung zur Natur und ihr Verständnis von der Quelle der Macht im Universum.«*[351] Sanday analysierte 112 Schöpfungsgeschichten und die Gesellschaften, aus denen sie stammen, und sie fand eine

349 Th. Jacobsen 1943, S. 162, 165; eine Reihe von Beispielen für die Korrespondenz von Mythos und sozialer Wirklichkeit bei Saggs 1978, S. 167f.
350 Ein umfassender Überblick wird gegeben bei E. O. James 1959, S. 228-53.
351 Sanday 1981, S. 57.

eindeutige Korrelation zwischen den geschlechtsspezifischen Rollendefinitionen in den Schöpfungsdarstellungen und der Art eines Volkes, für seinen Lebensunterhalt zu sorgen und seine Kinder aufzuziehen:

> *»Wo die Männer Tiere jagen, haben die Väter eine größere Distanz zur Erziehung der Kinder, und Macht wird als etwas verstanden, was jenseits der männlichen Dominanz, liegt. Wo das Schwergewicht mehr auf den Sammlertätigkeiten liegt, ... ist die Beziehung der Väter zu ihren heranwachsenden Kindern enger, und die Ideen über die Schöpfungskraft nehmen weibliche oder gemischtgeschlechtliche Symbole auf.«*[352]

In 50 Prozent der untersuchten 112 Schöpfungsgeschichten stand eine männliche Gottheit im Mittelpunkt, bei 32 Prozent war es ein göttliches Paar, und 18 Prozent berichteten von einer weiblichen Gottheit. In Gesellschaften, die einen Mann für den Schöpfer hielten, sorgten 17 Prozent der Väter für Kleinkinder, und 52 Prozent der Väter nahmen an der Großwildjagd teil; in Gesellschaften, deren Schöpfungsgeschichte von einem göttlichen Paar erzählte, sorgten 34 Prozent der Väter für ihre kleinen Kinder, und 49 Prozent waren Jäger; in Gesellschaften, wo Frauen als Schöpferinnen galten, sorgten 63 Prozent der Väter für ihre Kleinkinder, und 28 Prozent nahmen an der Jagd teil.[353]

Wenn wir Sandays Verallgemeinerungen, die aus dem Studium heute lebender »primitiver« Völker gewonnen wurden, auch für frühere Zeiten Geltung zubilligen wollen, dann müßten wir davon ausgehen, daß es kurz vor oder während der Zeit, in der sich die Schöpfungsgeschichten in den Gesellschaften des antiken Vorderen Orients geändert haben, erhebliche ökonomische und soziale Veränderungen gegeben hätte.[354] Solche Veränderungen hat es tatsächlich in einer Reihe von Gesellschaften während des 2. Jahrtausends v. Chr. gegeben.

Ich werde versuchen, diese Entwicklungen darzustellen, und dann ihre Signifikanz analysieren, indem ich die aussagekräftigsten Metaphern und Symbole in den Mittelpunkt des Blickfeldes rücke. Die Metaphern und Symbole kreisen um die drei Grundfragen, die alle Religionen beantworten müssen: 1. Wer erschafft

---

352 Ebd., s. 73.

353 Ebd., s. 6 1, 66.

354 Viele Einwände gegen einen solchen methodologischen Sprung sind möglich, zumal Hypothesen über die Ursache und Wirkung in der Geschichte impliziert werden, die extrem schwer zu belegen sind. Wir wissen nicht genug, ja kaum etwas, über die Erziehungspraktiken in Mesopotamien, und auch eine sorgfältige historische Spurensuche in bezug auf die Groß- und Kleinwildjagd kann in diesem Buch nicht unternommen werden. Dennoch ergeben sich aus der Sample-Untersuchung von Sanday kulturübergreifende (»cross-cultural«) Belege von ähnlichen Veränderungsprozessen in Schöpfungsmythen verschiedener Kulturen, die insofern meine These bestätigen.

das Leben? 2. Wer bringt das Böse in die Welt? 3. Wer vermittelt zwischen den Menschen, und dem Übernatürlichen? Oder: Zu wem sprechen die Götter?

Wenn wir diese Fragen unter dem Aspekt von Veränderungen der vorherrschenden Metaphern beleuchten, so erkennen wir die folgenden Symbolwechsel: 1. von der Vulva der Göttin zum Samen des Mannes; 2. vom Baum des Lebens zum Baum der Erkenntnis (des Wissens); 3. vom Fest der Heiligen Hochzeit zum Alten und Neuen Bund, von denen die Bibel berichtet.

Die Durchgängigkeit der Verehrung der Muttergöttin in der Jungsteinzeit und Bronzezeit ist von Ergebnissen der archäologischen Forschung bestätigt worden. Marija Gimbutas berichtet, daß etwa 30000 Miniaturen Figuren aus Ton, Marmor, Knochen, Kupfer und Gold, von insgesamt etwa 3000 Fundstellen in Südosteuropa bekannt sind, die davon zeugen, daß in den örtlichen Gemeinschaften eine Muttergottheit verehrt worden ist. Gimbutas zeigt mit Hilfe von archäologischen Methoden, daß die Symbole der neolithischen Kultur im ägäischen Raum bis in das dritte Jahrtausend v. Chr. und in Kreta bis ins zweite Jahrtausend v. Chr. erhalten geblieben sind.[355] E. O. James spricht von einem Fruchtbarkeitskult, der *»in der jungsteinzeitlichen Kultur während und nach dem 5. Jahrtausend v. Chr. mit dem Übergang zum Ackerbau zu einem festen Bestandteil der Religion des antiken Vorderen Orients wurde.«*[356]

Archäologen haben viele weibliche Statuetten gefunden, die alle die Brüste, den Nabel, die Vulva betonen und die überwiegend eine hockende Position zeigen, eine Position, die in dieser Region während des Gebärens üblich war. Eine derartige Figur in der Gestalt einer Schwangeren finden wir in den tiefsten Schichten der Ausgrabungen von Çatal Hüyük, in einer Schicht, die aus dem 7. Jahrtausend v. Chr. stammt: die gebärende Göttin. Ihre Beine sind gespreizt, Nabel und Bauch vorgeschoben; und sie ist umgeben von Stierhörnern oder stilisierten Stierköpfen, die die männliche Zeugungskraft symbolisieren könnten. Ähnliche Figuren sind in Gegenden des Dontales in Rußland, im Irak, in Anatolien, Jericho und Südmesopotamien gefunden worden.

James, Gimbutas und andere versichern übereinstimmend, daß solche Figurinen einen weitverbreiteten Fruchtbarkeitskult belegen. Dieser Behauptung ist aufgrund methodologischer Überlegungen nachdrücklich widersprochen worden. Wie können wir ohne beweiskräftige Bestätigung wissen, welche Bedeutung diese Statuetten für diejenigen hatten, die zu ihrer Entstehungszeit lebten? Wie können wir Aussagen machen über den Zusammenhang, in den sie ge-

355 Gimbutas 1982, S. 18; siehe auch E. O. James 1959, S. 1-46; M. Stone (1976) erläutert im Detail die lange Geschichte der Verehrung der Muttergöttin.
356 E. O. James 1960, S. 47.

hörten, und was macht uns sicher, daß wir ihren Symbolgehalt richtig deuten? Solche Statuetten sind zum Beispiel in großer Zahl in Siedlungen des alten Israel aus dem 8. und 7. Jh. v. Chr. gefunden worden. Dies war eine Zeit, in der der Glaube an den Gott Jahwe in Israel bereits als die Hauptreligion anerkannt war. Offensichtlich ist das Auffinden solcher Statuetten keine ausreichende Begründung für das Argument, es habe eine weitverbreitete Verehrung einer Muttergöttin gegeben. Ein ähnliches Beispiel, das die Grenzen von Verallgemeinerungen nur auf der Grundlage von archäologischen Funden belegt, ist das der Marienstatuen aus dem Mittelalter. Wenn eine Archäologin der Zukunft Tausende von solchen Statuen in den Dörfern Europas fände, so unterliefe ihr eine ernste Fehlinterpretation, wenn sie aus diesen Funden den Schluß zöge, dort wäre eine weibliche Göttin verehrt worden. Andererseits würde diese Archäologin zweifellos auch Darstellungen des gekreuzigten Christus gefunden haben, die ihre Schlußfolgerungen beeinflussen könnten. So berechtigt gerade das Fehlen anderer figurativer Darstellungen in ähnlicher Zahl in den im Neolithikum bewohnten Gegenden zu der Schlußfolgerung, daß diese Statuetten eine besondere, vielleicht religiöse Bedeutung hatten. Ihre übereinstimmenden Merkmale, ihre weite Verbreitung und konventionelle Ausführung legen letzten Endes die Annahme nahe, daß sie als Amulette dienten – möglicherweise zur Unterstützung der Frauen bei der Geburt eines Kindes. Derartige Statuetten aus Tausenden von Jahren sind in einem großen Gebiet nachgewiesen.

Eine andere mögliche Interpretation sieht im Auffinden derartiger Statuetten an vielen Stellen einen Hinweis auf das Fortbestehen einer volkstümlichen religiösen Praxis neben oder im Gegensatz zu einer etablierten Religion. Eine solche Schlußfolgerung wäre gerechtfertigt in bezug auf die Statuetten einer nackten Göttin aus dem Israel des 8. Jahrhunderts v. Chr. und die Muttergottesbilder des mittelalterlichen Europa.

Das stärkste Argument zugunsten einer religiösen Signifikanz von weiblichen Statuetten aus dem Neolithikum sind die historischen Belege seit dem 4. Jahrtausend v. Chr., die sich aus Mythen, Ritualen und Schöpfungsgeschichten ableiten lassen. Dort ist die Muttergöttin fast ausnahmslos die dominierende Gestalt der alten Geschichten. Dies erlaubt es uns, mit einiger Gewißheit eine Bedeutungsübertragung auf die archäologischen Funde vorzunehmen. Es besteht allerdings auch dann noch die Gefahr, daß wir durch die überzogene Verallgemeinerung von Teilbefunden Bedeutungszusammenhänge auseinanderreißen. Der Assyriologe A. L. Oppenheim warnt vor dieser Gefahr im Hinblick auf unsere Interpretation der Religion in Mesopotamien im 2. Jahrtausend v. Chr. Es steht aus dieser Periode sehr viel mehr Material – archäologisch, literarisch, ökonomisch und politisch relevantes – zur Verfügung, und dennoch hält Oppenheim es für fast unmöglich, daß Wissenschaftler unserer Zeit die Weltanschauung und Glaubensinhalte dieser Kultur rekonstruieren können.[357] Bestenfalls können wir feststellen, daß das Auffinden einer Vielzahl von weiblichen Statuetten aus dem Neolithikum mit ausgeprägten sexuellen Zügen, die die Mutterschaft hervorheben, eine Entsprechung findet in späterem mythologischen und literarischen Material, in dem die Macht von weiblichen Gottheiten über die Fruchtbarkeit und Schöpferkraft gefeiert wird. Wahrscheinlich spricht dies für eine frühere Verehrung einer Großen Göttin, aber Gewißheit haben wir nicht.

Auf gesicherterem Grund bewegen wir uns hingegen bei der Deutung von archäologischen Funden aus der Zeit seit dem 4. Jahrtausend v. Chr. Die Figuren weiblicher Gottheiten stehen in eindeutiger bezeichneter situativen Zusammenhängen und weisen besondere und stets vorhandene symbolische Attribute auf. Die Göttin ist dargestellt inmitten von Säulen oder Bäumen und in Begleitung von Ziegen, Schlangen und Vögeln. Eier und Vegetationssymbole sind ihr zugeordnet. Diese Symbole weisen darauf hin, daß sie als eine Quelle der Fruchtbarkeit von Pflanzen, Tieren und Menschen verehrt wurde. Sie nahm Gestalt an in der minoischen Schlangengöttin mit entblößten Brüsten. Sie wurde in Sumer verehrt als Ninhursag und Inanna, in Babylonien als Ischtar, in Phönizien als Astarte, in Kanaan als Anath, in Griechenland als Hekate-Artemis. Die oft zwischen ihr und dem Mond hergestellte Beziehung symbolisierte ihre mystischen Kräfte über die Natur und die Jahreszeiten. Das in der Verehrung der Großen Göttin manifestierte Glaubenssystem war monistisch und animistisch. Es bestand ein einheitlicher Zusammenhang von Erde und Sternen, Menschen und Natur, Geburt und Tod, die alle in der Großen Göttin verkörpert waren.

Die Kulte der Großen Göttin beruhten auf dem Glauben, sie sei es, die in ihren verschiedenen Erscheinungsformen Leben entstehen läßt. Sie wurde aber auch mit dem Tod in Verbindung gebracht. Sie wurde gepriesen und gefeiert wegen ihrer Jungfräulichkeit und wegen ihrer mütterlichen Qualitäten. Die Göttin Ischtar zum Beispiel wurde beschrieben als freizügig ihre sexuelle Gunst gewährend, als die Beschützerin der Prostituierten, als Patronin der Schankwirtschaften, und zugleich wurde sie verehrt als die jungfräuliche Braut von Göttern (etwa in den Dumuzi-Mythen). Die weibliche Sexualität war ihrem Dienst geweiht und wurde geehrt in den ihr geltenden Ritualen. Die Menschen der Antike sahen keinen Widerspruch zwischen diesen gegensätzlichen Attri-

357 A. L. Oppenheim 1964, Kapitel 4.

buten. Die Dualität der Göttin war Ausdruck der Dualität, die in der Natur zu beobachten war: Nacht und Tag, Geburt und Tod, Licht und Finsternis. In der frühesten bekannten Phase religiöser Verehrung wurde also die weibliche Kraft als furchterweckend, machtvoll und transzendent betrachtet.

Die Übermächtigkeit der Göttin kommt auch in den ältesten Mythen über die Entstehung der Welt zum Ausdruck, die die lebenspendende Schöpferkraft des Weibes preisen. In der ägyptischen Mythologie gebiert der urzeitliche Ozean, die Göttin Nun, den Sonnengott Atum, der dann der Schöpfer des Restes des Universums ist. Die sumerische Göttin Nammu bringt auf parthenogenetische Weise den männlichen Himmelsgott An und die weibliche Erdgöttin Ki hervor. Im babylonischen Mythos sind die Göttin Tiamat, das Urmeer, und ihr Gemahl die Eltern der Götter und Göttinnen. Nach der griechischen Mythologie erschafft die Erdgöttin Gaia durch Selbstbegattung den Himmel, Uranos. Auch die Erschaffung des Menschen wird ihr zugeschrieben. In der assyrischen Version eines älteren sumerischen Mythos formt die weise Mami (auch als Nintu bekannt), »der Mutterschoß, diejenige, die die Menschheit hervorbringt«:, die Menschen aus Tonerde; aber es ist der männliche Gott Ea, der den Figuren »den Nabel öffnet« und so den Vorgang der Schöpfung vollendet. In einer anderen Version der gleichen Geschichte beendet Mami auf Drängen von Ea selbst den schöpferischen Prozeß: *»Der Mutterschoß, die Schöpferin des Schicksals, / in Paaren vollendet sie sie .... Die Gestalt der Menschen, die Mami formt.«*[358]

Diese Schöpfungsgeschichten sind Ausdruck von Vorstellungen, die sich aus früheren Formen der Verehrung der weiblichen Fruchtbarkeit ergeben haben. Die Urkraft der Natur ist das Meer, das Wasser, das Mysterium des Eies, das sich öffnet, um neues Leben hervorzubringen. Schlangengöttin, Meeresgöttin, Jungfrauengöttin und die Menschen aus Tonerde formende Göttin – es ist das weibliche Wesen, das den Schlüssel des Mysteriums in Händen hält.

Andererseits sollten wir hier festhalten, daß der männliche Gott oft an der Einleitung des Schöpfungsprozesses entscheidend beteiligt ist, während die Göttin den Schöpfungsakt vollbringt. Die Anerkennung der notwendigen Kooperation des weiblichen und des männlichen Prinzips im Prozeß der Schöpfung scheint in der Mythologie Sumers und Akkads nicht in Frage gestellt gewesen zu sein.

Mit der Domestizierung von Tieren und der Entwicklung von Viehzucht wurde die Funktion des Mannes bei der Fortpflanzung erkannt und besser ver-

358 Siehe Mythos von »Atrahasis« in: Pritchard 1950, S. 100.

standen.[359] In einem späteren Entwicklungsstadium ist der Muttergöttin ein männlicher Partner, ein Sohn oder ein Bruder, zugesellt, der sie bei den Fruchtbarkeitsriten unterstützt, indem er sich mit ihr vermählt. Im Mythos und im Ritual ist der männliche Gott jung, und manchen Auffassungen zufolge muß er sterben, damit eine Wiedergeburt stattfinden kann. Es ist immer noch die Große Göttin, die Leben schafft und über den Tod bestimmt, aber es gibt inzwischen eine stärker betonte Anerkennung des männlichen Parts bei der Schöpfung und Fortpflanzung.

Die Heilige Hochzeit (*hieros gamos*) und ähnliche jährlich wiederkehrende Riten, die weithin in vielen verschiedenen Gesellschaften im 4. und 3. Jahrtausend v. Chr. zelebriert wurden, brachten diese Glaubensinhalte zum Ausdruck. Erst nachdem die Vermählung der Göttin mit dem jungen Gott, dessen Tod und Wiedergeburt stattgefunden hatten, konnte der Zyklus der Jahreszeiten beginnen. Die Sexualität der Göttin ist geheiligt und garantiert die Segnungen der Fruchtbarkeit sowohl der Erde als auch der Menschen, welche die Göttin durch die Beachtung der rituellen Regeln ehrten. Das Ritual der Heiligen Hochzeit hat viele Formen angenommen und wurde weithin praktiziert in Mesopotamien, Syrien, Kanaan und im ägäischen Raum. Zu seinen zahlreichen komplexen Bedeutungen gehört auch die Vorstellung, daß es die allumfassende Fruchtbarkeit der Muttergöttin umwandelt in die mehr domestizierte Fruchtbarkeit der *»Göttin des kultivierten Getreides.«*[360]

Diesen Mythen aus dem 3. und 2. Jahrtausend v. Chr. läßt sich entnehmen, daß eine neue Vorstellung über die Schöpfung Eingang in das religiöse Denken findet: Nichts existiert, wenn es nicht einen Namen hat. Der Name bedeutet Dasein. Die Gottheiten verdanken ihre Existenz ebenso wie die Menschen der Namensgebung. Das babylonische Schöpfungsepos (*Enuma elisch*) beginnt so:

> *»Als oben der Himmel nicht genannt war,*
> *unten die Erde keinen Namen besaß,*
> *haben der Ur-Apsu, ihr (der Götter) Zeuger,*
> *(und) die schaffende (Salzwasser-)See, die sie alle gebiert,*

359 Zur Bestätigung dieser Erklärung siehe auch James 1959, S. 228: *»Mit dem Betreiben von Viehzucht und der Haltung von Schafen und Rindern wurde jedoch die Funktion des männlichen Wesens bei der Fortpflanzung der Art deutlicher und wichtiger genommen, als die physiologischen Voraussetzungen der Vaterschaft klarer verstanden und anerkannt wurden. Daraufhin erhielt die Muttergöttin einen männlichen Partner, entweder in der Funktion eines Sohnes und Geliebten oder als Bruder und Gatte. Obwohl er als der Erzeuger des Lebens gesehen wurde, blieb er in einer ihr untergeordneten Position, war er tatsächlich eine zweitrangige Figur im Zusammenhang der kultischen Verehrung.«* Siehe auch E. Fisher, 1979, Kap. 19.

360 James, ebd.; ders. 1958, S. 114-17.

die Wasser miteinander vermischt …
als keiner der Götter sichtbar war,
mit Namen nicht hieß, mit Geschick nicht bestimmt war,
da wurden in diesem Wasser die Götter geboren …«[361]

Hier verlangt das Prinzip der Fruchtbarkeit, das vorrangig in der Muttergöttin (»die schaffende See«) verkörpert ist, die »Verschmelzung« mit dem männlichen »Begatter«, bevor der Zyklus des Lebens mit der Geburt beginnen kann. Doch bevor der Schöpfungsakt stattfinden kann, muß es eine Vorstellung, einen Entwurf, etwas »in ihrem Inneren« geben, das später »mit Namen versehen« ins Leben »gerufen« werden kann.

Ähnlich wird im Gilgamesch-Epos die Göttin Aruru von den anderen Gottheiten gerufen und aufgefordert, einen Mann, einen Doppelgänger für Gilgamesch zu formen:

»Nun erschaffe, was er befiehlt!
Dem anderen sei gleich dessen Herzensungestüm! …
Kaum daß Aruru dieses hörte,
schuf sie sich im Herzen, was Anu befahl.
Aruru wusch sich die Hände,
Kniff sich Lehm ab, warf ihn draußen hin Enkidu,
den gewaltigen, *schuf sie, einen Helden.«*[362]

In einem anderen akkadischen Mythos zeichnet der Gott Enlil die Umrisse eines Drachen an den Himmel, der dann zu leben beginnt. Der Assyriologe Georges Contenau schreibt: *»Der Schöpfer bestimmt im Geiste, wie sein Geschöpf sein soll. Wenn er sich ein klares Bild von ihm gemacht hat, zeichnet er die Form. Dadurch ist es fast schon lebendig.«*[363]

In der Zeit, in der solche Vorstellungen erstmals zutage treten, ist auch die Schrift »erfunden« worden und nahm damit die überlieferte Geschichte ihren Anfang. Das schriftliche Aufzeichnen von Ereignissen und die Ausarbeitung eines Symbolsystems belegen die Fähigkeit zur Abstraktion. Der niedergeschriebene Name wird Teil der Geschichte und wird unsterblich. Dies muß den damaligen Zeitgenossen als etwas Magisches erschienen sein. Schreiben, Registrieren, mathematisches Denken und die Entwicklung verschiedener Symbolsysteme

361 Zit. n. Erica Reiner 1978. Von Gerda Lerner zit. n. Pritchard 1955, S. 60f. Im englischen Text steht anstelle der »schaffenden See« der Begriff »Mummu Tiamat« (= Muttergöttin).
362 Gilgamesch-Epos 1958, S. 19. Von G. Lerner zit. n. Pritchard 1955, S. 74.
363 G. Contenau 1959, S. 197. Siehe A. Jeremias 1929, S. 33f.

veränderten das Verständnis der Menschen in bezug auf Zeit und Raum. Da kann es uns kaum überraschen festzustellen, daß die religiösen Mythen diesen Wandel des Bewußtseins widerspiegeln.

Unter den Aspekten dieser Untersuchung, die sich konzentriert auf das Entstehen und die Verfestigung patriarchaler Rollenzuschreibungen und der entsprechenden Symbole, ist es von Interesse, daß die Symbolisierung der Fähigkeit zu schöpferischem Tun – etwa im Sinne der Vorstellung von der Namengebung – es leichter macht, von der Muttergöttin als dem einzigen Prinzip des Schöpferischen abzugehen.

Es entspricht sozusagen einer höheren Ebene des Denkens, sich nicht mehr nur an der sinnlich wahrnehmbaren Tatsache der weiblichen Fortpflanzungsfähigkeit zu orientieren, sondern davon abgehoben die Vorstellung einer symbolischen Kreativität zu entwickeln, die im »Namen«, in einem »Begriff« ausgedrückt werden kann. Es ist kein besonders großer Schritt von dieser Stufe des Denkens zu der Vorstellung von dem »schöpferischen Geist«, der das Universum beseelt. Doch eben dieser Schritt hin zu einer größeren Abstraktionsfähigkeit und zur Bildung von Symbolen für abstrakte Begriffe ist eine wesentliche Voraussetzung für den Übergang zum Monotheismus. Erst als die Menschen sich eine abstrakte, ungesehene, nicht erkennbare Macht vorstellen konnten, die einen solchen »schöpferischen Geist« verkörpert, konnten sie auch ihre zahlreichen anthropomorph konzipierten, im Streit miteinander liegenden Götter und Göttinnen aufgeben zugunsten der Anerkennung des einen, des einzigen Gottes. Das Übergangsstadium wird deutlich in den Schöpfungsmythen, die den »schöpferischen Geist« beschreiben als den Gott der Lüfte, Gott der Winde, den Donnergott, der dadurch zum Schöpfer wird, daß er mechanisch hergestellte Gestalten durch seinen »Lebenshauch« mit Leben erfüllt. Mir scheint, daß aufgrund historischer Veränderungen im gesellschaftlichen Zusammenleben, die das Königtum und die militärische Führung in den Vordergrund treten ließen, die Männer nach dem Symbol einer männlichen Gottheit strebten, das das neue Prinzip des symbolischen Schöpfungsaktes verkörpern sollte. Dieser Prozeß vollzieht sich, wie wir noch sehen werden, über mehr als tausend Jahre und erreicht seinen Höhepunkt im Buch der Genesis. Die Tatsache, daß nach dem Glauben der Ägypter Zeugungskraft und Fruchtbarkeit bereits im 3. Jahrtausend v. Chr. im männlichen Gott Osiris verkörpert waren, stützt die These, der religiöse Glaube reflektiere die jeweiligen sozialen Bedingungen. In diesem Falle wird das frühe Bestehen eines starken Königtums, in dem die Pharaonen als Inkarnation des Gottes herrschten, widergespiegelt in der Macht und Dominanz der männlichen Götter in den Schöpfungsmythen.

Die nächste wichtige Veränderung der Schöpfungsmythen, die sich feststellen läßt, vollzieht sich gleichzeitig mit dem Aufstieg des archaischen Staates unter der Herrschaft starker Könige. Von einem nicht genau bestimmbaren Zeitpunkt im 3. Jahrtausend v. Chr. an wird die Gestalt der Muttergöttin aus ihrer Position an der Spitze des Pantheons der Götter entfernt. Sie wird ersetzt durch einen männlichen Gott, gewöhnlich durch den Gott des Windes und der Lüfte oder den Gott des Donners, der mit der Zeit mehr und mehr Ähnlichkeit mit einem irdischen König der neuen Art aufweist.

Im Verlauf dieser Veränderungen erscheinen die früheren Erdgöttinnen nun als Töchter und Gemahlinnen von Vegetationsgöttern. Die mesopotamische Damkina, Gebieterin der Erde, wird zur Gefährtin von Ea bzw. Enki, Gott des Wassers. Ein ähnlicher Wandel vollzieht sich bei den Muttergöttinnen – Niniil, Nintu, Ninhursag und Aruru. Die früheste Darstellung des Götterhimmels zeigt den Gott des Himmels An und die Göttin der Erde Ki, die gemeinsam den anderen Götter übergeordnet sind.[364] Ihrer Verbindung entspringt der Gott der Luft, Enlil. Er wird vor allem in Nippur verehrt, einem Stadtstaat, der sich in einem ständigen Konflikt mit Eridu befindet, wo die Gottheit Enki verehrt wird. Etwa im Jahre 2400 v. Chr. werden die wichtigsten Götter in folgender Rangordnung aufgelistet: An (Himmel), Enlil (Luft), Ninhursag (Königin des Berges) und Enki (Herrscher der Erde). Ninhursag repräsentiert möglicherweise die Göttin der Erde Ki, die nun auf eine Position von geringerer Bedeutung verwiesen ist. In noch späteren Texten, etwa aus dem Jahre 2000 v. Chr., wird sie als letzte nach Enki erwähnt. Der Sumerologe Samuel Noah Kramer erklärt diese Veränderung in der Götterordnung als Ergebnis des wachsenden Einflusses von Priestern, die die Interessen von bestimmten Tempelgemeinschaften und bestimmten Städten und deren Herrschern vertreten. Diese Priester schreiben nun die alten Mythen so nieder, wie es politisch opportun ist. Kramer bemerkt, daß auf der Liste Nammu fehlt, die Muttergöttin, die früher als die Schöpferin des Universums und Mutter aller Gottheiten gepriesen worden war. Er ist der Auffassung, ihre Macht wäre auf ihren Sohn Enki übertragen worden *»in einem deutlichen Versuch, dieses Stück priesterlicher Piraterie zu rechtfertigen.«*[365]

Die Beziehung zwischen gesellschaftlichem Wandel und Veränderungen des Götterglaubens wird in einer späteren Zeit noch offensichtlicher. Indem Epos

364 Das sumerische Wort »anki« bedeutet » Universum.«

365 S. N. Kramer 1976, S. 14.

Enuma elisch, das wir bereits erwähnt haben (niedergeschrieben etwa im frühen 10. Jahrhundert v. Chr.), wird das Chaos, in Gestalt der Tiamat, angegriffen von rebellierenden primitiven Gottheiten, die Ordnung schaffen wollen. Ein furchtbarer Kampf entbrennt, in dem die Rebellen von einem jungen Gott angeführt werden, der schließlich Tiamat tötet und aus ihren Überresten die Erde und den Himmel erschafft. Die Götter erschlagen nun auch Tiamats Gatten und lassen aus seinem mit Erde -vermischten Blut die Menschheit entstehen. Es ist von großer Bedeutung, daß der junge Gott, der diesem Epos zufolge Tiamat erschlägt, Marduk ist, also der Gott, der in Babylonien verehrt wurde. Marduk wird zuerst erwähnt während der Zeit des Hammurabi von Babylon, der seinen Stadtstaat zum mächtigsten in der mesopotamischen Region machte. Im Enuma elisch, das etwa 600 Jahre später niedergeschrieben wurde, werden Teile der alten Mythen in ein recht umfassendes theologisches System eingefügt. Der junge Gott Marduk ist nun zum mächtigsten der Götter aufgestiegen. Auf eine ähnliche Weise erzählten die Assyrer in einer Zeit, als sie die dominierende politische Macht waren, ihre Schöpfungsgeschichte, indem sie ihren nationalen Gott Aschschur in den Mittelpunkt des Mythos stellten.[366] Ein Fachwissenschaftler sieht folgenden Zusammenhang:

> *»Der Aufstieg zweier nationaler Götter, Marduk und Aschur, in höchste Machtpositionen innerhalb der Götterwelt ... spiegelt, daß sich in Mesopotamien zwei rivalisierende Nationalstaaten herauskristallisierten, die jeder von einem absoluten Monarchen beherrscht wurden ... Macht und Entscheidungsgewalt lagen nun bei Marduk und Aschur, während die anderen Götter als ihre Bevollmächtigten oder Vermittler für sie tätig waren.«*[367]

In der Mythologie der Kanaanäer erreicht der junge Sturmgott Baal die Spitze des Pantheons. Als er in der Auseinandersetzung mit seinem Gegner Mot, dem Gott des Todes, in die Unterwelt hinabsteigt, vergeht alle Vegetation auf Erden. Baals Schwester und Gefährtin, Anath, sucht ihn überall. Als sie seinen Leichnam findet, begräbt sie ihn und begibt sich in einen heftigen Kampf mit Mot, in dem sie ihn tötet. Sie zerschneidet Mots Leiche, zerkleinert die Teile, schüttelt sie durch ein Sieb, mahlt sie in einer Mühle und streut die Reste über die Felder. Diese symbolische Behandlung Mots, als wäre er Getreide, verhilft der Erde zu erneuter Fruchtbarkeit. Als Baal aufersteht von den Toten, um den Kampf mit Mot aufzunehmen und den Sieg zu erringen, wird Anath, die in dem Mythos

366 E. Chiera 1938,S.125ff.
367 Jacobsen 1970, S. 20f.

alle die ursprünglichen Qualitäten der Muttergöttin verkörperte – Unnachgiebigkeit im Kampf, Stärke und die Macht, Fruchtbarkeit zu gewähren -, nun von ihm in den Schatten gestellt, der zum mächtigsten Gott und Spender des Lebens geworden ist.[368]

Wir haben bereits erörtert, wie Könige den Tempel der höchsten Gottheit übernehmen. So machte sich in Lagasch in der Frühzeit des Königtums (frühdynastische Periode) Lugalanda selbst zum obersten Administrator des Tempels des Gottes Ningirsu und seine Frau Baranamtara zur Inhaberin des höchsten Amtes im Tempel der Göttin Bau. In einer späteren Periode, etwa während der Herrschaft des Hammurabi, als das Königtum fest etabliert ist und einen weiten Machtbereich beherrscht, verkörpert der König einen Teil der göttlichen Führungskraft. Es ist, als gebe es einen ständigen Fluß von Macht, Heiligkeit und Energie zwischen Gott und König. Es überrascht also nicht, daß im Zuge dieses Wandels die Muttergöttin nicht nur ihre höchste Machtvollkommenheit verliert, sondern in ihrer Wirkung generell stark eingeschränkt und zur Gemahlin des höchsten Gottes gemacht wird. Doch zur gleichen Zeit sondert sie sich auf eine mysteriöse Art ab und gelangt zu neuem Leben und neuer Identität in einer Vielzahl verschiedener Gestalten, die in der Volksreligion weiterhin für mächtig gehalten werden. Auf dieses Problem kommen wir noch zurück.

Die sich wandelnde Position der Muttergöttin, ihre Entthronung, vollzieht sich in vielen Kulturen zu verschiedenen Zeiten, doch in der Regel geht sie einher mit bestimmten historischen Veränderungen. In Elam regiert die Muttergöttin unangefochten im 3. Jahrtausend v. Chr., tritt aber danach an Bedeutung hinter ihrem Gefährten Humban zurück. Dieselbe Entwicklung ist zu verschiedenen Zeiten in Anatolien, in Kreta und in Griechenland zu beobachten. In Ägypten, wo der männliche Gott schon früh eine Vorrangstellung erhält, gibt es gleichwohl Spuren einer noch früheren Prädominanz der Urgöttin. Isis, als die »Frau auf dem Thron«, verkörperte die überirdische Macht des Königtums. Mit den Worten von E. O. James: *»Als solche war sie die Quelle der Lebenskraft, bevor sie zum Inbegriff der lebenspendenden Mutter und treuen Gattin wurde.«*[369]

Ein sorgfältiges Studium der Gesellschaft der Hethiter erschließt uns ein eindrucksvolles Beispiel für den Übergang von einem matrilinearen Königtum und entsprechender Thronfolge zum patrilinearen Königtum und entsprechender Thronfolge sowie die Widerspiegelung dieser Veränderung in der Religion.

368 James 1960, S. 87ff.
369 James 1959, S. 241.

Die hethitische Gesellschaft erlebte ihre Blütezeit zwischen 1700 und 1190 v. Chr. im antiken Anatolien. Sie verband Elemente der älteren Hatti-Kultur mit denen eines indoeuropäischen Volkes, das die Region wahrscheinlich am Ende des 3. Jahrtausends v. Chr. unter seine Herrschaft brachte. Die frühe Herrschaftsform bei den Hatti stützte sich auf ein System, demzufolge das Recht der Nachfolge bei der *tawananna* lag, der Schwester des Prinzen. Das Königshaus der Hatti praktizierte die Geschwisterehe, ähnlich den Regelungen im ägyptischen Königshaus. Ein männlicher Herrscher heiratete seine Schwester, die als *tawananna* eine Priesterin mit beträchtlicher wirtschaftlicher und politischer Macht war und zum Beispiel das Recht hatte, von den Städten Steuern einzunehmen. Ihr Sohn erbte das Recht auf Thronfolge – nicht weil sein Vater König war, sondern weil das Recht auf die Thronfolge über die *tawananna* weitergegeben wurde. Das Amt war erblich, so daß die Tochter der *tawananna*, die ihr Amt erbte, eine ebenso wichtige Machtposition erhielt wie ihr Bruder. Als später die Geschwisterehe verboten war, blieb die *tawananna* in ihrem Amt als Priesterin und behielt die Macht zur Regelung der Nachfolge. Das bedeutete aber nun, daß ihres Bruders Sohn den Thron besteigen würde.

Gegen Mitte des 2. Jahrtausends v. Chr. stellte der erste starke König der Hethiter, Hattuschili I., nicht nur die traditionelle Regelung der Thronfolge in Frage, indem er seinem Enkel noch vor seinem Sohn einen Platz in der Thronfolge einräumte, was diesen in einen Konflikt mit seiner Tante geraten ließ; er schaffte darüber hinaus auch das Amt der *tawananna* ab und ernannte sich selbst zum Oberpriester. Außerdem begann er, königliche Prinzessinnen als Priesterinnen in den Heiligtümern der Urgöttin einzusetzen.[370] Wir haben bereits gesehen, wie derselbe Prozeß in Sumer während der Herausbildung des archaischen Staates vor sich ging.

Aber das Dekret von Hattuschili I. führte nicht zum Ende der starken matrilinearen Tradition, und die Regelung der Thronfolge, derzufolge der Brudersohn der *tawananna* König sein sollte, blieb bestehen. Hattuschilis Enkel setzte die hethitische Expansionspolitik fort durch den Einmarsch in Babylonien; aber er wurde ermordet, und das Königtum wurde wegen der unklaren Nachfolgeregelung durch interne Familienstreitigkeiten und Palastmorde geschwächt. Dies traf zusammen mit einer Invasion der Hurriter in Syrien und der Eroberung des größten Teils des Landes.

370 Sh. Bin-Nun 1975, S.158f. Sieh auch O. R. Gurney »The Hittites«, in: Cotterell 1980, S. 111-17. Hattuschili I. hinterließ ein schriftliches Testament, das diese historischen Veränderungen dokumentiert.

Ein Schwiegersohn des Königs, Telipinu, der König wurde – wahrscheinlich in Übereinstimmung mit der alten matrilinearen Sitte, einen »eingeheirateten Mann« als Nachfolger zu akzeptieren, wenn ein männlicher Erbe fehlte -, versuchte gegen 1500 v. Chr. in einem Edikt, die patriarchale Thronfolge festzusetzen. Das Edikt führte im einzelnen aus, daß der Gatte der höchstrangigen Tochter König werden solle, wenn ein Sohn für die Thronfolge nicht zur Verfügung stehe. Das Edikt beschreibt außerdem die zurückliegende Periode der Blutschande, die es anscheinend wegen des Übergangs von einem System des Königtums zu einem anderen gegeben hatte. Es ist zweifellos ein Beweis für die Stärke der Tradition einer matrilinearen Thronfolge.[371]

Diese Tradition war so gefestigt, daß sie weitere 150 Jahre beibehalten wurde, in denen eine neue Dynastie die Herrschaft übernahm. Sie bewies ihre Geltung in dem Streit zwischen König Tuthalija und seiner Schwester, die er beschuldigte, eine Hexe zu sein und sich der Zauberkraft zu bedienen. Die Auseinandersetzung wurde durch einen Kompromiß beendet, demzufolge der Sohn des Königs den Thron bestieg, während die Tochter des Königs eine *tawananna* wurde und das Amt der Priesterin des Sonnengottes übernahm. Durch dieses Arrangement ging das Recht der Thronfolge in subtiler Weise auf den König über. Es war das letzte Mal in der Geschichte der Hethiter, daß ein Geschwister-Paar auf diese Weise die weltliche und die religiöse Macht teilte. Wie sehr diese internen Streitigkeiten die Regierungsgewalt schwächten, ergibt sich aus der Tatsache, daß die Feinde des Landes es beinahe vernichteten.

1380 v. Chr. führte ein starker König, Schuppiluliuma I., das Land in die neue hethitische Periode der Reichsbildung, die das hethitische Königreich etwa hundert Jahre lang mit Ägypten und Babylonien um Vormacht und Größe konkurrieren ließ. Er errichtete erneut die Hegemonie der Hethiter über Syrien, indem er die Hurriter unterwarf und seinen Machtbereich bis Damaskus ausdehnte. Sehr wahrscheinlich ist sein Erfolg bei der Abschaffung des Amtes der *tawananna* als der Verkörperung des Rechts der matrilinearen Thronfolge aufs engste verknüpft mit seinem starken Königtum und seinem Erfolg als Reichsgründer. Schuppiluliuma I. veränderte das Wesen des Amtes der *tawananna*, indem er es seiner Königin übertrug und so die Form bewahrte, ihr aber einen neuen Inhalt gab. Seither lagen die Thronfolgerechte beim König, dessen Frau, nicht Schwester oder Tochter, aufgrund seiner Macht in das Amt der *tawananna* und Priesterin eingesetzt wurde – beides nun Funktionen, die ihrer wichtigsten und direkt zu vererbenden Machtbefugnisse entkleidet waren.

371 C.F. Justus 1983, S. 59-103, mit Verweis auf Telipinu auf S. 63, 74.

Schuppiluliuma I. befriedete eroberte Gebiete durch die Einsetzung von Gefolgsleuten als Unterkönige, die seine Vasallen wurden und mit denen er seine Töchter verheiratete. Solche Praktiken aus ähnlichen dynastischen Gründen sind uns bereits aus Sumer und Mari bekannt. Durch dieses Verfahren wird das Verhältnis der Frauen zur politischen Macht auf signifikante Weise verändert, denn sie werden zu Werkzeugen der Machtpolitik von Männern und ihre eigene Macht wird abhängig von ihren sexuellen und reproduktiven Leistungen in der Beziehung zu einem bestimmten Mann.

Der Sohn und der Enkel von Schuppiluliuma I. traten in seine Fußstapfen und dehnten den Herrschaftsbereich der Hethiter auf Syrien und den ägäischen Raum aus. Nach dem Tod des Enkels kam es wieder zu einem Streit um die Thronfolge, der mit der Usurpation des Throns durch den Bruder des Königs, Hattuschili III., endete. Dieser König, der Freundschaftsverträge und Beistandspakte mit Ägypten und Babylonien schloß, brachte das Königtum zu seiner größten Blüte. Er erhob seine Frau, Puduhepa, zur Mitregentin. Es ist bezeichnend, daß selbst in dieser Zeit die alte Tradition noch so geachtet war, daß der Usurpator es für nötig hielt, eine schriftliche »Rechtfertigung« zu verfassen, in der er es seiner Patronin, der Göttin Ischtar, zuschreibt, ihn zu seiner Machtergreifung und zu seiner Ehe mit Puduhepa inspiriert zu haben. Die starke Tradition der matrilinearen Nachfolge und der politischen Macht von Frauen wurde also nach drei Jahrhunderten des Kampfes umgeformt in die Funktion einer mächtigen Königin, die als Stellvertreterin ihres Mannes in einer patriarchalen Gesellschaft diente.[372]

Die Macht der Hethiter dauerte nach dem Tode von Hattuschili III. noch weitere 50 Jahre und endete um das Jahr 1200 v. Chr. Es folgten Invasionen der »Seevölker« und einige hundert Jahre später die Eroberung der südöstlichen Region durch die Assyrer. Es blieben von dem Hethiterreich eine Sprache, eine beeindruckende und lange nachwirkende künstlerische Tradition und die Hieroglyphen-Schriften. Im Zusammenhang unserer Untersuchung ist außerdem die Geschichte der Transformation des Pantheons der Götter und Göttinnen überliefert, die einherging mit den dargestellten politischen Entwicklungen.

Carol F. Justus, die mit den Methoden der vergleichenden Linguistik die Veränderung im Götterhimmel der Hethiter untersuchte, hat festgestellt, daß die wichtigsten Gottheiten während dieses Prozesses einer Geschlechtsumwandlung unterzogen wurden, was sie interpretiert als symbolische Darstellung der

372 Ebd., S.63.

Veränderungen der politischen und sozialen Rollen von Männern und Frauen in der hethitischen Gesellschaft.[373]

Vor der Eroberung durch die Hethiter hatte die indoeuropäische Bevölkerung des Landes eine Vielzahl von Göttinnen und Göttern verehrt, an deren Spitze ein Sonnengott (sawel) und ein Sturmgott (dyew) standen. Diese beiden Gestalten finden sich in verschiedenen Formen in vielen Religionen des Altertums. Der Sonnengott wird überall als »weit sehend« und »allumfassend« charakterisiert. Sein zweirädriger Triumphwagen wird von Pferden durch den Himmel gezogen. Der Gott des Sturmes (Sanskrit: Dyaus pitar; griechisch: Zeus, bei Homer: Vater Zeu(s); lateinisch: Jupiter) wird charakterisiert als »glänzend«, als Ahnherr, Vater oder Schöpfer des Menschen. Er wird assoziiert mit dem Wetter und dem Blitz. Die hattischen Einwohner der Region verehrten außerdem eine Sonnengöttin, Eschtan, und einen Sturmgott, Taru.

Die Hethiter fügten Elemente beider Kulturen zusammen und verehrten einen Sonnengott, Ischtanu, der - eine veränderte Version der Sonnengöttin Eschtan – nun männlichen Geschlechts war. Dieser männliche Gott wurde im neuhethitischen Reich verehrt als »Vater« und »König.« In Hymnen, die ihn feierten, wurde die Einrichtung der Sitten und Gesetze des Landes als sein Werk gepriesen und er selbst als »Vater und Mutter der Unterdrückten« angerufen. Dieses Epitheton kann durchaus als Anspielung auf seine Abstammung sowohl von einer männlichen als auch einer weiblichen Gottheit verstanden werden. Sein geheiligtes Königtum entspricht dem des Marduk in Babylonien und dem des Aschschur in Assyrien, Gottheiten, die die Königswürde im Himmel mit der Errichtung eines starken Königreichs auf Erden erlangen.

In einer etwas späteren Periode des Hethiterreiches wird die Sonnengöttin Arinna als »Königin« verehrt. Sie ist ein späteres Abbild der alten Göttin Eschtan, die der Unterwelt zugeordnet war, deren kultische Symbole sie aber nun mit der Sonne assoziieren.

Bezeichnenderweise spricht Königin Puduhepa, Mitregentin ihres Mannes zu einer Zeit, in der die patriarchale Herrschaft unangefochten institutionalisiert war, diese Göttin als »Königin von Himmel und Erde« an. Zu einer Zeit, in der die *tawananna* die Frau des Königs ist und die Linie der Thronfolge nicht mehr über sie verläuft, dient dieser Funktionswandel der Göttin, nun gepriesen als Patronin und Beschützerin von König und Königin, sehr wahrscheinlich zur himmlischen Legitimierung eines Machtwechsels auf Erden. Da kann es nicht überraschen zu erfahren, daß in einer noch späteren Periode die Sonnengöttin

373 Meine Argumentation stützt sich hier ganz auf die Arbeit von Justus. Siehe ebd., S. 67-92.

Arinna zu Hepat geworden ist, der Gefährtin des Sonnengottes, der inzwischen selbst entthront worden ist durch Teschub, den Gott des Sturmes. Diese Entwicklung verläuft ähnlich wie in den anderen Fällen der Ablösung des Sonnengottes durch den Gott des Sturms, auf die wir bereits eingegangen sind.

Carol Justus bestimmt die Signifikanz dieser Veränderungen so:

> *»Erst als der hethitische König die religiöse Autorität der tawananna innehatte und das Vorrecht seines eigenen Sohnes auf die Thronfolge durchgesetzt war, hatte er tatsächlich die Herrschaft über das Land der Hatti übernommen ... Versuche, sich Bereiche der weiblichen Autorität einzuverleiben, nahmen zu .... Machtverschiebungen im Pantheon der Götter und Göttinnen von der Sonnengöttin Eschtan, der Königin, zu dem Sonnengott Ischtanu, dem König, bis zum neuen Himmelskönig, den Sturmgott, spiegeln die schrittweise Absorption der weiblichen Rechte durch die Strukturen des Patriarchats.«*[374]

Was wir über religiöse Praktiken im alten Vorderen Orient wissen, ist uns in der Form von literarischen und religiösen Dokumenten überliefert, die in den Tontafeln erhalten geblieben sind. Diese sind fast ausschließlich Produkte von priesterlichen Schreibern, die zu verschiedenen Tempeln oder Palastgemeinschaften gehörten. Selbst wenn wir ideologische Verzerrungen und Abänderungen im Interesse einer bestimmten Gottheit oder königlicher Würdenträger in grundlegenden Texten außer acht lassen, müssen wir uns bewußt sein, daß die Quellen, die wir analysieren, diejenigen Mythen und Texte sind, die von einer sozialen Elite zustimmend überliefert worden sind. Die niedergeschriebenen Versionen der Mythen und Götterlehren haben sich vielleicht einer weitreichenden Anerkennung erfreut, aber wir können dessen nicht sicher sein. Der Übergang von der Muttergottheit zum Donnergott ist möglicherweise mehr Ausdruck einer vorschreibenden denn einer beschreibenden Haltung. Die überlieferten Quellen sagen uns vielleicht mehr über das, was eine Oberschicht von königlichen Angestellten, Beamten und Kriegern die Bevölkerung glauben machen wollte, als darüber, was das gemeine Volk tatsächlich glaubte.

Denn in eben den Jahrhunderten, in denen sich der Übergang zu patriarchalen Gottheiten schrittweise vollzogen hat, blühte die kultische Verehrung bestimmter Göttinnen, ja breiteten sich diese Kulte sogar noch aus. Die Große Göttin mag zwar im Pantheon der göttlichen Wesen herabgestuft worden sein, aber sie wurde weiterhin auf viele Arten verehrt.

374 Ebd., S.91f.

Alle Assyriologen bestätigen ihre enorme Popularität und die Beibehaltung ihrer kultischen Verehrung auf unterschiedliche Weise in allen größeren Städten des Vorderen Orients während etwa zweitausend Jahren. Die alten Muttergöttinnen übernahmen im Zuge der weiten Verbreitung ihres Kultes durch Eroberung und Besetzung neuer Territorien die Merkmale und Züge von verwandten Göttinnen in anderen Regionen.

Die ägyptische Göttin Isis bietet ein Beispiel für die Verbreitung und den synthetisierenden Aspekt der Verehrung der Großen Göttin. Als »Frau auf dem Thron« hatte sie in der frühesten Periode das geheiligte Königtum und überirdische Weisheit verkörpert. Später wurde sie zum Prototyp der Mutter und treuen Gattin. Sie führte ihren Bruder-Gemahl Osiris in die Geheimnisse der Landwirtschaft ein und erweckte seinen verstümmelten Körper wieder zum Leben. In der hellenistischen Periode wurde sie als Magna Mater des westlichen Asiens und der griechisch-römischen Weh verehrt.

In anderen Fällen erfuhr die Große Göttin selbst eine Wandlung. In der früheren Zeit wurden ihr allumfassende Kräfte zugeschrieben – ihre Sexualität war verbunden mit Geburt, Tod und Wiedergeburt; ihre Macht bezog sich auf Gut und Böse, Leben und Tod; ihre Erscheinungsformen waren die der Mutter, der Kriegerin, Beschützerin und Fürsprecherin gegenüber dem dominierenden männlichen Gott. Später wurden ihre verschiedenen Eigenschaften voneinander gelöst und in getrennten Göttinnen verkörpert gesehen. Ihre kriegerische Komponente verlor an Bedeutung, wahrscheinlich durch deren Übertragung auf den männlichen Gott, und ihre Fähigkeiten als Heilende und Tröstende wurden mehr und mehr in den Vordergrund gerückt. Dies scheint eine Veränderung der geschlechtsspezifischen Rollenzuweisungen in den Gesellschaften, in denen sie verehrt wurde, anzuzeigen.

Ihre erotischen Züge wurden in der griechischen Göttin Aphrodite und der römischen Göttin Venus hervorgehoben. Ihre Qualität als Heilerin und Beschützerin von gebärenden Frauen wurde verkörpert in der Göttin Muilissu in Assyrien, sowie in Artemis, Eleithyia und Hera in Griechenland. Der Kult der Ascherah in Kanaan, der über Jahrhunderte neben dem Kult von Jahwe existiert hat und im Alten Testament häufig verdammt wird, mag begründet sein dadurch, daß die Göttin als Beschützerin bei der Geburt galt. Ihre verschiedenen Eigenschaften und die Formen, in denen sie verehrt worden ist, zu erörtern, würde Stoff für ein eigenes Kapitel bieten.[375] Statuetten, die ihr ähnlich sehen

375 In jedem anspruchsvolleren Werk über die Religion in Mesopotamien wird sie ausführlich behandelt und werden die auf sie bezogenen Mythen interpretiert. Siehe u.a.: Gray 1969, W. Hallo 1968, Jacobsen 1970, James 1959, James 1958, Jastrow 1915, Jayne 1925, Jeremias 1929, Kramer 1961,

und ihre Symbole zeigen, sind weitverbreitet, ein Beweis für ihre Popularität. Viele von ihnen wurden nicht nur in Tempeln, sondern auch in Wohnhäusern gefunden, was die erhebliche Bedeutung ihrer Verehrung in der Volksreligion beweist. Es ist wohl gerechtfertigt, die außerordentlich lange Beibehaltung von Kulten der Fruchtbarkeitsgöttin als Zeichen von weiblichem Widerstand gegen die Vorherrschaft von männlichen Gottheiten zu verstehen. Es gibt bisher noch keine sicheren Beweise zur Überprüfung dieser spekulativen Hypothese, aber es dürfte sehr schwer sein, die Aufrecherhaltung dieser Religionsausübung durch Frauen auf andere Weise zu erklären.

Im zweiten Jahrtausend v. Chr. standen Männer und Frauen in der gleichen Beziehung zu den mysteriösen und furchterregenden Kräften, die von den Göttern und Göttinnen repräsentiert wurden. Geschlechtsspezifische Unterschiede dienten noch nicht zur Erklärung der Ursachen eines Übels oder der Fragen nach den Umständen des Todes. Als Gründe für Schmerzen und menschliches Leiden galten die Sündhaftigkeit von Männern und Frauen und die Vernachlässigung ihrer Pflichten den Gottheiten gegenüber. Das Königreich des Todes konnte den mesopotamischen Glaubensvorstellungen zufolge ebensogut von einem weiblichen wie von einem männlichen übernatürlichen Wesen regiert werden. Die großen philosophischen Fragen: Wer erschafft das menschliche Leben? Wer spricht zu Gott? Konnten damals noch beantwortet werden: menschliche Wesen, Männer und Frauen.

Unabhängig davon, in welchem Maße die reproduktive und sexuelle Macht der Frauen im realen Leben tatsächlich abgewertet und verdinglicht wurde, ihre wesenseigene Gleichheit konnte aus dem Denken und Fühlen nicht verbannt werden, solange die Göttinnen existierten und geglaubt wurde, sie regelten das menschliche Leben. Frauen müssen ebenso ihr Abbild in den Göttinnen gesehen haben wie Männer in den Göttern. Es gab eine anerkannte und für wesensbestimmend angenommene Gleichheit der menschlichen Wesen vor den Gottheiten, die ins Alltagsleben ausgestrahlt haben muß. Die Macht und das Mysterium der Priesterin waren so groß wie die des Priesters. Solange Frauen ein Medium zwischen den Menschen und dem Übernatürlichen waren, konnten sie andere Funktionen und Rollen in der Gesellschaft ausüben als Männer, ohne daß ihre grundsätzliche wesentliche Gleichheit als menschliche Wesen in Frage gestellt wurde.

Meissner 1920, Ochshorn 1981, Stone 1976, Stone 1979, Wolkenstein u. Kramer 1983.

Kapitel 8: Die Patriarchen

In den westlichen Kulturen sind viele der maßgebenden Metaphern und Definitionen in bezug auf die geschlechtsspezifischen Rollenerwartungen und Moralvorstellungen aus der Bibel abgeleitet. Bevor wir uns mit diesen Leitbildern befassen können, deren Symbolik unser kulturelles Erbe sehr stark geprägt hat, müssen wir versuchen, die Kultur genauer zu verstehen, aus deren Zusammenhang die Bibel entstanden ist, und müssen wir uns, wie eingeschränkt auch immer, einen Überblick verschaffen über die in der Bibel enthaltenen Hinweise auf die tatsächliche Stellung der Frauen in der hebräischen Gesellschaft. Es würde hier zu weit führen, das ganze Alte Testament in die Untersuchung einzubeziehen. Ich werde mich deshalb auf das Buch Genesis konzentrieren, weil es die signifikantesten und vorherrschenden Symbole für die geschlechtsspezifischen Rollen von Männern und Frauen geliefert hat.

Die Bibel als ein historisches Dokument zu verwenden, entspricht der wissenschaftlich solide abgesicherten Methode einer Forschungsrichtung, die in den letzten hundert Jahren eine enge Korrelation zwischen den Ergebnissen der archäologischen Forschungen über die Kulturen des Vorderen Orients und den biblischen Geschichten nachgewiesen hat. Das Buch Genesis verbindet Poesie und Prosa, manches von mythischer, anderes von folkloristischer Art. Es kann davon ausgegangen werden, daß die Verfasser und Redakteure der Bibel Material aus den früheren sumero-babylonischen, kanaanäischen und ägyptischen Kulturkreisen aufgenommen und umgeschrieben haben und die Erzählungen zeitgenössische Verhaltensweisen, Gesetze und Sitten benachbarter Völker widerspiegeln. Wird die Bibel als eine Quelle für historische Analysen genutzt, so gilt es, sich der Komplexität des Inhalts bewußt zu sein, die sich aus der Vielzahl der Autoren, deren Zielsetzungen und den Quellen ergibt.

Die ältere Lehrmeinung, die Moses für den Autor der Bibel hielt, ist aufgrund der eindeutigen Ergebnisse der heute üblichen kritischen Textanalyse zugunsten der Anerkennung der »dokumentarischen Hypothese« aufgegeben worden. Es wird nunmehr davon ausgegangen, daß an der Bibel viele Autoren mitgearbeitet haben – ob man diese nun als göttlich inspiriert bezeichnen mag oder nicht. Die Niederschrift des Buches Genesis erfolgte während eines Zeitraums von etwa 400 Jahren, vom 10. bis zum 5. Jahrhundert v. Chr. Es herrscht inzwischen Übereinstimmung darüber, daß die Autoren vor allem drei Erzähltraditionen berücksichtigt haben und daß viele der Quellen auf sehr viel ältere

Überlieferungen verweisen, die von den Redakteuren neu interpretiert und in die Geschichten eingefügt worden sind.

Die Niederschrift von Material, das jahrhundertelang mündlich überliefert worden war, und das Verfassen einer zusammenhängenden Geschichte bis zur Zeit der Monarchie König Davids wurden nach der Teilung des Königreiches begonnen. Die Erzählung J (für das Wort Jahwe und ihren jüdäischen Ursprung) soll nach übereinstimmender Auffassung im südlichen Königreich Juda im 10. Jahrhundert v. Chr. entstanden sein. Der zweite Autor, genannt E für Elohist wegen des Namens, mit dem er sich auf die Gottheit bezieht und weil er – so wird angenommen – die ephraimitische Überlieferung repräsentiert, arbeitete wahrscheinlich etwas später im nördlichen Staat Israels. Drittens gibt es die Überlieferung P, die die Erzählungen J und E einbezieht und neu interpretiert. Während es sehr verschiedene Auffassungen zur Datierung von P gibt, stimmen die Wissenschaftler dahingehend überein, daß es sich nicht um das Werk eines einzelnen Verfassers handelt, sondern um das Ergebnis einer Bearbeitung des Materials innerhalb einer Schule von Priestern in Jerusalem, die wahrscheinlich jahrhundertelang daran schrieben und das Werk irgendwann im 7. Jahrhundert v. Chr. vollendeten. Das Buch Deuteronomium, das im 7. Jahrhundert v. Chr. entstanden ist, gilt als ein gesondert geschriebenes Werk. Die schließliche Verschmelzung der verschiedenen Elemente im Pentateuch, den fünf Büchern Mose, geschah etwa im Jahr 450 v. Chr. unter der Anleitung von Ezra und Nehemia, als das Königreich von Juda unter persischer Oberherrschaft stand. Es repräsentiert die Kanonisierung des jüdischen Rechts und den höchsten Stand des religiösen Denkens der Juden im Altertum.[376]

Um die Bedeutung der umfassenden und tiefgreifenden kulturellen Umwälzung begreifen zu können, die im Entstehen des jüdischen Monotheismus zum Ausdruck kommt, müssen wir uns der sozialen Veränderungen bewußt sein, die im Buch Genesis widergespiegelt werden.

Die patriarchal organisierten Stämme der frühesten in der Genesis beschriebenen Periode lebten, wie ihre Vorfahren, als Nomaden oder Halbnomaden in der Wüste. Sie züchteten Schafe, Ziegen und Rinder und betrieben saisonale Landwirtschaft. Zu verschiedenen Zeiten lebten sie auch im Umland von Städten, unter dem Schutz der seßhaften Bevölkerung, aber doch unter Beibehaltung ihrer eigenen Sitten und Bräuche abseits von denen ihrer Gastgeber. Ihr Zusam-

376 Meine Ausführungen zur Geschichte des Pentateuch stützen sich auf den Beitrag »Pentateuch« in der Encyclopaedia Judaica, Bd. 13, S. 231-64. Ich beziehe mich in den folgenden Generalisierungen und Interpretationen von einzelnen Passagen auf: E.A. Speiser 1964, N.M. Sarna 1966, G. v. Rad 1961, Th. J. Meek 1960, W.F. Albright 1940, W. F. Albright 1956, R. de Vaux 1961/hier 1965.

menhalt und Überleben waren abhängig von starken Bindungen innerhalb des Stammes. Die kleinste soziale Einheit war die patriarchale Familie, die aus dem Mann, seiner Frau, seinen Söhnen und deren Frauen und Kindern, seinen unverheirateten Töchtern und seinen Dienern bestand. Mehrere Familien bildeten einen Klan, *mischpahah*; sie halfen einander beim Wirtschaften und trafen sich zu religiösen Festen. Eine Gruppe von Klans, die sich auf einen gemeinsamen Vorfahren beriefen und einen gemeinsamen Führer anerkannten, vereinigten sich zu einem Stamm. Die Stämme erkannten sich als Blutsverwandte an. Das verpflichtete sie zur Blutrache, was bedeutet, daß der Angriff auf ein Mitglied des Stammes mit dem Tod des Angreifers oder eines Mitglieds seiner Familie zu rächen war. Unter Nomaden ohne ein geregeltes System von Recht und Strafe schützte diese Form der Vergeltung die Rechte und die Integrität der Stämme.

Die Mitglieder eines Stammes hatten für schwächere Mitglieder zu sorgen und sie zu beschützen. Wenn einige Stammesangehörige auch mehr Vieh hatten als andere, so gab es doch keine großen ökonomischen Unterschiede innerhalb des Stammes. Unter den Lebensbedingungen von Wüstennomaden kann ein einzelner für sich allein nicht überleben, und deshalb galt die Gastfreundschaft einem Fremden gegenüber als eine fundamentale Regel und ein heiliges Gebot.[377]

Die meisten Fachwissenschaftler datieren die patriarchale Periode der biblischen Geschichte auf die erste Hälfte des 2. Jahrtausends v. Chr. Es gibt brauchbare historische Darstellungen der Lebensumstände der westsemitischen Stämme in den Dokumenten der königlichen Archive von Mari aus der Zeit um 1800 v. Chr., die Aufschluß geben über die damaligen Verhältnisse in Abrahams Heimat Harran. Dokumente aus der Stadt Nuzi haben die Wissenschaftler mit ergiebigen Informationen über das Familienleben versorgt und es ihnen ermöglicht, die in der Genesis reflektierten Verhaltensweisen besser zu verstehen und zu interpretieren.[378]

Es war in Harrau, wo Abraham seine erste Begegnung mit Gott hatte, der einen Bund mit ihm schloß. Dieser Alte Bund ist es, der die Nachfahren von Abraham als Gottes auserwähltes Volk vor anderen Völkern auszeichnen sollte. Ich will seine symbolische Bedeutung im nächsten Kapitel erörtern. Hier kommt es darauf an, daß dieses mythische Ereignis im Judentum den Beginn der religiösen Erfahrung bezeichnet und die energiespendende Vorstellung entstehen läßt, die dieses Volk befähigen sollte, in den folgenden viertausend Jah-

377 De Vaux 1965, I, S. 4.
378 Meine Verallgemeinerungen stützen sich auf den Beitrag »History« in der Encyclopaedia Judaica, Bd. 8, S. 571 ff., sowie T. Frymer-Kensky 1981.

ren zu überleben, trotz der Diaspora und immer neuer Verfolgungen und ohne ein Heimatland zu haben.

In der Wissenschaft gelten allgemein Moses als der Begründer des jüdischen Monotheismus und die Zehn Gebote als dessen Rechtsgrundlage. In den etwa 400 Jahren, die nach der Generationenfolge der Bibel zwischen Abraham und Moses liegen, gab es trotz des feierlich gelobten Glaubens an Jahwe als dem einzigen Gott weiterhin ein Festhalten an Idolen in der Gestalt von Hausgöttern. Das einzige Ritual, das alle Juden einte, war die Beschneidung der männlichen Nachkommen und das Verbot von Menschenopfern, wie es in der Geschichte von Isaak deutlich wird.

Die Geschichte von Joseph und seinen Brüdern erzählt von der Wanderung der hungerleidenden Hebräer nach Ägypten, wo sie friedlich lebten, bis ein neuer Pharao, der ihnen nicht wohlgesonnen war, sie versklavte. Der Exodus aus Ägypten, der in der Bibel so anschaulich beschrieben wird, ist aufgrund von archäologischen Forschungsergebnissen auf die Zeit der Herrschaft von Ramses II. (ca. 1290-1224 v. Chr.) datiert worden. Im Anschluß an die Schilderung des Exodus erzählt die biblische Geschichte, wie Moses sein Volk vierzig Jahre lang durch die Wüste führt und wie er auf dem Berg Sinai von Jahwe die Gesetzestafeln empfängt. Die entscheidenden Ereignisse, die in dieser Geschichte dargestellt werden, sind Moses‘ Offenbarung des göttlichen Gesetzes an sein Volk und die Zerstörung des goldenen Kalbs, Symbol der Verehrung von heidnischen Idolen. Jahwes Bund mit Moses bestätigt und bekräftigt all die zuvor geschlossenen Bünde und macht aus Israel ein Volk, das durch einen gemeinsamen Glauben und ein gemeinsames Gesetz geeint wird. Moses stirbt, ohne das gelobte Land gesehen zu haben; es ist der zu seinem Nachfolger bestimmte Josua, der die Israeliter dorthin führt. Die Fachgelehrten sind der Auffassung, daß die Eroberung des Landes Kanaan unter der Führung Josuas im Jahre 1250 v. Chr. abgeschlossen war. Dieses Jahr gilt zudem als Zeitpunkt des Übergangs von der Bronzezeit zur Eisenzeit in Palästina.[379]

Die halbnomadischen Stämme wurden nach ihrer Eroberung Kanaans in einer Region seßhaft, die wegen armer Böden und geringer Wasservorkommen nur dünn besiedelt war. Sie waren in der Lage, diese umweltbedingten Schwierigkeiten mit Hilfe technologischer Neuerungen unter Verwendung von Eisen zu überwinden – das Auffangen von Wasser in miteinander verbundenen Zisternen, die tiefere Kultivierung des Bodens mit eisenbeschlagenen Werkzeugen und die Anwendung des Terrassierens zur besseren Nutzung des Wassers. Diese

379 Oxford Bible Atlas 1962, S. 15 ff.

Stämme müssen auch Katastrophen großen Ausmaßes erlebt haben, die in der Bibel als die Plagen oder die Pestilenz beschrieben sind. Der Druck, der sich daraus ergab, daß zur Besiedlung der Wüstenlandschaft einerseits viele Arbeitskräfte in der Landwirtschaft gebraucht wurden, andererseits aber aufgrund von Kriegen und Seuchen die Bevölkerungszahl zurückging – und zwar genau in der Periode, in der sich die Grundprinzipien des jüdischen Glaubens entwickelten - mag erklären, warum die Bibel der Familie und der Frau hinsichtlich ihrer reproduktiven Fähigkeit eine so große Bedeutung beimißt. In einer solchen Krise der Bevölkerungsentwicklung werden Frauen sehr wahrscheinlich eine Arbeitsteilung akzeptiert haben, die ihre Mutterrolle als vorrangig bewertete.[380]

Die dauerhafte Ansiedlung in Dörfern und Kleinstädten brachte Veränderungen in der Führung, die von der Sippe auf den Klan überging. In der Zeit der Richter (ca. II25-1020 v. Chr.) taten sich die Stämme manchmal zu gemeinsamen Aktionen zusammen, ein andermal handelten sie unabhängig voneinander, gemeinhin aber waren die Bindungen zwischen verschiedenen Stämmen nur schwach. Über Autorität verfügten die Ältesten, aus deren Kreis in Zeiten der Krise Richter gewählt wurden. In dieser Periode, als es noch kein grundlegendes nationales Bewußtsein gab, bildete eine gemeinsame religiöse und kulturelle Tradition das Band zwischen den Stämmen.

Die Zeit der Kriege zwischen den israelitischen Stämmen und den Kanaanäern, die stattfanden, während die gesamte Region von den Philistern beherrscht wurde, ist beschrieben in einem der ältesten Teile des Alten Testaments, dem Lied der Debora (Richter 4-5). Dies ist eine von insgesamt nur fünf Gelegenheiten, bei denen in der biblischen Geschichte eine Frau in einer Führungsposition und in der Rolle einer Heldin dargestellt wird.[381] Debora wird beschrieben als eine Prophetin und Richterin, die Barak dazu bewegt, die Truppen gegen die Kanaanäer antreten zu lassen, die von Sisera geführt werden. In einer für die Bibel sehr ungewöhnlichen Passage wird offengelegt, daß sie tatsächlich das Handeln der Männer bestimmt:

> *»Und Barak sprach zu ihr: ›Wenn du mit mir gehst, so gehe ich, wenn du aber nicht mit mir gehst, geh' ich nicht.‹*
> *Und sie sprach: ›Gehen will ich mit dir, nur daß es dein Ruhm nicht sein wird auf dem Wege, den du gehst, denn in die Hand eines Weibes wird der Ewige*

380 Ich stütze mich hier auf C. Meyers 1978. Ihre Argumentation findet eine Bestätigung in den theoretischen Positionen von Aaby und Sanday.

381 Die anderen vier sind lediglich Hinweise auf Mirjam, Hulda, Noadia als »Prophetin« (Exodus 12: 20; 2. Könige 22: 14f.). Außerdem gibt es eine Stelle, an der *»eine weise Frau von Abel«* eine Prophetie ausspricht. 2. Samuel 20: 14-22.

liefern den Sisra.‹ Und auf machte sich Deborah und ging mit Barak nach Kedesch.« (Richter 4: 8-9)

Deboras Prophezeiung wird wahr, als Sisera von Jael, der Frau des Heber, getötet wird, die ihn, Gastfreundschaft versprechend, in ihr Zelt lockt und ihm, als er schläft, mit einem Hammer einen Zeltpflock in die Schläfe treibt. Für diese heroische Tat wird sie von Debora mit folgenden Worten gelobt: *»Gesegnet sei vor Weibern Jael, das Weib Chebers, des Keni, vor Weibern im Zelte gesegnet!«* (Richter 5: 24) Obwohl ganz eindeutig Gott das Wunder vollbracht hat, der sogar einer Frau die Kraft verlieh, einen Krieger zu töten, ist dieser Text doch bemerkenswert in seiner Herausstellung weiblicher Stärke, sowohl in moralischer (Debora) als auch in physischer (Jael) Hinsicht. Der Sieg des Volkes Israel und die Notwendigkeit, sich gegen die Philister zusammenzuschließen, verstärkten bei den zwölf Stämmen das Streben nach einer starken Führung. Zuerst wurde Gideon die Königswürde nach seinem Sieg über die Midianiter angetragen, doch der lehnte ab (ca. 1110 v. Chr.). Nach wiederholten Niederlagen gegen die Philister waren die Stämme überzeugt von der Notwendigkeit ihrer Vereinigung und machten Saul zu ihrem König.

Es war König David (ca. 1004-965 v. Chr.), der die Stämme in einem Nationalstaat zusammenschloß und große Gebiete zwischen dem Mittelmeer und dem Roten Meer eroberte. Wie andere archaische Könige entwickelte David eine Bürokratie und eine zentralistische Verwaltungsstruktur. Er erwarb königliches Land und Paläste, führte eine Volkszählung durch und machte Jerusalem zur Hauptstadt. Indem er die Bundeslade, das Kernstück der israelitischen Kultur, nach Jerusalem brachte, machte er Jerusalem auch zum Zentrum des religiösen Lebens des Volkes Israel.

Nach einem erbitterten Kampf um die Thronfolge wurde Salomo der Nachfolger Davids. Er stärkte und entwickelte die Monarchie; er schloß zahlreiche Verträge und dynastische Ehen mit zuvor feindlichen Nachbarn, so daß er schließlich einen riesigen Harem besaß. Er gründete eine Vereinigung königlicher Kaufleute, denen er eine Flotte zur Verfügung stellte und die er zu Handelsmissionen in ferne Länder schickte. Während seiner Herrschaft erlebte das Königreich eine kulturelle und ökonomische Blütezeit, aber die hohe Besteuerung und die Herausbildung verschiedener sozialer Schichten führten zu gesellschaftlichen Unruhen und schließlich zu einer Reihe von Aufständen. Nach Salomos Tod zerfiel diese Monarchie in zwei Königreiche: Juda und Israel.[382]

382 Encyclopaedia Judaica, Bd. 8, S. 5 83-92.

Die beiden Reiche waren der steten Bedrohung seitens mächtigerer Nachbarn ausgesetzt. Das Königreich Israel blieb nur etwas mehr als 200 Jahre bestehen und endete nach ständigen Kriegen, als die Assyrer unter König Sargon II. die Hauptstadt Israels, Samaria, 722 v. Chr. eroberten und die gesamte Bevölkerung deportierten. Andere wichtige Ereignisse unter dem Gesichtspunkt der religiösen Entwicklung waren die sich ausdehnende Bedeutung des Kultes von Baal und Ascherah während der Regentschaft des Königs Abah und seiner im Ausland geborenen Frau Isebel und die dadurch ausgelösten Reaktionen. Auf Veranlassung der Propheten Elija und Elischa wurde die ausschließliche Anbetung des Gottes Jahwe nach einem politischen Putsch und der Ermordung von vierhundert Priestern des Baal im Jahre 852 v. Chr. wieder durchgesetzt. Spätere religiöse Wiedererweckungen des Baal-Kultes unter den Propheten Hosea, Arnos und Jesaja führten als Gegenreaktion die völlig neue Haltung der Intoleranz gegenüber anderen Göttern und Kulten in den Jahwe-Glauben ein. Der Stierkult wurde verboten, und der Begriff der Fruchtbarkeit wurde sehr viel enger an Jahwe gebunden, etwa durch die von Hosea geprägte Metapher, die dem Begriff des Bundes die neue Bedeutung einer Hochzeit Jahwes mit Israel, der Braut, verleiht. Die Propheten setzten in ihren »erleuchtenden« Predigten die Sündhaftigkeit Israels gleich mit »Hurerei.« So wurden patriarchale Metaphern aus dem sexuellen Bereich fest in das religiöse Denken eingebettet.[383]

Das Königtum von Juda, das die dynastische Linie des Königs David fortsetzte, kämpfte nacheinander gegen die Besetzung durch die Ägypter, Phönizier, Philister, Moabiter, Assyrer und wurde schließlich 586 v. Chr. unterworfen, als die Babylonier Jerusalem zerstörten, den Tempel dem Erdboden gleichmachten und die Bevölkerung deportierten.

Der Untergang Jerusalems markiert das Ende der politischen Institutionen des Volkes Israel. Seitdem hing das überleben Israels davon ab, daß es unter den widrigsten Umständen des Exils, der Diaspora und Assimilation an seinem Glauben festhielt. Dies wurde möglich durch die Kanonisierung der jüdischen Glaubenslehre im Pentateuch, die unter dem Propheten Esra stattfand. Der revolutionäre Aspekt des jüdischen Monotheismus war der absolute Glaube an den einen, unsichtbaren, unaussprechlichen Gott; seine Ablehnung eines Rituals zum Beweis für die Existenz des Heiligen und die Forderung, statt dessen ethische Werte anzuerkennen und zu praktizieren. Die große Neuerung, die Synagoge zu verstehen als einen Platz der religiösen Versammlung und Auslegung der heiligen Schriften seitens der Gläubigen – welcher Ausrichtung auch

383 Detailliertere Ausführungen dazu bei Meek 1960, S. 217-27.

immer – anstelle einer von einer Priesterkaste monopolisierten kultischen Praxis, machte die jüdische Religion beweglich, auch in anderen Ländern und Erdteilen praktizierbar, jeweils an die einzelne Gemeinde gebunden. Dies waren Faktoren, die das Überleben des Judentums möglich machten.

Dieselben historischen Bedingungen, die einen derartigen Fortschritt in Kultur und Begriffsbildung ermöglichten, hatten auch Einfluß darauf, in welcher Form patriarchale Begriffe und Ideen in den jüdischen Monotheismus Eingang fanden. Wir wollen uns nun mit der Untersuchung der Geschlechterrollen befassen, wie sie im Denken und Handeln des Volkes Israel definiert worden sind.

Die Stämme in Kanaan lebten in einer vorstaatlichen Gesellschaft. Die Staatenbildung erfolgte in Israel erst um das Jahr 1050 v. Chr. unter der Voraussetzung, daß sich die Entwicklung der Gesellschaft Palästinas infolge der Staatenbildung auf die gleiche Weise vollzogen hat, die wir bereits in der Geschichte der mesopotamischen Gesellschaften beobachtet haben, wäre zu erwarten, daß es im Zuge eines Machtzuwachses des Staates zu einer strikteren Reglementierung der weiblichen Sexualität gekommen ist und die Frauen mehr und mehr aus dem öffentlichen Leben ausgeschlossen worden sind. Die Ergebnisse der Geschichtsforschung scheinen dieses Entwicklungsmodell zu bestätigen, das wir hier aber nur in Umrissen darstellen können.

Die Geschichten über die Patriarchen in der Genesis bieten einige Hinweise auf einen Übergang von der matrilokalen und matrilinearen zur patrilokalen und patrilinearen Familienorganisation mancher Stämme (Etwa: die Hochzeiten von Lea und Rahel. Die Erwähnung eines Mannes im Buch Genesis 2: 24, der seine Eltern verläßt und zu seiner Frau zieht, könnte auch in diesem Sinne interpretiert werden.). Daß Jakob dem Laban für jede seiner Töchter sieben Jahre lang diente, könnte der Praxis einer matrilokalen Ehe entsprechen. Der Assyriologe Koschaker hat das Bestehen einer Form von Ehe in Mesopotamiens Frühzeit bestätigt, in der die Ehefrau in ihrem Elternhaus (meist ein Zelt) blieb und ihr Mann entweder dauernd oder als gelegentlicher Besucher bei ihr wohnte. In der biblischen Geschichte wird die matrilokale Ehe als »beena«-Ehe bezeichnet. Sie gestand der Frau eine größere Autonomie zu und räumte ihr das Recht auf Scheidung ein, was die patrilokale Ehe, bekannt als »ba'al«-Ehe, ihr versagte. Koschaker macht darauf aufmerksam, daß diese Form der Ehe von der patriarchalen Ehe überwuchert wurde.[384]

384 P. Koschaker 1917, S. 150-84; siehe auch E. M. MacDonald 193 1, S. 1-32, und de Vaux 1965, I, S. 19-23, 29.

Die Geschichte von Jakobs Brautzeit und seiner Flucht aus dem Hause Labans ist interpretiert worden, als bezeichne sie den Übergang von Matrilokalität zu Patrilokalität. Schon bevor Jakob zu Laban gekommen war, war er verpflichtet worden, wieder zu seinem Vater zurückzukehren. Um dieser Verpflichtung zu entsprechen, mußte er Labans Widerstand und Mißbilligung überwinden, was verständlicher wird, wenn wir berücksichtigen, daß Laban in einer matrilokalen Gesellschaft das Recht darauf hatte, daß Jakob im Hause seiner Frau blieb, und dies wohl auch für die selbstverständliche Pflicht Jakobs hielt.[385]

Auch daß Rahel die »Theraphim« (Götterbilder) entwendet hat, kann in diesem Lichte gesehen werden. Diese Passage hat die Bibelforscher lange beschäftigt. Speiser hält die Theraphim für »Haus-Götter« und erläutert diese Passage durch den Hinweis darauf, daß den Nuzi-Dokumenten zufolge – die nach allgemeiner Auffassung die gesellschaftlichen Gepflogenheiten in Harran, dem Wohnsitz Labans, wiedergeben – der Besitz von Hausgöttern das Anrecht auf ein Vermögen bestätigt. So nahm Rahel die Theraphim, weil sie annahm, ihr Vater könnte ihrem Manne den gerechten Anteil an seinem Besitz verweigern.[386] Speisers Interpretation ist nicht unvereinbar mit der Vorstellung, daß Rahels Tat, die Theraphim von ihrem Vaterhaus zum Haus ihres Gatten zu befördern, den Übergang von der Matrilokalität zur Patrilokalität symbolisiert.

Ganz eindeutig ist die patriarchale Familie die in den biblischen Geschichten vorherrschende Familienstruktur. Die Forschung hat ein recht umfassendes Bild der gesellschaftlichen und familialen Struktur der hebräischen Gesellschaft gezeichnet, das ziemlich genau die gesellschaftlichen Verhältnisse der mesopotamischen Nachbarn Israels widerspiegelt.

In der frühesten Zeit hatte der Patriarch eine selbstverständliche, von niemandem in Frage gestellte Autorität über die Mitglieder seiner Familie. Die Frau

385 D. Bakan 1979, S. 94f.

386 Speiser 1964, S. 250f.; eine ähnliche Auffassung bei M. Greenberg 1962. Savina Teubal (1984) geht davon aus, daß es einen fundamentalen Konflikt zwischen den »Matriarchinnen« -Sarah, Rebecca, Rahel - und den Patriarchen gegeben hat, in der Bibel allerdings nur die patriarchale Seite erwähnt wird. Sie stellt die These auf, daß diese Frauen darum gekämpft haben, die sozialen Normen ihres Stammes, die matrilinear waren, gegen den Druck der Patriarchen im Sinne der Institutionalisierung des Prinzips der Patrilinearität aufrechtzuerhalten. Unter diesem Aspekt beruht Rahels Verhalten, ihrer Meinung nach, auf ihrem »Recht« auf die Theraphim, weil sie die jüngste Tochter ist und in manchen matrilinearen Gesellschaften die Abstammungslinie über die jüngste Tochter verläuft. Teubals interessante Spekulation scheint sich meines Erachtens nur auf eine so schmale Basis von Beweisen zu stützen, daß ich sie nicht für überzeugend halte, zumal sie die biblischen Vormütter zu machtvollen »Matriarchinnen« zu erheben versucht, obwohl es Gegenbeweise in überwältigend großer Zahl gibt. Dennoch sind ihre Hinweise auf die vielen Spuren der Matrilinearität und Matrilokalität wichtig und sollten von den Fachwissenschaftlern weiter verfolgt werden.

redete ihren Mann als »ba'al« oder »Herr« an, und ähnlich wurde er als »ba'al« seines Hauses und Feldes bezeichnet. In den Zehn Geboten wird die Ehefrau mit seinem Besitz aufgeführt, zusammen mit dem Sklaven und der Sklavin, dem Rind und dem Esel (Exodus 20: 17).[387] In dieser Zeit konnte ein Vater seine Tochter auch in die Sklaverei oder zur Prostitution verkaufen, was ihm später verboten war. Zur Zeit des Königtums war die Macht des Vaters über Leben und Tod seiner Familienmitglieder nicht mehr uneingeschränkt und in sein Belieben gestellt. Unter diesem Aspekt läßt sich eine Verbesserung der Position der Töchter gegenüber früheren Perioden feststellen.

Die große Bedeutung des Klans (*mischpahah*) wurde durch Regelungen der Eigentumsordnung noch verstärkt. Nach der Zeit der Landnahme und Ansiedlung war der Landbesitz in der Regel Familienbesitz. Das Eigentum einer Familie war durch feste Grenzen genau bestimmt und bezog gewöhnlich das Familiengrab mit ein. Die Verantwortung für das Erhalten und Sichern dieses Patrimoniums lag bei dem patriarchalen Oberhaupt der Familie. Das Land gehörte dem Klan und galt als unveräußerlich, was heißt: es konnte nicht verkauft und nur durch Erbschaft übertragen werden. Das Erbe fiel gewöhnlich an den ältesten Sohn. Gab es keinen Sohn, so konnten die Töchter erben, aber sie mußten innerhalb des Stammes heiraten, damit ihr Anteil nicht nach außerhalb transferiert wurde (Numeri 27: 7-8 und 36: 6-9). Starb der Eigentümer kinderlos, so ging das Erbe an seinen Bruder, Onkel oder nächsten Verwandten. Dies ist eine der Grundlagen des Leviratsrechts, das einen Mann verpflichtet, seine verwitwete, kinderlose Schwägerin zu heiraten, um für einen Erben des Verstorbenen zu sorgen und die Veräußerung des Familieneigentums zu verhindern.[388]

Diese den Landbesitz betreffende Regelung sollte den Zusammenhalt des Klans stärken und die patriarchale Stammesorganisation über die Generationen hinweg nachhaltig stabilisieren. Diese große Betonung der patriarchalen Kontrolle über das Eigentum des Klans und die Art, in der es in die umfassenden

---

387 Es ist bemerkenswert, daß die im Deuteronomium enthaltene Version der Zehn Gebote eine umgekehrte Reihenfolge angibt. Das Gebot *»Und du sollst nicht Gelüste tragen nach dem Weibe deines Nächsten«* steht vor dem Gebot gegen das Begehren hinsichtlich der anderen Besitztümer des Nächsten (Deut. 5: 21). Julius A. Bewer betrachtet dies als eine signifikante Abweichung von dem früher gebräuchlichen Wortlaut und interpretiert das als *»Aufwertung ihrer Person gegenüber ihrer früheren Stellung als bloßem Eigentum.«* Siehe Bewer 1922, S. 34.

388 De Vaux 1965, I, S. 166f. Bei A. Malamat (1962) eine Erläuterung der engen Parallelen zwischen den Verhältnissen, die in den Mari-Dokumenten beschrieben sind, und den in der Bibel dargestellten. Malamat zeigt, wie diese ökonomischen Bedingungen und Zielsetzungen sich von den in anderen mesopotamischen Gesellschaften bestehenden Verhältnissen unterschieden.

Strukturen der israelitischen Gesellschaft eingefügt war, war von großer Bedeutung für die Stellung der Frau.

Die Abstammung war patrilinear geregelt, so daß der älteste Sohn nach dem Tod seines Vaters dessen Nachfolge als höchste Autorität antrat. Alle Söhne und Schwiegertöchter lebten im Haushalt des Vaters bis zu dessen Tod. Der Vater schloß die Eheverträge für seine Kinder, im Falle der Söhne zahlte er den Brautpreis. Die Töchter stattete er mit einer Mitgift aus, die an die Stelle ihres Anteils aus dem Erbe trat. So waren die Töchter wohlhabender Familien zu einem gewissen Grade vor schlechter Behandlung geschützt, denn die Rückzahlung ihrer Mitgift im Falle einer Scheidung wäre für die Familie des Ehemannes ein ökonomischer Nachteil gewesen. Die Situation der Töchter aus den ärmeren Schichten unterschied sich nicht von der wenig beneidenswerten Situation der armen Frauen in Mesopotamien, einmal abgesehen davon, daß in der Zeit der Könige und danach jüdische Töchter nicht zu Sklavinnen gemacht wurden. Versklavung war das Schicksal von Frauen fremder Völker und von Frauen der Besiegten. Der generell menschenfreundlicheren und weniger gewaltsamen Form der Sklaverei in der israelitischen Gesellschaft entsprechend wurde eine Sklavin zur Zeit des Deuteronomiums wie ein Sklave im siebten Jahr der Versklavung freigelassen und mußte aus dem Besitz des Herrn mit dem Lebensnotwendigen und Tieren ausgestattet werden (Deuteronomium 15: 12-13).

Von allen Frauen der Israeliter wurde erwartet, daß sie heirateten und so aus der Obhut ihrer Väter (und Brüder) in die des Mannes und Schwiegervaters überwechselten. Wenn der Ehemann vor seiner Frau starb, so nahm sein Bruder oder ein anderer Verwandter sie in seine Obhut und heiratete sie. Während die Sitte des Levirats oft als eine »schützende« Regelung zugunsten der Witwe interpretiert worden ist, entspricht sie wohl sehr viel mehr der Sorge der Männer, das Patrimonium innerhalb der Familie zu erhalten.[389]

Wie in den Gesellschaften Mesopotamiens erfreuten sich auch die hebräischen Männer einer uneingeschränkten sexuellen Freiheit in und außerhalb der Ehe. Der Bibelforscher Louis M. Epstein stellt fest, daß während der frühen Periode der Ehemann freien sexuellen Zugang zu seinen Konkubinen und Sklavinnen hatte. *»Wenn die Sklavinnen ihm gehörten, ihm nicht von seinen ersten Frauen beigegeben waren, so konnte er sie an andere Mitglieder der Familie weitergeben ... wenn er ihrer müde geworden war.«*[390] Die unter den Patriarchen

389 Ware es der Witwe erlaubt gewesen, einen nicht der Familie Angehörigen zu heiraten - wie es die Witwe in Babylonien durfte -, so hätte sie ihren Anteil aus dem Erbe mit sich nehmen können.
390 Epstein 1942, S.7, 38f.

weitverbreitete Polygamie wurde später seltener, einmal abgesehen von den königlichen Familien. Zur Regel und zum Ideal wurde die monogame Ehe.

Von der Braut wurde voreheliche Keuschheit erwartet, und die Ehefrau schuldete ihrem Mann während der Ehe absolute Treue. Ehebruch wurde mit dem Tod der beiden Beteiligten bestraft (Leviticus 20: 10), aber die jüdische Frau hatte einen geringeren Schutz vor falschen Anschuldigungen den Ehebruch betreffend als eine Frau in Mesopotamien. Die Scheidung konnte vom Ehemann erwirkt werden, wenn er eine Geldstrafe zahlte; eine Frau konnte unter keinen Umständen die Scheidung durchsetzen. In dieser Hinsicht benachteiligte das Gesetz der Juden die Frauen stärker als das Gesetz des Hammurabi. Das gleiche gilt für die Gesetzgebung in bezug auf Vergewaltigung, wo das mesopotamische Recht den Frauen etwas mehr Schutz gewährte. Nach dem jüdischen Recht war der Vergewaltiger gezwungen, die von ihm vergewaltigte Frau zu heiraten, und durfte sich von ihr nicht scheiden lassen. Diese Regelung beinhaltet, daß eine Frau in eine unauflösliche Ehe mit dem Vergewaltiger gepreßt wurde (Deuteronomium 22: 28-29).

In der Ehe hatte die Frau für Nachwuchs zu sorgen, insbesondere für Söhne. Unfruchtbarkeit der Frau, was bedeutete, keinen Sohn zu gebären, brachte Schande über sie und war ein Scheidungsgrund. Sara, Lea und Rahel führen, als sie keine Kinder gebären, in ihrer Verzweiflung ihren Männern Sklavinnen zu, damit deren Kinder als ihre eigenen gelten könnten. Es gibt einen Präzedenzfall für diese Praxis im Recht des Hammurabi, wo ein Unterschied gemacht wird zwischen der Witwe, die Söhne geboren hatte, und derjenigen, bei der dies nicht der Fall war.[391]

Die Adoption von Verwandten, Fremden oder gar Sklaven gab es bei den Hebräern ebenso wie in anderen Gesellschaften des Vorderen Orients, um einen Mann im Falle der eigenen Kinderlosigkeit mit einem Erben zu versorgen und ihm Fürsorge im Alter zu sichern. Oder aber ein Mann nahm Frauen oder Konkubinen in seinen Haushalt auf, wenn seine erste Frau ihm keinen Sohn gebar. Dieses Verfahren, das große Ähnlichkeiten mit den Umständen der Ehe in mesopotamischen Gesellschaften aufweist wie sie ihren Niederschlag in der Gesetzgebung gefunden haben -, wird beschrieben in den Geschichten von Abraham und Hagar sowie in denen von Jakob und seinen beiden Frauen und den beiden Konkubinen.[392] Diese komplexen familiären Arrangements ließen

391 Meine Schlußfolgerungen über den Status der jüdischen Frauen in der Zeit vor der Wanderung nach Ägypten stützen sich auf folgende Quellen: De Vaux 1965, Kap. 1-3; Epstein 1948 und 1942; MacDonald 1931; Frymer-Kensky 1981, S.209-14; Trible 1973, S. 3 1-34, und Trible 1976, S. 963-66.
392 Ich habe sie bereits in Kapitel 4 detailliert diskutiert.

auch Unklarheiten in bezug auf die Erbfolge entstehen, da das Gesetz, anders als das Hammurabische Recht, nicht eindeutig regelte, ob der älteste Sohn einer Sklavin in seinen Rechten dem nachfolgenden, ältesten Sohn der legitimen Ehefrau vorging. Am Beispiel von Abrahams und Hagars Sohn Ismael wird dies deutlich, und die biblische Geschichte erklärt, daß es Gottes Wille sei, zu seinem auserwählten Volk (Abrahams Samen) die Nachkommen Isaaks zu machen, der der Sohn aus der rechtmäßigen Ehe war, nicht die Nachkommen Ismails, des Erstgeborenen, der der Sohn einer Sklavin-Konkubine war. Es gibt einen vergleichbaren Fall in § 170 des Codex Hammurabi, der besagt, daß das Erbe an den erstgeborenen Sohn der ersten Frau gegeben werden soll vor den Kindern einer Konkubine, denen ein geringerer Teil des Erbes zustand, wenn der Vater sie zu Lebzeiten als seine Kinder anerkannte. Im Falle Ismaels hatte Abraham diesen bereits als seinen Sohn anerkannt, und doch befahl ihm Gott, Hagar und ihren Sohn zu verstoßen, wie Sara es wünschte. *»Denn Jizchak wird dir ein Same genannt werden.«* (Genesis 21: 12) Wir können dies als eine strenge göttliche Verfügung betrachten, was den Vorrang der Rechte von legitimen Söhnen angeht.

Wenn wir die rechtliche und soziale Stellung der Frau in den mesopotamischen und hebräischen Gesellschaften vergleichen, so stellen wir fest, daß es Ähnlichkeiten in der strengen Reglementierung der weiblichen Sexualität und bei der Institutionalisierung eines geschlechtsbezogenen Doppelstandards in den Gesetzgebungen gibt. Allgemein gesagt, hatte die verheiratete jüdische Frau eine niedrigere gesellschaftliche Stellung als die verheiratete Frau in den mesopotamischen Gesellschaften. Babylonische Frauen konnten Eigentum besitzen, Verträge abschließen, konnten vor Gericht klagen und hatten ein Anrecht auf einen Teil des Nachlasses ihres Ehemannes. Wir müssen aber festhalten, daß im Alten Testament die Rolle der Frau als Mutter eine deutliche Aufwertung erfuhr. Das fünfte Gebot fordert von den Kindern, Vater und Mutter gleichermaßen zu ehren, und Frauen werden als Erzieherinnen der Jugend gewürdigt. In den Sprüchen werden Mütter und Väter in ihrer Rolle als Eltern gepriesen und geehrt, und die Mutter wird nur in positiven Begriffen beschrieben. Dies liegt auf einer Linie mit der allgemeinen Betonung der Familie als der wichtigsten Einheit der Gesellschaft, die wir auch in der mesopotamischen Gesellschaft zur Zeit der Staatenbildung bemerkt haben.

Bisher haben wir unsere Darstellungen in bezug auf den Status der Frauen auf die biblischen Gesetze gestützt, wie es die meisten Fachwissenschaftler tun. Aber das Gesetz spiegelt die Realität, wie wir bereits erläutert haben, nur auf eine beschränkte Weise wider, und zwar je nach dem, was es als eine Gegebenheit voraussetzt und was es als problematisch definiert. Oder anders: Das Recht setzt Normen für ein wünschenswertes Verhalten, die gewöhnlich nicht dem entsprechen, was tatsächlich geschieht. Wir können durch die biblischen Geschichten einen Eindruck von der tatsächlichen Praxis erhalten, wenn wir unsere Aufmerksamkeit auf Praktiken und Wertvorstellungen richten, die als gegeben vorausgesetzt und deshalb nicht erläutert werden.

Die Geschichten von Lot in Sodom und von den Gründen für den Benjaminitischen Krieg handeln auf eine verdeckte Art auch von der Stellung der Frauen. Wie in der Genesis (19) erzählt wird, kamen zwei Engel in der Gestalt von zwei Fremden als Besucher in Lots Haus in Sodom. Lot richtet ein Fest für sie aus und lädt sie ein, über Nacht zu bleiben. Die gottlosen Männer von Sodom umzingeln das Haus und fordern, daß Lot ihnen die Männer übergibt: »Führe sie heraus zu uns, daß wir sie erkennen.« (Genesis 19: 5) Um sie zu beruhigen, tritt Lot vor die Tür seines Hauses und sagt zu den Sodomitern:

> *»Nicht doch verfahret übel, meine Brüder. Siehe ich habe zwei Töchter, die noch keinen Mann kennen, die will ich zu euch herausführen und tut ihnen, wie es gut ist in euern Augen; nur diesen Männern tut nichts, denn sie sind doch einmal gekommen unter den Schatten meines Daches.«* (Genesis 19: 7, 8)

Die Menschenmenge versucht das Haus zu stürmen, doch die Engel schlagen die Leute mit Blindheit, dann warnen sie Lot vor der unmittelbar bevorstehenden Zerstörung der Stadt Sodom und sagen ihm, daß er und seine Familie gerettet würden, *»da der Herr ihm gnädig ist.«* Der Text weist hier darauf hin, daß Lot nicht seiner Tugend wegen gerettet wird, sondern durch Gottes Gnade und mit Rücksicht auf Abraham. (*»... da gedachte Gott an Abraham, und entsandte den Lot mitten aus der Zerstörung, indem er die Städte zerstörte, in welchen Lot gewohnt hatte.«* - Genesis 19: 29)[393]

Diese Passage hat spätere Kommentatoren sehr stark beschäftigt. Martin Luther lobte Lot, weil er das Gastrecht hochgehalten habe, und verteidigte ihn.

> *»Den Lot nehme ich in Schutz und meine, daß er das Anerbieten ohne Sünde getan hat. Denn er hat nicht gedacht, seine Töchter Gefahren auszusetzen, da er wußte, daß es den Wüterichen nicht um sie zu tun war, sondern er hoffte, auf diesem Wege ihren Zorn zu besänftigen.«*[394]

393 Zu dieser Interpretation siehe Sarna 1966, S. 150.
394 Ziegner 1952, S. 90.

Johannes Calvin andererseits dachte:

> *»Es war rühmliche Festigkeit, daß Lot mit seinem eigenen Leben für seine Gäste eintrat; aber was er nun vorschlug, war unrecht ... So aber sind die Werke der Heiligen fast immer: da ist nichts Vollkommenes, ein schwacher Punkt ist immer dabei. Lot ist in äußerster Verlegenheit und sieht keinen anderen Ausweg, als seine Töchter preiszugeben .... Das kann auf keinen Fall entschuldigt werden.«*[395]

Spätere Kommentatoren sind diesen beiden Argumentationen im wesentlichen gefolgt. Sarna führt aus, daß Lots *»Bereitschaft, seine Töchter der Vergewaltigung preiszugeben«* dem heutigen Leser *»zutiefst unverständlich«* ist, *»selbst wenn berücksichtigt wird, daß die Geschichte eine Zeit und eine Gesellschaft widerspiegelt, in der Töchter das Eigentum ihrer Väter waren.«*[396] Ich finde es bemerkenswert, daß E. A. Speiser, der die Genesis Zeile für Zeile mit Anmerkungen und Kommentaren versieht, dieses Verhalten Lots überhaupt nicht kommentiert. Speiser kritisiert Lot, weil diesem *»Spontaneität fehlt«* und er *»in seiner Gastfreundschaft ›servil‹«* erscheint, und beschreibt *»die latente Charakterschwäche Lots«*, die sich in seinem *»unentschiedenen, aufgeregt-verwirrten, ineffektiven«* Verhalten äußert. Die einzige Andeutung eines Kommentars hinsichtlich der Angelegenheit mit den Töchtern ist der Satz: *»Getreu dem ungeschriebenen Gesetz will Lot nichts unversucht lassen, um seine Gäste zu schützen.«*[397] Speiser folgt der Interpretation Calvins, und Calvin erscheint es bei der Beschränkung auf eine strikte Textanalyse gerechtfertigt, Lots Angebot an den Mob, den Leuten seine Töchter zu überlassen, schlicht als »eine Verfehlung« zu bezeichnen, da doch Jahwe, der die Verbrechen in Sodom so abstoßend findet, daß er die Stadt mit allen seinen Einwohnern vernichtet, Lot dennoch rettet. Wenn wir diese Geschichte der Bibel genau lesen, so stellen wir fest, daß Lots Recht, über seine Töchter zu verfügen und sie sogar noch zur Vergewaltigung anzubieten, für selbstverständlich gehalten wird. Es bedarf keiner Erklärung, und deshalb können wir davon ausgehen, daß wir hier etwas über die realen gesellschaftlichen Verhältnisse erfahren.

Diese Vermutung wird bestätigt durch eine in gewisser Weise ähnliche Geschichte im Buch der Richter (19: 1-21, 25). Ein Levit, der in Ephraim lebte, nahm sich eine Nebenfrau aus Juda. Da sie aber untreu war, ging sie *»weg von ihm in das Haus ihres Vaters nach Bet Lechem Jehudah«* (Richter 19: 2). Nach

395 Calvin 1956, S. 203.
396 Sarna 1966, S. 150.
397 Speiser 1964, S. 143.

einem Jahr und vier Monaten zog der Levit ihr nach, *»um zu ihrem Herzen zu reden«*, und nach einem mehrmals verlängerten Aufenthalt im Haus des Schwiegervaters machte er sich auf den Heimweg und nahm sie mit sich. Er unterbrach die Reise in Gibea bei den Benjaminiten, aber niemand wollte ihn bei sich übernachten lassen. Schließlich wurde ihm und seiner Reisegesellschaft von einem Mann aus Ephraim Gastfreundschaft gewährt. Während des Essens umringten einige *»ruchlose Menschen«* aus der Stadt das Haus und forderten von dem Ephraimiten die Auslieferung seines Gastes. Dabei verwendeten sie fast die gleichen Worte wie in der Geschichte von Lot: *»Herausführe den Mann der in dein Haus gekommen, daß wir ihn erkennen.«* (Richter 19: 22) Der Gastgeber lehnt das ab und sagt:

> *»Nicht doch meine Brüder, nicht verfahret übel, nachdem dieser Mann in mein Haus gekommen, verübt nicht diese Schandtat. Siehe, meine Tochter die Jungfrau und sein Kebsweib, die will ich herausführen, und ihr möget sie bezwingen, und tun an ihnen, was in euren Augen gut ist. Aber an diesem Manne tut nicht diese Schandtat.«*(19: 23-24)

Die Leute wollten aber nicht auf ihn hören. Da ergriff *»der Mann ... sein Kebsweib, und führte sie zu ihnen hinaus auf die Straße, und sie erkannten sie, und mißhandelten sie die ganze Nacht bis zum Morgen.«* Bei Tagesanbruch ließen sie sie gehen, und sie fiel auf der Türschwelle nieder und blieb liegen. *»Und ihr Herr stand am Morgen auf«* und fand sie, und als sie ihm nicht antwortete auf seine Nachfrage, da packte er sie auf seinen Esel und brachte ihren Leichnam nach Hause. Dort *»zerstückte (er) sie nach ihren Knochen in zwölf Stücke und schickte sie herum durch das ganze Gebiet von Jisraël«*, um die Israeliter zu bewegen, diese ruchlose Tat zu rächen (19:27-29).

Auf diese Geschichte folgt eine dramatische Schilderung der anschließenden Ereignisse: die Versammlung der Israeliten, der Beschluß, von den Benjaminitern die Auslieferung der Schuldigen aus Gibea zu verlangen, die Weigerung der Benjaminiter, der Aufforderung zu folgen, und der folgende Benjaminitische Krieg. Während all dessen ist klar, daß die Beleidigung und »Ruchlosigkeit« in dem Verbrechen bestand, die Regeln der Gastfreundschaft gebrochen und die Ehre und die Eigentumsrechte des Leviten verletzt zu haben. Die Einstellung des Leviten gegenüber seiner Nebenfrau, die im masoretischen Text an anderer Stelle alternativ auch als seine »Frau« bezeichnet wird, zeigt sich nicht nur in seiner Bereitschaft, sie der Gruppenvergewaltigung auszuliefern, sondern auch in seinem friedlichen Schlaf in der Nacht ihrer Schändung. Der Text enthält nicht ein einziges Wort der Mißbilligung dieses Verhaltens oder über den Gastgeber

seine unberührte Tochter zu opfern bereit ist, um das Leben und die Ehre seines Gastes zu retten. Im Gegenteil, der Text geht davon aus, daß eine Erklärung für ein derartiges Verhalten nicht nötig ist. Wir sollten aber immerhin bemerken, daß in einem Abschnitt, der in einer späteren Periode geschrieben worden ist (Leviticus 19: 29), einem Vater ein derartiges Verhalten verboten wird: *»Entweihe nicht deine Tochter, sie der Buhlerei hinzugeben, daß das Land nicht buhle und das Land voll werde der Unzucht.«*

Die zuvor aufgegriffene Geschichte wird fortgesetzt mit der Beschreibung der totalen Vernichtung der Benjaminiter mit der Hilfe und dem Rat Gottes. Die Israeliten töteten alle Männer mit Ausnahme von 600 Männern, die in die Wüste flohen, und sie brannten alle Städte der Benjaminiter nieder. Vor dem Ausbruch des Krieges hatten die Männer Israels geschworen: *»Niemand darf von uns seine Tochter an Binjamin zum Weibe geben.«* (Richter 21: 1) Doch nun wird ihnen bewußt, daß ihr Eid bedeutet, daß einer der Stämme Israels aussterben wird. Da sie nun wünschen, die überlebenden der Benjaminiter zu befrieden, ohne ihren Eid zu verletzen, lösen die Israeliten das Problem durch einen Krieg gegen das Volk von Jabes in Gilead, das ihrem Ruf zu den Waffen gegen die Benjaminiter nicht gefolgt war. In diesem Krieg *»verbannen«* die Israeliten *»alles Männliche und jedes Weib, das den Beischlaf eines Mannes erkannt ...«* (21: 11). Es blieben 400 Jungfrauen übrig, und die Sieger gaben diese den noch lebenden Bejaminitern zur Frau. Den anderen 200 benjaminitischen Männern, für die es keine Frauen gab, wurde befohlen:

> *»Siehe, ein Fest des Ewigen ist in Schiloh (...) Gehet hin und lauert in den Weinbergen Und sehet zu, wenn die Töchter Schilohs herauskommen den Reigen zu tanzen, sie kommt aus den Weinbergen hervor und greifet euch jeglicher sein Weib von den Töchtern Schilohs und gehet ins Land Binjamin.«* (21: 19-21)

Die Benjaminiter folgen dieser Aufforderung und kehren mit ihren neuen Frauen zurück, um ihre Städte wieder aufzubauen, *»daß nicht ausgelöscht werde ein Stamm aus Jisraël.«* (21: 17) Die Darstellung endet mit einer eigenartigen Zeile, die man vielleicht interpretieren könnte, als enthalte sie einigen Zweifel an der Richtigkeit des dargestellten Vorgehens: *»In jener Zeit war kein König in Jisraël: ein jeglicher tat, was in seinen Augen recht war.«* (21: 25)

David Bakan vertritt in einem recht gewagten Deutungsversuch die These, das Thema der Benjaminiter-Kriege sei ein Konflikt zwischen Patrilokalität und Matrilokafüät, der mit dem Sieg der Patrilokalität endete. Er hält fest, daß es das Verbrechen der Nebenfrau gewesen sei, ihres Mannes Haus zu verlassen und in ihr Vaterhaus zurückzukehren, und daß diesem Übel abgeholfen und das Prinzip der Patrilokalität bestätigt wird durch das Übersiedeln der 400 Jungfrauen von Jabes in Gilead in die Häuser ihrer Männer.[398] Wenn seine Argumentation auch viel für sich hat, läßt sie sich doch nicht zufriedenstellend überprüfen. Andere Kommentatoren übergehen die Behandlung der Frauen in diesem Abschnitt der Bibel, wie sie auch im Fall der Töchter Lots nichts zu sagen wußten.

Bezüglich der beiden Vorfälle äußert sich zum Beispiel Louis Epstein so:

> *»Diese Geschichten geben uns einen Eindruck von der Abscheu, die ehrbare Juden gegenüber einem solchen Akt (der Sodomie) empfunden haben; jedenfalls bot der Gastgeber seine Tochter zur Vergewaltigung an, im Austausch für die Fremden und indem er bittet, ›etwas so Übles‹ nicht zu tun. Es kann deshalb als sicher gelten, daß seit den ältesten Zeiten bei den Hebräern Sodomie als eine schwerwiegende Verletzung der Moral gegolten hat.«*[399]

Es kann außerdem als sicher gelten, daß die Ehre und selbst das Leben von Frauen zur Disposition der Männer ihrer Familien standen, die die Frauen als austauschbare Instrumente im Dienste der Fortpflanzung betrachteten. Die Männer der Benjaminiter, deren Frauen und Kinder ermorden worden waren, nahmen neue Ehefrauen aus den Reihen der Versklavten und Gefangenen und gründeten so neue Familien. In bezug auf die gesetzlich gesicherte Verfügungsmacht über ihre Person oder ihren Körper gibt es keine Unterschiede zwischen freien oder versklavten Frauen oder zwischen verheirateten Frauen oder Jungfrauen. Über die jungfräulichen Töchter wird ebenso verfügt wie über die Konkubine oder über die Sklavin, die im Krieg gefangengenommen wurde.

Der Abschnitt im Buch der Richter bestätigt auch die in Kapitel 4 bereits diskutierten historischen Hinweise auf die Ursprünge der Sklaverei. Selbst in einem Vernichtungskrieg zwischen den Stämmen Israels werden die Männer erschlagen, die Frauen hingegen gefangengenommen und vergewaltigt. Die Geschichte vom Benjaminiterkrieg zeigt auch, wie durch matrimoniale Arrangements, die völlig im Belieben der Männer des Stammes liegen, die Kriege beendet und die Feinde befriedet werden. Der matrimoniale Tausch der Frauen von Jabes in Gilead könnte eventuell als das übliche Versklaven und Handeln mit den Frauen des besiegten Feindes betrachtet werden. Aber wie verhält es sich mit den Töchtern von Silo, die bei einem Fest zu Ehren Gottes tanzen? Sie gehörten nicht zu einem feindlichen Stamm, ihre Männer waren nicht besiegt worden. Sie wurden

398 Bakan 1979, S.97ff.
399 Epstein 1948, S. 135

ganz einfach als Pfand benutzt bei dem politisch motivierten Versuch, einen besiegten Feind ruhigzustellen.

In jüngster Zeit ist eine Reihe von Studien über die Rolle der Frauen im Alten Testament vorgelegt worden, die der überwältigenden Zahl von Beweisen für die patriarchale Herrschaft einige weibliche Heldengestalten oder unabhängig handelnde Frauen entgegenstellen. Phyllis Trible hat sogar versichert, es hätte eine »Gegenkultur« zur »patriarchalen Kultur Israels« gegeben.[400] In einem anderen Erklärungsversuch, der die verschiedenen Ausdrucksformen der patriarchalen Dominanz im alten Testament detailliert untersucht, stellt eine andere feministische Wissenschaftlerin, Phyllis Bird, unter Hinweis auf überzeugendes Beweismaterial zutreffend fest, daß Frauen in den biblischen Geschichten als dem Manne rechtlich und ökonomisch untergeordnet gelten und daß dies die tatsächlichen Verhältnisse in der hebräischen Gesellschaft widerspiegelt. Dennoch ist sie der Auffassung, daß der Mann zu der Zeit, über die das Alte Testament berichtet, die Frau *»als sein Gegenüber und als gleich«* anerkannt habe, eine Auffassung, für die sie erstaunlich wenige Beweise vorlegt.[401]. Ähnlich schließt John Otwell ein Buch, das voller Beweise für das Gegenteil ist, mit der Feststellung, daß der Status der Frauen im Alten Testament hoch war und die Frauen als Ehefrauen und Mütter uneingeschränkt am Leben der Gemeinschaft teilnahmen.[402] Diejenigen, die meinen, die biblischen Geschichten enthielten Anzeichen von Fortschritten für Frauen, verweisen auf die wenigen dort erwähnten Heldinnen und die Rolle der fünf Prophetinnen, über die der Text berichtet, betonen die positive Charakterisierung von Frauen in den Sprüchen sowie den erotischen Reichtum im Hohen Lied. Unglücklicherweise läßt sich eine derartige Hypothese nicht mit Ergebnissen der historischen Forschung belegen.

Die wenigen Frauen, die in einer geachteten oder heroischen Rolle dargestellt werden, sind in der übergroßen Minderheit gegenüber den vielen Frauen, die als untergeordnet, unterwürfig und servil beschrieben sind. Sicher stützt die Bibel besonders im Lied der Debora und in dem Verweis auf die Prophetin Hulda die Feststellung, Frauen seien als Prophetinnen anerkannt gewesen. Wenn wir diese Geschichten aber in den chronologischen Ablauf einordnen, wird deutlich, daß dies für die frühe Periode der hebräischen Geschichte vor oder kurz nach der Staatenbildung zutrifft. Zur Zeit des Königreichs und später stoßen wir nicht mehr auf Frauen in derartigen Rollen. Das entspräche dem allgemeinen Verlaufsschema, das wir bei anderen mesopotamischen Kulturen festgestellt ha-

400 Trible 1976, S. 963 ff.
401 Phyllis Bird 1974, S.41-88, Zitat S. 71.
402 John Otwell 1977.

ben. Das Hohe Lied ist so schwer zu deuten und auf konkrete historische Ereignisse zu beziehen, daß es sinnlos erscheint, daraus Rückschlüsse auf die reale Situation von Frauen abzuleiten; es muß als ein literarisches Werk gesehen werden. Da die Identität der Frau in diesem Lied unbewiesen und außerordentlich umstritten ist, halte ich es für unmöglich, es als Grundlage von Verallgemeinerungen über die damaligen Lebensbedingungen von Frauen in der hebräischen Gesellschaft zu verwenden.

Wir bewegen uns auf sichererem Boden, wenn wir festhalten, daß das Alte Testament auf eine langsam wachsende Einschränkung der ökonomischen und öffentlich-politischen Bedeutung der Frau schließen läßt, auf ein Abnehmen ihrer Funktion im kultischen Bereich und auf eine stetig zunehmende Reglementierung ihrer Sexualität im Zusammenhang des Übergangs der jüdischen Stämme von der konföderativen Gemeinschaft zur Staatsgründung. Die Gesetze, die ich zuvor angesprochen habe, sind im großen und ganzen während des Bestehens des Staates entstanden. Es mag vielleicht argumentiert werden, das Deuteronomium-Gesetz sei für Frauen günstiger als das Leviticus-Recht. Der vorrangige, andauernde Kampf gegen die Kulte von Baal und Aschera, die bis in die Zeit der Könige und danach fortwirkten und offenbar ihre größte und nachhaltigste Anerkennung bei den Frauen fanden, mag die immer schärfer werdende Reglementierung des Verhaltens von Frauen erklären. Sie ging einher mit dem Gebrauch einer exzessiven Sprache bei der Verdammung der Hurerei der Frauen durch die Propheten und schließlich der durchgängigen Verwendung des Bildes der Frau-als-Hure, der Metapher für die Übel einer sich versündigenden Gesellschaft. Diese Themenbereiche bedürfen einer genauen und ausführlichen Untersuchung durch Bibelforschung und Literaturwissenschaft. Wir können hier nur darauf aufmerksam machen.

Im nächsten Kapitel werden wir uns mit den vorrangigen religiösen und symbolischen Ausdrucksmitteln zur Definition der Geschlechterrollen im Buch Genesis befassen. Wir wollen zuvor auf die Definition der kultischen Gemeinde durch die hebräische Gesellschaft hinweisen und darauf, daß diese Definition Frauen nicht nur ganz prinzipiell ausschloß, sondern im Laufe der Geschichte von einer geringen Teilnahme zum generellen Ausschluß fortschritt.

Louis Epstein weist darauf hin, daß in der Zeit der Patriarchen Frauen und Männer gemeinsam die Herden hüteten, sich an den Wasserstellen trafen, gemeinsam zum Gottesdienst in den Tempel gingen, an öffentlichen Feiern teilnahmen, die Mahlzeiten einnahmen und zu Hochzeiten und Beerdigungen gingen. Die Trennung der Geschlechter gibt es erst im zweiten Tempel, der einen außerhalb des Tempels liegenden »Frauenhof« hat, in dem sich aber Männer und Frauen versammelten. Epstein erklärt diese Entwicklung damit, daß *»dies weder theoretisch noch praktisch zur Trennung der Männer von den Frauen dienen sollte.«* Die jüdische Frau war ein Teil der jüdischen Gemeinschaft; sie konnte beten oder die Thora studieren:

> *»Aber sie war kein Teil des Kultus, weder als Ausführende noch als Dienende, noch als Mitglied der Kultusgemeinde ... Der Tempel hatte einen Frauenhof in dem Sinne, daß er einen öffentlichen Platz für diejenigen anbot, die am religiösen Ritual nicht teilhatten, wo Frauen als Teil der Öffentlichkeit zusammenkamen.«*[403]

Als eine der wichtigsten religiösen Pflichten der Eltern galt es, ihre Söhne im Lesen der Thora zu unterweisen, hinsichtlich der Töchter gab es eine solche Verpflichtung nicht. Doch Epstein berichtet, daß nach dem Gutdünken der Eltern auch Mädchen unterrichtet wurden, solange die Kinder zu Hause erzogen wurden. Bis zum 4. Jahrhundert v. Chr. wurden Frauen kaum gehindert, an öffentlichen Versammlungen zur Lektüre und Diskussion der Schriften teilzunehmen. Die im 2. oder 1. Jahrhundert v. Chr. institutionalisierte formale Bildung war jedoch sehr wahrscheinlich auf männliche Schüler beschränkt.[404]

Ich werde im nächsten Kapitel zeigen, daß von der Zeit des Alten Bundes an die Glaubensgemeinschaft als eine männliche Gemeinde definiert war. Dies muß fast zwingend dazu geführt haben, daß Frauen nur sehr geringe Möglichkeiten zur Ausübung kultischer Funktionen hatten, da ja in der mesopotamischen Tradition Priesterinnen weiblichen Gottheiten dienten, Priester hingegen männlichen Gottheiten. Doch Jahwes Geschlecht war unbestimmt, jedenfalls in den frühen Texten. Signifikant für die Definition der Geschlechterrollen in der westlichen Zivilisation ist, welche Metaphern, Symbole und Ausdrücke die Schreiber der Genesis unter den vielen verfügbaren Darstellungsmöglichkeiten auswählten. Auf ähnliche Weise ist für die Gegenwart nicht so sehr das signifikant, was die Schreiber mit jeder einzelnen ihrer symbolischen Bezeichnungen ausdrücken wollten, als vielmehr die Bedeutung, die spätere Generationen ihnen entnommen haben. Wenn, zum Beispiel, Jahwe nicht als ein mit einem bestimmten Geschlecht behafteter Gott offenbart war oder gedacht wurde, sondern eher als ein Prinzip, das männliche und weibliche Merkmale beinhaltete, wie manche Theologen argumentieren, so weist das darauf hin, daß es Alterna-

403 Epstein 1948, S. 78, 80f.
404 Ebd., S. 86f.; De Vaux 1965, I, S.48ff.

tiven zu der traditionellen patriarchalen Interpretation gegeben hat und diese Alternativen verworfen worden sind.[405] Tatsache ist, daß mehr als 2500 Jahre lang der Gott der Hebräer als ein Vater-Gott angesprochen, dargestellt und interpretiert wurde, ganz gleich welche anderen Aspekte er verkörpert haben mag. Dies war, historisch, die Bedeutung, die dem Symbol gegeben wurde, und deshalb war dies die Bedeutung, die mit Autorität und Wirkungskraft ausgestattet war. Diese Bedeutung wurde zum wichtigsten Kriterium dafür, wie Männer und Frauen das Wesen der Frauen begreifen und diesen in der göttlichen Ordnung der Dinge und in der von Menschen geschaffenen sozialen Ordnung ihren Platz zuweisen konnten.

Die Entstehung einer rein männlichen Priesterschaft war also nicht unvermeidlich. Der langwierige ideologische Kampf der hebräischen Stämme gegen die Verehrung der Götter der Kanaanäer, insbesondere gegen die Beibehaltung eines Kultes der Fruchtbarkeitsgöttin Ascherah, muß die emphatische Betonung der kultischen Vorrangstellung der Männer noch verstärkt haben und ebenso die Tendenz zur Frauenfeindlichkeit, die sich erst in der Periode nach dem Exil voll entfaltete.[406] Was immer die Gründe gewesen sein mögen, die alttestamentliche männliche Priesterschaft bedeutete einen radikalen Bruch mit einer jahrtausendealten Tradition und mit der in den Nachbarvölkern üblichen Praxis. Diese neue Ordnung nach dem Willen des allmächtigen Gottes verdeutlichte den Hebräern und all denen, die die Bibel als ihren moralischen und religiösen Leitfaden betrachteten, daß Frauen nicht zu Gott sprechen können.

405 Judith Ochshorn 1981, Kapitel 5 und 6. Ochshorn diskutiert die Frage, ob Gott eine bestimmte Geschlechtsrolle zugeschrieben werden kann, in ihrer ganzen Komplexität und lenkt unsere Aufmerksamkeit auf die fundamentale Ambivalenz des Bibeltextes in bezug auf die Frage des Geschlechts Gottes.

406 Carol Meyers 1978, S. 100ff.; siehe auch Ochshorn 1981, S. 196f.

Kapitel 9: Der Bund

»Wer erschafft das Leben?« Die Antwort auf diese Frage macht den Kern eines jeden religiösen Glaubenssystems aus. Zeugungskraft umfaßt sowohl das Schöpferische - das Vermögen, etwas aus dem Nichts heraus zu erschaffen - als auch Fortpflanzungsfähigkeit - die Fähigkeit zur Hervorbringung von Nachkommen. Wir haben gesehen, wie religiöse Erklärungen der Zeugungskraft sich gewandelt haben: von der Muttergöttin als dem einzigen Prinzip der universalen Fruchtbarkeit über die Muttergöttin, der in ihrer Zeugungskraft von männlichen Gottheiten oder menschlichen Königen Beistand geleistet wurde, zur Vorstellung der symbolischen Schöpferkraft, die zunächst im »Namen«, dann »im schöpferischen Geist« ihren Ausdruck fand. Wir haben außerdem gesehen, wie im Pantheon der Gottheiten ein Wechsel von der allmächtigen Muttergöttin zum allmächtigen Gott des Sturmes stattfand, dessen weibliche Begleiterin eine domestizierte Version der Fruchtbarkeitsgöttin darstellt. Schließlich wird das Pantheon der Gottheiten ersetzt durch einen einzigen mächtigen Gott, dem männliche Attribute zugeschrieben werden, und dieser Gott verkörpert das Prinzip der Zeugung in seinen beiden Aspekten. Dieser Wandel, der auf sehr verschiedene Weise in vielen unterschiedlichen Kulturen stattfindet, ist für die abendländische Kultur im 1. Buch Mose, der Genesis, auf verbindliche Weise festgeschrieben worden.

Diese Schöpfungsgeschichte der Genesis weicht in wesentlichen Punkten von den Schöpfungsgeschichten anderer Völker in der Region ab. Jahwe ist der einzige Schöpfer des Universums und all dessen, was in ihm ist. Im Unterschied zu den Hauptgöttern der Nachbarvölker ist Jahwe nicht mit einer Göttin verbündet, noch hat Er familiäre Bindungen.[407] Es gibt keine mütterliche Quelle der Schöpfung des Universums und des Lebens auf der Erde mehr, und nichts weist darauf hin, daß Schöpferkraft und Fortpflanzungsfähigkeit in einem Zusammenhang stehen. Ganz im Gegenteil: Gottes Schöpfungsakt unterscheidet sich von allem, was Menschen je an Erfahrungen machen können.

Der große Fortschritt des abstrakten Denkens, der in der Symbolisierung der Schöpfungsfähigkeit als »Begriff«, »Name«, »Lebenshauch« zum Ausdruck kommt, findet seinen Niederschlag in den Sätzen zu Beginn des Textes: *»Und Gott sprach: Es werde Licht; Und es ward Licht.«* (Genesis 1: 3) Gottes Wort,

407 William F. Albright 1940, S. 199; E. D. James 1958, S. 63.

Gottes Atem wirkt als Schöpfungskraft. Die Metapher vom göttlichen Odem wird noch deutlicher in Genesis 2: 7: *»Da bildete der Ewige, Gott, den Menschen aus Staub von dem Erdboden, und blies in seine Nase den Hauch des Lebens, und es ward der Mensch zu einem Leben-Atmenden.«* Dann schuf Gott die Tiere des Feldes und die Vögel des Himmels, *»und er brachte sie zu dem Menschen, um zu sehen, wie er sie nennen würde. Und alles Leben-Atmende, wie es der Mensch nennen würde, der Name sollt' ihm bleiben.«* (Genesis 2: 19) Gottes Atem wirkt als Schöpfungskraft, aber die Namengebung durch den Menschen gibt Bedeutung und Ordnung. Und Gott verleiht Adam die Macht, auf diese Art Namen zu geben. Wenn wir das hebräische Wort »Adam« als »Menschheit« deuten, so könnten wir davon ausgehen, daß Gott die Macht, Namen zu geben, sowohl den männlichen als auch den weiblichen Wesen der Gattung gegeben hätte. Aber in diesem Fall gewährte Gott diese Macht ausdrücklich nur dem männlichen Menschen.[408] Es ließe sich vermuten, das habe einfach daran gelegen, daß der weibliche Mensch noch nicht erschaffen war; doch diese Machtbefugnis besteht auch nach der Erschaffung Evas weiter, als Adam ihr einen Namen gibt, wie er es schon mit den Tieren getan hatte: *»Da sprach der Mensch: Dieses Mal ist es Gebein von meinen Gebeinen und Fleisch von meinem Fleische. Diese werde genannt Männin, denn vom Manne ist diese genommen worden.«* (Genesis 2: 23)[409]

Die Namengebung ist hier nicht nur ein symbolischer Akt des Schöpferischen, sondern definiert die Frau auf eine ganz besondere Weise als einen »natürlichen« Teil des Mannes, Fleisch von seinem Fleisch, was eine eigenartige Übertragung der einzigen menschlichen Beziehung ist, auf die eine solche Bezeichnung zutrifft, nämlich die Beziehung der Mutter zum Kind. Der Mann definiert sich hier als »die Mutter« der Frau; durch das Wunder göttlicher Schöpferkraft wurde aus seinem Körper ein menschliches Wesen geschaffen, wie eine Mutter aus ihrem Körper Leben entstehen läßt. Schon der nächste Satz erklärt die Bedeutung dieser Verbundenheit in menschlichen Begriffen: *»Darum verläßt der Mann seinen Vater und seine Mutter und hängt an seinem Weibe, und sie werden zu* einem *Fleische.«* (Genesis 2: 24) Das Bild von der Erschaffung der Frau aus dem Körper des Mannes wird hier verwendet, um dieses Ereignis mit einer ganz bestimmten Interpretation zu versehen – die Frau war als Teil des Mannes

408 In seinem berühmtem Kommentar erläutert Gerhard von Rad: *»Es ist also ein Akt des Nachschaffens, der sich in diesem Benennen vollzieht, und ein Akt des aneignenden Ordnens, womit sich der Mensch die Kreaturen geistig vergegenständlicht ... das Benennen (war) nach altorientalischer Vorstellung vornehmlich Ausübung eines Hoheitsrechtes, einer Herrscherstellung.«* (v. Rad 1961, S.66f.) Siehe auch De Vaux 1965, 1, S. 43 ff.; Speiser 1966, S. 126f.; Sarna 1966, S. 129f.; Jeremias 1929, S. 33 f.

409 A. d. Ü.: Im Englischen der Bezug von »woman« (Frau) zu »man« (Mann). - Im Hebräischen »ish« und »isha.«

geschaffen, deshalb hat der Mann sich an sie zu binden, indem er ihr den Vorrang vor allen anderen Verwandten gibt, und sie sollen ein Fleisch sein. Dieses Fleisch wird, die Formel der Namengebung durch den Mann besagt das, das Fleisch des Mannes sein, denn er hat durch den Schöpfungsakt Gottes und seine eigene Macht der Namengebung seine Autorität über sie als wesensbestimmend und verbindlich definiert. Diese autoritäre Funktion umfaßt den Bereich des Intimen; es impliziert wechselseitige Abhängigkeit und hat in Jahrhunderten der theologischen Interpretation dazu gedient, die eheliche Beziehung und mit ihr die Würde der Frau aufzuwerten. Die Vieldeutigkeit und Komplexität dieses Textes haben für sehr stark voneinander abweichende Interpretationen gesorgt, die wir im folgenden diskutieren werden.

Namen zu geben, das bedeutet, Macht auszuüben, ist ein Symbol von Souveränität. In biblischen Zeiten hatte es in Übereinstimmung mit der orientalischen Tradition magische Qualität, indem es Bedeutung verlieh und die Zukunft voraussagte. Als Hagars Sohn Ismael genannt wird, ist sein Schicksal vorhergesagt. Diese Macht der Namengebung ist in der Bibel Männern und Frauen gegeben. Abgesehen von besonderen Umständen, bestimmen in den biblischen Geschichten die Väter oder die Mütter die Namen ihrer Kinder. Aber es gibt eine andere Art der Namengebung, die wir als »Neubenennen« bezeichnen könnten, die die Übernahme einer neuen und wichtigen Rolle durch die mit einem neuen Namen versehene Person signalisiert. Wir haben oben erwähnt, daß der junge Gott Marduk bei seinem Aufstieg zur Macht fünfzig neue Namen erhalten hat. Auf ähnliche Weise gibt Gott nach wichtigen Ereignissen neue Namen. Nach dem Schließen des Bundes geht Er von Abram zu Abraham über, *»denn zum Vater einer Menge von Völkern mache ich dich«* (Genesis 17: 5), und nennt Sarai nun Sarah. Dies erhöht die Signifikanz der Tatsache, daß Adam, der in der bereits dargestellten Weise als erster in der Schöpfungsgeschichte von der Macht der Namengebung Gebrauch macht, nach dem Sündenfall der Männin den neuen Namen Eva gibt. Es entsteht wiederholt und nachdrücklich der Eindruck, daß der Mann Anteil hat an der göttlichen Macht der Namengebung und Umbenennung.[410]

410 Phyllis Trible versucht die Passage *»Diese werde genannt Männin«* (Genesis 2: 23) nicht als Namengebung Evas durch Adam, sondern als sein Erkennen von Sexualität und geschlechtsbedingten Rollenzuschreibungen, als eine Art von Definition, zu deuten. Bei der Diskussion der inhaltlich entgegengesetzten Passage in 3: 20, *»Und es nannte Adam den Namen seines Weibes: Chawah«* (Eva), was, wie Trible erkennt, eine Bestätigung seiner Herrschaft über sie ist, erklärt sie das als sein *»Korrumpieren einer Beziehung auf der Grundlage von Gegenseitigkeit und Gleichwertigkeit.«* (1973, S. 38, Zitat S. 41) Ich finde diese Erklärung überspannt und nicht überzeugend, obwohl ich mit Tribles Versuch, eine alternative Lesart zur patriarchalen anzubieten, durchaus sympathisiere.

Die wichtigsten Metaphern für die geschlechtsspezifischen Rollen in der Bibel sind das Bild der aus des Mannes Rippe geschaffenen Frau und die Darstellung der in Versuchung führenden Eva, die den Fall der Menschheit aus der Gnade Gottes verursacht. Diese Metaphern sind mehr als zweitausend Jahre lang als Beweis für die göttliche Rechtfertigung der Unterordnung der Frau herangezogen worden. Deshalb haben sie einen außerordentlich großen Einfluß auf die Definition von Wertvorstellungen und Verhaltensweisen in bezug auf die Beziehung zwischen den Geschlechtern gehabt. Obwohl damit gerechnet werden muß, daß Interpretationen eines dichterische, mythische und folkloristische Elemente verbindenden Werkes, wie es das Buch Genesis ist, sich je nach den Bedürfnissen der Interpretierenden unterscheiden, ist doch festzustellen, daß die Tradition der Interpretation weit überwiegend und relativ einheitlich patriarchal gewesen ist. Die verschiedenen feministischen Interpretationen einzelner Frauen in den letzten tausend Jahren setzten sich ab gegenüber einer ununterbrochenen und theologisch bestätigten Tradition, deren Grundlagen lange vor dem Christentum gelegt worden sind.

Es gibt zwei einander scheinbar widersprechende Schöpfungsgeschichten in der Genesis. Die als Genesis 2: 18-25 niedergeschriebene Version der J-Tradition wurde einige Jahrhunderte vor der P-Version geschrieben, die ihr als Genesis 1: 27-29 vorangestellt worden ist. In der J-Version erschafft Gott Eva aus Adams Rippe, während es in der P-Version lautet *»als Mann und Weib schuf er sie.«* Die kritische Bibelforschung hat sich mehrere Jahrhunderte lang mit den Diskrepanzen der beiden Versionen befaßt und die jeweiligen Vorzüge einander gegenübergestellt.[411]

Die P-Version entspricht der mesopotamischen Schöpfungsgeschichte *Enuma elisch* in ihren verschiedenen Details und hinsichtlich des Ablaufs der Ereignisse. Das mag die androgynen Aussagen über die Schöpfung – als Mann und Weib erschuf Er sie – als Spiegelung des Einflusses von mesopotamischen Glaubensvorstellungen erklären. Einige Interpretationsversuche bemühten sich, diese androgyne Resonanz auf die J-Version auszuweiten, indem sie darauf hinwiesen, daß das hebräische Wort »adam«, das Menschheit bedeutet, den generischen Begriff Menschsein meine, der Frauen und Männer einbezieht, und die Großschreibung von Adam ein späterer Irrtum sei, der auf androzentrischen Annahmen beruhe.[412] Dieser »Irrtum«, gedruckt in zehn Millionen von Bibe-

411 Die heute allgemein anerkannte Interpretation ist, daß beide Versionen unabhängig voneinander geschrieben worden sind und sich aus einer Sammlung weit älterer Überlieferungen herleiten. Siehe Speiser 1966, S. 8ff., Sarna 1966, S. 1ff.

412 Die jüngste feministische Argumentation findet sich bei Maryanne Cline Horowitz 1979.

lausgaben in allen Sprachen, förderte zusätzlich die Übernahme und Geltung der traditionellen Interpretationen des in Genesis 2: 18-25 vorliegenden Textes.

Die Erzählung von der Erschaffung der Frau aus Adams Rippe ist im allerwörtlichsten Sinne über Tausende von Jahren als Beleg für die gottgegebene Minderwertigkeit der Frau verstanden worden. Ob diese Deutung nun darauf beruht, daß die Rippe als einer der »niedrigeren« Körperteile Adams gilt und deshalb Minderwertigkeit bezeichnet, oder auf der Tatsache, daß Eva aus Adams Fleisch und Knochen geschaffen wurde, während er aus Erde erschaffen ward, diese Stelle des Bibeltextes hat in der historischen Entwicklung eine symbolische Bedeutung von zutiefst patriarchalischem Gehalt erhalten. Als ein Beispiel zitiere ich eine relativ gemäßigte Interpretation von Johannes Calvin:

»Da aber in der Person des Mannes das ganze Menschengeschlecht geschaffen ward, so bezeichnete das erhabene Wort: ›Lasset uns Menschen machen‹ - bereits die gemeinsame Würde alles menschlichen Wesens, ohne daß bei der Schöpfung des Weibes, die ja nichts anderes als ein Anhang zu der des Mannes ist, eine Wiederholung nötig gewesen wäre ... So ist es eine Naturordnung, daß das Weib des Mannes Gehilfin ist. Ein häßliches Sprichwort redet von einem notwendigen Übel, aber Gott selbst redet von einer Gesellin, Gefährtin und Gehilfin fürs Leben.«[413]

An anderer Stelle kommentiert Calvin:

»Darin lag für Adam der Hinweis, daß er in der Gefährtin sich selbst wie in einem Spiegelbild erblicken solle, für Eva die Mahnung, sich willig dem Manne unterzuordnen, von dem sie stammte.«[414]

Feministinnen haben bei dem Versuch, diese Bedeutung wegzuargumentieren eine Reihe von scharfsinnigen Interpretationen vorgelegt. Dazu gehört das gescheite Argument der siebzehnjährigen Rachel Speght, Tochter eines englischen Priesters, die 1617 feststellte, die Frau sei aus einem verfeinerten Material erschaffen worden. Adam hingegen aus bloßem Staub.

»Sie war nicht aus Adams Fuß gemacht, um weit unter ihm zu stehen, noch aus seinem Kopf, um ihm überlegen zu sein, sondern aus seiner Seite, von der Nähe seines Herzens, um ihm gleichgestellt zu sein.«[415]

413 Calvin 1956, V. 18, S. 35.
414 Ebd., V. 21, S. 37.
415 Speght 1617.

Mehr als zwei Jahrhunderte später stellte die Amerikanerin Sarah Grimké in das Zentrum ihrer Interpretation den Begriff der »Gefährtin«:

> *»Es sollte ihm eine Gefährtin gegeben werden, in jeder Hinsicht ihm gleichgestellt; eine, die wie er selbst frei handelte, begabt mit Verstand und unsterblich, nicht nur eine Teilhaberin seiner animalischen Befriedigungen, sondern fähig, all seine Gefühle als ein moralisches und verantwortliches Wesen zu teilen, Wäre das nicht der Fall gewesen, wie hätte sie seine Gehilfin sein können? ... Sie war ein Teil seiner selbst, als hätte Jehowa die Absicht gehabt, die Einheit und Einzigartigkeit von Mann und Frau vollkommen und vollständig zu machen.«*[416]

Obwohl überzeugend in seiner lutherischen Betonung des individuellen freien Willens und der moralischen Verantwortung des / der einzelnen, vermeidet dieses etwas zirkelschlußartige Argument die Implikationen des Bildes von der Erschaffung der Frau aus der Rippe.

In einem kühnen Versuch, *»die Bibel neu zu lesen (nicht neu zu schreiben) ohne die Scheuklappen«* der patriarchalen Sichtweise, bietet uns heute die feministische Theologin Phyllis Trible eine auf erstaunliche Weise herausfordernde Neuinterpretation der Schöpfungsgeschichte, die sie als *»durchdrungen von der Vision einer transsexuellen Gottheit«* ansieht.[417] Die Neuinterpretation Tribles im 20. Jahrhundert ist der von Grimké recht ähnlich, obwohl sie Grimkés Arbeit nicht zu kennen scheint. Trible sieht eine Ähnlichkeit der Erschaffung Adams aus Staub und Evas aus einer Rippe insofern, als beide aus einem zerbrechlichen Material gemacht sind, das von Jahwe bearbeitet werden mußte, bevor sie leben konnten. Ferner betrachtet sie die Tatsache, daß Eva als letzte erschaffen wurde, als Beweis dafür, daß sie der Höhepunkt der Schöpfung ist.[418] Eine andere feministische Theologin betont die wesentliche Ähnlichkeit in den Grundaussagen über Mann und Frau:

> *»Die Frau ist mit dem Mann die unmittelbare und beabsichtigte Schöpfung Gottes und die Krone seiner Schöpfung. Mann und Frau sind füreinander gemacht. Gemeinsam sind sie die Menschheit, die in ihrer ganzen und wesentlichen Natur bisexuell ist.«*[419]

In einer Argumentation, die sich auf linguistische Überlegungen stützt, vertritt R. David Freedman die Auffassung, daß der Ausdruck *»ihm eine Gefährtin*

416 Grimké 1838, S. 5.
417 Trible 1973, S.31, 42.
418 Ebd., S. 36f.
419 Bird 1974, S. 72.

machen« übersetzt werden sollte als *»eine Macht, die dem Manne gleich ist.«*[420] Wie auch immer, es gibt in anderen Teilen der Bibel kaum Belege zur Unterstützung dieser optimistischen feministischen Interpretationen.

Wir wollen uns nun die verschiedenen Quellen der biblischen Schöpfungsgeschichte vergegenwärtigen. Zu den sumerischen Elementen, die in die biblische Darstellung einbezogen und in ihr umgeformt worden sind, gehört das Essen der verbotenen Frucht, die Vorstellung vom Baum des Lebens und die Geschichte der Sintflut.

Die Beschreibung des Gartens Eden entspricht der Darstellung des Gartens der Schöpfung im Glauben der Sumerer, der ebenfalls als ein von vier Flüssen begrenzter Ort geschildert wird. Dem sumerischen Schöpfungsmythos zufolge erlaubte die Mutter-Göttin Ninhursag das Keimen und Gedeihen von acht lieblichen Pflanzen im Garten, aber die Götter durften nichts von ihnen essen. Der Wassergott Enki aber aß von ihnen, und Ninhursag entschied, daß er sterben müsse. Dementsprechend erkrankten acht Organe Enkis. Der Fuchs verwendete sich für ihn, und die Göttin erklärte sich bereit, von der Todesstrafe abzusehen. Sie schuf eine spezielle heilende Gottheit für jedes seiner betroffenen Organe. Als die Rippe an der Reihe war, sagte sie: *»Die Göttin Ninti habe ich für dich geboren.«* Im Sumerischen hat das Wort »Ninti« eine doppelte Bedeutung, nämlich *»weiblicher Herrscher der Rippe«* und *»weiblicher Herrscher des Lebens.«* Im Hebräischen bedeutet »Chawah« (Eva) *»sie, die Leben erschafft«*, was dafür spricht, daß es zu einer Verschmelzung der sumerischen Ninti mit der biblischen Eva gekommen ist. Die Wahl von Adams Rippe als Ort der Erschaffung Evas kann einfach die Einbeziehung des sumerischen Mythos verdeutlichen. Stephen Langdon legt eine andere faszinierende Möglichkeit nahe, indem er das hebräische »Chawah« in Verbindung bringt mit der Bedeutung des Wortes im Aramäischen: »Schlange.«[421] Ob man nun den sumerischen Ursprung der Schöpfungsgeschichte als eine tragfähige Erklärung für die Metapher von Adams Rippe akzeptiert oder nicht, es ist jedenfalls bezeichnend, daß diese Deutung in der Vergangenheit ignoriert worden ist und die sexistischere Erklärung Vorrang erhielt.

Die Symbolik der Genesis-Geschichte fördert die Annahme einer Dichotomie zwischen Adam, aus Staub geschaffen, und Eva, Nachfolgerin der antiken

420 Freedman 1983, S. 56ff.

421 Stephen Langdon 1915, S.36f.; I. M. Kikawada zieht eine interessante Parallele zwischen dem Namen Eva, *»Mutter aller Lebendigen«*, und dem Attribut *»Herrin aller Götter«*, das der Schöpfungsgöttin, Mami, im babylonischen Atrahasis-Epos beigegeben worden war. Siehe I. M. Kikawada 1972, S. 34.

Fruchtbarkeitsgöttinnen, geschaffen aus einem Körperteil eines Menschen, beide durch Jahwe beseelt mit göttlicher Substanz. Die Dichotomie wird verstärkt in der Geschichte vom Sündenfall, derzufolge Jahwe eine Arbeitsteilung zwischen den beiden Geschlechtern verfügt, diesmal als Strafe. Adam wird arbeiten im Schweiße seines Angesichts, Eva wird in Schmerzen gebären und neue Generationen aufziehen. Es sollte wohl für erwähnenswert gehalten werden, daß die verhängte Strafe aus der Arbeit des Mannes eine Bürde macht, jedoch die Frau zu Schmerzen und Leiden nicht durch die Arbeit verdammt ist, sondern durch ihren gebärenden Körper, die natürliche Folge der weiblichen Sexualität.

Ein weiterer Aspekt dieses Teils der Genesis verdient unsere Aufmerksamkeit: Die das menschliche Leben erzeugende Gottheit, in der sumerischen Schöpfungsgeschichte die Göttin Ninhursag, ist nun Jahwe, Gottvater und Herr. Wenn wir der P-Version folgen, mag er »sie«, Mann und Weib, geschaffen haben, aber er erschuf den Mann genau nach seinem Bilde, und die Frau erschuf er anders.[422]

David Bakan argumentiert in einer sehr originellen und anregenden Interpretation des Buches Genesis, daß das zentrale Thema dieses Textes die Annahme der Vaterschaft durch die Männer ist. Als die Männer zu der »wissenschaftlichen« Erkenntnis gelangen, daß Empfängnis die Folge des Geschlechtsverkehrs zwischen Mann und Frau ist, begreifen sie, daß sie die Fähigkeit zur Zeugung haben, die sie vorher für eine Eigenschaft nur der Götter gehalten hatten. In ihrem Bedürfnis, »die Vorrechte, die ihnen der großen Entdeckung zufolge offenbar zustanden, zu legitimieren«, lernen die Männer zu unterscheiden zwischen »Schöpfung« (göttlich) und »Zeugung« (männlich). Sie ersetzen die matrilineare Abstammung durch die patrilineare und verlangen zur Sicherung der paternalen Autorität die Unberührtheit der Frauen bis zur Ehe und die absolute Treue der Frauen in der Ehe. Mit dieser Deutung folgt Bakan der Argumentation von Engels, die wir schon erörtert haben, aber er fügt hinzu: *»Ein wichtiger Teil der Metaphorik ... ist es, den sexuellen Erguß des Mannes als ›Samen‹ zu begreifen. Diese Art des Denkens schreibt die gesamte genetische Ausstattung dem Manne zu, keinen Anteil daran der Frau.«* Bakan meint außerdem, daß im Zuge

422 Maryanne Cline Horowitz vertritt in Übereinstimmung mit Phyllis Trible nachdrücklich die Auffassung, daß der Begriff *»Bild Gottes in Mann und Frau«* uns einlädt, *»sowohl die männlichen als auch die weiblichen Metaphern für Gott, die die Bibel im Überfluß anbietet, zu transzendieren und auch unser historisches Selbst und die entstandenen sozialen Institutionen zur Ehre des heiligen Einen zu transzendieren.«* Horowitz 1979, S. 175. Ich teile die Ansicht, daß der Text vieldeutig genug ist, die Möglichkeit einer weniger »frauenfeindlichen« Interpretation »zu eröffnen«, aber meiner Auffassung nach spricht bei der Deutung der geschlechtsspezifischen Metaphern in der Bibel unverhältnismäßig viel für die patriarchalen Interpretationen, und diese sind es, die, wie ich schon dargelegt habe, mehr als 2000 Jahre lang beibehalten worden sind.

dieser Neuorientierung die Männer die Rolle des Kinder-Versorgers/Beschützers übernehmen, die vorher eine weibliche Rolle gewesen war. Er nennt dies *»die Verweiblichung des Männlichen.«*[423]

Obwohl ich die Grundthese Bakans überzeugend finde und einige seiner Argumente mit meinen Schlußfolgerungen übereinstimmen, halte ich seine Beweisführung doch für außerordentlich deterministisch und seine Methode für ahistorisch und höchst subjektiv. Ein Beispiel dafür ist seine Lesart von Genesis 6: 1-4:

> *»Und es geschah, da die Menschen anfingen sich zu mehren auf der Fläche des Erdbodens, und Töchter ihnen geboren wurden. Da sahen die Söhne Gottes die Töchter der Menschen, daß sie schön waren, und nahmen sich Weiber, aus allen, die sie erkoren. Und der Ewige sprach: Nicht soll mein Geist walten in dem Menschen für immer – in ihrem Wahn wird er Fleisch – und so seien seine Tage hundertzwanzig Jahre. Die Riesen waren auf Erden in denselben Tagen; auch nach diesem, als die Söhne Gottes kamen zu den Töchtern der Menschen und diese von ihnen gebaren. Dies sind die Starken, die von Alters her Männer des Ruhmes waren.«*

Bakan hält diese Wertung des Verkehrs zwischen Göttlichen und Sterblichen für den Schlußstein im Bogen der Entwicklung, die er in seiner These beschreibt. Er weist darauf hin, daß sie zu tun hat mit vier grundlegenden menschlichen Angelegenheiten, nämlich Herkunft, Tod, Eigentum und Macht:

> *»Die Zeilen verweisen auf die Herkunft der Heroen. Sie zeigen an, daß das Leben endlich ist; wenn der Tod auch erst nach großzügig bemessenen 120 Jahren kommt. Sie bezeichnen ein Vorrecht des Gebrauchs, das Wesen des Eigentums, in bezug auf die Töchter der Menschen seitens der Söhne Gottes, die sich nehmen können, wen immer sie wollen. Sie verweisen darauf, daß die Männer, die dieser Verbindung entstammen, Giganten, Männer der Macht sind.«*[424]

Bakan stützt seine Auffassung auf einen sehr schwierigen und kontroversen Abschnitt der Genesis. Gerhard von Rad interpretiert diesen Text ganz anders. Er versteht *»Söhne Gottes«* (elohim) als *»Wesen der himmlischen Welt«*, *»Engelwesen«*, und nennt die Vereinigung von Engeln mit sterblichen Frauen *»die Engelshochzeit.«* Die *»Starken«* (nephilim), die dieser Verbindung entstammen,

423 Bakan 1979, S. 27 f. Über eine ähnliche psychologische Erklärung des Bedürfnisses der Männer nach symbolischer Autorität und Dominanz siehe Mary O'Brien 1981.
424 Bakan 1979, S. 28.

sind jedenfalls mythologische Giganten. Von Rad, der die Bibel ausschließlich als ein religiöses Dokument interpretiert, hält diese »Engelshochzeit« für ein Beispiel der Sündhaftigkeit von Gottes Kreaturen (wie Sündenfall, Lots Sünde, Sintflut). Die dem Menschen innewohnende Sündhaftigkeit kommt bei diesen Ereignissen zum Ausdruck, gefolgt von der Strafe Gottes und, schließlich, von Gottes erlösender Gnade, im ewigen Bund.[425]

E. A. Speiser meint, daß *»das Fragment in einem Zustand ist, der eine zuverlässige Interpretation kaum erlaubt.«* Auch er betrachtet die »elohim« als »göttliche Wesen« und ihre Vereinigung mit weiblichen Menschen als abscheuerregend. Er verweist auf die erstaunliche Ähnlichkeit der Geschichte von den Giganten mit dem Mythos der Hurriter, in dem der Sturmgott Teschub gegen ein riesiges Monster aus Stein kämpfen muß. Speiser geht auf die Frauen in der Geschichte nicht ein.[426]

Ich bin der Meinung, daß Bakan sich geirrt hat, als er das Wort »Söhne Gottes« wörtlich auf die männlichen Menschen bezogen hat. Die Bezugnahme auf die Giganten der Urzeit und die Ähnlichkeit nicht nur zu dem Mythos der Hurriter, sondern auch auf die Schöpfungsmythen der Sumerer und Griechen, die von mythischen Giganten im Kampf mit Göttern berichten, scheinen mir überzeugend zu sein.[427] Für bezeichnend halte ich in diesem Text den Verweis auf die den Männern als Töchter geborenen Frauen der Menschengattung. *»Und es geschah, da die Männer anfingen sich zu mehren auf der Fläche des Erdbodens.«*[428] Es wird nicht erklärt, wie die Männer dazu kamen, sich zu mehren, aber das übergehen der Frauen dabei scheint mir sehr signifikant. Folgender Wortlaut wäre zu erwarten: »Als Mütter Menschen gebaren und sie sich zu vermehren begannen.« Der im 10. Jahrhundert v. Chr. niedergeschriebene J-Text beweist, daß zu dieser Zeit patriarchale Annahmen über die Fortpflanzung schon fest verankert waren. Der Verfasser sieht keine Notwendigkeit zu erläutern, warum die Menschen *»Männern geboren«* wurden. Dies wird im gesamten Text der Genesis als selbstverständlich vorausgesetzt. Gott ruft Isaak beim Namen, *»den Sohn des Abraham«*, und diese Ausdrucksweise wird beibehalten. In der Chronologie (Völkertafel, Genesis 10: 1-32) sind die *»Nachkommen der Söhne*

---

425 v. Rad 1961, S.92f.

426 Speiser 1966, S. 44ff.

427 James 1958, S.154ff.

428 A. d. Ü.: Dies die wörtliche Übersetzung des oben zitienen Genesis 6: 1 in der von Gerda Lerner zitierten englischen Bibelausgabe (*»When men began to multiply on the face of the earth, and daughters were born to them.«*). - Wir verweisen auf die im Englischen gebräuchliche Doppelbedeutung des Begriffs man/men als Mann/Männer und Mensch/Menschen. In den gebräuchlichen deutschen Bibeln heißt es Menschen.

Noachs« die Söhne ihrer Väter. So z.B. »*Und dem Eber wurden zwei Söhne geboren«* (10: 25). Es ist logisch und zu erwarten, daß in einer patrilinearen Gesellschaft die Abstammungslinie über die Väter verläuft, aber mein Argument zielt darauf, daß dieses metaphorische Mittel zur Herstellung einer Ordnung in den Verwandtschaftsbeziehungen auf eine bestimmte Weise umgeformt wurde in eine den Fakten zuwiderlaufende Feststellung über die Wirklichkeit: Nicht nur der Verlauf der Abstammungslinie, sondern die Fortpflanzung selbst wurde zu einer Angelegenheit des Mannes gemacht. Mütter haben damit nichts zu tun.

In den Gebeten an Ischtar wie zu anderen Fruchtbarkeitsgöttinnen war es eine der anbetungswürdigen Eigenschaften der Göttin, daß sie »*den Schoß der Frauen öffnete.«* In der Genesis-Erzählung wird dieser Ausdruck nur in bezug auf Jahwe verwendet: Genesis 29: 31 (»*Als der Ewige sah, daß Leah mißfällig war, da öffnete er ihren Mutterschoß«*) und Genesis 30: 22-23 (»*Und Gott gedachte der Rachel, und Gott hörte auf sie und öffnete ihren Mutterschoß. Und sie ward schwanger und gebar einen Sohn und sprach: Weggenommen hat Gott meine Schmach.«*). Auf vergleichbare Weise sagt Eva, nachdem sie Kain empfangen und geboren hat: »*Ich habe mir geeignet einen Mann vom Ewigen!«* (Genesis 4: 1) Nachkommenschaft, so wird hier definiert, kommt also von Gott, der den Schoß der Frauen öffnet und den Samen des Mannes segnet. Doch innerhalb dieses patriarchalen Bezugsrahmens wird die Rolle der Frau als Gebärerin und Mutter hervorgehoben.

In der Geschichte vom Sündenfall wird der Fluch der Sterblichkeit, der über Adam und Eva gekommen ist, symbolisch gemildert, indem ihnen eine Unsterblichkeit verliehen wird, die aus dem Fortleben der Nachkommen erwächst. In dieser Hinsicht stehen Mann und Frau in der gleichen Beziehung zu Gott. Dieser Aspekt der Geschichte vom Sündenfall läßt sich als ein Hinweis darauf deuten, daß die Frau in ihrer Rolle als Mutter Trägerin des erlösenden und gnädigen Geistes Gottes ist.

Die entscheidende Wende in der Beziehung des Mannes zu Gott wird beschrieben in der Geschichte vom Bund, und sie wird auf eine Weise definiert, die die Frau an den Rand des Geschehens rückt. Mit dem Bund treten die Menschen in die historische Zeit ein, werden sie zu historisch bestimmten Wesen, ihre kollektive Unsterblichkeit ist von nun an ein Aspekt des Bundes, den sie mit Jahwe geschlossen haben. Ihr Fortleben in Zeit und Geschichte ist eine Manifestation der Einlösung von Jahwes Versprechen; ihre Handlungen und ihr kollektives Verhalten werden gedeutet und beurteilt im Licht der ihnen im Bund auferlegten Pflichten. Der Bund ist es auch, der – etwas wörtlicher genommen –

die zwölf getrennt lebenden Stämme zu einer Nation vereint. Vor dem Bau des Tempels ist die Bundeslade der Mittelpunkt des religiösen Lebens; das im Bund vorgeschriebene Ritual, die Beschneidung, symbolisiert die Bestätigung der sich aus dem Bund ergebenden Verpflichtungen durch jedes männliche Kind und jede Familie.[429] Es ist weder zufällig noch unwichtig, daß Frauen unter keinem Gesichtspunkt in den Bund einbezogen sind.

Mehrmals schließt Jahwe einen Bund mit dem Volk Israel: einen mit Noah (Genesis 9: 8-17), zwei mit Abram (Genesis 15: 7-18 und Genesis 17: 1-13) und einen mit Moses (Exodus 3; 6: 2-9, 21-23). Der Bund mit Noah bereitet die anderen vor: Jahwe verspricht, niemals wieder eine Flut zu schicken, um die Erde und ihre Kreaturen zu vernichten, und er macht den Regenbogen zum »*Zeichen des Bundes.*« Der Bund mit Moses, einschließlich der Zehn Gebote, ist eine Konkretisierung der durch den Bund mit Abraham geschaffenen Beziehung. Da sich in ihm die geschlechtsspezifischen Vorstellungen, die für die zuvor geschlossenen Bünde charakteristisch sind, nicht grundsätzlich ändern werden, beziehen wir ihn in unsere Untersuchung nicht ein. Die wesentliche Definition der Beziehung zwischen dem auserwählten Volk und seinem Gott und der Gemeinschaft des Bundes erfolgt in den Bünden mit Abraham. Auf diese gehen wir im folgenden ein.

In Genesis 15 wird das, was Gott schon früher Abram versprochen hat, nämlich Land und Nachkommen, durch ein Ritual förmlich bestätigt und unwiderruflich gemacht. Da den Israelitern die tatsächliche Besetzung des Landes erst in künftigen Generationen versprochen wird, bezeichnet dieser Bibelabschnitt ihren Eintritt in die historische Zeit, in der sie das Durchschreiten der Zeit als Erfüllung des prophezeiten Schicksals erleben.[430] Unter unserem Gesichtspunkt ist die Sprache bemerkenswert, in der die Generationenfolge beschrieben wird. Gott erläutert sein Ziel in folgenden an Abram gerichteten Worten: »*Der ausgehen wird aus deinem Leibe, der wird dich beerben.*« (Genesis 15 : 4)[431] Er fordert Abram auf, die Sterne zu zählen, und verspricht ihm: »*So wird sein dein Same.*« (Genesis 15: 5) Und »*Deinem Samen geb' ich dieses Land*« (Genesis 15 : 18). Der männliche Samen wird so ausgestattet mit der Macht und dem Segen der Fruchtbarkeit, die Jahwe innewohnt. Die Metapher vom männlichen Samen, der in den Schoß der Frau, die Furche, die Erde, eingepflanzt wird, hat es schon vor der Zeit gegeben, in der das Alte Testament niedergeschrieben worden ist. Sie hat ihren Ursprung wahrscheinlich in einem landwirtschaftlich geprägten Lebenszusammenhang. Es gibt sie zum

429 D. Hillers 1969, S. 66, 74ff.

430 Sarna 1966, S. 122 ff.

431 Zum Vergleich: die parthenogenetische Geburt der Athene aus dem Kopf des Zeus.

Beispiel in der Geschichte über die junge Liebe von Inanna und Dumuzi in dem sogenannten Herders Hochzeitslied.[432] Es sollte aber bedacht werden, daß die direkte und detailgenaue Beschreibung des Geschlechtsaktes in dem sumerischen Gedicht, in dem Inanna fragt: »*Wer wird pflügen meine Vulva, wer wird pflügen mein Feld?*« und der Dichter antwortet: »*Möge König Dumuzi für dich pflügen ...* «, niemals die Metapher mit dem tatsächlichen Geschehen vermischt. Sie bezieht sich zum Beispiel auf Dumuzi als dem, »*der aus einem fruchtbaren Schoß geboren ward.*« In der Genesis nun wird eine ältere Metapher in einer Weise verändert, die die patriarchale Bedeutung verstärkt. Gottes Segnen von Abrams »*Samen*« / »*Nachkommen*« verleiht der Übertragung der Fruchtbarkeit von der Frau auf den Mann die göttliche Weihe.

Der wichtigste Bund Jahwes mit Abram wird in Genesis 17, einem Teil des P-Textes, vorgestellt. Hier ist das Ritual des Bundes noch formeller und verlangt die aktive Teilnahme Abrams. Gott verspricht Abram, der sich vor Ihm niedergeworfen hatte: »*Ich – siehe, mein Bund ist mit dir, daß du werdest zum Vater einer Menge von Völkern.*« (Genesis 17: 4) Und weiter:

> »*Und ich werde aufstellen meinen Bund zwischen mir und dir und deinem Samen nach dir für ihre Geschlechter zu einem ewigen Bunde, dir zu sein ein Gott und deinem Samen nach dir.*« (Genesis 17:7)

Jahwe wiederholt, daß Er Abram das Land Kanaan »*zum ewigen Eigentum*« geben will. Hier, in diesem Zusammenhang verstärkt Gott die Bedeutung des Rituals durch die Umbenennung von Abram und Sarai.

Was verlangt Gott von Abraham? Er will, daß Er als Gott Israels anerkannt wird, Er allein und kein anderer. Und Er fordert, daß Sein Volk, das Ihn verehrt, von anderen Leuten unterschieden sein soll durch ein körperliches Zeichen, ein klar erkennbares Zeichen:

> »*Das ist mein Bund, den ihr bewahren sollt, zwischen mir und dir und deinem Samen nach dir: Beschnitten werde bei euch jegliches Männliche. Und ihr sollt beschnitten werden an eurem Gliede der Vorhaut, und das sei zum Zeichen des Bundes zwischen mir und euch.*« (Genesis 17: 10-11)

Wir müssen zur Kenntnis nehmen, daß Gott den Bund mit Abraham alleine schließt, Sarah nicht einbezogen ist und daß Er durch dieses Verfahren die Führung der Familie und des Stammes durch den Patriarchen absegnet. Abraham verkörpert den Stamm und die Familie auf eine Art, die das Römische Recht

432 Siehe Jacobsen 1976, S. 46.

sehr viel später als pater familias institutionalisieren wird. Sarah wird in dem Abschnitt über den Bund nur als Trägerin von Abrahams »Samen« erwähnt. (*»Und ich werde sie segnen, und gebe dir auch von ihr einen Sohn, und ich will sie segnen, daß sie zu Völkern werde, Könige der Völker sollen von ihr sein.«* Genesis 17: 16) Während Abraham und Sarah beide gesegnet werden als Ahnen von Königen und Völkern, wird der Bund nur mit Männern geschlossen - erst mit Abraham, dann ausdrücklich mit Abrahams und Sarahs Sohn Isaak, der nur als Abrahams Sohn erwähnt wird. Mehr noch: Die Gemeinschaft des Bundes wird von Gott definiert als eine Gemeinschaft von Männern, was ja erkennbar wird aus dem von Gott gewählten *»Zeichen des Bundes.«*

Die Kommentatoren haben sich vor allem mit der Form des Bundes beschäftigt, der eine auffallende Ähnlichkeit mit den von hethitischen Königen geschlossenen Verträgen hat. In diesen königlichen Verträgen wird ein Vasall verpflichtet, die in dem Vertrag aufgeführten Befehle des hethitischen Königs zu befolgen; es handelt sich also um einen Vertrag zwischen ungleichen Partnern. Der Vasall muß auf das Wohlwollen des Souveräns vertrauen, aber für ihn sind die im Vertrag fixierten Verpflichtungen verbindlich. Gewöhnlich wurde der Vertrag durch einen Eid und eine feierliche Zeremonie besiegelt. Kommentatoren haben darauf hingewiesen, daß es verblüffende formale Parallelen zwischen den königlichen Verträgen und dem Bund mit Moses, wie er in den Büchern Deuteronomium, Exodus und Josua beschrieben ist, gibt. Dies würde der historischen Entwicklung entsprechen, in der die zwölf Stämme sich konföderativ zu konsolidieren begannen durch den mosaischen Bund mit der förmlichen Anerkennung der Zehn Gebote, der Zeremonie der Bundeslade und der Beschneidung der männlichen Erwachsenen als bindendem Eid und feierlicher Zeremonie. Sehr wahrscheinlich spiegelt die Emphase in bezug auf den Bund in der P-Niederschrift und dessen Bestätigung in der Bezugnahme auf Gottes Erneuerung des Bundes gegenüber David (II. Samuel 23: 1-5 und II. Samuel 7: 1-17) die in der Zeit der Niederschrift bestehenden politischen Erfordernisse zur Legitimierung des Anspruchs Davids auf die Königswürde. Jahwe gab Abraham das Land und versprach, seinen und seiner Nachkommen Samen zu segnen; Moses vereinte das Volk, indem er jeden schwören ließ, dem Bund anzuhängen; David machte aus den Stämmen eine Nation, indem er sich auf seine direkte Abstammung von Abraham berief und den Anspruch auf das Land und die Führung durch den mit Moses geschlossenen Bund bestätigte. Land, Macht und das Bestehen als Nation waren das dem Bund innewohnende Versprechen.[433]

433 Eine umfassende und sehr erhellende Diskussion über den Bund bei Hillers 1969, zu den drei

Wahrend die Kommentatoren sehr ausführlich die politischen und religiösen Implikationen des Bundes erörtert haben, haben sie sich kaum damit beschäftigt, die Art des »Zeichens« zu erklären, mit dem der Bund besiegelt wird. Was zur Beschneidung erläutert worden ist, hat wenig zur Aufklärung beigetragen. Wir erfahren, daß die Beschneidung eine in der Antike aus Gründen der Hygiene, zur Vorbereitung auf das Geschlechtsleben, als Opfer und als Unterscheidungsmerkmal weitverbreitete Praxis war. Babylonier, Assyrer und Phönizier haben sie nicht vorgenommen, sie war jedoch üblich bei manchen Ägyptern und bei vielen Völkern Mesopotamiens. Daß es sich hierbei um ein seit alters überliefertes Verfahren handelte, beweisen auf das Jahr 2300 v. Chr. datierte Bilder sowie Feuersteinmesser, die bei der Zeremonie benutzt wurden und aus denen zu schließen ist, daß sie schon vor der Bronzezeit dazu verwendet worden sind.[434] Alle Kommentatoren stimmen darin überein, daß der Ritus in Israel in entscheidender Hinsicht Veränderungen erfuhr, nicht nur, was die ihm zugeschriebene religiöse Bedeutung betrifft, sondern auch durch seine Verlegung von der Pubertät in die Kindheit. Bei den meisten Völkern war die Beschneidung ein Pubertätsritus, der die Männer wahrscheinlich auf das Geschlechtsleben und die Fortpflanzung vorbereiten sollte. Diese Tatsache und die Art, in der dieser Ritus in Israel umgewandelt wurde, bedarf deshalb einer genaueren Untersuchung.

Warum wurde der beschnittene Penis als das besondere Organ ausgewählt, das als »Zeichen« dienen sollte? Wenn Jahwe, wie einige der Kommentatoren meinen, mit dieser körperlichen Kennzeichnung nur erreichen wollte, daß er sein Volk von allen anderen unterscheiden könne, so ist zu fragen, warum dieses Merkmal dann nicht an der Stirn, der Brust oder am Finger angebracht wurde? Wenn, wie andere Kommentatoren meinen, der Ritus nur hygienische Bedeutung hatte, warum wurde unter den vielen möglichen, sich auf Gesundheit und Ernährung beziehenden Riten und Bräuchen, die ebensogut hätten zu diesem Zweck dienen können, ausgerechnet dieser besondere Ritus ausgewählt, der nur Männer betraf? Calvin immerhin war sich des Problems bewußt, das dieser Bibeltext aufwarf, und versuchte dementsprechend, sich in seinen Kommentaren damit auseinanderzusetzen:

---

einzelnen Bünden Kapitel 5. Siehe auch G. Mendenhall 1954.

434 Sarna 1966, S. 131ff.; De Vaux 1965, I, S.44ff.; Graves und Patai 1983, S.240; Beiträge zum Stichwort »Circumcision« in Encyclopaedia Judaica;· Bd. 5, S. 567, und in The Interpreter's Dictionary of the Bible 1962, S. 629ff. M. V. Fox (1974) betrachtet die Circumcision als ein Erkennungszeichen, *»dessen Funktion es ist, Gott daran zu erinnern, sein Versprechen auf Nachfolge zu halten.«* Unter diesem Aspekt ist es ein Symbol wie der Regenbogen zum Zeichen des Bundes mit Noah.

»Ihr sollt die Vorhaut an eurem Fleisch beschneiden. *Auf den ersten Blick könnte dieser Befehl ungereimt und lächerlich erscheinen. Es handelt sich um einen heiligen Bund …*

Kann es nun einen Sinn haben, ein Zeichen solch geheimnisvollen Bundes an den Schamteilen anzubringen? Aber wie Abraham ein Tor werden mußte, um dem Herrn sich gehorsam zu erweisen, so wird jeder Verständige bescheiden und ehrfürchtig einen scheinbar törichten Befehl Gottes annehmen. Vielleicht ist doch sogar eine gewisse Übereinstimmung zwischen dem sichtbaren Zeichen und der bezeichneten Sache.«[435]

Calvins Fragestellung in Bezug auf den sexuellen Symbolismus der Circumcision ist treffend. Meiner Meinung nach liegt der Schlüssel zu seiner Interpretation in den verschiedenen bereits zitierten Passagen, in denen Jahwe verspricht, Abrahams »Samen« zu segnen. Was ist logischer und angemessener, als das Organ, das diesen »Samen« hervorbringt und ihn in den Schoß der Frau »einpflanzt«, als das Leitsymbol des Bundes zu verwenden? Nichts könnte besser dazu dienen, den Mann mit der Verletzlichkeit dieses Organs zu beeindrucken und der Abhängigkeit von Gott in bezug auf die Fruchtbarkeit (und also Unsterblichkeit). Kein anderes Organ hätte sich angeboten, um dem Mann die Botschaft der Verbindung zwischen seiner Fortpflanzungsfähigkeit und der Gnade Gottes so klar und deutlich vor Augen zu führen. Seit Abraham und die zu seinem Haushalt gehörenden Männer sich als Erwachsene dem Ritus der Beschneidung unterzogen, bewies der Akt selbst, der schmerzhaft gewesen sein muß, ihr Vertrauen und ihren Glauben an Gott und ihre Unterwerfung unter Seinen Willen.

Der in der Beschneidung implizite Symbolismus ist in seiner patriarchalen Prägung von eindringlicher Wirkung. Er signalisiert nicht nur, daß die Fortpflanzungsfähigkeit nun bei Gott und den männlichen Menschen liegt, sondern verknüpft sie mit Land und Macht. Die psychoanalytische Theorie vertritt die Auffassung, daß der Penis in der Kultur des Abendlandes für Männer und Frauen das Symbol der Macht ist, und hat die Beschneidung als einen symbolischen Ersatz für die Kastration gedeutet. Diese Interpretation lenkt unsere Aufmerksamkeit auf einen interessanten historischen Bezug: Noch zu der Zeit, in der die Bibel niedergeschrieben wurde, weihten die Priester und Priesterinnen der Fruchtbarkeitsgöttin Ischtar ihre Sexualität der Göttin. Manche erklärten sich freiwillig zu Jungfräulichkeit oder Zölibat bereit, andere beteiligten sich an ritu-

435 Calvin 1956, S. 180.

ellem sexuellen Verkehr zu Ehren der Göttin. In allen Fällen opferten Menschen ihre eigenen sexuellen Bedürfnisse, um die Fruchtbarkeit der Göttin zu feiern und zu verstärken. Es ist nicht unvorstellbar, daß der Ritus der Beschneidung, die als Zeichen des Bundes gefordert wurde, eine Adaptation des alten mesopotamischen Ritus war, allerdings insofern verändert, als es nun galt, die Fruchtbarkeit des Einen Gottes und Seine Segnung der männlichen Zeugungskraft zu feiern.[436]

Am erstaunlichsten ist das Fehlen jeder symbolischen oder rituellen Rolle der Mutter bei der Fortpflanzung. Gott segnet Abrahams Samen, als könne er allein für Nachkommen sorgen. Das Symbol der Brüste der Fruchtbarkeitsgöttin, die die Erde und die Felder nährt, ist ersetzt worden durch das Symbol des beschnittenen Penis, der die Verbindlichkeit des Bundes zwischen den sterblichen Männern und Gott anzeigt. Die kollektive Unsterblichkeit in der Form von vielen Generationen von Kindern, von Land, Macht und des Sieges über seine Feinde ist dem auserwählten Volk versprochen, wenn es seinen im Bund auferlegten Verpflichtungen nachkommt, unter denen die Beschneidung besonders wichtig ist. (»*Und ein vorhäutiger Mann, der sich nicht beschneiden läßt am Gliede seiner Vorhaut, diese Seele werde ausgerottet aus ihrem Volke, meinen Bund hat er gebrochen.*« Genesis 17: 14)

Das Akzeptieren des Monotheismus, die Beschneidung und die Beachtung der Gesetze Gottes, wie sie Moses offenbart wurden, sind die Pflichten des auserwählten Volkes und sollen es von den Nachbarvölkern unterscheiden. Aber Zusammenhalt und Reinheit müssen durch die Beschneidung der Männer und die ausnahmslose Unberührtheit der Frauen vor, der Ehe garantiert werden. Die Kontrolle über die Sexualität der Frauen, die die Dominanz des Vaters sichert, wird hier nicht nur zu einem bloß menschlichen sozialen Arrangement im Zusammenhang des von Menschen gemachten Rechts erhoben – wie etwa bei den in Mesopotamien geltenden Gesetzen -, sondern sie wird als Gottes Wille gesehen, wie er in seinem Bund mit den Männern Israels zum Ausdruck gebracht worden ist.

Auf die Frage »*Wer erschafft das Leben?*« antwortet die Genesis: Jahwe und die gottähnlichen Männer, die er erschaffen hat.

Wir haben nun noch die dritte fundamentale religiöse Frage zu beantworten: »*Was ist die Quelle von Sünde und Tod in dieser Welt?*«

436 Diese Interpretation wird gestützt von dem Beitrag zur Circumcision in der Interpreter's Dictionary of the Bible, S. 630.

Die Bewohner Mesopotamiens in der Antike befaßten sich mit dieser Frage, indem sie zwei Fragen daraus machten: »Wie haben die Menschen das Mißfallen der Gottheiten erregt?« und *»Warum muß ein guter Mensch leiden?«* Die mesopotamischen Vorstellungen von den Göttern als Herrschern und den Menschen als ihren gehorsamen Dienern beinhalteten, daß Beschwernisse, Krankheit und Niederlage auf Erden die Folge des Mißfallens der Götter sei, das die Menschen irgendwie verursacht hätten. Im mesopotamischen Denken war der Tod als wesensbedingte Realität akzeptiert: Er gehört zum menschlichen Dasein und ist unvermeidlich, aber er ist doch in einem Gott oder einer Göttin personifiziert. Auch das ewige Leben ist als Realität dargestellt; es ist zu gewinnen durch das Verzehren einer bestimmten Speise oder *»Pflanze des Lebens.«*[437]

Im Gilgamesch-Epos gibt es zwei Teile, die für unsere Fragestellung von Bedeutung sind. Eine betrifft die Erfahrung des Wilden, Enkidu, der in Harmonie mit der Natur lebt und mit dem die Tiere sprechen. Nachdem er sich mit einer Dirne befreundet hat, die ihn »zivilisiert«, indem sie sieben Tage lang sexuell mit ihm verkehrt, meiden ihn die Tiere. *»Seines Laufens ist nicht wie zuvor / Er aber wuchs, ward weiten Sinnes.«* Und die Dirne sagt zu ihm: *»Weise bist du, Enkidu, bist wie ein Gott.«*[438] Das Erwerben sexuellen Wissens trennt Enkidu von der Natur. Das menschliche Wissen wird hier belegt mit sexuellen Bedeutungen und mit der Behauptung, daß es Enkidu den Göttern näherbringe als den Tieren.

Das zweite Thema ist das Streben des Menschen nach Unsterblichkeit. Nach dem Tode seines geliebten Freundes Enkidu durchstreift Gilgamesch die Erdteile auf der Suche nach dem Geheimnis der Unsterblichkeit. Nach vielen Abenteuern wird ihm eine Pflanze angeboten, ein Geheimnis der Götter, durch die ein Mensch sein Leben wiedergewinnen kann, aber sie wird ihm von einer Schlange geraubt. Obwohl Gilgamesch ein Halbgott ist, wird ihm letztendlich die Kenntnis des Geheimnisses der Unsterblichkeit verweigert, die ein Privileg der Götter ist. Bemerkenswert ist die Rolle der Schlange, die gewöhnlich der Fruchtbarkeitsgöttin zugeordnet ist, welche über ihr geheimes Wissen wacht.

Aus der theologischen Schule von Eridu in Sumer stammt ein früher Mythos vom Sündenfall des Menschen. Der Gott Ea hat einen Mann geschaffen, Adapa, der ein geübter Navigator ist. *»Er besaß unendliche Weisheit, was ihm die Fähigkeit gab, allen Dingen Namen zu geben mit dem Atem des Lebens.«*[439] Adapa

437 H. und H. A. Frankfort, »Myth and Reality«, in: H. Frankfort u. a. 1946, S. 14ff.
438 Gilgamesch-Epos, Ebd., S. 22.
439 Englisch zitiert nach Langdon 191 j, S. 44f. Auffallend ist die Parallele zu Adams »Namengebung« im Buch Genesis.

zerbricht in einem Streit mit dem Gott des Südwinds dessen Flügel und wird wegen dieses Vergehens von dem Gott Anu in den Himmel vorgeladen. Adapas Mentor, der schlaue Gott Ea, warnt ihn, irgend etwas zu essen oder zu trinken, was ihm im Himmel vielleicht angeboten werde. Also weist Adapa das von dem Gott Anu angebotene Brot und Wasser zurück. Er wird auf die Erde zurückgebracht und für alle Übel verantwortlich gemacht, die über die Menschheit kommen. »*Und welche Übel dieser Mann auch über die Menschen gebracht hat … Schrecken und Grausen mögen über diesen Mann kommen.*«[440]

In diesen Mythen wachen die Götter eifersüchtig über ihre Macht, Unsterblichkeit zu verleihen. Menschen, die nach göttlichem Wissen streben, werden beschuldigt, das Übel in die Welt zu bringen. Interessant ist, daß das Essen und Trinken bestimmter Substanzen und der Sexualakt als die Mittel gelten, durch die Menschen göttliches Wissen erwerben.

Wir finden alle diese Elemente – Baum des Wissens, verbotene Früchte, die Schlange in Verbindung mit der Fruchtbarkeitsgöttin und weiblicher Sexualität – in der biblischen Geschichte vom Sündenfall.

Der Baum des Lebens und seine Früchte werden schon früh in Beziehung gesetzt zu der Fruchtbarkeitsgöttin. Seit Beginn des 3. Jahrtausends v. Chr. sehen wir sie abgebildet, wie sie Früchte oder Maiskolben oder, alternativ, eine Schale hält, aus der das Wasser des Lebens fließt. Einige dieser Symbole werden später von Königen und Herrschern übernommen. Eine der ältesten Darstellungen, die den Herrscher mit dem Baum des Lebens in Verbindung bringen, ist eine Statue des Fürsten Gudea von Lagasch (2144-2124 v. Chr.), die ihn zeigt, wie er eine Vase hält, aus der das Wasser des Lebens quillt. Seine Haltung entspricht der Haltung der Skulptur »Göttin mit Wasserschale« aus dem Palast des Königs Zimri-Lim von Mari. Die Stele von Urnammu von Ur zeigt den König auf seinem Thron vor einem Trankopfergefäß, aus dem Wasser fließt und der Baum des Lebens wächst. Eine Wandmalerei aus dem Palast in Mari zeigt die Einsetzung des Königs Zimrilim durch die Göttin Ischtar. Ein darunter angebrachtes Paneel zeigt zwei göttinnengleiche Figuren, die die charakteristische Krone tragen, wie sie jede eine Schale halten, aus denen in viel großen Strömen Wasser fließt. Aus jeder der beiden Schalen wächst ein Baum des Lebens.[441]

Diese Art der bildlichen Darstellung wird fast zweitausend Jahre lang beibehalten. Wir finden die Metapher auf verschiedenen Rollsiegeln wie auch

440 Ebd.
441 Moortgat 1982, Stele von Urnammu, Bd. I, S. 117, 127, Illustrationen S. 196, 203. Wandmalerei von Mari auf S. 121f.

auf den monumentalen Reliefs des Palastes Assurbanipals in Ninive, der im 7. Jahrhundert v. Chr. gebaut wurde. Wir erkennen sie auf einem Wandrelief, das den König und die Königin zeigt, wie sie in einer Laube feiern. Die Darstellung des Königs und seiner Diener oder einiger mythologischer Schutzgötter beim Wässern des Lebensbaums ist auf verschiedenen der Wandreliefs dieses Palastes zu sehen.[442] Dieses Symbol war auch in Kanaan weit verbreitet, wo Aschera, die Fruchtbarkeitsgöttin, durch einen stilisierten Baum symbolisiert wurde. Ihr Kult, der in Israel während der Zeit der Patriarchen sehr populär war, fand im Bereich von Baumgruppen statt.[443]

Für uns ist es hier von besonderem Interesse, die allgemeine Entwicklung der Verwendung dieses Symbols zu erkennen, das sich in den Zusammenhang des sich herausbildenden Patriarchats einfügt, den wir schon behandelt haben.

Zunächst wurde der Lebensbaum mit seinen Früchten – Kassia, Granatapfel, Dattel, Apfel – in einer engen Beziehung zur Fruchtbarkeitsgöttin gesehen. In der Zeit der Entstehung des Königtums lassen die Könige einige der Dienste für die Göttin auf sich übertragen und übernehmen damit einen Anteil ihrer Macht. Und sie lassen sich mit ihren Symbolen darstellen: Sie tragen den Becher mit dem Wasser des Lebens; sie wässern den Lebensbaum. Es ist sehr wahrscheinlich, daß diese Entwicklung mit dem Wandel der Vorstellung von der Fruchtbarkeitsgöttin einherging: daß sie nämlich einen männlichen Gefährten brauchte, der ihr Fruchtbarsein einleitete. Der König der Heiligen Hochzeit wird zum König, der den Lebensbaum »wässert.« Dieser Übergang wird besonders deutlich in den Wandreliefs des Palastes von Assurnarsipal II. in Nimrud, deren Darstellungen die Veränderungen in der Definition der geschlechtsspezifischen Rollen auf sehr dramatische Weise enthüllen. Der König und seine Diener sind sehr groß, sie sind dargestellt als Krieger in voller Rüstung mit schwellenden Muskeln und Waffen tragend. Doch dem Fruchtbarkeitsprinzip huldigend, das im Baum des Lebens symbolisiert ist, trägt der König einen Wasserkrug. Eindeutig hat eine Verlagerung der Macht vom weiblichen zum männlichen Geschlecht stattgefunden, doch das Reich der Göttin kann nicht ignoriert werden, es muß geachtet und friedlich gestimmt werden.

Die Symbolik der Hebräer war sehr stark vom mesopotamischen Erbe und dem der kanaanäischen Nachbarn Israels beeinflußt. In der Geschichte vom Sündenfall sind alle Elemente dieser Erbschaft in einer stark und auf bezeichnende Weise veränderten Form enthalten.

---

442 Gray 1969, S. 62f. Siehe auch G. Widengren 1951 und I. Seibert 1969.
443 A. Lamaire 1984.

In der biblischen Geschichte vom Paradies gibt es zwei Bäume: den Baum des Lebens und den Baum der Erkenntnis des Guten und des Bösen *»und den Baum des Lebens in der Mitte des Gartens und den Baum der Erkenntnis des Guten und Bösen«* (Genesis 2: 9). Die zweite Erwähnung dieser beiden Bäume ist mehrdeutig und läßt anscheinend die beiden Bedeutungen in einem Symbol zusammenfließen. - *»Von jeglichem Baume des Gartens darfst du essen; Aber von dem Baume der Erkenntnis des Guten und Bösen von dem sollst du nicht essen, denn welches Tages du davon issest, stirbst du des Todes.«* (Genesis 2: 16-17) Da das Essen vom Baum des Lebens hier nicht verboten wird, könnte angenommen werden, daß diese beiden Bäume zu einem geworden sind. Aber in Genesis 3: 22 trennt Gott diese beiden Bäume ausdrücklich und verstößt Adam und Eva aus dem Garten Eden, *»daß er nicht strecke seine Hand und nehme auch vom Baume des Lebens und esse und lebe auf ewig.«*[444]

In der biblischen Geschichte ist die der Menschheit verbotene Erkenntnis von dualer Art: einmal das moralische Wissen, das Wissen um Gut und Böse, und zum anderen das sexuelle Wissen. Wenn menschliche Wesen das Wissen von Gut und Böse erwerben, übernehmen sie die Verpflichtung, ihre Entscheidungen nach moralischen Gesichtspunkten zu treffen, da sie ihre Unschuld und damit die Fähigkeit verloren haben, ohne moralbezogenes Nachdenken nach Gottes Willen zu handeln. Die mit ihrem Versuch, ein höheres Niveau des »Wissens« zu erreichen, in Sündhaftigkeit gefallene Menschheit übernimmt die Last, zwischen Gut und Böse unterscheiden und das Gute wählen zu müssen, damit sie gerettet werden kann. Der andere Aspekt der Erkenntnis ist das Wissen

444 Es gibt eine kaum überschaubare Literatur zur Interpretation dieses Textes, die wir hier nicht würdigen können. Zwei unterschiedliche Meinungen über die beiden Bäume - oder den einen Baum - werden von Speiser (1966, S. 20) vorgestellt, der den Schluß zieht, daß der Originaltext sich nur auf den Baum der Erkenntnis bezieht. Er verweist auch auf die Stelle im Gilgamesch-Epos und die Geschichte von Adapa, die hier schon beschrieben worden sind. Seine Analyse bestätigt meine in bezug auf die sexuelle Nebendeutung der *»Erkenntnis des Guten und des Bösen.«* Sarna (1966, S. 26-28) weist nachdrücklich auf die Signifikanz der seiner Auffassung nach absichtlichen Verschiebung der Betonung vom Baum des Lebens auf den Baum der Erkenntnis hin. Er sieht darin eine gezielte Abkehr der Bibel von der in der mesopotamischen Literatur vorrangigen Beschäftigung mit dem Streben nach Unsterblichkeit. Die Bibel, so Sarna, verkündet, daß *»nicht Magie ... sondern das menschliche Handeln ... der Schlüssel zu einem sinnvollen Leben (ist).«* Arthur Ungnad (»Die Paradisbäume«) erörtert die Entsprechung zwischen den beiden Bäumen im Paradies und den Bäumen am Tor des Palastes des Himmelsgottes im mesopotamischen Mythos: einer der Baum des Lebens, der andere der Baum der Wahrheit oder Erkenntnis. Ungnad hält die Mehrdeutigkeit des Bibeltextes für einen Hinweis darauf, daß der Weg zum Baum der Erkenntnis über den Baum des Lebens führt. Beginnen menschliche Wesen erst einmal über das Leben und Gott nachzudenken und darüber zu rechten, so könnten sie als nächstes danach trachten, das Geheimnis der Unsterblichkeit zu ergründen, das allein Gott vorbehalten ist. Um das zu verhindern, werden Adam und Eva aus dem Paradies vertrieben.

um die Sexualität. Das wird deutlich in der Zeile, die eine der Konsequenzen des Sündenfalls beschreibt, *»und sie erkannten, daß sie nackt waren«* (Genesis 3: 7). Dabei wirken sich die Konsequenzen von Adams und Evas Übertretung für Frauen nachteiliger aus. Eine Folge des sexuellen Wissens ist es, die weibliche Sexualität von der Fortpflanzung scharf zu trennen. Gott setzt Feindschaft zwischen die Schlange und die Frau (Genesis 3: 15). Im historischen Zusammenhang der Zeit, in der die Genesis niedergeschrieben wurde, war die Schlange der Fruchtbarkeitsgöttin zugeordnet und repräsentierte diese. So wurde auf Anweisung Gottes die freie und offene Sexualität der Fruchtbarkeitsgöttin der gefallenen Frau verboten. Deren Sexualität hatte in der Mutterschaft ihren Ausdruck zu finden; sie war so definiert, daß sie ihrer mütterlichen Funktion zugute zu kommen hatte, und sie war an zwei Bedingungen geknüpft: Die Frau hatte sich dem Willen des Ehemanns unterzuordnen, und sie sollte ihre Kinder in Schmerzen gebären.

Aber es blieb der Baum des Lebens mitten im Garten Eden. Der Versuch des Paares, von den verbotenen Früchten des Baumes der Erkenntnis zu essen, enthielt implizit das Streben nach der Entschlüsselung des Mysteriums des Lebensbaums, nach dem Wissen um die Bedingungen der Unsterblichkeit, das den Göttern vorbehalten ist. Diese Bedeutung tritt zutage sowohl in dem bereits zitierten Gebot Gottes, nicht von den Früchten zu essen, als auch in der Strafe Gottes, *»denn Staub bist du und zum Staube zurück kehrst du«* (Genesis 3: 19). Nach dem Wissen Gottes zu streben ist die größte denkbare Hybris; die Strafe dafür ist Sterblichkeit. Aber Gott ist gnädig und auf Versöhnung gerichtet, und so gibt es in der Bestrafung Evas auch einen Aspekt der Sühne. Ein für allemal wird die Schöpfungskraft (und mit ihr die Unsterblichkeit) von der Fortpflanzung getrennt. Die Schöpfungsfähigkeit bleibt Gott vorbehalten, die Fortpflanzung der Menschen ist die Aufgabe der Frauen. Der gegen Eva gerichtete Fluch macht das zu einem von Schmerzen und Unterordnung geprägten Los.

Aber es gibt eine weitere Seite der Geschichte vom Sündenfall. Gottes Verfluchung Adams endet damit, daß er ihn zur Sterblichkeit verurteilt. Doch in der nächsten Zeile gibt Adam seiner Frau Eva einen neuen Namen, »denn sie war die Mutter aller Lebenden.« Dies ist die tiefgründige Erkenntnis, daß von nun an in ihr die einzige Unsterblichkeit ruht, die menschliche Wesen erstreben können – die Unsterblichkeit in der Nachkommenschaft aufeinanderfolgender Generationen. Hier liegt der versöhnliche Aspekt der biblischen Doktrin von der Arbeitsteilung zwischen den Geschlechtern: Es soll nicht nur der Mann im Schweiße seines Angesichts arbeiten und die Frau in Schmerzen gebären, sondern als sterbliche Wesen sollen Männer und Frauen abhängig sein von der bewahrenden, lebenspendenden Funktion der Mutter für die einzige Form der Unsterblichkeit, die je für sie erreichbar sein wird.

Es ist also die erste Tat Adams nach dem Sündenfall, Eva einen neuen Namen zu geben oder, zutreffender, auf diese Weise die Bedeutung ihres Namens neu zu interpretieren. Eva mag nach dem Sündenfall Hoffnung und Mut aus ihrer neuen lebensbewahrenden Rolle als Mutter schöpfen, aber es gibt zwei Bedingungen, die ihren Handlungsraum definieren und einschränken, beide von Gott auferlegt: Sie wird von der Schlange getrennt, und sie wird der Herrschaft ihres Mannes unterworfen. Wenn wir die Schlange begreifen als das Symbol der alten Fruchtbarkeitsgöttin, dann ist diese Bedingung von wesentlicher Bedeutung für die Durchsetzung des Monotheismus. Sie wird wiederholt und bestätigt werden im Bund: Es soll sein der einzige Eine Gott, und die Fruchtbarkeitsgöttin soll als böse verworfen und nachgerade zum Symbol der Sünde werden. Wir müssen hier nicht wiederholen, daß dies als die Verdammung der vor dem freien und autonomen, sogar geheiligten weiblichen Sexualität durch Jahwe zu interpretieren ist.

Die zweite Bedingung bestimmt, daß Eva, als Lebenspenderin hoch zu achten, ihrem Manne untertan sein soll. Es ist das Gesetz des Patriarchats, das hier eindeutig definiert und mit dem göttlichen Segen versehen wird. Wir haben eine frühere Entwicklung beobachtet, die zu einer derartigen Definition im Codex Hammurabi und im § 40 des mittelassyrischen Rechts geführt hat. Hier kommt sie zum Ausdruck in der Form eines göttlichen Dekrets, das integraler Bestandteil einer mit Macht und Einfluß versehenen religiösen Weltanschauung ist.

Wir haben gesehen, wie die beiden Grundfragen »Wer erschafft das Leben?» und »*Wer spricht zu Gott?*« in verschiedenen Kulturkreisen beantwortet worden sind, und wir haben gezeigt, wie die Beantwortung dieser beiden Fragen im Alten Testament die Macht der Männer über die Frauen festigte.

Auf die Frage »*Wer brachte Sünde und Tod in die Welt?*« antwortet das Buch Genesis: »*Frauen im Bund mit der Schlange, die für unreglementierte weibliche Sexualität steht.*« Einer solchen Denkweise entspricht es durchaus, daß Frauen von der aktiven Teilnahme an der Gemeinschaft des Bundes ausgeschlossen werden sollten und daß das Symbol dieser Gemeinschaft und des Paktes mit Gott ein männliches Symbol sein sollte.

Die Entwicklung zum Monotheismus im Buch Genesis stellt einer enormen Fortschritt der Menschen zu abstraktem Denken und zur Definition universell geltender Symbole dar. Es ist ein tragisches Ereignis der Geschichte, daß dieser Fortschritt unter sozialen Bedingungen und unter Umständen geschah, die das Patriarchat stärkten und festigten. So vollzog sich eben dieser Prozeß der Symbolbildung in einer Weise, die die Frauen marginalisierte. Für Frauen bedeutet das Buch Genesis, daß sie als Kreaturen definiert werden, die sich dem Wesen nach vom Manne unterscheiden, daß eine Neudefinition ihrer Sexualität als nützlich und erwünscht nur in den Grenzen der patriarchalen Dominanz erscheint und schließlich die Erkenntnis, daß es ihnen nicht zugestanden wurde, das göttliche Prinzip repräsentieren zu können. Mit ihrem ganzen Gewicht schien die Bibel festzuschreiben, daß nach dem Willen Gottes Frauen in Seinen Bund nur durch die Vermittlung von Männern einbezogen sind. Dies bezeichnet den Moment des Todes der Muttergöttin und ihre Ablösung durch Gottvater und durch die metaphorische Mutter unter dem Patriarchat.

Kapitel 10: Symbole

Die abendländische Kultur ruht auf den Fundamenten der moralischen und religiösen Vorstellungen, die in der Bibel dargestellt worden sind, sowie denen der im klassischen Griechenland entwickelten Philosophie und Wissenschaft. In den vorigen Kapiteln ist erläutert worden, auf welche Weise in der historischen Periode, in der die Menschheit in ihrer Fähigkeit, weitreichende Symbolsysteme zur Erklärung der Welt und des Universums zu entwerfen, einen qualitativen Sprung nach vorn tat, die Frauen bereits so stark benachteiligt waren, daß sie von der mitbestimmenden Teilnahme an diesem wichtigen kulturellen Fortschritt ausgeschlossen waren. Um die Implikationen dieser Tatsache ganz verstehen zu können, müssen wir uns kurz mit der großen Bedeutung der Schaffung von Symbolen befassen.

Menschen streben, wie Tiere auch, nach Selbsterhaltung und Fortpflanzung der Art und danach, für sich und ihren Nachwuchs eine Unterkunft zu schaffen. Anders als Tiere erfinden Menschen Werkzeuge, verändern ihre Umwelt, machen sich Gedanken über ihre Sterblichkeit und entwickeln Weltanschauungen und Interpretationsmuster, um sich das Wesen ihrer Existenz und ihr Verhältnis zum Übernatürlichen zu erklären. Indem er Symbole entwickelt, Sprachen und symbolische Systeme schafft, wird der *homo sapiens* erst zum Menschen.

Ernest Becker, der referiert, Fromm zufolge sei *»das Wesen des Menschen widersprüchlich, denn es ist eben halb Tier und halb Symbol«*, führt weiter aus:

> *»Der Mensch besitzt eine symbolische Identität, die ihn sich deutlich von der Natur abheben läßt. Er ist ein symbolisches Selbst, ein Wesen mit einem Namen und einer Lebensgeschichte. Er ist ein kreatives Geschöpf mit einem Verstand, das über Atome und die Unendlichkeit spekuliert, dessen Einbildungskraft es an Orte versetzt, von wo aus es gedankenverloren seinen eigenen Planeten betrachten kann ... Nichtsdestoweniger ist derselbe Mensch ... nur ein Wurm und Fraß für die Würmer ... Sein Leib ist eine aus Materie bestehende fleischliche Hülle, die ihm auf mannigfache Weise fremd ist das Seltsamste und Abstoßendste dabei ist, daß sie wehtun kann, daß sie blutet, daß sie altern und schließlich sterben muß. So ist der Mensch buchstäblich in zwei Hälften gespalten.«*[445]

445 Becker 1973, S. 53f., mit Verweis auf E. Fromm 1964, S. 116f.

Der Mann hat einen Weg gefunden, mit diesem existentiellen Dilemma umzugehen, indem er die Macht der Symbolbildung sich selbst zuschreibt, die Endlichkeit der nur durch Leben und Sterben bestimmten Natur aber der Frau. Bekker kommentiert, daß durch dieses Gespaltensein *»der Mensch die rätselhaften Vorgänge in seinem Körper beherrschen möchte. Der Leib darf den Menschen eben nicht beherrschen.«*[446]

Vor allem aber sind menschliche Wesen mit den Fragen der Unsterblichkeit beschäftigt. Der Wunsch, den eigenen Tod zu überleben, war der wichtigste Einzelantrieb, der den Menschen veranlaßte, Vergangenes zu dokumentieren und zu erhalten. Geschichte-Machen ist der Prozeß, in dem die Menschen die Vergangenheit aufzeichnen, interpretieren und reinterpretieren, um sie an spätere Generationen weiterzugeben. Das konnte aber erst geschehen, als die Menschen gelernt hatten, mit Symbolen umzugehen.

Diese Entwicklung vollzog sich mit der Erfindung der Schrift etwa um 3100 v. Chr. in Mesopotamien. Das Schaffen eines Systems von Symbolen zur Notation von Zahlen ging der Erfindung der Schrift voraus. Beide Aspekte dieses kulturellen Fortschritts erwuchsen aus dem Zusammenhang von Tätigkeiten in Handel und Gewerbe. Wir haben bereits gezeigt, daß diese Aktivitäten sich vor allem in den Tempeln und Palästen entfalteten und wie die herrschenden Eliten bei der Etablierung der Klassengesellschaft sich die Kontrolle über die Verwendung dieser Symbolsysteme vorbehielten. Die Klassengesellschaft, so habe ich argumentiert, hat mit der Dominanz von Männern über Frauen begonnen und sich entwickelt zur Herrschaft einiger Männer über andere Männer und über alle Frauen. So beinhaltete eben dieser Prozeß der Klassenformation die bereits bestehende Voraussetzung der männlichen Dominanz gegenüber Frauen und marginalisierte den Einfluß der Frauen bei der Herausbildung der Symbolsysteme. Doch wie wir gesehen haben, blieben die älteren Systeme religiöser und metaphysischer Deutung noch jahrhundertelang bestehen, und in diesen Systemen hatten die Frauen ihren Anteil an Repräsentation und symbolischer Macht. Dieses Ausschließen der Frauen von der Erschaffung der Symbolsysteme wurde erst mit dem Entstehen des Monotheismus vollständig institutionalisiert.

Der hebräische Monotheismus entwickelte den Begriff eines Universums, das von einer einzigen Kraft geschaffen wurde – dem Willen Gottes. Die Quelle der Schöpfungsfähigkeit war also der unsichtbare, nicht darzustellende Gott. Er schuf Mann und Frau auf eine deutlich unterschiedliche Art, aus unterschied-

446 Ebd., S. 62.

lichem Stoff, wenn auch beide belebt durch seinen göttlichen Odem. Er schloß Bündnisse und Verträge nur mit Männern. Die Beschneidung als Symbol des Bundes war der angemessene Ausdruck dieser Weltsicht.

Nur Männer konnten zwischen Gott und Menschen vermitteln. Dies fand seinen symbolischen Ausdruck in der rein männlichen Priesterschaft, in den verschiedenen Arten, Frauen von der Teilnahme an dem wesentlichsten und bedeutsamsten religiösen Ritual, der Bildung der minyan, auszuschließen, und darin, daß sie im Tempel abgesondert sitzen mußten und sich nicht am Dienst im Tempel beteiligen durften etc. Im Lauf der Jahrhunderte wurde Frauen mehr und mehr der gleichberechtigte Zugang zum Religionsunterricht und zum Priestertum verweigert und damit die Möglichkeit, das religiöse Wertsystem zu interpretieren und zu verändern.

Wir haben gesehen, wie bei der Entstehung des Monotheismus Fortpflanzungsfähigkeit und Schöpferkraft voneinander getrennt wurden. Gottes Segnung des männlichen Samens, der in das passive Gefäß des weiblichen Schoßes eingepflanzt werden sollte, definierte symbolisch die Beziehungen der Geschlechter unter den Voraussetzungen des Patriarchats. Und in der Geschichte vom Sündenfall wurde die Frau, genauer gesagt: die weibliche Sexualität, zum Symbol der menschlichen Schwäche und zur Quelle allen Übels.

Der Monotheismus des Judentums und das Christentum, das darauf aufgebaut ist, gaben dem Leben des Menschen Sinn und Bedeutung, indem jedes Leben in einen umfassenden göttlichen Plan einbezogen war, demzufolge der Mensch geführt werden sollte vom Sündenfall zur Erlösung, von der Sterblichkeit zur Unsterblichkeit, vom Leben in Sünde zum Messias. So erkennen wir in der Bibel die Entstehung der ersten Geschichtsphilosophie. Das menschliche Leben erhält Bedeutung durch die Entfaltung seiner Möglichkeiten im historischen Zusammenhang, einem Kontext, der definiert ist als die Verwirklichung der Ziele und des Willen Gottes. Die Menschen, mit einem freien Willen begabt und von der Heiligen Schrift – interpretiert von männlichen Priestern – mit Anweisungen versehen, konnten aktiv ihrer Bestimmung gerecht werden und den historischen Prozeß beeinflussen. Männer interpretieren das Wort Gottes; Männern obliegt die Ausführung des Rituals, das die menschliche Gemeinschaft symbolisch an Gott bindet. Die Einbeziehung der Frauen in den göttlichen Heilsplan und ihr Zugang zur Entfaltung des geschichtlichen Fortschritts sind nur durch die Vermittlung von Männern möglich. So sind es der Bibel zufolge Männer, die in der Geschichte leben und handeln.

Im 6. und 5. Jahrhundert v. Chr. kam es in Griechenland zur Entstehung und Blüte einer weltlichen Lehre vom Sinn der Geschichte. Mit den Schriften von Thukydides und Herodot wurde die Darstellung und Interpretation der Geschichte aus dem religiösen Glaubenszusammenhang gelöst, wie es auch bei Philosophie und Wissenschaft der Fall war. Aber das, was als Geschichte galt, war noch immer ein Produkt von Männern und blieb es weitere 2500 Jahre lang.

Die Definition der wesentlichsten geschlechtsspezifischen Symbole im Alten Testament war zur Zeit der Niederlage Jerusalems und des babylonischen Exils im 6. Jahrhundert v. Chr. bereits abgeschlossen. Obwohl wir die Entwicklungen in Griechenland während dieser Periode nicht im Detail schildern können, ist es wichtig, daß wir uns kurz mit der Entwicklung des griechischen Denkens und der griechischen Philosophie befassen, die die zweite Wurzel des Ideensystems der abendländischen Kultur ist. Ich lasse das dritte wichtige Symbolsystem, die Wissenschaft und deren Entstehung im Denken Kleinasiens und Griechenlands, außer acht, weil es außerhalb des Rahmens dieser Studie liegt und mir auch die dafür erforderliche Ausbildung und Arbeitsmöglichkeit fehlen. Aber es ist, ich weise nur am Rande darauf hin, festzuhalten, daß auch die Wissenschaft sich auf eine Art entwickelte, die Frauen nicht in den Kreis der Beteiligten und schöpferisch Tätigen einbezog – wenn es auch in der Antike einige Frauen gegeben hat, die auf dem Gebiet der Mathematik Außergewöhnliches leisteten.[447]

Wie Mesopotamien und Israel war auch Griechenland vom 8. bis zum 5. Jahrhundert v. Chr. eine Klassengesellschaft, die Sklavenhaltung praktizierte, und es war eine durch und durch patriarchale Gesellschaft. Obwohl es in der Geschichtsschreibung einige Auseinandersetzungen über den Grad der häuslichen Abgeschiedenheit der Frauen von Stand und über die getrennten Lebensbereiche von Männern und Frauen gegeben hat, blieb die Tatsache der rechtlichen und gesellschaftlichen Unterordnung der Frauen undiskutiert.[448]

Frauen in Athen waren vom politischen Leben der Stadt ausgeschlossen und nach dem Gesetz lebenslang Unmündige unter der Vormundschaft eines Mannes. Daß in der Regel Männer in den Dreißigern Mädchen in Pubertätsalter heirateten, verstärkte die Dominanz der Männer in der Ehe. Frauen waren in ihren ökonomischen Rechten stark beschnitten, aber diejenigen unter ihnen, die zu den Wohlhabenden zählten, fanden sich in ihrer Ehe etwas geschützt durch die Bestimmung, daß ihre Mitgift bei einer Scheidung an die Herkunftsfamilie zurückzugeben sei.

447 Eine feministische Analyse des Problems bei Evelyn Fox Keller 1985.

448 Vgl.: A. W. Gomme 1925; D. Richter 1971. Meine Darlegungen stützen sich auf S. B. Pomeroy 1975, Kap.4; M. B. Arthur 1984; H.P. Foley 1981; S. C. Humphreys 1983; V. Ehrenberg 1973 und 1951, S. 191-218; I. Bruns 1900.

Die wesentliche Aufgabe der Ehefrauen war es, für männliche Erben zu sorgen und den Haushalt des Gatten zu führen. Viele Töchter wurden nach der Geburt ausgesetzt und dem Tod überlassen, wobei die Entscheidung über ihr Schicksal immer der Vater traf. Von den Frauen wurde voreheliche und eheliche Keuschheit erzwungen, die Ehemänner hingegen waren frei, sich mit Frauen der niederen sozialen Schichten, mit Hetären und Sklavinnen oder auch jungen Männern sexuell zu vergnügen. Die respektablen Frauen verbrachten den größten Teil ihres Lebens im häuslichen Bereich, während sich die Männer ihrer Schicht vorwiegend der Teilnahme am öffentlichen Leben widmeten. Von der Beschränkung der Frauen aus der mittleren Gesellschaftsschicht auf den Bereich ihres Haushalts ausgenommen waren vor allem ihre Teilnahme an religiösen Festen und Kulthandlungen und ihre Anwesenheit bei Hochzeiten und Beerdigungen.

Die griechische Gesellschaft entwickelte die polis, einen Stadtstaat, umringt von unabhängigen Landgütern und regiert von einer Verfassung und dem Magistrat, zu ihrer höchsten Form. In der archaischen Zeit (7. und 6. Jahrhundert v. Chr.), die in Griechenland die Eisenzeit war, beeinflußte eine wichtige Neuerung in der Kriegsführung die soziale und damit auch die politische Struktur der Gesellschaft. Die griechische Infanterie, die ihre Kampfkraft dem *Hopliten* (ein schwerbewaffneter und gerüsteter Infanterist im engen Verband einer Phalanx) verdankte, ersetzte die Reiter als entscheidende Streitmacht auf dem Schlachtfeld. Der *Hoplit* war ein Bürger-Soldat aus dem Kreise der wohlhabenden Gutsbesitzer und der Mittelschicht, der für seine eigene Ausrüstung- Schwert, Speer, Helm und Schild – selbst aufkam. Leben und militärischer Erfolg der einzelnen Soldaten hingen von ihrem aufeinander abgestimmten Zusammenwirken, von der gleichmäßigen Unterordnung aller Phalangisten unter die Erfordernisse der als einheitlicher Körper wirkenden Phalanx ab, was eine Einstellung der Gleichheit, Verantwortlichkeit und Disziplin förderte. Die wachsende Bedeutung des *Hopliten* unterminierte die Vorherrschaft der Aristokratie einer früheren Epoche und verstärkte die Wirkung demokratischer Prinzipien innerhalb des Staates und der Streitkräfte. Ein Historiker schreibt: *»Die Phalanx ... war die Schule, aus der die griechische polis hervorging.«* William H. McNeill fährt fort:

> *»Das Recht, sich an der Diskussion der öffentlichen Angelegenheiten zu beteiligen, das früher nur den Adligen zugestanden hatte, wurde auf alle Bürger ausgedehnt, die über die Mittel verfügten, sich als Kämpfer innerhalb der Phalanx auszurüsten. Das ›Hopliten- Bürgerrecht‹ blieb in vielen griechischen Städten während des 5. Jahrhunderts und später ein konservatives Ideal.«*[449]

449 W. H. McNeill 1963, beide Zitate S. 221.

Wieder einmal war also der Bürgerstatus so definiert, daß rein zufällig und wahrscheinlich zunächst ganz unbeabsichtigt, die Frauen ausgeschlossen waren. Wenn die Demokratie den Bürger-Soldaten zur Grundlage haben sollte, mußte eine derartige Ausschließung geradezu zwingend und logisch erscheinen. Dennoch entschied sich Sparta, dessen gesellschaftliche Verhältnisse von der Einführung der Phalanx aus *Hopliten* auf die gleiche Weise betroffen waren, für eine Unterdrückung aller Merkmale von Ungleichheit und Unterschieden und entwickelte die Gesellschaft zu einem Militärstaat auf der Grundlage der Gleichheit unter den Vollbürgern. Das unter Lykurgus im 7. Jahrhundert kodifizierte Recht Spartas wurde während der gesamten Geschichte Spartas beibehalten. Die Auffassung, daß das Gebären eines Kindes ein für den Staat ebenso wichtiger Dienst sei wie der Kriegsdienst, kam zum Ausdruck in einem Gesetz, demzufolge die Inschrift des Namens eines Toten auf dem Grabstein nur dann erlaubt war, wenn ein Mann im Kampf gefallen oder eine Frau bei der Geburt gestorben war. Die Frauen in Sparta hatten Gymnastik zu treiben, die Haushaltsführung zu organisieren und die Kinder zu erziehen, während die Arbeiten im Haushalt und die Herstellung der Kleidung von Frauen geleistet wurden, die nicht aus Sparta waren. Alle Mädchen in Sparta wurden bis zum Erwachsenenalter aufgezogen, aber Kindermord wurde an schwachen und kränklichen Jungen begangen. Ehebruch war in Sparta nicht so strikt verboten wie in Athen, und der Gesellschaft Spartas, der es vor allem darauf ankam, über eine ausreichende Zahl von gesunden Kriegern verfügen zu können, war es gleichgültig, ob ein Kind aus einer legitimen oder illegitimen Verbindung stammte. Angesichts des scharfen Kontrastes in bezug auf die Vorschriften und Verhaltensweisen im Bereich der sexuellen Beziehungen schien die spartanische Gesellschaft den Griechen aus anderen Städten eine eindeutige Entwicklungsrichtung zu repräsentieren: relative Gleichheit und hoher Status der Frauen unter den Bedingungen einer oligarchischen Herrschaftsstruktur und politischer Unfreiheit – im Gegensatz zur strikten Reglementierung der Frauen in demokratischen Verhältnissen. Dieser Gegensatz kommt im Denken von Platon und Aristoteles zum Ausdruck.[450]

In den ionischen Stadtstaaten entwickelte sich mit der gewerbsmäßig betriebenen Landwirtschaft auf der Grundlage eines regen Exports von Öl und Wein in weit entfernte Kolonien und Handelszentren eine noch schärfere Klassenspaltung, da eine wohlhabende Mittelschicht und eine verarmte Klasse von be-

450 Meine Charakterisierung der Verhältnisse in Sparta stützen sich auf McNeill 1963, S. 220; Pomeroy 1975, S. 36ff.; R. Sealey 1976.

sitzlosen Bürgern und Kleinbauern entstand. Die Unzufriedenheit dieser Verarmten hatte im 7. und 6. Jahrhundert v. Chr. in vielen Städten die Einführung der Tyrannei zur Folge. Für Athen war das ein Grund, die Gesetzgebung zu reformieren, was zu einer Verminderung der Klassengegensätze führen und so den Staat schützen sollte. Die Gesetze des Drakon und später des Solon (ca. 640/635-560 (?) v. Chr.) waren die Grundlage der Demokratie im klassischen Altertum.

Die Klassengegensätze und die Unsicherheit der Klasse der Kleinbauern, die darum kämpften, den Lebensstandard der Mittelschicht zu erreichen, spiegelten sich wider in der Dichtkunst von Hesiod und Semonides im 7. Jahrhundert v. Chr. Hesiod verlieh in Werke und Tage dem Individualismus eines armen Mannes Ausdruck, der sich nicht länger auf seinen Stamm oder seinen Familienverband als Schutz verläßt, sondern sich von harter Arbeit und kluger Ausnutzung aller sich bietender Chancen wachsenden Reichtum verspricht. Zurückhaltung, Selbstkontrolle und Konkurrenzfähigkeit gelten nun bei einem solchen Unterfangen als Tugenden, das Bemühen um Luxus und sexuelle Lustbefriedigung hingegen als eine Gefährdung der Familienökonomie. Hesiods Frauenfeindlichkeit hat sowohl handlungsanweisende als auch mythische Inhalte. Indem er der »guten Frau« die hart arbeitet, züchtig, sparsam und fröhlich ist, die »schlechte Frau« entgegensetzt, schafft er Maßstäbe für die Definition von Geschlechterrollen durch die Männer seiner sozialen Schicht, und er findet einen bequemen Sündenbock für die gesellschaftlichen Mißstände seiner Zeit. In seiner Bearbeitung der Geschichte der Pandora erreicht er, was die Mythologie der Hebräer mit der Geschichte vom Sündenfall erreichte – die Frau und ihre Sexualität werden für den Einbruch des Bösen in die Welt verantwortlich gemacht.

Hesiods *Theogonie* weist dem Sturmgott Zeus die führende Position im Pantheon der Götter und Göttinnen zu und beschreibt den Aufstieg des Gottes in diese Stellung als Herr aller Gottheiten. Ganz sicher hat Hesiod diesen Mythos der Umgestaltung nicht erfunden, der den bereits diskutierten mesopotamischen Mythen gleicht, in denen männliche Götter die Macht von den Kräften des Chaos übernehmen, die mit den Fruchtbarkeitsgöttinnen identifiziert werden. Hesiods *Theogonie* spiegelt einen Wandel in den religiösen Vorstellungen und den Auffassungen von den Geschlechterrollen, der in den gesellschaftlichen Verhältnissen Griechenlands bereits stattgefunden hatte.[451] In der Beschreibung von Hesiod äußert sich der Konflikt zwischen den Göttern und Göttinnen in der

451 Eine etwas andere Interpretation von Hesiods Werk und seiner Bedeutung in bezug auf Frauen bei M. Arthur 1984, S. 23 ff.; zu den Schöpfungsmythen s. R. Graves 1959, Bd. I, S. 37-47.

Form einer Auseinandersetzung zwischen Männlich und Weiblich und in Spannungen zwischen den Generationen. In der frühesten mythischen Periode hält der Himmelsgott Uranus bei dem Versuch, eine Gefährdung seiner Herrschaft durch seine Söhne zu verhindern, seine Kinder im Schoße Gaias, der Erdgöttin, fest. Aber Gaia und ihr Sohn Kronos kastrieren Uranus und entreißen ihm die Herrschaft. Nun fürchtet Kronos seinerseits, daß er von den Söhnen seiner Frau Rhea gestürzt werden wird, und frißt diese einzeln auf. Aber Rhea verbirgt ihren Sohn Zeus in einer Höhle, die von der Erdgöttin geschützt wird. Als er herangewachsen ist, kämpft er mit seinem Vater, besiegt ihn und ergreift die Macht. Um seinen Sturz zu verhindern, frißt er sein Weib, Metis, und verhindert so, daß sie einem Sohn das Leben schenkt, indem er sich mit diesem Akt ihre Fortpflanzungsfähigkeit einverleibt. So kann Zeus selbst Athene gebären, die – bereits erwachsen – seinem Kopf entspringt. Sie wird zur Symbolisierung von Ordnung und Gerechtigkeit. Wir sollten hier nicht nur die Machtübernahme durch den Mann beachten, sondern zugleich die Aneignung der Fortpflanzungsfähigkeit durch ihn, die den symbolischen Definitionen entspricht, die wir in bezug auf die Genesis-Geschichte erörtert haben.

Die Gewalt und Bedeutung der symbolischen Erniedrigung der Mutter werden noch deutlicher in dem Drama *Die Eumeniden* des Äschylus, dem dritten Teil der Orestie. Die Trilogie Orestie ist von etlichen Wissenschaftlern als Zeichen der letzten Verteidigung der Macht von Muttergottheiten gegen das Patriarchat gedeutet worden.[452] Die Geschichte, die erzählt wird, betrifft Ereignisse nach der Ermordung Iphigenies durch ihren Vater Agamemnon, der sie den Göttern opferte, um damit die Götter des Windes zu besänftigen und es der griechischen Flotte zu ermöglichen, nach Troja zu segeln und den Sieg zu erringen. Zehn Jahre später wird Agamemnon nach seiner Rückkehr aus Troja in Begleitung der trojanischen Prinzessin Kassandra, jetzt seine Konkubine und Sklavin, von seiner Frau Klytemnestra ermordet, die damit den Mord an Iphigenie rächen will. Klytemnestras Sohn Orestes, der das Verbrechen seiner Mutter als einen Akt der Rebellion gegen den König versteht, tötet seine Mutter und wird nun für dieses Verbrechen von den Furien gejagt. Um deren Wut zu bändigen, behauptet er, er habe Rechtens gehandelt und sie hätten besser seine Mutter für ihr Verbrechen verfolgen sollen. Die Furien rechtfertigen ihre Handlungsweise durch den Hinweis auf das Primat des Mutterrechts: *»Es war kein blutsverwand-*

452 Vgl. K. Millet 1971, S. 134f.; Fromm »Die sozialpsychologische Bedeutung der Mutterrechtstheorie«, in: Fromm 1970. Den Hinweis auf die Äschylus-Deutung verdanke ich einem Vortrag von Marilyn Arthur 1971. Dieser Vortrag wurde zu einem Artikel umgearbeitet (Arthur 1984), in dem jedoch die hier relevanten Hinweise nicht enthalten sind.

ter Mann, den sie erschlug.« Orestes fragt *»Ich aber bin mit meiner Mutter blutsverwandt?«* Die Furien verweisen auf das Offensichtliche: *»Mordbube, die dich unterm Herzen trug, des Mutterblutes Lebensquell verleugnest du?«* Der Dichter läßt Apoll den Streit beenden mit der Bestätigung des Geltungsanspruchs des Patriarchats:

> *»Erzeugerin des Kindes ist die Mutter nicht,*
> *wie man es glaubt, nur Nährerin des jungen Keims.*
> *Erzeugen kann allein der Vater ...«*

Apoll appelliert an die Göttin Athene, dieses Argument ernsthaft zu prüfen. Sie urteilt:

> *»Ich habe keine Mutter; mich gebar kein Weib. Nur nicht als Gatte, sonst in allem hat der Mann mein ganzes Herz: des Vaters bin ich durch und durch. Drum hat für mich der Tod des Weibes, die den Mann erschlug, den Herrn des Hauses, minderes Gewicht.«*

Die entscheidende Stimme der Athene ist es, die Orestes die Freiheit gibt und die Rächerinnen verdammt und damit die Vorrechte der Muttergöttin verneint. Doch das weibliche Prinzip muß friedlich einbezogen werden, und so erhalten die Furien einen geheiligten Aufenthaltsort und werden als Wächterinnen des Gesetzes verehrt.[453]

Die Lehre von der Fortpflanzung durch den Mann erscheint wieder in ihrer höchstentwickelten Form im Werk des Aristoteles. In dieser Form hatte sie ihren bestimmenden Einfluß auf die Philosophie und Wissenschaft des Abendlands. Aristoteles hob die den Tatsachen widersprechende Auffassung vom Ursprung des menschlichen Lebens von der Ebene des Mythos auf die Ebene der Wissenschaft, indem er sie in einem weitreichenden philosophischen System verankerte. Seine Theorie des gesetzmäßigen Zusammenhangs von Ursache und Wirkung postuliert vier Faktoren, die ein Ding zu dem machen, was es ist: 1. eine materielle Ursache (den Stoff), 2. eine Wirkungskraft (das, was die Bewegung im Sinne des dem Stoff innewohnenden Möglichen auslöst), 3. eine Formkraft (das, was der stofflichen Substanz Gestalt verleiht) und 4. das teleologische Ziel, dem die Materie zustrebt, den Endzweck des Seins und Werdens eines Stoffes. In Fortführung der griechischen Philosophie hält Aristoteles Materie für

453 Äschylus zitiert nach: Griechische Tragödien, übersetzt v. U. von Wilamowitz-Moellendorff, Berlin 2. Aufl. 1901 Bd. II, S. 282ff. In dem von G. Lerner zitierten amerikanischen Text ist die Bedeutung des Mannes als wahrer Elter(nteil) und derjenige, dem die Herrschaft gebührt, noch stärker betont: *»Of young seed planted by its true parent, the male ...«* (A. d. Ü.)

etwas Geringeres als Geist. In seiner Erklärung des Ursprungs menschlichen Lebens werden dem männlichen Beitrag zur Fortpflanzung (Samen) drei der vier Ursachen des Seins als Eigenschaft zugeschrieben, und nur die vierte und geringste Ursache, der Stoff, gilt als Beitrag der Frau. Aristoteles verneinte sogar entschieden, daß der Samen eine stoffliche Komponente des Embryos ausmacht: Er sah dessen Beitrag als einen spirituellen, also *»eher göttlichen.«* *»Denn ranghöher und göttlicher ist der Bewegungsursprung, der als männlich in allem Werdenden liegt, während der Stoff das Weibliche ist.«*[454] Aristoteles erklärte, das Leben entstehe durch das Zusammentreffen von Sperma und dem, was er Katamenia nannte, die weibliche Absonderung. Immerhin bezeichnete er sowohl Sperma als auch Katamenia (Monatsfluß) als »Samen« oder »Saat«, mit dem Unterschied, daß *»der Monatsfluß ... kein reiner Same (ist), sondern ... noch der Bearbeitung (bedarf).«*[455] Aristoteles glaubte, daß die niedrigere Temperatur des weiblichen Blutes verhinderte, daß das Blut der Frauen die notwendige Transformation in Samen erreichen könnte. Es ist bemerkenswert, wie sich an jedem Punkt seines Erklärungssystems herausstellt, daß die Anlagen der Frau oder ihr Beitrag von geringerem Wert sind als die des Mannes. Er postulierte außerdem, daß der Mann ein aktives, die Frau ein passives Wesen ist:

> *»Denn es muß eine zeugende Kraft da sein und ein Stoff dafür ... Wo nun die beiden Kräfte getrennt sind, da müssen auch die Körper und das Wesen des Tätigen und Leidenden verschieden sein. Ist also das Männliche das Bewegende und Tätige, das Weibliche als solches das Leidende, so kann das Weibchen zur Samenflüssigkeit des Männchens nicht Samenflüssigkeit beisteuern, sondern nur Stoff. Dies entspricht auch den Tatsachen, da die Natur des Monatsflusses die eines Urstoffes ist.«*[456]

Aristoteles machte weitere Ausführungen über den wesentlichen und wichtigen Unterschied zwischen dem aktiven männlichen und dem passiven weiblichen Geschlecht. Ohne nennenswerte Beweise für seine Annahmen zu liefern, erklärte er: *»Wenn nun das Männchen es ist, das eine solche Seele hervorbringt, so kann unmöglich das Weibchen aus sich allein ein Geschöpf hervorbringen.«*[457] In einer späteren Analogie beschrieb er den Prozeß als einen, der vergleichbar sei mit einem Schreiner, der ein Bett aus Holz baut, oder wie aus dem Wachs und der Gestalt eine Kugel wird, wobei in diesem Bild der Handwerker sicher als

454 De Generatione Animalium, II, 1, 732a, in: Aristoteles, Lehrschriften 1959, S. 72.
455 Ebd., I, 20, 728b. s. 60.
456 Ebd., I, 20, 729a. S. 63.
457 Ebd., II, 5, 741a. S. 101.

Personifizierung des männlichen Beitrags gelten kann und die Frau als diejenige angesehen wird, die die rein stoffliche Substanz bereitstellt.[458] Die Historikerin Maryanne Cline Horowitz, die eine aufschlußreiche feministische Kritik zum Werk des Aristoteles geschrieben hat, kommentiert, daß nach Aristoteles' Vorstellung:

> *»die Frau passiv ihre Pflicht auf sich nimmt, mit ihrem Körper sich abmüht, um den Absichten und Plänen eines anderen gerecht zu werden. Das Produkt ihrer Anstrengung gehört ihr nicht. Der Mann seinerseits schuftet nicht, sondern erschafft etwas ... Aristoteles impliziert, daß der Mann ein homo faber ist, der Macher, der sich einem bestimmten Entwurf entsprechend an einer trägen Masse abarbeitet und ein bleibendes Kunstwerk hervorbringt. Seine Seele bringt die Form und die Gestalt der Schöpfung ein.«*[459]

Nachdem er *a priori* und ohne jede weitere Erklärung von der Minderwertigkeit der biologischen Ausstattung der Frau ausgegangen ist, erklärt Aristoteles, daß ein Überwiegen des weiblichen Anteils verantwortlich ist für die Geburt von monströsen Gestalten. Zu diesen zählt er Kinder, die ihren Eltern nicht ähnlich sind, und Frauen. Das liest sich bei ihm so:

> *»Ja auch wer den Eltern nicht gleicht, ist in gewissem Sinne schon ein Wundertier, da in ihm die Natur schon gewissermaßen aus der Art geschlagen ist. Den Anfang dazu bildet es schon, wenn etwas Weibchen wird, statt Männchen. Aber dies ist eine Naturnotwendigkeit, weil doch die Art erhalten bleiben muß.«*[460]

An anderer Stelle wird Aristoteles noch deutlicher:

> *»Wie nämlich von Verkrüppelten manchmal wieder Verkrüppelte abstammen, manchmal Nicht-Verkrüppelte, so entsteht aus einem Weibchen manchmal wieder ein Weibchen, manchmal aber auch nicht, sondern ein Männchen. Ein Weibchen ist wie ein verkrüppeltes Männchen, und der Monatsfluß ist Same, nur nicht reiner Same. Denn nur eines fehlt ihm, die Lebensquelle ... denn diese Lebensquelle bringt erst der männliche Same mit.«*[461]

Diese Definition der Frauen als verstümmelte Männer, denen die Wirkkraft der Seele fehlt, steht nicht isoliert, sie ist in den Werken des Aristoteles zu Bio-

458 Ebd., I, 21, 729b. S.64.
459 M. Horowitz 1976, S. 197.
460 De Generatione Animalium, IV, 3, 7676, in: Aristoteles, Lehrschriften 1959, S. 181.
461 Ebd., II, 3, 737a. S. 89.

logie und Philosophie vielmehr allgegenwärtig.[462] In einer sehr folgerichtigen Art argumentiert er, daß die biologische Minderwertigkeit der Frau sie auch in bezug auf ihre Fähigkeiten minderwertig sein läßt: etwa ihre Fähigkeit zu denken und also auch ihre Fähigkeit, Entscheidungen zu treffen. Daraus folgt Aristoteles' Definition der Geschlechterrollen und deren Einbeziehung in seine politische Theorie.

Das große Gebäude der Theorie des Aristoteles ruht auf einem teleologisch definierten Fundament.

> *»Endziel aber ist die Natur; denn die Beschaffenheit, die ein jegliches Ding aufweist, nachdem seine Entwicklung zu Ende gekommen ist, die nennen wir die Natur eines jeden; so bei einem Menschen, einem Pferd, einem Haus (und dementsprechend auch bei der menschlichen Gemeinschaft ...).«*[463]

Solch eine Auffassung prädisponiert den Philosophen dazu, den Sinn dessen, was ist, aus dessen vergangenem Werden in Richtung auf seinen Endzweck, seine Zweckform, abzuleiten und also Rückschlüsse aus dem zu ziehen, was ist, und so als Faktum anzuerkennen, was immer die jeweilige Gesellschaft als angemessen akzeptiert. So *»(ist) aus alldem ... nun ersichtlich, daß der Staat zu den naturgemäßen Dingen gehört, und daß der Mensch von Natur aus ein für das Zusammenleben im Staate bestimmtes Wesen ist.«*[464] Aristoteles' Beweis für diese Behauptung ist der Hinweis auf die Tatsache, daß das Individuum auf sich allein gestellt nicht lebensfähig ist. Damit der Staat angemessen funktionieren kann, muß er von der Tugend der Gerechtigkeit regiert werden, denn *»das Recht ist die in der staatlichen Gemeinschaft geltende Ordnung.«*[465]

Der Staat besteht aus Hausgemeinschaften, und um begreifen zu können, wie der Staat funktioniert, muß verstanden werden, wie diese Hausgemeinschaften verwaltet werden: *» ... die ersten und kleinsten Teile der Hausgemeinschaft (sind) Herr und Sklave und Gatte und Gattin und Vater und Kinder ...«*[466] Aristoteles diskutiert dann die Institution der Sklaverei und beschreibt sie als *»widersprüchlich«*, von *»entgegengesetzter Bestimmung«* gekennzeichnet. Manche Leute versichern, daß sie der Natur widerspricht und deshalb ungerecht ist. Er weist dies in einer langen Erörterung zurück, indem er argumentiert, daß manche Menschen

462 Eine gründliche Diskussion dieses Themas bietet Horowitz 1976.
463 Aristoteles 1967, 1. Buch, II, S. 14; im Englischen ist statt »Haus«, Hausgemeinschaft, »Familie« übersetzt.
464 Ebd., S.15
465 Ebd., S. 17.
466 Ebd.

geboren sind, um zu herrschen, andere, um beherrscht zu werden. Das hat seiner Auffassung nach seinen Grund in einer natürlichen Dichotomie: Die Seele ist ihrer Natur nach der Herrscher, der Körper der Untertan. Auf ähnliche Weise regiert der Geist die Triebe.

»Daraus ist ersichtlich, daß es für den Körper naturgemäß und vorteilhaft ist, von der Seele regiert zu werden, und ebenso für den affektiven (und triebhaften) Seelenteil, vom Geist, d. h. von dem mit der Denkkraft begabten Seelenteil, regiert zu werden ... Ferner ist, was das Verhältnis zwischen dem Männlichen und dem Weiblichen betrifft, das eine besser und das andere weniger wert, und damit das eine zum Regieren und das andere zum Regiertwerden bestimmt. Und ganz ebenso muß es sich verhalten innerhalb der Menschheit als ganzer (daß die einen Völker zum Regieren und die anderen zum Regiertwerden bestimmt sind).«[467]

Die Herrschaft des Menschen über die Tiere ist ebenso naturbedingt:

»All jene nun, die sich ebenso stark von dem anderen unterscheiden wie die Seele vom Körper und der Mensch vom wilden Tier – dies ist der Fall bei all denen, deren Werk im Gebrauch des Körpers besteht, und bei denen dies das Beste ist, was sie beizutragen haben ... Daß also von Natur aus die einen Freie und die anderen Sklaven sind, ist somit klar; und für diese ist es zuträglich und auch rechtmäßig.«[468]

Dieser seiner Logik entsprechend beschreibt Aristoteles die verschiedenen Arten, in denen ein Ehemann über seine Sklaven, seine Frau und seine Kinder herrscht, wobei der Unterschied abhängt von der Natur der Person, die der Herrschaft untersteht.

»Der Sklave besitzt den selbständig überlegenden und beschließenden Seelenteil überhaupt nicht, das Weibliche besitzt ihn, aber ohne (genügende) Durchschlagskraft, und das Kind besitzt ihn, aber ohne daß er voll ausgebildet ist.«

Auf ähnliche Weise ist ihre moralische Tugend unterschiedlich.

» ... daß es für alle eine ethische Tugend gibt, und daß die Tugend des Maßhaltens für Frau und Mann nicht dieselbe ist, und auch nicht die Tapferkeit und Gerechtigkeit, ... sondern das eine ist eine herrscherliche und das an-

467 Ebd., S. 22.
468 Ebd., S. 22, 23.

dere ist eine zudienende Tapferkeit; und ebenso steht es mit den anderen Tugenden.«[469]

Die Weltanschauung des Aristoteles ist sowohl hierarchisch als auch von Dichotomien gekennzeichnet. Die Seele regiert über den Körper, das rationale Denken über die Gefühle, die Menschen über die Tiere, das Männliche über das Weibliche, Herren über Sklaven und Griechen über Barbaren. Alles, was der Philosoph zu tun hat, um die bestehenden Klassenverhältnisse als gerechtfertigt erscheinen zu lassen, ist darzustellen, wie jede der untergeordneten Gruppen ihrer eigenen »Natur« nach dazu geschaffen ist, ihren jeweiligen Rang in der Hierarchie einzunehmen. Im Fall der Sklaven hat er gewisse Schwierigkeiten damit und hält es für nötig, ihre Unterordnung zu rechtfertigen und zu erklären, warum sie »gerecht« ist. Das liegt daran, daß selbst auf der Höhe der athenischen Demokratie die Sklaverei als Institution noch umstritten genug war, um in Frage gestellt zu werden. Sogar einige, die die Versklavung gefangener Völker für gerechtfertigt halten, so sagt Aristoteles, bezweifeln, ob dies im Falle eines ungerechten Krieges für gerechtfertigt gehalten werden könne. Der Philosoph gesteht zu, daß *»die Streitfrage eine gewisse Berechtigung hat«*[470] Aber hinsichtlich der Minderwertigkeit der Frauen gibt es keine Meinungsverschiedenheiten. Und so verwendet Aristoteles die Metapher der ehelichen Beziehung, um die Herrschaft des Herrn über den Sklaven zu rechtfertigen. Da erstere »natürlich« zu sein scheint, das heißt widerspruchsfrei und daher gerecht, kann sie die Akzeptanz der letzteren sichern.

Die menschliche Gesellschaft ist in zwei Geschlechter geteilt: das männliche – rational, stark, mit der Fähigkeit zur Arterhaltung, mit einer Seele ausgestattet und zur Herrschaft fähig; das weibliche – leidenschaftlich und unfähig, die Triebe zu kontrollieren, schwach, nur das stoffliche Material zur Fortpflanzung beisteuernd, ohne Seele und geschaffen, um beherrscht zu werden. Und weil dies so ist, kann die Herrschaft von einigen Männern über andere Männer dadurch gerechtfertigt werden, daß man den letzteren Eigenschaften zuschreibt, die auch den Frauen zugeschrieben werden. Aristoteles tut genau dies. Sklaven werden definiert als Menschen, *»deren Werk im Gebrauch des Körpers besteht«* - das gilt auch für die Frauen. Ein Sklave *»(hat) am Denkvermögen nur so weit teil ..., daß er wohl fähig ist, den Gedanken eines anderen zu begreifen, nicht aber selbst wel-*

469 Ebd., S. 46, 47. Was in dieser Übersetzung mit »Durchschlagskraft« bezeichnet wird, hat den Inhalt von »Autorität«, wie es auch im englischen Text steht. (A.d. Ü.)
470 Ebd., S. 26.

che zu haben« - wie es für die Frauen auch gilt.[471] So rechtfertigt Aristoteles die Klassenherrschaft logisch auf der Grundlage seiner Definition der spezifischen Eigenschaften der Geschlechter. Die Tatsache, daß die geschlechtsbedingte Dominanz vor der klassenbedingten Dominanz begonnen hat und ihr zugrunde liegt, ist der Philosophie des Aristoteles sowohl implizit wie explizit zu entnehmen. Sie geht implizit aus seiner Auswahl erklärender Metaphern hervor, die als selbstverständlich voraussetzen, daß das Publikum die »Naturbedingtheit« der männlichen Dominanz über das Weibliche verstehen und die Sklaverei für gerecht halten wird, wenn es ihm nur gelingt, seine Analogie zu beweisen. Sie ist explizit deutlich in der Art, wie er seine Dichotomien entwirft und dem, was Männer tun (Politik, Philosophie, rationaler Diskurs), einen höheren Wert beimißt als dem, was Frauen tun (den Notwendigkeiten des Lebens dienen). Und explizit wird sie am deutlichsten in der Art, in der seine Definitionen in bezug auf die Geschlechterrollen in die Erörterung der politischen Angelegenheiten einbezogen werden. Seine große und wegweisende Einsicht, daß *»der Mensch seiner Natur nach ein* zoon politicon *ist«*, wird unmittelbar gefolgt von seiner Erklärung, daß sich der Staat aus einzelnen Hausgemeinschaften zusammensetzt und daß die Leitung der Haushaltungen analog als Modell für die Leitung der politischen Körperschaften gelten kann. Was er hier beschreibt, ist genau die Entwicklung, die wir bei der mesopotamischen Gesellschaft seit ihrem Beginn nachgezeichnet haben: Die patriarchale Familie ist die Form, die der archaische Staat annimmt. Die patriarchale Familie ist die Zelle, aus der der größere Körper der patriarchalen Herrschaft entsteht. Die sexuelle Dominanz bildet das Fundament für die Dominanz von Klassen und Rassen.

Das großartige und zu einem neuen Denken aufbrechende Erklärungssystem des Aristoteles, das das meiste in seiner Gesellschaft zur Verfügung stehende Wissen einbezog und zugleich transzendierte, inkorporierte die patriarchale Konzeption der Minderwertigkeit der Frau in einer Weise, die sie der Diskussion entzog und unsichtbar machte. Definitionen von Klasse, von Privateigentum, von wissenschaftlichen Schlußfolgerungen konnten und sollten jahrhundertelang auf der Basis des aristotelischen Denkens diskutiert werden – aber die Überlegenheit des Mannes und die männliche Dominanz sind ein Fundament

471 Ebd., S. 22, 23. Es ist zu beachten, daß Aristoteles den Frauen, im Unterschied zu den Sklaven, den Besitz des *»selbständig überlegenden und beschließenden Seelenteils«* zugesteht, allerdings mit dem Hinweis, daß dem Weiblichen die *»genügende Durchschlagskraft«* fehle. (S. 46) In der amerikanischen Ausgabe heißt es (zurückübersetzt) *»Sklaven ... , die mit ihrem Körper den Lebensnotwendigkeiten anderer dienen ...* «, was den vom deutschen Übersetzer verwendeten Begriff des »Werks« konkretisiert, das sich auf die Nützlichkeit des einzelnen für die Gemeinschaft bezieht. (A.d. Ü.)

der Lehre des Philosophen und werden so in den Rang von Naturgesetzen erhoben. Dies war eine bedeutende Leistung angesichts der entgegengesetzten Betrachtungsweise über den Wert und das Potential von Frauen, wie sie in den Werken Platons (Der Staat und Die Gesetze) zum Ausdruck gebracht werden.

Im Buch V des Staates bestimmt Platon – in der Rolle des Sokrates – die Bedingungen der Ausbildung der Wächter, seiner Elite unter den Führern. Sokrates schlägt vor, daß Frauen die gleichen Chancen wie Männer haben sollten, zu Wächtern ausgebildet zu werden. Zur Unterstützung dieses Vorschlags wendet er sich nachdrücklich dagegen, Geschlechtsunterschiede als Grundlage von Diskriminierung heranzuziehen:

> *» ... wenn sich aber zeigt, daß sie (Männer und Frauen) dadurch allein verschieden sind daß der Mann erzeugt und das Weib gebärt, so werden wir sagen, es sei dadurch um nichts mehr bewiesen, daß in bezog auf das, wovon wir reden, das Weib von dem Manne verschieden sei, sondern wir werden noch ferner glauben, daß unsere Hüter und ihre Frauen dasselbe betreiben müssen.«*[472]

Sokrates schlägt vor, daß Mädchen und Jungen auf die gleiche Weise erzogen werden sollen, daß die Frauen der Wächter von der Hausarbeit und der Kinderpflege befreit werden sollen. Aber diese Gleichstellung der Frauen wird einem umfassenden Zweck dienen: der Zerstörung der Familie. Platons Ziel ist es, das Privateigentum, die private Familie und mit ihnen den Eigennutz in seiner Führungsgruppe abzuschaffen, denn er sieht, daß das Privateigentum Klassenantagonismen und Disharmonien hervorbringt. Er will deshalb, *»daß die Frauen auf die beschriebene Art der Männer Genossen sein sollen beim Unterricht und in der Kindererzeugung und Obhut über die übrigen Bürger.«*[473] In seinen philosophischen Werken akzeptierte Aristoteles Platons Dualismus von Geist und Körper sowie seine Vorstellung von der natürlichen Ungleichheit der menschlichen Wesen und der Gerechtigkeit der Herrschaft der Starken über die Schwachen. Er war aber nicht im geringsten beeindruckt von Platons (Sokrates') Auffassungen über Frauen. Hätte er die diesbezüglichen Ideen Platons aufgegriffen und versucht, sie zu widerlegen, so hätten seine dicta über Frauen als weniger unangefochten und verbrieft gegolten. In einer gewissen Weise war es allerdings durchaus gerechtfertigt, daß Aristoteles die Ideen Platons überging: Aristoteles schrieb über den Staat und über die Beziehungen zwischen den Klas-

472 Platon 1971, Nr. 454d/e, S. 383.
473 Ebd., Nr. 466c, S. 421.

sen und Geschlechtern, wie sie tatsächlich waren. Platon hatte eine visionäre Vorstellung von Frauen als Gleichen nur im Zusammenhang der Darstellung eines utopischen Staates, einer wohlwollenden Diktatur der Wächter.[474] Innerhalb einer sorgfältig ausgewählten und ausgebildeten Elite, mögen einige Frauen als Gleiche gelten. In der demokratisch verfaßten, auf Sklaverei gegründeten Polis, über die Aristoteles schrieb, hatte die Definition des Bürgerstatus aber geradezu die Aufgabe, diejenigen auszuschließen, die als geringerwertig eingeschätzt wurden – Heloten, Sklaven, Frauen. So institutionalisiert und rationalisiert die politische Lehre des Aristoteles, daß den Frauen die Bürgerrechte vorenthalten wurden, und zwar als Grundlage des demokratisch verfaßten Stadtstaates. Dieses Erbe ist es, nicht das utopische Denken Platons, von dem die westliche Kultur jahrhundertelang in Wissenschaft, Philosophie und den Theorien über die Geschlechter zehren wird.

In der Zeit, in der die Menschheit begann, auf symbolische Weise im Universum und in den Beziehungen der Menschen zu Gott durch umfassende Erklärungssysteme eine Ordnung herzustellen, war die Unterordnung der Frau bereits so widerspruchslos akzeptiert, daß sie Frauen und Männern als »naturgegeben« erschien. Als ein Ergebnis dieser historischen Entwicklung setzten die wichtigsten Metaphern und Symbole der westlichen Kultur die weibliche Unterordnung und Minderwertigkeit als angemessen voraus. Mit dem Bild der gefallenen Eva in der Bibel und dem der Frau als verstümmeltem Mann bei Aristoteles erkennen wir das Entstehen von zwei symbolischen Konstrukten, die von der Existenz zweier Arten von menschlichen Wesen ausgehen und diese bestätigen – das Männliche und das Weibliche, verschieden in ihrem Wesen, ihrer Aufgabenstellung, ihren Fähigkeiten und Möglichkeiten. Dieses metaphorische Gebilde, das *»minderwertige und nicht vollständige Weib«*, wurde in jede bedeutende wissenschaftliche Theorie eingebettet auf eine Art, die ihm auf immer neu aktualisierte Weise Lebendigkeit und Wirksamkeit verlieh. Unter der ungeprüft akzeptierten Voraussetzung, dieses Stereotyp sei Ausdruck der Wirklichkeit, verwehrten Institutionen Frauen die gleichen Rechte und den Zugang zu Privilegien, wurde die Zurücksetzung der Frauen im Bildungswesen begründet und erschien dies alles, bei der Heiligkeit der Tradition und der patriarchalen Dominanz von Jahrtausenden, als gerechtfertigt und natürlich. Für patriarchal

474 Diese kursorische Diskussion wird in keiner Weise der Komplexität und den Möglichkeiten von Platons Werk im Sinne einer Theorie der Frauenemanzipation gerecht. Dieses Themas müssen sich Fachwissenschaftler und -wissenschaftlerinnen annehmen. Ich habe meine Darlegungen gestützt auf Alban D. Winspear 1940, besonders Kapitel 10 und 11; Paul Shoray 1933; Alfred E. Taylor 1955; Dorothea Wender 1984

organisierte Gesellschaften stellt dieses symbolische Konstrukt ein wesentliches Moment in der Ordnung und Struktur der Zivilisation dar.

Die Signifikanz dieser Entwicklung für Frauen ist kaum zu überschätzen. Wir werden uns noch mit ihren Konsequenzen auseinandersetzen müssen, wenn es uns darum geht, herauszufinden und zu diskutieren, auf welche Weise die verborgenen Voraussetzungen der weiblichen Minderwertigkeit und männlichen Dominanz in den Philosophien der westlichen Kultur die Frauen daran hinderte, ihre eigene Situation zu verstehen, und wie dieser Mangel zu beheben ist. Insgesamt sollten wir festhalten, wie die Ungleichheit zwischen Männern und Frauen nicht nur in die Sprache, das Denken und die Philosophie der westlichen Kultur Eingang gefunden hat, sondern wie die Rollendefinition der Geschlechter selbst zu einer Metapher geworden ist, die Machtbeziehungen in einer Weise definiert, die sie mystifiziert und unsichtbar werden läßt.

Kapitel 11: Die Entstehung des Patriarchats

In einem fast 2500 Jahre währenden Prozeß ist das Patriarchat von Männern und Frauen geschaffen worden. Die früheste Form des vollentwickelten Patriarchats war der archaische Staat, die Keimzelle seiner Organisation war die patriarchale Familie, die seine Regeln und Wertvorstellungen sowohl zum Ausdruck brachte als auch ständig aufs neue entstehen ließ. Wir haben gesehen, wie wesentlich die Definitionen der Geschlechterrollen die Herausbildung des Staates beeinflußten. Nun will ich kurz zusammenfassen, wie diese geschlechtsspezifischen Rollenerwartungen entstanden sind und wie diese Rollen definiert, allgemein anerkannt und gesellschaftlich verankert worden sind.

Die Rollenzuschreibungen und Verhaltensweisen, die als den beiden Geschlechtern angemessen gelten, sind deutlich geworden in Normen, Sitten und Gebräuchen, Gesetzen und gesellschaftlich vorgegebenen Aufgabenstellungen. Sie sind auf sehr nachhaltig wirkende, verhaltensbestimmende Weise auch in Leitbildern und einflußreichen Metaphern zum Ausdruck gebracht worden, die zu Teilen des kulturellen Konstrukts und der verschiedenen Erklärungssysteme wurden.

Die Sexualität der Frau, bestehend aus ihren sexuellen und fortpflanzungsrelevanten Fähigkeiten und Diensten, wurde schon vor den Anfängen der westlichen Kultur verdinglicht und zum Tauschobjekt. Die Entwicklung der Landwirtschaft in der Jungsteinzeit förderte den »Austausch von Frauen« zwischen einzelnen Stämmen, und zwar nicht nur als Mittel der Vermeidung nicht endender Kriege durch Bündnisse, deren Verbindlichkeit durch Eheschließungen erhöht wurde, sondern auch, weil Gesellschaften mit einer größeren Zahl von Frauen für mehr Nachwuchs sorgen konnten. Im Gegensatz zu den wirtschaftlichen Erfordernissen der Jäger-und- Sammler-Gesellschaften konnten die Akkerbauern Kinderarbeit zur Erhöhung der Erträge und Ansammlung von Überschüssen einsetzen. Männer als solche erwarben Rechte über Frauen, die Frauen als solche nicht über Männer hatten. Frauen wurden zu einem Rohstoff, der von Männern – ebenso wie Land – erworben und erbeutet wurde. Frauen wurden zum Zweck der Eheschließung im Interesse ihrer Familien getauscht oder gekauft; später wurden sie als Beute betrachtet oder als Sklavinnen gekauft, wobei ihre sexuellen Dienste als Teil ihrer Arbeitsleistung und ihre Kinder als Eigentum ihrer Herren galten. In allen bekannten Gesellschaften waren die Frauen der besiegten Stämme die ersten, die versklavt wurden, während die Männer noch getötet wurden. Erst nachdem die Menschen gelernt hatten, wie sich die Frauen aus Gruppen, die als Fremde definiert werden konnten, versklaven ließen, lernten sie, auch die Männer dieser Gruppen zu versklaven, und später sogar Menschen untergeordneten Ranges aus der eigenen Gesellschaft.

Es gab also die rassistisch und sexistisch begründete Versklavung von Frauen schon vor der Herausbildung von Klassen und Klassenunterdrückung. Die Unterschiede zwischen sozialen Klassen wurden schon von ihren ersten Anfängen an- in Begriffen erfaßt und dargestellt, die dem Zusammenhang patriarchaler Beziehungen entsprechen. Klasse und Geschlechtsrolle sind Kategorien, die sich nicht voneinander trennen lassen; Klassenzugehörigkeit kommt vielmehr auf geschlechtsspezifische Weise zum Ausdruck.

Schon im 2. Jahrtausend v. Chr. wurden in mesopotamischen Gesellschaften die Töchter der Armen zur Verheiratung oder zur Prostitution verkauft, um die wirtschaftliche Situation ihrer Familie zu verbessern. Für die Töchter aus wohlhabenderen Familien konnte die Zahlung eines Brautpreises gefordert werden, den die Familie des Bräutigams an die Familie der Braut zu zahlen hatte. Das versetzte die Familie der Braut häufig in die Lage, finanziell vorteilhaftere Ehen für ihre Söhne zu arrangieren und so die wirtschaftliche Situation der Familie zu verbessern. Wenn ein Gatte oder Vater seine Schulden nicht bezahlen konnte, so konnten seine Frau und Kinder als Pfand eingesetzt und zu Schuldsklavinnen und -sklaven des Gläubigers gemacht werden. Dieses Verfahren war etwa um das Jahr 1750 v. Chr. so allgemein anerkannt, daß die Gesetzgebung des Hammurabi eine entscheidende Verbesserung des Loses der Schuldsklaven und -sklavinnen bedeutete, weil die Dauer des vordem bis zu lebenslänglichen Schulddienstes auf maximal drei Jahre festgesetzt wurde.

Den Ertrag dieser Verdinglichung der Frauen zu Waren – Brautpreis, Verkaufspreis, Kinder – eigneten sich Männer an. Das kann sehr wohl als die erste Form der Akkumulation von Privateigentum betrachtet werden. Die Versklavung von Frauen besiegter Stämme wurde nicht nur zum Statussymbol für Adlige und Krieger, sondern ermöglichte es den Eroberern, durch das Verkaufen oder Tauschen von Produkten ihrer Arbeit oder von Produkten ihrer Fortpflanzungsfähigkeit, Sklavenkindern, einen beachtlichen Reichtum zu erwerben.

Claude Levi-Strauss, dem wir den Begriff des »Frauentauschs« verdanken, hält die Verdinglichung der Frau für dessen Konsequenz. Es sind aber nicht die

Frauen, die verdinglicht und zur Ware gemacht werden, sondern die Sexualität und Reproduktionsfähigkeit, die als solche behandelt werden. Diese Unterscheidung ist wichtig. Frauen sind niemals zu »Dingen« gemacht, noch sind sie so verstanden worden. Wie ausgebeutet und mißbraucht Frauen auch gewesen sind, sie behielten – wenn auch meist nur in sehr beschränktem Maße – ihre Möglichkeit, zu handeln und eine Wahl zu treffen, wie die Männer der Gruppe, der sie angehörten. Aber *immer und bis zum heutigen* Tage lebten Frauen unter Umständen, die ihnen, relativ betrachtet, weniger Freiheit ließen als Männern. Da ihre Sexualität, ein Teilbereich ihrer Körperlichkeit, von anderen kontrolliert wurde, waren Frauen nicht nur tatsächlich benachteiligt, sondern auch auf eine besondere Weise psychologischen Beschränkungen unterworfen. Für Frauen bestand, wie für die Männer aus untergeordneten und unterdrückten Gruppen, Geschichte aus ihrem Kampf um Emanzipation und Freiheit von materieller Not. Doch Frauen kämpften gegen andere Formen der Unterdrückung und Dominanz als Männer, und die Intensität wie die Erfolge ihres Kampfes blieben bis heute hinter dem zurück, was Männer erreicht haben.

Die erste soziale Rolle der Frauen, die ihnen ausschließlich aufgrund ihres Geschlechts zugewiesen wurde, war die, in Transaktionen, die der Eheschließung dienten, ausgetauscht zu werden. Die entsprechende Geschlechtsrolle der Männer wies diesen die Aufgabe zu, diesen Austausch vorzunehmen oder die Bedingungen des Tauschs festzulegen.

Eine andere geschlechtsspezifische Rolle von Frauen war die der »Stellvertreterin« und »Platzhalterin«, die Frauen aus besonders privilegierten Gruppen zugedacht war und eine im gesellschaftlichen Zusammenhang anerkannte Funktion und Bedeutung hatte. Diese Rolle gab den betreffenden Frauen eine beachtliche Macht und Privilegien, aber sie war abhängig von ihrer Bindung an einen Mann der Elite und beruhte zumindest auf einer für diesen Mann zufriedenstellenden Leistung dieser Frauen in sexueller Hinsicht und bei der Fortpflanzung. Wurde eine Frau diesen Anforderungen nicht gerecht, so wurde sie schnell durch eine andere ersetzt und verlor damit alle ihre Privilegien und den standesgemäßen Unterhalt sowie den entsprechenden gesellschaftlichen Rang.

Die nach dem Geschlecht zugewiesene Rolle des Kriegers gab Männern Macht über die Männer und Frauen der besiegten Stämme. Solche kriegsbedingten Beutezüge fanden gewöhnlich bei der Überwältigung von Völkern statt, die sich ohnehin von den Siegern durch Rasse, ethnische Merkmale oder bloße Stammesunterschiede abhoben. Ursprünglich war »Unterschied« als ein deutlich wahrnehmbares Merkmal abgeleitet von der ersten wahrnehmbaren

Unterscheidung, die zwischen den beiden Geschlechtern. Die Männer hatten bereits bei den ersten Gelegenheiten des Frauentauschs gelernt, wie man Macht über andere gewinnt und ausübt, die sich geringfügig von einem selbst unterscheiden. Dabei erwarben sie das Wissen, das erforderlich ist, um einen »Unterschied« zum Kriterium des Herrschens und Beherrschtwerdens zu machen.

Seit ihren Anfängen in der Sklaverei nahm die Klassenherrschaft für versklavte Männer und Frauen unterschiedliche Formen an: Männer wurden überwiegend als Arbeitskräfte ausgebeutet, Frauen wurden immer sowohl als Arbeitskräfte ausgebeutet wie auch durch die Inanspruchnahme sexueller Dienste und bei der Fortpflanzung. Die Geschichte einer jeden Sklavenhaltergesellschaft bietet Belege für diese allgemeine Feststellung. Die sexuelle Ausbeutung von Frauen aus der Unterschicht durch Männer der Oberschicht hat es gegeben im Altertum, während des Feudalismus wie auch in den Haushalten des europäischen Bürgertums im 19. und 20. Jahrhundert, in den komplexen Geschlechts- und Rassenbeziehungen zwischen Frauen aus den kolonisierten Ländern und männlichen Kolonisatoren es gibt sie überall und durchgängig. Für Frauen ist die sexuelle Ausbeutung geradezu das spezielle Merkmal der Klassenausbeutung.

In jedem beliebigen Moment der Geschichte besteht jede »Klasse« aus zwei verschiedenen Klassen – Männern und Frauen.

Die Klassenposition von Frauen wurde im allgemeinen und jeweils aktuell bestimmt durch ihre sexuellen Beziehungen. Sie ließ sich immer ausdrücken als ein Grad von Unfreiheit auf einem breiten Spektrum: Dieses reichte von der Sklavin, deren sexuelle und fortpflanzungsrelevanten Fähigkeiten ebenso zur Ware verdinglicht wurden wie sie selbst, zur Sklavin-Konkubine, deren sexuelle Leistungen ihren eigenen Status oder den ihrer Kinder verbessern konnte, zur »freien« Ehefrau, deren sexuelle und fortpflanzungsrelevanten Dienste gegenüber einem einzigen Mann der Oberschicht ihr einen Anspruch auf Eigentum und gesetzlich abgesicherte Rechte verschaffte. Während jede dieser Gruppen sehr unterschiedliche Verpflichtungen und Privilegien in bezug auf Eigentum, Gesetz und wirtschaftliche Voraussetzungen hatte, teilten sie alle die Unfreiheit, sexuell und hinsichtlich der Fortpflanzung von Männern kontrolliert zu werden. Die Komplexität der verschiedenen Grade von Abhängigkeit und Freiheit der Frauen läßt sich am besten veranschaulichen, wenn wir eine Frau mit ihrem Bruderver gleichen und feststellen, wie die Lebensläufe und Chancen von Bruder und Schwester sich jeweils unterscheiden.

Die Klassenzugehörigkeit eines Mannes war und ist bestimmt von seinem Verhältnis zu den Produktionsmitteln: Diejenigen, denen die Produktionsmittel gehörten, konnten diejenigen dominieren, die keine hatten. Die Eigentümer der Produktionsmittel konnten sich auch die zur Ware gemachten sexuellen Dienste von Frauen ihrer eigenen Klasse und der niedrigeren Klassen aneignen. Im antiken Mesopotamien, im klassischen Altertum und in Sklavenhaltergesellschaften konnten die Männer auch über das Produkt der Fortpflanzungsfähigkeit untergeordneter Frauen als ihr Eigentum verfügen: Kinder, die der jeweiligen Interessenlage entsprechend zur Arbeit eingesetzt, gehandelt, verheiratet oder als Sklaven verkauft werden konnten. Für Frauen vermittelt sich die Klassenzugehörigkeit durch ihre sexuelle Bindung an einen Mann. Über den Mann haben Frauen entweder Zugang oder keinen Zugang zu Produktionsmitteln und Rohstoffen. Ihr sexuelles Verhalten entscheidet über ihre Zuordnung zu einer Klasse. »Anständige Frauen« gehören durch ihre Väter und Gatten einer bestimmten Klasse an, doch der Verstoß gegen vorgegebene sexuelle Verhaltensregeln kann sie von einem Moment zum anderen deklassieren. Eine Frau wird als »unanständig« gemäß der geschlechtsspezifischen Definition dessen bezeichnet, was als sexuell »abweichendes Verhalten« gilt, und dies weist ihr den niedrigstmöglichen sozialen Status zu. Frauen, die heterosexuelle Dienste verweigern (Alleinlebende, Nonnen, Lesbierinnen etwa), können nur durch ihre Beziehung zu dem männlichen Oberhaupt ihrer Herkunftsfamilie Zugang zu den für ihren Lebensunterhalt erforderlichen Mitteln erhalten. Andernfalls werden sie deklassiert. In manchen historischen Perioden eröffneten Klöster und Enklaven für alleinstehende Frauen eine gewisse Zuflucht, wo solche Frauen leben und ihre Respektabilität erhalten konnten. Aber die weitaus überwiegende Mehrheit der alleinstehenden Frauen sind der Definition nach randständig und abhängig davon, daß ihnen ein männlicher Verwandter Schutz gewährt. Dies war während der gesamten Geschichte in der westlichen Welt bis in die Mitte des 20. Jahrhunderts der Fall und gilt heute noch in den meisten der Entwicklungsländer. Die Gruppe der unabhängigen, auf sich selbst gestellten Frauen, die es in jeder Gesellschaft gibt, ist klein und in der Regel latent von wirtschaftlicher Not bedroht.

Ökonomische Unterdrückung und Ausbeutung beruhen ebenso auf dem Warencharakter der weiblichen Sexualität und der Aneignung der Arbeitskraft und der Fortpflanzungsfähigkeit von Frauen seitens der Männer wie auf der direkten ökonomischen Verfügung über Menschen und Güter.

Der archaische Staat im antiken Vorderen Orient entstand im 2. Jahrtausend v. Chr. aus der Zwillingswurzel der männlichen sexuellen Dominanz über die

Frauen und der Ausbeutung von Männern durch einige andere Männer. Von Beginn an war der archaische Staat so organisiert, daß die Abhängigkeit des männlichen Familienoberhauptes vom König und der staatlichen Verwaltung durch seine beherrschende Stellung innerhalb der Familie kompensiert wurde. Die männlichen Familienvorstände verteilten die materiellen Mittel der Gesellschaft auf ihre Familienmitglieder so, wie der Staat diese Mittel ihnen zuteilte. Die Kontrolle der Familienoberhäupter über die weiblichen Familienmitglieder und minderjährigen Söhne war für das Bestehen des Staates ebenso wichtig wie die Kontrolle des Königs über seine Soldaten. Dies wird deutlich in den verschiedenen Gesetzessammlungen Mesopotamiens, besonders in der großen Zahl von Gesetzen, die sich mit der Reglementierung der weiblichen Sexualität befassen.

Seit dem 2. Jahrtausend v. Chr. ist die Kontrolle über das sexuelle Verhalten der Bürger in allen Gesellschaften ein wichtiges Mittel der sozialen Kontrolle gewesen. Umgekehrt ist die Klassenhierarchie immer von neuem in der Familie durch sexuelle Dominanz wiederhergestellt worden. Ungeachtet des politischen oder ökonomischen Systems wird in der patriarchalen Familie die besondere Art von Persönlichkeitsstruktur hervorgebracht und bestätigt, die in einem hierarchischen System angemessen funktionieren kann.

Die patriarchale Familie hat sich als räumlich und zeitlich erstaunlich variabel und sehr überlebensfähig erwiesen. Zum orientalischen Patriarchat gehören Polygamie und das Einschließen von Frauen in Harems; das Patriarchat im klassischen Altertum und seine Entwicklung in Europa hingegen stützte sich auf Monogamie. Aber in allen seinen Formen machte eine die Frauen benachteiligende Doppelmoral Teil des Systems aus. In modernen Industriestaaten, etwa in den USA, sind die Besitzverhältnisse innerhalb der Familie etwas ausgeglichener als in Ländern, wo der Familienvater noch die uneingeschränkte Macht ausübt, doch dadurch ändern sich nicht notwendigerweise auch die sexuellen und ökonomischen Machtverhältnisse innerhalb der Familie. In manchen Fällen sind die sexuellen Beziehungen eher gleichberechtigt, während die ökonomischen Beziehungen patriarchal bleiben; in anderen Fällen verhält es sich umgekehrt. Keinesfalls aber haben solche innerfamiliären Veränderungen einen grundsätzlichen Einfluß auf die fundamentale männliche Dominanz im Bereich des öffentlichen Lebens, der Institutionen und des politischen Systems.

Die Familie spiegelt nicht nur die Ordnung im Staat und erzieht die Kinder dazu, sich nach deren Regeln zu richten, sie erschafft darüber hinaus diese Ordnung immer neu und verstärkt ihre Wirkung.

Es sollte festgehalten werden, daß der Hinweis auf relative Verbesserungen im Status der Frauen in einer bestimmten Gesellschaft häufig nur meint, daß wir Verbesserungen erkennen können im Hinblick auf den Grad, in dem die Situation der Frauen ihnen Möglichkeiten eröffnet, sich gewisse Erleichterungen innerhalb des Systems des Patriarchats zu verschaffen. Wo Frauen, relativ gesehen, über eine etwas größere ökonomische Macht verfügen, sind sie meist in der Lage, ihr Leben etwas eigenständiger zu bestimmen als in Gesellschaften, wo sie keinerlei ökonomische Macht besitzen. Auf ähnliche Weise dienen Frauengruppen und -vereine oder wirtschaftliche Hilfseinrichtungen dazu, die Möglichkeiten der Frauen zu erweitern, den Zumutungen des jeweiligen patriarchalen Systems entgegenzuwirken. Einige Anthropologen und Anthropologinnen sowie Historiker und Historikerinnen haben schon diese relative Verbesserung als die neue »Freiheit« der Frau bezeichnet. Eine derartige Einschätzung ist illusionär und ungerechtfertigt. Reformen und Veränderungen der Rechtslage verbessern zwar die Lebensbedingungen der Frauen und erleichtern den Emanzipationsprozeß, aber sie bewirken keinen die Grundlagen des Patriarchats verändernden Wandel der Verhältnisse. Solche Reformen müßten Teil einer umfassenden kulturellen Revolution sein, um das Patriarchat transformieren und schließlich beseitigen zu können.

Das System des Patriarchats kann nur funktionieren, wenn die Frauen an seiner Aufrechterhaltung mitwirken. Diese Kooperation wird auf vielfältige Weise erreicht: Indoktrination im Sinne der geschlechtsspezifischen Rollenerwartungen; Benachteiligung im Bildungswesen; das Verhindern, daß Frauen die eigene Geschichte kennenlernen; das Schaffen einer Distanz zwischen den einzelnen Frauen durch das Definieren von »Ehrbarkeit« und »Abweichung« je nach dem sexuellen Verhalten; durch Maßregelung und offenen Zwang; durch Diskriminierung beim Zugang zu wirtschaftlichen Ressourcen und politischer Macht sowie durch die Vergabe von Klassenprivilegien an Frauen, die den Rollenerwartungen entsprechen.

Fast viertausend Jahre lang haben Frauen ihr Leben unter dem Schirm des Patriarchats gestaltet oder einer spezifischen Form desselben, die sich am besten als paternalistische Dominanz beschreiben läßt. Dieser Begriff bezeichnet die Beziehung einer als überlegen geltenden dominanten Gruppe zu einer angeblich minderwertigen untergeordneten Gruppe, wobei diese Dominanz mittels gegenseitiger Verpflichtungen und Rechtsansprüche ausgeübt wird. Die Dominierten tauschen Unterwerfung gegen Schutz, unbezahlte Arbeit gegen Unterhalt. In der patriarchalen Familie sind Verantwortlichkeiten und Verpflichtungen unter den zu Beschützenden nicht gleichmäßig verteilt: Die Unterordnung der männlichen Kinder unter die Dominanz des Vaters ist vorübergehend; sie endet, wenn diese selbst zum Familienoberhaupt werden. Die Unterordnung der weiblichen Kinder und der Ehefrauen dauert bis zum Tode. Töchter können ihr nur entkommen, wenn sie sich als Ehefrau unter die Dominanz / den Schutz eines anderen Mannes begeben. Die Grundlage des Paternalismus ist ein ungeschriebener Tauschvertrag: wirtschaftlicher Unterhalt und Schutz seitens des Mannes gegen allumfassende Unterordnung, sexuelle Dienste und unbezahlte Hausarbeit seitens der Frau. Doch die Beziehung bleibt rechtlich und tatsächlich häufig auch dann noch bestehen, wenn der Mann seinen Verpflichtungen nicht nachkommt.

Es war eine vernünftige Entscheidung, wenn Frauen in der Bronzezeit unter den Bedingungen öffentlicher Machtlosigkeit und wirtschaftlicher Abhängigkeit für sich und ihre Kinder starke Beschützer wählten. Frauen hatten immer Anteil an den Klassenprivilegien der Männer ihrer Klasse, *so lange, wie sie »unter dem Schutz« eines Mannes standen.* Für Frauen, die nicht den unteren Klassen angehörten, lautete die »gegenseitige Vereinbarung« so: Im Austausch für deine sexuelle, ökonomische, politische und intellektuelle Unterordnung unter einen Mann kannst du Anteil haben an der Macht der Männer deiner Klasse, Männer und Frauen der niederen Klassen auszubeuten. In einer Klassengesellschaft ist es für diejenigen, die – wie begrenzt auch immer – selbst einige Macht haben, schwer, sich selbst gleichfalls als benachteiligt und untergeordnet zu begreifen. Klassen- und Rassenprivilegien dienen dazu, die Möglichkeit von Frauen zu unterminieren, sich als Teil einer kohärenten Gruppe zu verstehen, was sie ja tatsächlich auch nicht sind, weil einzig und allein die Frauen unter allen unterdrückten Gruppen in allen gesellschaftlichen Schichten anzutreffen sind. Die Herausbildung eines Gruppenbewußtseins bei Frauen muß unter anderen Aspekten erfolgen. Das ist der Grund dafür, daß theoretische Formulierungen, die in bezug auf andere unterdrückte Gruppen zutreffen, so wenig angemessen sind, um die Unterordnung der Frauen zu erklären oder begrifflich zu fassen.

Jahrtausendelang haben Frauen an dem Prozeß ihrer eigenen Unterordnung mitgewirkt, weil sie psychologisch so zugerichtet worden sind, daß sie die Vorstellung ihrer eigenen Minderwertigkeit internalisiert haben. Die Unwissenheit über ihre eigene von Kämpfen und Fortschritten geprägte Geschichte war eines der wichtigsten Mittel, die Unterordnung der Frauen aufrechtzuerhalten.

Das Verstricktsein der Frauen in familiale Strukturen machte die Entwicklung von Solidarität und Gruppenzusammenhalt äußerst schwer. Jede einzelne

Frau war an die männlichen Verwandten in ihrer Herkunftsfamilie durch Beziehungen gebunden, die bestimmte Verpflichtungen enthielten. Die Indoktrination, der sie von ihrer frühen Kindheit an ausgesetzt war, betonte ihre Verpflichtung, nicht nur einen wirtschaftlichen Beitrag zum Einkommen der Familie und in der Hauswirtschaft zu leisten, sondern einen den Interessen der Familie entsprechenden Ehepartner zu akzeptieren. Anders ausgedrückt: die sexuelle Kontrolle über die Frauen war mit dem paternalistischen Schutz verknüpft; in den verschiedenen Lebensphasen wechselte sie zwar die männlichen Beschützer, doch niemals entwuchs sie dem kindgleichen Status, untergeordnet zu sein und unter jemandes Schutz zu stehen.

Andere unterdrückte Klassen und Gruppen wurden durch die von diesem Status vorgegebenen Lebensbedingungen zu einem Gruppenbewußtsein gedrängt. Sklave und Sklavin konnten eine deutlich erkennbare Linie ziehen zwischen den Interessen und Bindungen in bezug auf die eigene Familie und die Beziehung von Unterwürfigkeit/Schutz, die ihn/ sie mit seinem/ ihrem Herrn verband. Tatsächlich war der Versuch von Sklaven-Eltern, die eigene Familie vor dem Sklavenhalter zu beschützen, eine der Hauptursachen des Widerstandes von Sklaven und Sklavinnen. »Freie« Frauen hingegen lernten schon früh, daß ihre Verwandten sie verstoßen würden, wenn sie jemals gegen deren Dominanz rebellieren sollten. In traditionellen und bäuerlichen Gesellschaften ist es oft vorgekommen, daß weibliche Familienmitglieder die Verfolgung, Folterung und sogar Tötung eines Mädchens, das die »Ehre« der Familie verletzt hatte, toleriert oder sogar daran mitgewirkt haben. In biblischen Zeiten versammelte sich die gesamte Dorfgemeinschaft, um eine Ehebrecherin zu Tode zu steinigen. Ähnliche Praktiken wurden in Sizilien, Griechenland, Albanien bis ins 20. Jahrhundert beibehalten. Väter und Ehemänner in Bangladesch verstießen ihre Töchter und Frauen, die von einmarschierenden Soldaten vergewaltigt worden waren, und verdammten sie damit zur Prostitution. So sahen sich Frauen oft gezwungen, von einem »Beschützer« zum anderen zu fliehen, wobei sich ihre »Freiheit« oft nur als die Möglichkeit und Fähigkeit definieren ließ, sich zwischen diesen Beschützern hindurchzulavieren oder sie gegeneinander auszuspielen.

Angesichts all dieser Bedingungen, die ein Entstehen von Gruppenbewußtsein behinderten, war es von ganz besonderer Bedeutung, daß es keine Tradition gab, die ein Wissen um die Unabhängigkeit und Autonomie von Frauen in irgendeiner vergangenen Epoche als unbestreitbare Tatsache vermittelt hätte. Soweit den Frauen bekannt war, hatte es niemals eine Frau oder eine Gruppe von Frauen gegeben, die ohne männlichen Schutz lebte. Es hatte niemals eine

Gruppe ihrer Art gegeben, die etwas Wesentliches für sich selbst durchsetzen konnte. Frauen hatten keine Geschichte – das wurde ihnen gesagt, und das glaubten sie. So war es letzten Endes die Hegemonie des Mannes über das anerkannte Symbolsystem, durch die die Frauen am entschiedensten benachteiligt wurden.

Die uneingeschränkte Macht der Männer, verbindliche Symbolsysteme zu schaffen, wird auf zweierlei Art deutlich: an fehlenden Bildungschancen für die Frauen und am Monopol der Männer beim Festlegen von Definitionen. Ersteres ergab sich eher unbeabsichtigt als Konsequenz der Klassenherrschaft und des Aufstiegs militärischer Eliten an die Macht. In allen geschichtlichen Epochen gab es weitreichende Möglichkeiten für die Frauen der herrschenden Eliten, deren Zugang zur Bildung einer der wichtigsten Aspekte ihrer Klassenprivilegien war. Die männliche Dominanz hinsichtlich ihrer Definitionsmacht war jedoch beabsichtigt und durchgängig, und das Wirken einzelner hochgebildeter und schöpferisch tätiger Frauen hat in einer Zeit von 4000 Jahren kaum auch nur eine schwache Spur hinterlassen.

Wir haben gesehen, wie Männer sich die wichtigsten Symbole weiblicher Macht zu eigen machten und umwandelten: die Macht der Muttergöttin und der Fruchtbarkeitsgöttinnen. Wir haben gesehen, wie Männer Theologien konstruiert haben, die sich auf die den natürlichen Tatsachen widersprechende Metapher der männlichen Schöpfer- und Zeugungskraft stützten und die weibliche Existenz als geringwertig und als sexuelle Abhängigkeit umdefinierten. Wir haben schließlich gesehen, wie gerade die Metaphern für die Geschlechtlichkeit im Sinne von Geschlechterrollen das Männliche als Norm und das Weibliche als Abweichung bezeichneten: den Mann als vollständig und machtvoll, das Weib als unvollendet, verkrüppelt und ohne Autonomie. Auf der Basis solcher symbolischer Konstrukte, die eingebettet sind in die griechische Philosophie, die jüdisch-christlichen Theologien und die Rechtstradition, auf die die westliche Kultur gegründet ist, haben Männer die Welt in ihren eigenen Begriffen erklärt und die Leitfragen in einem Sinne definiert, der sie selbst in den Mittelpunkt des Diskurses rückt.

Indem sie unter die Begriffe jemand, man, jedermann die Frau subsumierten und ihnen die Repräsentation der ganzen Menschheit zuschrieben, haben Männer einen begrifflichen Irrtum von ungeheuerer Wirkung in das gesamte Denken eingefügt.[475] Indem sie die Hälfte für das Ganze genommen haben, haben

475 Gerda Lerner exemplifiziert dies mit den englischen Begriffen »man«, »woman«, wie es partiell

sie nicht nur das Wesentliche von allem, was sie beschreiben, verfehlt, sondern sie haben es auf eine Art zerrissen, daß sie es nicht einmal mehr erkennen können. Solange die Männer glaubten, die Erde sei flach, konnten sie ihre wirkliche Gestalt, ihre Gesetzmäßigkeiten und ihre Beziehung zu anderen Körpern im Universum nicht verstehen. Solange Männer glauben, daß ihre Erfahrungen, ihre Standpunkte und ihre Ideen die gesamte menschliche Erfahrung, das gesamte menschliche Denken repräsentieren, so lange sind sie nicht nur unfähig, im Bereich des Abstrakten korrekt zu definieren, sondern auch unfähig, die Wirklichkeit genau zu beschreiben.

Der androzentrische Irrtum, von dem das gesamte Denken der westlichen Zivilisation zutiefst geprägt ist, kann nicht einfach durch das »Hinzufügen der Frauen« korrigiert werden. Zur Richtigstellung ist eine radikale Umstrukturierung des Denkens und der Analyse erforderlich, mit der ein für allemal die Tatsache anerkannt wird, daß die Menschheit zu gleichen Teilen aus Männern und Frauen besteht und daß die Erfahrungen, Gedanken und Einsichten beider Geschlechter in jeder verallgemeinernden Aussage über menschliche Wesen repräsentiert sein müssen.

Heute hat die historische Entwicklung zum ersten Mal die Voraussetzungen dafür geschaffen, daß sich große Gruppen von Frauen- und schließlich alle Frauen – aus dem Zustand der Unterordnung emanzipieren können. Da das Denken der Frauen eingeschlossen war in einem beschränkten und von Irrtümern geprägten patriarchalen Rahmen, ist die Herausbildung eines neuen Bewußtseins der Frauen hinsichtlich ihrer selbst und ihres Denkens eine Voraussetzung des Wandels.

Am Anfang dieses Buches haben wir die Signifikanz der Geschichte für das menschliche Bewußtsein und psychische Wohlbefinden diskutiert. Die Geschichte verleiht dem menschlichen Leben Bedeutung und schafft eine Verbindung zwischen dem Leben des einzelnen und der Unsterblichkeit; aber Geschichte hat auch eine andere Funktion. Indem die Menschen ihre kollektive Vergangenheit im Gedächtnis behalten und sie die Gegenwart jeweils neu interpretieren, definieren sie ihr Potential und erkunden die Grenzen ihrer Möglichkeiten. Wir lernen aus der Vergangenheit nicht nur, was Menschen vor uns getan, gedacht und erstrebt haben, sondern wir lernen auch, wie sie ihre Ziele verfehlten und sich irrten. Seit den Tagen der babylonischen Königslisten sind die Aufzeichnungen über die Geschichte von Männern angefertigt und interpretiert worden und befassen sich die Niederschriften im wesentlichen mit den Ta-

auch im Französischen mit »homme« (Mann/Mensch) möglich wäre. (A. d. Ü.)

ten, Verhaltensweisen und Zielen von Männern. Seit dem Entstehen der Schrift hat sich das menschliche Wissen in Riesenschritten vervielfacht. Während die Frauen, wie wir gesehen haben, in der Zeit vor der Einführung der Schrift und noch fast das ganze Jahrtausend danach an der Weitergabe der mündlichen Überlieferung und an der Ausübung religiöser und kultischer Funktionen beteiligt waren, hatte ihre Benachteiligung im Bildungswesen und ihre symbolische Entthronung eine starke und nachhaltige Wirkung auf die künftige Entwicklung der Frauen. Die Kluft zwischen den Erfahrungen derjenigen, die tatsächlich oder nur potentiell (im Falle der Männer aus den unteren Schichten) teilnahmen an der Schaffung des Symbolsystems, und den Erfahrungen derjenigen, die zwar handelten, nicht aber interpretierten, wurde immer größer.

In ihrer brillanten Arbeit *Das andere Geschlecht* hat sich Simone de Beauvoir mit dem Ergebnis dieser historischen Entwicklung befaßt. Sie beschrieb den Mann als autonom und zur Transzendenz fähig, die Frau als der Immanenz verhaftet. Aber ihre Beschreibung ignorierte die Vergangenheit der Frauen. Bei dem Versuch zu belegen, »*daß (Frauen) praktisch keine Möglichkeit haben, sich zu einer Einheit zu sammeln, die sich durch Gegensatz als solche setzen würde*«, stellt sie kurz und bündig fest: »*Sie haben keine ihnen eigentümliche Vergangenheit, Geschichte, Religion.*«[476] Ich stimme de Beauvoirs Feststellung, die Frau sei nicht »transzendent«, zu, wenn mit »Transzendenz« die Definition und Interpretation des menschlichen Wissens gemeint ist. Aber sie irrte sich in der Annahme, Frauen hätten deshalb keine Geschichte. Daß dies ein Fehlschluß ist, ist in zwei Jahrzehnten wissenschaftlicher Arbeit über Frauengeschichte nachgewiesen worden, durch die eine endlose Liste von Quellen zutage gefördert und die verborgene Geschichte der Frauen entdeckt und interpretiert worden ist. Dieser Prozeß der Erarbeitung einer Geschichte der Frauen ist noch im Gange und wird noch lange fortgesetzt werden müssen. Wir beginnen erst, seine Implikationen zu verstehen.

Der Mythos, daß Frauen für das Entstehen der Geschichte und der Kultur nur von geringer Bedeutung seien, hat die Psychologie von Frauen und Männern tiefreichend geprägt. Er hat den Männern zu einer verzerrten und in wesentlicher Hinsicht irreführenden Auffassung von ihrer Stellung in der menschlichen Gesellschaft und im Universum verholfen. Für Frauen schien die Geschichte – das zeigt das Beispiel Simone de Beauvoir, die sicher eine der gebildetsten Frauen ihrer Zeit war – jahrtausendelang nur negative Lektionen zu bieten und keine Hinweise auf Präzedenzfälle eines signifikanten Handelns von Frauen,

476 S. de Beauvoir 1968, S. 13. Simone de Beauvoir stützte diese irrige Verallgemeinerung auf die zur Zeit der Niederschrift des Buches zur Verfügung stehenden Ergebnisse der androzentrischen Geschichtswissenschaft, hat sie aber bis zu ihrem Tode nicht korrigiert.

für Heroismus oder Beispiele für Erfolge beim Streben nach Befreiung. Am schwerwiegendsten war das scheinbare Fehlen einer Tradition, die geeignet gewesen wäre, die Unabhängigkeit und Autonomie von Frauen zu bestätigen. Es hatte den Anschein, als hätte es nie einzelne Frauen oder Gruppen von Frauen gegeben, die ohne den Schutz von Männern ausgekommen wären. Es ist von großer Bedeutung, daß in Märchen, Mythen und Fabeln Beispiele für das Gegenteil enthalten waren: Amazonen, Drachentöterinnen, Frauen mit magischen Kräften. Aber im realen Leben schienen Frauen keine Geschichte zu haben – so wurde es ihnen erzählt, und so glaubten sie es. Und weil sie scheinbar keine Geschichte hatten, hatten sie auch keine Alternativen für die Zukunft.

In gewisser Hinsicht läßt Klassenkampf sich beschreiben als ein Ringen um die Kontrolle der Symbolsysteme einer Gesellschaft. Die unterdrückte Gruppe entwickelt, während sie von den Leitsymbolen unter der Kontrolle der dominanten Gruppe geprägt ist und sie teilweise übernimmt, auch ihre eigenen Symbole. In Zeiten revolutionärer Umwälzungen werden diese zu wichtigen Triebkräften für die Schaffung von Alternativen. Anders ausgedrückt: Revolutionäre Ideen können nur dann entstehen, wenn die Unterdrückten eine Alternative zu den Symbolen und den Erklärungsmustern derer haben, die sie beherrschen. So konnten Sklaven und Sklavinnen, die unter Umständen lebten, die von ihren Herren kontrolliert wurden, und physisch deren totaler Kontrolle unterworfen waren, ihre Menschlichkeit bewahren und zeitweise der Macht des Herren Grenzen setzen, indem sie ihre eigene »Kultur« bewahrten. Eine derartige Kultur bestand aus sorgsam gehüteten kollektiven Erinnerungen an eine frühere Freiheit und an Alternativen zu den Ritualen, Symbolen und Glaubensvorstellungen der Sklavenhalter. Entscheidend für den oder die einzelne/n war die Möglichkeit, sich mit einem Zustand zu identifizieren, der anders war als der von Unterordnung oder Versklavung. So konnten sich alle Männer, ob versklavt oder wirtschaftlich oder rassisch unterdrückt, immerhin mit denen identifizieren, die wie sie – andere Männer – transzendente Qualitäten in den Symbolsystemen der Herren hatten: Wie erniedrigt auch immer, jeder männliche Sklave oder Bauer war dem Herrn in seiner Beziehung zu Gott gleich. Das traf für Frauen nicht zu. Im Gegenteil: Bis zur Zeit der protestantischen Reformation konnte sich im westlichen Kulturkreis keine Frau, sie mochte noch so hochgestellt und privilegiert gewesen sein, in ihrem Menschsein dadurch bestätigt oder gestärkt fühlen, daß sie sich eine Person wie sie selbst – eine weibliche Person -vorstellte, die eine Position von intellektueller Autorität innehatte oder in einer direkten Beziehung zu Gott stand.

Wo es keine Präzedenzfälle gibt, kann sich niemand eine Vorstellung von Alternativen zu den bestehenden Lebensumständen machen. Diese Wirkung der männlichen Hegemonie war für Frauen besonders schädlich und hat ihren untergeordneten Status für Jahrtausende fixiert. Daß den Frauen eine eigene Geschichte versagt worden ist, hat immer erneut dafür gesorgt, daß Frauen die Ideologie des Patriarchats akzeptierten, was ihr Selbstwertgefühl nachhaltig unterminiert hat. Die Männer-Version der Geschichte, legitimiert als »allgemeingültige Wahrheit«, hat Frauen als Randfiguren der Zivilisation und als Opfer der geschichtlichen Entwicklung dargestellt. So vorgestellt zu werden und das für angemessen zu halten, ist fast schlimmer, als ganz vergessen zu sein. Das Bild ist falsch unter beiden Aspekten, wie wir heute wissen; aber der von den Frauen im Laufe der Geschichte erreichte Fortschritt ist gekennzeichnet durch ihren Kampf gegen diese lähmende Verzerrung.

Darüber hinaus waren die Frauen 2500 Jahre lang im Bereich von Bildung und Ausbildung erheblich benachteiligt, und es wurden ihnen die Voraussetzungen vorenthalten, unter denen sich abstraktes Denken entwickeln läßt. Ganz offensichtlich ist die Grundlage des Denkens nicht das sexuelle Geschlecht. Die Fähigkeit zu denken ist jedem Menschen angeboren, sie kann gefördert oder gehemmt werden, aber sie kann nicht völlig reduziert werden. Das trifft mit Sicherheit auf die Form des Denkens zu, die aus den Anforderungen des Alltags heraus entsteht und sich darauf bezieht, auf die Ebene des Denkens, auf der die meisten Männer und Frauen ihr Leben lang operieren. Doch das abstrakte Denken und die Entwicklung neuer begrifflicher Modelle – Theoriebildung – ist etwas anderes. Diese Leistung ist abhängig davon, daß die intellektuelle Ausbildung des einzelnen auf der Höhe des erreichten Wissensstandes und der höchstentwickelten Traditionen erfolgt und daß der Auszubildende von einer Gruppe gebildeter Menschen akzeptiert wird, die durch Kritik und gegenseitige Anregungen für »kulturellen Ansporn« sorgen. Dieser Prozeß ist abhängig von der Möglichkeit, über freie Zeit zu verfügen, und schließlich von der Fähigkeit des einzelnen, vorhandenes Wissen aufzunehmen und es dann auf kreative Art neu zu ordnen. Frauen waren in der Vergangenheit nicht in der Lage, sich alle diese Voraussetzungen zu verschaffen. Die Diskriminierung im Bildungswesen hat sie benachteiligt beim Zugang zu den Quellen des Wissens. Der »kulturelle Ansporn«, wie er in den oberen Rängen des religiösen und akademischen Establishments institutionalisiert ist, war für sie unerreichbar. Ganz allgemein hatten Frauen aller Klassen weniger Freizeit und Muße als Männer, und die Freizeit, die sie hatten, war wegen ihrer Aufgaben bei der Erziehung der Kinder und in der Familie nicht ihre eigene Zeit. Die Zeit denkender Männer, die Zeit, in der sie arbeiten und studieren, ist seit den Anfängen der griechischen Philosophie als private Zeit respektiert worden. Wie die Sklaven des Aristoteles haben die Frauen, »deren Werk im Gebrauch des Körpers besteht«, mehr als 2500 Jahre lang unter den Nachteilen einer zerstückelten, von ständigen Unterbrechungen bedrohten Zeit gelitten. Schließlich ist die Art der Charakterbildung, die den Geist befähigt, neue Verbindungen zu erkennen und eine neue Ordnung von Abstraktionen zu entwerfen, das genaue Gegenteil der Charakterbildung von Frauen, die dazu gebracht werden sollen, ihre untergeordnete und dienstleistungsorientierte Stellung in der Gesellschaft zu akzeptieren.

Es hat jedoch immer eine winzige Minderheit von privilegierten Frauen, meist aus den Kreisen der herrschenden Elite, gegeben, die zu einigen Bereichen des Bildungswesens Zugang hatten wie ihre Brüder. Aus den Reihen dieser Frauen stammen die Intellektuellen, die Philosophinnen, Schriftstellerinnen und Künstlerinnen. Es sind diese Frauen in allen historischen Epochen, die in der Lage waren, uns eine weibliche Perspektive zu vermitteln, eine Alternative zum androzentrischen Denken. Sie haben dies unter großen Schwierigkeiten getan und einen ungeheuer hohen Preis dafür zahlen müssen.

Diese Frauen, die zu den Zentren der Intellektuellen ihrer Zeit, überwiegend in den letzten hundert Jahren, zugelassen worden sind, diese akademisch ausgebildeten Frauen, haben zuallererst lernen müssen, »zu denken wie ein Mann.« In diesem Prozeß haben viele von ihnen diese Aufgabe so sehr verinnerlicht, daß sie ihre Fähigkeit verloren haben, sich Alternativen vorzustellen. Die Methode des abstrakten Denkens beinhaltet, präzise zu definieren, gedankliche Modelle zu entwerfen und ausgehend von ihnen zu verallgemeinern. Solches Denken, so haben uns die Männer gelehrt, hat das Ausklammern der Gefühle zur Voraussetzung. Wie die Armen, die Untergeordneten, die Randständigen, Beiseitegeschobenen wissen Frauen genau, was Doppeldeutigkeit ist, kennen sie das Gemisch aus Denken und Fühlen; es ist ihnen bewußt, wie Abstraktionen von Werturteilen eingefärbt werden. Frauen haben immer die Erfahrung der Wirklichkeit des Selbst und der Gemeinschaft gemacht, sie gekannt und mit anderen geteilt. Aber in einer Welt lebend, in der sie abgewertet werden, tragen ihre Erfahrungen das Stigma der Bedeutungslosigkeit. So haben sie gelernt, ihren eigenen Erfahrungen zu mißtrauen und sie gering zu achten. Welche Weisheit kann in den Monatsblutungen sein? Welche Quelle der Erkenntnis in milchgefüllten Brüsten? Welche Nahrung bietet dem abstrakten Denken die tägliche Routine von Ernähren und Putzen? Das patriarchale Denken hat solche Erfahrungen, die geschlechtsspezifisch und von sozialkulturell zugeschnittenen Rollenbildern bestimmt sind, in den Bereich des »Natürlichen«, des Nicht-Transzendenten verwiesen. Das Wissen der Frauen wird zur bloßen »Intuition« erklärt, das Gespräch von Frauen zum »Klatsch.« Frauen haben es mit den unmittelbaren Einzelheiten zu tun: Sie erleben die Realität im Tages- und Stundentakt, in ihren Dienstleistungsfunktionen (sich um Essen und Schmutz zu kümmern); in ihrer ständig zu unterbrechenden Zeit, ihrer aufgesplitterten Aufmerksamkeit. Besteht die Möglichkeit zu verallgemeinern, wenn die kleinste Einheit, das Kleinkind, ihnen am Rocksaum hängt? Er als derjenige, der die Symbole definiert und die Welt erklärt, und sie, als diejenige, die sich seiner und seiner Kinder körperlichen und psychischen Bedürfnisse annimmt – der Abstand zwischen ihnen ist riesig.

In der Vergangenheit mußten denkende Frauen sich entscheiden zwischen einem Leben als Frau mit seinen Freuden, seiner Alltäglichkeit und Unmittelbarkeit, und dem Leben eines Mannes, um dem Denken nachgehen zu können. Diese Wahl zu treffen war für Generationen von Frauen grausam und verlangte einen hohen Preis. Andere haben ganz absichtlich ein Leben außerhalb der zugewiesenen Geschlechtsrollen gewählt und allein oder mit anderen Frauen zusammengelebt. Einige der wichtigsten Fortschritte im Denken der Frauen verdanken wir den Frauen, deren persönlicher Kampf um alternative Lebensweisen ihr Denken beeinflußte. Aber solche Frauen wurden während der längsten Zeit der Geschichte gezwungen, an den Rändern der Gesellschaft zu existieren; sie wurden als »abweichend« betrachtet, als »vom Wege abgekommen«, und von einer solchen Position aus war es sehr schwierig für sie, aus ihren Erfahrungen für andere allgemeine Schlußfolgerungen abzuleiten und Einfluß und Zustimmung zu gewinnen. Warum gibt es keine Frauen unter denen, die Systeme entworfen und entwickelt haben? Weil nicht in allgemeinen Begriffen denken kann, wer selbst aus der Gemeinschaft der Gattung ausgeschlossen worden ist.

Was der Gesellschaft entgangen ist, weil die Frauen an dem Bemühen der Menschheit um ein System des abstrakten Denkens nicht haben teilnehmen dürfen, ist nicht zu ermessen. Was dieses Ausgeschlossensein für denkende Frauen bedeutet, können wir anfangen zu verstehen, wenn wir sehr genau erklären, was uns angetan worden ist, und – so schmerzhaft das auch sein mag – schonungslos beschreiben, wie wir selbst daran mitgewirkt haben. Wir wissen seit langem, daß Vergewaltigung eine Methode ist, um uns zu terrorisieren und uns im Zustand der Unterwerfung festzuhalten. Inzwischen wissen wir, daß wir – wenn auch unwissentlich beteiligt waren an der Vergewaltigung unseres Denkvermögens.

Kreative Frauen, Schriftstellerinnen und Künstlerinnen haben auf eine ähnliche Weise gegen eine zerstörerische Realität angekämpft. Ein Standardwerk der Literaturwissenschaft, das seine Maßstäbe und Definitionen aus der Bibel, den griechischen Klassikern und Milton gewänne, würde zwangsläufig die Signifikanz und Bedeutung der von Frauen geschaffenen Literatur und Kunst ebenso begraben, wie die Historiker das Wirken von Frauen zugeschüttet haben. Die Bemühungen um die Anerkennung der Bedeutung dieses Wirkens und um die Neubewertung der literarischen und künstlerischen Arbeit von Frauen sind neueren Datums. Die feministische Literaturkritik und Dichtung haben uns zu einer Lektüre der Frauenliteratur hingeführt, durch die wir eine verborgene, absichtlich »einseitig-unausgewogene«, aber kraftvolle Weltsicht entdekken. Durch die Neuinterpretationen der feministischen Literaturkritik stoßen wir bei den Schriftstellerinnen des 18. und 19. Jahrhunderts auf eine weibliche Sprache in Metaphern, Symbolen und Mythen. Ihre Themen verhalten sich zur männlichen Tradition zutiefst subversiv. Sie befassen sich mit der Kritik an den Bibelinterpretationen vom Sündenfall, mit der Zurückweisung der Göttin/Hexe-Dichotomie, mit der Projektion des gespaltenen Selbst oder der Furcht davor. Der Aspekt einer machtvollen Kreativität von Frauen wird symbolisiert in Heldinnen, die über magische Kräfte des Guten verfügen, oder in starken Frauen, die in Verliese verbannt sind oder als »Verrückte auf dem Dachboden« leben müssen. Andere schreiben in Metaphern, die den begrenzten häuslichen Raum aufwerten, indem sie ihn symbolisch als die Welt erscheinen lassen.[477]

Jahrhundertelang finden wir in den Werken der Schriftstellerinnen eine pathetische, fast verzweifelte Suche nach der Frauengeschichte – lange bevor es historische Untersuchungen darüber gab. Die Schriftstellerinnen des 19. Jahrhunderts lasen mit höchster Aufmerksamkeit die Romane der Schriftstellerinnen des 18. Jahrhunderts; wieder und wieder lasen sie die Lebensbeschreibungen von Königinnen, Äbtissinnen, Dichterinnen und Wissenschaftlerinnen. Frühe »Materialsammlerinnen« suchten in der Bibel und anderen historischen Quellen, zu denen sie Zugang hatten, um dicke Wälzer mit Angaben über Heldinnen zu füllen.

Die literarischen Äußerungen von Frauen, die vom herrschenden männlichen Establishment erfolgreich marginalisiert und trivialisiert wurden, blieben dennoch erhalten. Die Stimmen anonymer Frauen waren gegenwärtig als ein ständiger Unterton der mündlichen Überlieferung, in Volksliedern und Kinderreimen, in Märchen von mächtigen Hexen und guten Feen. In Stickereien, Go-

477 S. Gilbert u. S. Gubar 1984.

belins und Quilten verlieh die künstlerische Kreativität von Frauen alternativen Visionen Ausdruck. In Briefen, Tagebüchern, Gebeten und Liedern pulsierte und überdauerte die symbolbildende schöpferische Kraft von Frauen.

Alle diese Bemühungen und Äußerungsformen sind Thema und Gegenstand der Untersuchung, die ich in einem weiteren Buch vorlegen werde. Wie konnten Frauen unter der kulturellen Hegemonie der Männer überleben; welchen Einfluß, welche Wirkung hatten sie auf das patriarchale Symbolsystem; wie und unter welchen Bedingungen konnten sie zu einer alternativen feministischen Weltsicht gelangen? Diese Fragen müssen wir noch beantworten, um das Entstehen des feministischen Bewußtseins als eine historische Erscheinung deuten zu können.

Frauen und Männer sind unter verschiedenen Voraussetzungen in den Prozeß der Geschichte einbezogen worden und haben dessen Entwicklung mit unterschiedlichen Schrittgeschwindigkeiten vollzogen. Wenn das Aufzeichnen, Definieren und Interpretieren der Vergangenheit den Eintritt des Menschen in die Geschichte bezeichnet, dann erfolgte dieser für die Männer im 3. Jahrtausend v. Chr. für die Frauen (und nur für einige von ihnen) kam es dazu, von einigen bemerkenswerten Ausnahmen abgesehen, im 19. Jahrhundert. Bis dahin war alle Geschichte für Frauen Vorgeschichte.

Daß uns Frauen das Wissen über unsere eigene Geschichte des Kämpfens und Vorankommens fehlt, ist ein wichtiges Mittel gewesen, uns in unserer untergeordneten Position zu halten. Aber selbst diejenigen unter uns, die sich schon als feministisch Denkende definieren und die teilnehmen an der Kritik der traditionellen Ideensysteme, werden noch immer behindert von unerkannten Hemmungen, die tief in unserer Psyche eingepflanzt sind. Frauen, die sich der überkommenen Zwänge entledigen, sehen sich mit einer Infragestellung sogar der Definition ihres Selbst konfrontiert. Wie kann ihr mutiges Denken – das Ungenannte beim Namen nennend und Fragen stellend, die bisher von allen Fachautoritäten als »nicht existent« definiert worden sind – wie kann ein solches Denken einhergehen mit ihrem Leben als Frau? Beim Heraustreten aus den Gebilden des patriarchalen Denkens, stehen sie vor dem, wie Mary Daly es formulierte, »existentiellen Nichts.« Und ganz unmittelbar und plötzlich fürchten sie den drohenden Verlust von Kommunikation, Anerkennung und Liebe seitens des Mannes oder der Männer in ihrem Leben. Liebesentzug und die Bezeichnung von denkenden Frauen als »abweichend« waren in der Vergangenheit die Methoden, um Frauen von intellektueller Arbeit abzuschrecken und zu entmutigen. Früher und heute wandten und wenden sich viele der Frauen, die die überlieferten Rollenzuweisungen nicht mehr akzeptieren, an andere Frauen auf der Suche nach Liebe und Selbstbestätigung. Auch heterosexuelle Feministinnen haben in allen Zeiten Kraft gewonnen aus Freundschaften mit Frauen, aus selbstgewählter sexueller Enthaltsamkeit oder durch die Trennung von Liebe und Sex. Kein denkender Mann hat sich jemals mit einer solchen Bedrohung seiner Selbsteinschätzung und seines Liebeslebens auseinandersetzen müssen. Wir sollten nicht unterschätzen, welche Bedeutung dieser Aspekt der Bestimmung und Durchsetzung der Geschlechterrollen hat und wie Frauen sich dadurch von der uneingeschränkten Teilnahme am Prozeß der Schaffung von Denksystemen abhalten ließen. Glücklicherweise bedeutet Befreiung für die heutige Generation gebildeter Frauen, diese emotionalen Bande zu zerreißen und ganz bewußt ihre Selbstbestätigung durch die Unterstützung seitens anderer Frauen zu erreichen.

Doch das bedeutet noch nicht das Ende der Schwierigkeiten, denen wir uns gegenübersehen. In Übereinstimmung mit ihrer Konditionierung im Sinne bestimmter Geschlechtsrollen haben Frauen danach getrachtet, zu gefallen und Mißbilligung zu vermeiden. Dies ist eine schlechte Vorbereitung dafür, den Sprung ins Unbekannte zu wagen, der von denen verlangt wird, die darangehen, neue Systeme zu entwickeln. Außerdem ist jede Frau, die sich Neuem zuwendet, durch die Schule des patriarchalen Denkens gegangen. Wir alle haben mindestens einen »großen Mann« in unseren Köpfen. Da wir so wenig über die Vergangenheit der Frauen wissen, konnten wir keine Heldinnen kennenlernen; erst die in jüngster Zeit sich entwickelnde Forschung zur Frauengeschichte hat begonnen, diesem Mißstand abzuhelfen. So haben die denkenden Frauen lange die von Männern geschaffenen Ideensysteme immer erneut belebt in ihrem Dialog mit dem Geist großer Männer in ihren Köpfen. Elizabeth Cady Stanton hielt sich an die Bibel, die Kirchenväter, die Gründer der Vereinigten Staaten von Amerika. Kate Millet setzte sich mit Freud, Norman Mailer und dem liberalen literarischen Establishment auseinander; Simone de Beauvoir mit Sartre, Marx, Camus; alle marxistisch-feministisch Denkenden befinden sich im Dialog mit Marx und Engels und manche auch mit Freud. In diesem Dialog versucht die Frau nur das zu übernehmen, was sie für sich selbst an Nützlichem in dem umfassenden System des Mannes findet. Doch in diesen Systemen ist die Frau – als Begriff, als kollektives Wesen, als Individuum – nur eine Randerscheinung, oder sie wird einfach subsumiert.

Indem sie solche Dialoge führen, halten sich denkende Frauen länger als sinnvoll innerhalb der Grenzen oder im Rahmen der Fragestellungen auf, die von den »großen Männern« definiert worden sind. Und solange sie das tun, haben sie keinen Zugang zu den Quellen neuer Einsichten.

Revolutionäres Denken war immer gegründet auf die Aufwertung der Erfahrungen der Unterdrückten. Der Bauer mußte lernen, der Wichtigkeit und Relevanz seiner eigenen Lebenserfahrung zu trauen, bevor er es wagen konnte, die Feudalherren herauszufordern. Der Industriearbeiter mußte »klassenbewußt«, der Schwarze »rassenbewußt« werden, bevor ein auf Befreiung gerichtetes Denken sich zu einer revolutionären Theorie entwickeln konnte. Die Unterdrückten haben gleichzeitig gehandelt und gelernt, der Prozeß, der dazu führt, daß eine Person oder eine Gruppe ein neues Bewußtsein entwickelt, ist selbst als solcher befreiend. So verhält es sich auch bei den Frauen.

Der Bewußtseinswandel, den wir erreichen müssen, vollzieht sich in zwei Schritten: Wir müssen uns zumindest eine Zeitlang frauenzentriert verhalten. Wir müssen, so weit wie nur irgend möglich, das patriarchale Denken hinter uns lassen.

Frauenzentriert zu sein bedeutet: sich zu fragen, wie eine These, ein Argument lauten müßte, wenn Frauen im Mittelpunkt des Interesses stünden. Es bedeutet, alles zu ignorieren, was Frauen als weniger wichtig erscheinen läßt; denn selbst wenn Frauen als Randfiguren behandelt werden, ist das die Folge männlicher Interventionen bei der Wahrheitsfindung und der Darstellung von Fakten; häufig hat es jedoch auch nur den Anschein, als befinde sich die Frau in einer Randposition. Grundsätzlich ist davon auszugehen, daß nichts auf der Welt jemals stattgefunden haben kann, woran Frauen nicht beteiligt waren, es sei denn, sie wären durch Zwangsmaßnahmen und Repression daran gehindert worden.

Wenn Methoden und Begriffe der traditionellen Denksysteme verwendet werden, so müssen sie so verwendet werden, daß Frauen in den Mittelpunkt gerückt werden. Es geht nicht an, Frauen in die Leerstellen des patriarchalen Denkens und der partriarchalen Systeme einzupassen – werden sie in den Mittelpunkt gerückt, so wird das System verändert.

Aus dem patriarchalen Denken herauszutreten bedeutet: skeptisch zu sein gegenüber jedem bekannten System des Denkens, alle Annahmen, Wertordnungen und Definitionen kritisch zu hinterfragen.

Es bedeutet, die Feststellungen anderer im Lichte unserer eigenen, der weiblichen Erfahrung, kritisch zu bewerten. Da diese Erfahrung gewöhnlich ignoriert oder trivialisiert worden ist, verlangt das die Überwindung tiefsitzender Widerstände in uns selbst im Sinne des Akzeptierens unserer Person und unseres Wissens als bedeutsam und wichtig. Es bedeutet, uns von den großen Männern in unseren Köpfen zu befreien und sie durch uns selbst, durch unsere Schwestern und unsere anonymen Ahninnen zu ersetzen.

Es bedeutet, unserem eigenen Denken gegenüber kritisch zu sein, das im Grunde ein im Rahmen der patriarchalen Traditionen ausgebildetes Denken ist. Und schließlich bedeutet es, intellektuellen Mut zu entwickeln, den Mut, allein zu stehen, den Mut, Ziele anzustreben, die weiter als eine Armlänge entfernt sind, den Mut, Irrtümer und Niederlagen zu riskieren. Die vielleicht größte Herausforderung für denkende Frauen ist die Aufgabe, den Wunsch nach Sicherheit und Zustimmung hinter sich zu lassen und die »unweiblichste« aller Eigenschaften zu entwickeln – intellektuelle Arroganz, die höchste Form der Hybris, die sich das Recht zubilligt, die Welt neu zu ordnen. Es ist die Hybris der Gottesmacher, die Hybris der männlichen Erschaffer von Systemen.

Das System des Patriarchats ist ein historisches Konstrukt. Es hat einen Anfang, und es wird ein Ende haben. Seine Zeit scheint zur Neige zu gehen, es dient nicht länger den Bedürfnissen von Männern oder Frauen, und seine unauflösliche Verstrickung mit Militarismus, hierarchischer Struktur und Rassismus ist eine unmittelbare Bedrohung für den Fortbestand des Lebens auf unserem Planeten.

Was danach kommen wird, welche Art von Struktur die Grundlage anderer Formen der gesellschaftlichen Organisation bilden wird, können wir noch nicht wissen. Wir leben in einem Zeitalter beispielloser Veränderungen. Wir befinden uns in einem Prozeß des Werdens. Doch wir wissen bereits, daß der Geist der Frau, nach so vielen Jahrtausenden endlich von seinen Fesseln befreit, selbstbewußt mitwirken wird, was die Visionen, die entstehenden Ordnungen und die Lösung der auftretenden Probleme angeht. Nach so langer Zeit fordern die Frauen, wie es die Männer in der Renaissance getan haben, das Recht zu erklären, das Recht zu definieren. Indem Frauen sich aus dem Patriarchat hinausdenken, bereichern sie den Prozeß der Neudefinition um Einsichten, die auf Veränderungen drängen und sie bewirken.

Solange wie Männer und Frauen die Unterordnung der einen Hälfte der Menschheit unter die andere als »natürlich« betrachten, ist es unmöglich, sich eine Gesellschaft vorzustellen, in der Unterschiede nicht zugleich Unterordnung oder Dominanz bedeuten. Die feministische Kritik des patriarchalen Gebäudes der Wissenschaft legt das Fundament für eine korrekte Analyse der Wirklichkeit, eine Analyse, die endlich das Ganze von einem Teil unterscheiden kann.

Frauengeschichte, das wichtigste Mittel zur Schaffung eines feministischen Bewußtseins bei Frauen, stellt einen Erfahrungszusammenhang vor Augen, an dem neue Theorien geprüft werden können, und sorgt für die Grundlage, auf der Frauen Visionen entfalten können.

Eine feministische Weitsicht wird Frauen und Männer in die Lage versetzen, ihren Geist vom patriarchalen Denken und Handeln zu befreien und eine Welt zu errichten, die frei ist von Herrschaft und Hierarchie, eine wahrhaft menschliche Welt.

Anhang: Definitionen

Mit dieser Arbeit nehme ich teil an der gemeinsamen Anstrengung von feministisch Denkenden in verschiedenen wissenschaftlichen Fachbereichen, die zu erklären versuchen, warum Frauen als Subjekt des wissenschaftlichen Diskurses übergangen werden und von der Teilnahme an der Theoriebildung ausgeschlossen sind. Die Ausgrenzung von Frauen im Prozeß der Symbolbildung und des Definierens von Begriffen erschien Männern und Frauen bisher als eine von historischen Bedingungen unabhängige Voraussetzung ihres Tuns. Sie hat daher sehr viel bestimmender wirken können als die gegenüber allen anderen untergeordneten Gruppen durchgesetzten Normen. Wie es dazu gekommen ist und in welcher Weise das die historische Entwicklung beeinflußt hat, ist in der hier vorgelegten Studie detailliert dargestellt worden. Die ahistorische, »überzeitliche« Beibehaltung dieser Praxis hat, das wissen wir inzwischen, Frauen gehindert, als Frauen »Bewußtsein zu erlangen«, und ist deshalb eine der wesentlichen Voraussetzungen des patriarchalen Herrschaftssystems. Erst in diesem Jahrhundert sind für eine kleine Gruppe von Frauen eine winzig kleine Minderheit unter den Frauen dieser Erde – die Voraussetzungen für den Zugang zum Bildungswesen und gleiche Bildungschancen erreichbar geworden, so daß Frauen beginnen konnten, selbst zu »sehen« und also ihre eigenen Begriffe zu definieren und Kategorien zu bilden.

Diejenigen von uns, die sich um diese Neudefinition bemühen, müssen einer dreifachen Aufgabenstellung genügen: korrekt zu definieren, die geltende Theorie kritisch auseinanderzunehmen und ein neues Deutungsmuster (Paradigma) zu schaffen. Dabei stehen wir nicht nur vor dem Problem, keine adäquate Sprache zu haben, sondern für uns als Frauen ist es auch ganz besonders schwierig, die Grenzen unserer traditionsgebundenen Erziehung und Ausbildung und unserer tief verwurzelten und historisch bestimmten psychologischen Disposition zu überwinden.

In welchem Wissenschaftsbereich auch immer wir arbeiten, wir müssen uns mit der Unangemessenheit der Sprache und der Begriffe, die wir vorfinden, auseinandersetzen. Alle Philosophien und Theorien, die wir kennengelernt haben, ignorieren die Frauen oder behandeln sie nur als Randerscheinung, marginalisieren sie. Deshalb können diese Theorien »Frauen als Gruppe« nur begreifen, indem sie sie mit verschiedenen anderen Gruppen, gewöhnlich unterdrückten Gruppen, vergleichen und Frauen in Begriffen beschreiben, die zur Definition solcher Gruppen dienen. Aber der Vergleich ist nicht schlüssig; die Begriffe passen nicht. Das uns bei unserer Arbeit zur Verfügung stehende Werkzeug ist inadäquat.

Die Methoden des abstrakten Denkens, seine begriffliche Ausformung und die zu seiner Darstellung verwendete Sprache sind so definiert, daß sie die Randständigkeit der Frauen verewigen. Auch wir Frauen waren gezwungen, uns durch das patriarchale Denken auszudrücken, wie es in der Sprache reflektiert ist, die wir zu verwenden hatten. Es ist eine Sprache, in der wir unter dem männlichen Artbegriff subsumiert sind, etwa indem wir von jedermann sprechen, wenn wir alle, also Frauen und Männer, meinen, oder selbstverständlich den Begriff »Mannschaft« für Herren- und Damen(!)mannschaften verwenden.[478] Frauen mußten »schmutzige Worte« oder »Worte einer heimlichen Sprache« verwenden, um ihre besonderen körperlichen Erfahrungen zu beschreiben. Die schlimmsten Schmähungen in jeder Sprache beziehen sich auf Teile des weiblichen Körpers oder auf weibliche Sexualität.

Zudem sind die Schwierigkeiten mit dem Vokabular und mit Definitionen überall gegenwärtig, und feministische Theoretikerinnen hatten in allen Richtungen gegen sie anzugehen. Es ist überaus schwierig, vielleicht sogar aussichtslos, zu versuchen, binnen kurzem die Sprache und ihre Verwendung zu ändern. Worte sind gesellschaftlich hervorgebrachte kulturelle Gebilde; sie können nicht entstehen und verwendet werden, wenn sie nicht die Auffassung einer großen Zahl von Menschen wiedergeben. Worte die nur einer kleinen Schar von Eingeweihten zum Gebrauch dienen, verbergen oft mehr als sie erklären: Die Sprache wird zu einem technischen Jargon, der nur im innersten Kreis der Aufgeklärten und Erleuchteten verstanden werden kann. Für diejenigen von uns, die die männerzentrierten Inhalte der Sprache, die wir benutzen, bloßlegen und adäquate Begriffe bilden wollen, die die Hälfte der Menschheit angemessen berücksichtigen, bezeichnet das Problem des Neudefinierens und Umbenennens den Umfang und die Grenzen unseres Unterfangens. Um voranzukommen in dem Versuch, verstanden zu werden und doch die besonderen Erlahrungen von Frauen zum Ausdruck zu bringen, müssen unsere Bemühungen um neue Bedeutungen von Worten konservativ sein in dem Sinne, daß die neuen Begriffe von denen, zu denen und über die wir sprechen, auch verstanden werden können. Ich habe mich deshalb bemüht, wo immer möglich, die gewohnten Begriffe zu verwenden, jedoch ihre Bedeutung klar zu definieren. Andererseits muß die

478 Gerda Lerner verweist hierzu im Original der Studie auf den Begriff »menschlich« (»human«), der aus dem Wortstamm »männlich« (»man«) abgeleitet ist; was ja auch für das Französische gilt: »homme« in der Bedeutung von »Mensch« und »Mann.« (A.d. Ü.)

Notwendigkeit, neue Definitionen festzulegen und das Gewohnte zu überdenken, sich unvermeidlich auf unsere Sprache auswirken. Ich bin, vielleicht weil ich schreibe und dichte, eine Konservative in bezug auf die Sprache und vermeide möglichst die Verwendung von neugeprägten Worten, obwohl ich zugestehe, daß sie durchaus dazu dienen können, das Denken aus veraltet-überlieferter Gangart und ausgetretenen Pfaden herauszutreiben und so neues Denken zu ermöglichen und Lernen zu fördern.

Die Verwirrung wegen der unterschiedlichen Interpretation von Begriffen, die für das feministische Denken von grundlegender Bedeutung sind, zeigt mit ziemlicher Genauigkeit den Zustand der feministischen Theorie. Die Rebellion gegen die intellektuelle Randständigkeit und Vernachlässigung der Frauen erfolgt mit der Kraft einer Springflut, die an verschiedenen Stellen aus Felsen und Grund hervorbricht und sich in vielen Rinnen und Wasserläufen ihren Weg bahnt. Es ist zu früh, Übereinstimmung oder auch nur ein gemeinsames Vokabular zu erwarten, und ich vermute, daß wir das nie erreichen werden, ebensowenig wie alle Männer gelernt haben, in einer allen verständlichen Sprache zu sprechen: Dennoch gelangt immer wieder ein bestimmter Begriff, eine Bedeutung oder ein Wort zu Akzeptanz, Geltung und weiter Verbreitung. Eine so entstehende neue Sprache wird zum Ausweis, zum Indikator eines veränderten Bewußtseins und eines neuen Denkens. Wir müssen uns der Sprache der Patriarchen bedienen, selbst wenn wir uns aus dem Patriarchat herauszudenken versuchen. Diese Sprache ist auch unsere Sprache, die Sprache der Frauen, so wie die Zivilisation, obzwar patriarchal, die unsere ist. Wir müssen sie reklamieren, transformieren, neu kreieren und dabei das Denken und Handeln so verändern, daß eine neue gemeinsame Sprache ohne geschlechtsspezifische (generische) Zuschreibungen entsteht.

Unter den heute gegebenen Voraussetzungen ist die Sorgfalt bei der Wahl der Worte und bei der Verwendung von Begriffen eine Möglichkeit, unser Denken, unseren Ansatz ernstzunehmen. Deshalb ist das ein wichtiger erster Schritt.

Im Sinne meiner Zielsetzungen waren drei Begriffszusammenhänge besonders schwer zu definieren und angemessen zu benennen:

1. ein Konzept und entsprechende Begriffe zur Darstellung der historischen Situation von Frauen,
2. Begriffe, mit denen verschiedene Formen von Autonomiebestrebungen von Frauen beschrieben werden können,
3. der Begriff zur Beschreibung des Zieles der Bemühungen von Frauen.

Welcher Begriff beschreibt die historisch konkrete Position von Frauen in der Gesellschaft?

UNTERDRÜCKUNG DER FRAU: Dies ist der von Schriftstellerinnen, Theoretikerinnen und Feministinnen gewöhnlich verwendete Begriff. Der Begriff »Unterdrückung«, der erzwungene Unterwerfung bedeutet, wird verwendet, um die Position von einzelnen und Gruppen als Unterworfene zu beschreiben, etwa im Wort »Klassenunterdrückung« oder »Rassenumerdrückung.« Nur unzureichend beschreibt dieser Begriff die paternalistische Dominanz, die – bei Aspekten von Unterdrückung – auch einen Zusammenhang von gegenseitig verpflichtenden Ansprüchen enthält und häufig nicht als Unterdrückung empfunden wird. Der Begriff »Unterdrückung der Frau« führt unvermeidlich zum Vergleich der Situation von Frauen mit der Lage anderer unterdrückter Gruppen, zu Vergleichen im Hinblick auf verschiedene Grade der Unterdrückung, als ob es sich um einander ähnliche Gruppen handele. Sind Schwarze, Männer und Frauen, mehr unterdrückt als weiße Frauen? Ist die Unterdrückung von Kolonisierten irgendwie vergleichbar mit derjenigen, die eine Hausfrau der Mittelschicht im Vorort einer Großstadt erlebt? Solche Fragen sind irrelevant und führen in die Irre. Die Unterschiede zwischen dem Status der Frauen und dem von Mitgliedern unterdrückter Minderheiten oder selbst Mehrheiten im Falle der Kolonisierten sind so wesentlich, daß es unsinnig ist, denselben Begriff zur Bezeichnung aller dieser Gruppen zu verwenden. Die Herrschaft der einen Hälfte der Menschheit über die andere unterscheidet sich qualitativ von jeder anderen Form von Herrschaft. Unsere Terminologie sollte das auch zum Ausdruck bringen.

Das Wort »Unterdrückung« beinhaltet die Unterwerfung von Besiegten, die Position von Opfern. Tatsächlich verstehen diejenigen, die diesen Begriff auf Frauen anwenden, Frauen als Gruppe häufig vor allem als Opfer. So über Frauen zu denken ist irreführend und unhistorisch. Obwohl alle Frauen unter bestimmten Umständen und in gewisser Hinsicht zu Opfern gemacht worden sind und manche zu bestimmten Zeiten mehr als andere, sind Frauen auf eine Weise in den gesellschaftlichen Prozeß einbezogen, die sie sowohl zu Unterworfenen als zu aktiv Beteiligten macht. Wie schon erläutert, sind die Frauen aufgrund der »Dialektik der Geschichte der Frau«, der komplexen Wirkung widersprüchlicher Faktoren auf Frauen, im Mittelpunkt des historischen Geschehens und werden doch zugleich als Randfiguren wahrgenommen. Der Versuch, die Situation der Frauen mit einem Begriff zu beschreiben, der diesen komplexen

Zusammenhang nicht zum Ausdruck bringt, sondern verschleiert, ist kontraproduktiv.

Das Wort »Unterdrückung« rückt ein Unrecht, eine Missetat in den Mittelpunkt des Interesses. Der Begriff ist subjektiv – formuliert aus dem Blickwinkel der von Unterwerfung Betroffenen-, insofern damit das Bewußtsein der unterworfenen Gruppe bezeichnet wird, daß ihr Unrecht geschehen ist. Das Wort impliziert einen Machtkampf, eine Niederlage, die zur Dominanz der einen Gruppe über die andere führt. Es mag sein, daß die historischen Erfahrungen von Frauen diese Art der »Unterdrückung« enthalten, aber diese Erfahrungen zeigen sehr viel mehr. Frauen haben mehr als alle anderen Gruppen an ihrer eigenen Unterordnung mitgewirkt, indem sie das biologisch und kulturell bestimmte System der Geschlechterbeziehungen (sex-gender system) akzeptiert haben. Sie haben die Wertvorstellungen, die ihre Unterordnung bedeuten, so sehr verinnerlicht, daß sie diese freiwillig an ihre Kinder weitergeben. Manche Frauen sind in gewisser Hinsicht von ihren Vätern und Ehemännern »unterdrückt« worden, während sie zugleich selbst Macht über andere Frauen und Männer ausübten. Derartig komplexe Zusammenhänge werden verschleiert, wenn der Begriff »Unterdrückung« benutzt wird, um die Situation von Frauen als Gruppe zu beschreiben.

Die Verwendung des Ausdrucks UNTERORDNUNG DER FRAU anstelle des Begriffs »Unterdrückung« hat deutliche Vorteile. Der Bedeutungszusammenhang des Wortes »Unterordnung« enthält nicht den Hinweis auf eine böse Absicht auf seiten des Dominierenden; der Begriff bezieht die Möglichkeit eines Einverständnisses zwischen dem Dominierenden und dem Menschen in der untergeordneten Position mit ein. Er beinhaltet auch die Möglichkeit einer freiwilligen Akzeptanz des untergeordneten Status im Tausch gegen Schutz und Privilegien – ein Zustand, der einen erheblichen Teil der Erfahrungen von Frauen in der Geschichte charakterisiert. Ich will den Begriff »paternalistische Dominanz« für diese Beziehung verwenden. Der Begrjff »Unterordnung«·verweist auf andere Beziehungen, die über die der »paternalistischen Dominanz« hinausgehen, und hat zudem gegenüber dem Wort »Unterdrückung« den Vorteil, neutral zu sein im Hinblick auf die Ursachen der Unterordnung. Die komplexen Beziehungen zwischen männlichem und weiblichem Geschlecht in über fünf Millionen Jahren können nicht auf eine einzige simple Ursache zurückgeführt werden, nämlich das Machtstreben der Männer. Es ist deshalb besser, einigermaßen wertfreie Begriffe zu verwenden, um uns in die Lage zu versetzen, die unterschiedlichen und variierenden Formen der Geschlechterbeziehung zu beschreiben, die von beiden, Männern wie Frauen, zu verschiedenen Zeiten und an verschiedenen Orten entwickelt worden sind.

Die Verwendung des Begriffs DEPRIVATION (Mangel, Entbehrung von Möglichkeiten) hat gegenüber den beiden anderen Ausdrücken den Vorteil, objektiv zu sein, hat aber den Nachteil, das Vorhandensein von Machtbeziehungen zu maskieren und zu verbergen. Deprivation ist die beobachtete Abwesenheit von Prärogativen und Privilegien (Vorrechten und Sonderrechten). Der Begriff richtet die Aufmerksamkeit auf das, was versagt wird, nicht auf diejenigen, die die Versagung durchsetzen. Deprivation kann verursacht sein von einem einzelnen Menschen, von Gruppen, Institutionen, natürlichen Lebensbedingungen und Katastrophen, Krankheit und vielen anderen Faktoren.

Wird Frauen eine zentrale, nicht eine marginale Bedeutung für die Geschichte der Menschheit eingeräumt, so wird offensichtlich, daß die genannten drei Begriffe alle den Status von Frauen zu verschiedenen Zeiten und an unterschiedlichen Orten oder in verschiedenen Gemeinschaften beschreiben. Es ist auch offensichtlich, daß jeder dieser Begriffe besondere Aspekte des Status von Frauen zu einer bestimmten Zeit an einem bestimmten Ort zutreffend beschreibt. Dementsprechend waren den Männern und Frauen an der amerikanischen Westgrenze wegen der Lebensbedingungen an der »Frontier« angemessene Gesundheitsfürsorge und Bildungschancen vorenthalten. Der Status der amerikanischen Frauen in den Städten des Nordostens vor dem Bürgerkrieg ist als unterdrückt zu beschreiben im Hinblick darauf, daß ihnen Rechte, etwa das Wahlrecht, verweigert wurden oder auch die sexuelle Freiheit, z.B. das Recht auf Geburtenkontrolle, nicht zugestanden wurde. Diskriminierende Praktiken auf dem Arbeitsmarkt und im Bildungswesen konstituierten Unterdrückung, weil solche Beschränkungen jeweils im Interesse von einzelnen Gruppen von Männern durchgesetzt wurden, etwa der Arbeitgeber oder männlicher Berufstätiger. Frauen waren ökonomisch benachteiligt, insofern man sie nach geschlechtsspezifischen Gesichtspunkten auf bestimmt, Erwerbstätigkeiten verwies. Von verheirateten Frauen kann gesagt wer den, daß sie ihren Ehemännern untergeordnet waren, was ihre formalen Rechte und ihre Eigentumsrechte betrifft. Ganz allgemein waren Frauen den Männern in Vereinen und in Institutionen wie den Kirchen untergeordnet. Andererseits hatten Frauen der Mittelschicht wegen der Trennung von männlicher und weiblicher »Sphäre« eine zunehmend dominante Rolle innerhalb der Familie. Der Schlüssel zum Verständnis der Komplexität ihrer Situation ist, daß die größere häusliche Autonomie innerhalb einer Gesellschaftsstruktur bestand, die Frauen auf verschiedene Weise einschränkte und deprivierte.

Das Bemühen, alle diese verschiedenen Aspekte der Situation von Frauen mit einem einzigen Etikett zu kennzeichnen, hat bei der Interpretation der Frauengeschichte zu Verwirrung geführt. Es ist nicht möglich, und niemand hat es versucht, den Status »des Mannes« in irgendeiner Periode der Geschichte mit einem einzigen Begriff zu beschreiben. Ebensowenig ist das für die Situation der Frauen möglich. Der Status von Frauen, wie er im Gegensatz zu dem der Männer zu einer bestimmten Zeit an einem bestimmten Ort zu beobachten ist, muß ins einzelne gehend differenziert beurteilt werden in bezug auf seine ganz spezifischen Aspekte und sein Verhältnis zu unterschiedlichen gesellschaftlichen Strukturen. Deshalb müssen verschiedene Begriffe benutzt werden, um diese Unterschiede adäquat zum Ausdruck zu bringen. Zu dieser Darstellungsweise habe ich mich entschlossen.

Mit welchem Begriff lassen sich die Bemühungen von Frauen oder ihre Unzufriedenheit adäquat beschreiben?

FEMINISMUS ist der Begriff, der gewöhnlich und sehr verallgemeinernd und undifferenziert verwendet wird. Einige der derzeit akzeptierten Definitionen dafür sind: a) eine Theorie zugunsten der Angleichung der Rechte der Frauen in Gesellschaft und Politik an die der Männer; b) eine organisierte Bewegung zur Durchsetzung dieser Rechte; c) das Geltendmachen der Ansprüche der Frauen als Gruppe und der von Frauen erarbeiteten Theorie; d) die Auffassung von der Notwendigkeit enormer sozialer Veränderungen, um die Macht der Frauen zu vergrößern. Die meisten derer, die den Begriff »Feminismus« benutzen, verbinden mit ihm die Bedeutungen a bis c; die Notwendigkeit eines tiefreichenden sozialen Wandels des Systems, zu dem die Frauen gleichberechtigten Zugang fordern, wird von Feministinnen nicht immer bejaht.

Seit langer Zeit dringe ich darauf, diesen Begriff strenger zu definieren. Dabei habe ich hingewiesen auf die sinnvolle Unterscheidung zwischen dem, was »Frauenrechte« betrifft, und dem Konzept der »Frauenemanzipation.«[479]

Die Bewegung zur Durchsetzung von FRAUENRECHTEN orientierte sich an der Gleichberechtigung von Männern und Frauen in allen Bereichen des

479 Ich folge hier der Bezeichnung für die Frauenrechtsbewegung, Woman's Rights Movement, des 19. Jahrhunderts und der im 20. Jahrhundert üblichen Bezeichnung für die gegenwärtige Frauenbewegung als Frauenemanzipationsbewegung. Genovese 1974, S. 149.

gesellschaftlichen Lebens und zielte darauf, den Frauen den Zugang zu allen Rechten und Möglichkeiten der Männer in den Institutionen dieser Gesellschaft zu sichern. So gleicht die Frauenrechtsbewegung der Bürgerrechtsbewegung in dem Sinne, daß sie für die Frauen die gleichberechtigte Mitwirkung und Beteiligung auf der Basis und im Rahmen der bestehenden gesellschaftlichen Institutionen verlangt, im wesentlichen ein reformistisches Ziel. Die Frauenrechts- und Suffragettenbewegung des 19. Jahrhunderts ist ein Beispiel dafür.

Der Begriff FRAUENEMANZIPATION bedeutet: Freiheit von auferlegten Einschränkungen aufgrund des Geschlechts; Selbstbestimmung; Autonomie der Frauen.

Die Freiheit von auferlegten Einschränkungen aufgrund des Geschlechts fordert die Freiheit von biologisch begründeten und gesellschaftlich vermittelten Beschränkungen aufgrund der Geschlechtszugehörigkeit. Selbstbestimmung meint: Frei zu sein, sich selbst Ziele zu setzen; frei zu sein, die eigene soziale Rolle zu bestimmen, und die Freiheit zu haben, über den eigenen Körper selbst zu entscheiden. Autonomie bedeutet, den sozialen Status eigenen Leistungen zu verdanken, ihn nicht durch Familienzugehörigkeit oder Eheschließung zu erlangen; Autonomie meint finanzielle Unabhängigkeit und die Freiheit, den eigenen Lebensstil sowie die sexuelle Präferenz zu wählen. All das beinhaltet und verlangt einen radikalen Wandel der bestehenden Institutionen, Wertvorstellungen und Theorien.

FEMINISMUS kann beide Positionen einbeziehen, und der Feminismus des 20. Jahrhunderts tut das im allgemeinen auch. Aber wir sollten, so meine ich, der größeren Genauigkeit wegen unterscheiden zwischen dem *Frauenrechts-Feminismus* und dem *Frauenemanzipations-Feminismus*. Das Streben nach der Emanzipation der Frau gab es schon vor der Frauenrechtsbewegung. Es ist nicht immer eine Bewegung, denn es kann ebensogut ein Bewußtseinszustand, eine grundsätzliche Einstellung, eine Art des Denkens sein wie die Grundlage einer organisierten Anstrengung von vielen. Die Emanzipation der Frau ist allerdings noch nirgendwo erreicht worden, obwohl Frauen manchenorts schon viele Rechte errungen haben. Wenn diese beiden Definitionen statt der einen verwendet werden, können wir in historischen Untersuchungen die Ebenen des Bewußtseins und die Zielsetzungen von Frauen, über die wir nachdenken, besser unterscheiden.

EMANZIPATION ist ein Begriff, der sich historisch eindeutig vom Römischen Recht ableiten läßt – *ex + manus + capere* – aus jemandes Hand herausnehmen, befreit sein von paternalistischer Dominanz; was die Position von Frauen sehr viel präziser kennzeichnet als der Begriff »Befreiung.« Ich bevorzuge deshalb den Ausdruck »Emanzipation.«

Ich versuche so vorzugehen, daß ich immer dann *Frauenrechtsbewegung* für *Frauenemanzipation* setze, wenn es sachlich zutreffend ist, und daß ich den Begriff Feminismus nur verwende, wenn beide Ebenen des Denkens und Handelns gegeben und offensichtlich sind.

Wie läßt sich das Ziel benennen, das Frauen erreichen wollen?

FRAUENBEFREIUNG ist der gewöhnlich verwendete Begriff. Meine Einwände gegen dieses Wort sind die gleichen wie bei dem der »Unterdrückung.« Der Ausdruck stellt eine enge Beziehung her zu den politischen Befreiungsbewegungen anderer Gruppen, etwa denen von Kolonisierten oder ethnischen Minderheiten. Er beinhaltet eine Unterwerfung mit Gewalt und das subjektive Bewußtsein des Unterworfenseins bei einer Gruppe, die danach trachtet, ein Unrecht zu korrigieren. Während letzteres in jede sinnvolle Definition einbezogen sein muß, sollte das zuerst bezeichnete Kriterium dabei ausgeklammert werden.

Aus dieser Erörterung ergibt sich ohne weiteres, daß die Begriffe, die wir verwenden, weitestgehend davon bestimmt sind, wie wir Frauen als Gruppe definieren. Wie lassen sich Frauen charakterisieren, einmal abgesehen davon, daß sie die Hälfte der Bevölkerung ausmachen?

Frauen verkörpern das weibliche Geschlecht (SEX = BIOLOGISCHES GESCHLECHT). Frauen sind eines der beiden sexuellen Geschlechter. Sie sind eine Gruppe aufgrund ihrer biologischen Besonderheit als dieses eine Geschlecht im Unterschied zu dem anderen. Der Vorzug dieses Begriffs ist es, daß Frauen klar definiert sind, nicht als eine Untergliederung oder Minderheitengruppe, sondern als die Hälfte der Gesamtheit aller Menschen. Männer sind das einzige andere sexuelle Geschlecht. Ganz offensichtlich beziehen wir uns mit dieser Feststellung nicht auf irgendein sexuelles Verhalten, sondern nur auf die biologische Tatsache. Die einem der beiden Geschlechter angehörenden Individuen lassen sich je nach ihren sexuellen Präferenzen und ihrem Sexualverhalten innerhalb eines breiten Spektrums von Möglichkeiten in Gruppen einteilen.

Die Bestimmung der SOZIALEN GESCHLECHTERROLLE (GENDER) ist eine kulturelle Definition von Verhaltensnormen je nach der Definition dessen, was in einer bestimmten Epoche als das den beiden biologischen Geschlechtern jeweils angemessene Verhalten gilt. Weiblichkeit in diesem Sinne ist ein Zusammenhang von kulturellen Rollenzuschreibungen. Das Geschlechtsspezifische ist dann ein Kostüm, eine Maske, eine Zwangsjacke, in der Männer und Frauen sich in ihrem ungleichen Tanz bewegen. Unglücklicherweise wird dieser Begriff des Geschlechts (gender) sowohl in der wissenschaftlichen Diskussion als auch in den Medien als ein mit dem biologischen Geschlechtsbegriff (sex) austauschbarer verwendet. Daß der Begriff »gender« in der amerikanischen Öffentlichkeit so weit verbreitet ist, liegt sicher daran, daß er »feiner« wirkt als das umstandslose Wort »Sex« mit seinen »unfeinen« Nebenbedeutungen. Ein derartiger Sprachgebrauch hat erhebliche Nachteile, weil er den Unterschied zwischen biologischen Voraussetzungen – das sexuelle Geschlecht – und dem kulturell Entwickelten und Vorgegebenen – gender, Weiblichkeit und Männlichkeit als Rollenzuweisung – verschleiert und mystifiziert. Feministinnen sollten mehr als alle anderen danach trachten, diesen Unterschied zu verdeutlichen, und deshalb sorgfältig auf die richtige Verwendung der Begriffe, die »weiblich« und »männlich« charakterisieren, achten.

Das kulturell bestimmte SYSTEM DER GESCHLECHTERBEZIEHUNGEN (SEXGENDER SYSTEM) ist eine von der Anthropologin Gayle Rubin eingeführte Bezeichnung, die bei den Feministinnen weite Verbreitung gefunden hat. Sie bezieht sich auf das institutionalisierte System, das einzelnen Personen Ressourcen, Eigentum und Privilegien je nach der kulturell bestimmten Auffassung von seiner geschlechtsspezifischen Aufgabe und Bedeutung zuteilt. So bestimmt das biologische Geschlecht, daß Frauen die Kinder gebären, aber das sozial-kulturelle System der Zuschreibung von Geschlechterrollen (sex-gender system) bestimmt, daß die Frauen es sind, die die Kinder aufziehen.

Welches Wort bezeichnet das System von geschlechtsspezifischen Rollen, in dem Frauen seit dem Entstehen der Zivilisation gelebt haben und heute noch leben?

Das Problem mit dem Wort PATRIARCHAT, das die meisten Feministinnen verwenden, besteht darin, daß dieser Begriff eine enggefaßte, traditionelle Bedeutung hat – nicht unbedingt diejenige, die die Feministinnen ihm geben. Im strengen, enggefaßten Sinn bezieht sich der Begriff des Patriarchats auf das System – historisch abgeleitet vom griechischen und römischen Recht -, in dem das männliche Oberhaupt des Haushalts die absolute rechtliche und ökonomische Macht über die von ihm abhängigen männlichen und weiblichen Familienmitglieder ausübt. Diejenigen, die den Begriff in diesem Sinne verwenden, billigen ihm oft nur eine historisch beschränkte Geltung zu: Das Patriarchat begann dieser Auffassung nach im klassischen Altertum und endete im 19. Jahrhundert mit der Garantie der bürgerlichen Rechte für Frauen allgemein und für Ehefrauen im besonderen.

Diese Art, den Begriff zu verwenden, ist sehr problematisch, weil sie die historischen Tatsachen verfälscht. Die patriarchale Dominanz männlicher Familienoberhäupter über die Familie entstand lange vor dem klassischen Altertum; sie begann im 3. Jahrtausend vor Christi Geburt und war fest etabliert, als die hebräische Bibel niedergeschrieben wurde. Außerdem ist darauf hinzuweisen, daß die männliche Dominanz im 19. Jahrhundert lediglich neue Formen angenommen hat, nicht aber verschwunden ist.

So führt die eingeschränkte Definition des Begriffs »Patriarchat« dazu, die genaue Definition und Analyse des noch heute bestehenden Patriarchats zu unterbinden.

In einer umfassenderen Bedeutung meint PATRIARCHAT die Manifestation und Institutionalisierung der Herrschaft der Männer über Frauen und Kinder innerhalb der Familie und die Ausdehnung der männlichen Dominanz über Frauen auf die Gesellschaft insgesamt. Der Begriff impliziert, daß die Männer in allen wichtigen gesellschaftlichen Institutionen eine beherrschende Macht ausüben und daß den Frauen der Zugang zu diesen Machtpositionen verwehrt ist. Das bedeutet nicht, daß Frauen völlig machtlos sind oder ihnen alle Rechte und Ressourcen, jeder Einfluß vorenthalten werden. Eine der vordringlichsten Aufgaben der Frauengeschichtsschreibung ist es, genau die verschiedenen Methoden und Formen des Patriarchats im Laufe der geschichtlichen Entwicklung zu zeigen, die Umbrüche und Veränderungen seiner Struktur und Funktionsweise nachzuweisen sowie diese Veränderungen als Antwort auf den Druck und die Forderungen seitens der Frauen darzustellen.

Wenn mit Patriarchat das institutionalisierte System männlicher Herrschaft gemeint ist, dann beschreibt der Begriff Paternalismus eine besondere Art von patriarchalen Beziehungen.

PATERNALISMUS, oder genauer: PATERNALISTISCHE DOMINANZ, bezeichnet die Beziehung einer dominierenden Gruppe, die als überlegen gilt, zu einer untergeordneten Gruppe, die für unterlegen gehalten wird, - eine Beziehung, in der die Dominanz durchgesetzt und vermittelt wird durch gegenseitige Verpflichtungen und reziproke Rechtsansprüche. Die Dominierten tauschen Unterwerfung gegen Schutz, unbezahlte Arbeit gegen Unterhalt. Seinem historischen Ursprung nach leitet sich dieses Beziehungsgefüge ab von den Familienbeziehungen, die unter dem Patriarchat entstanden, bei denen der Vater über alle Mitglieder des Haushalts die absolute Macht ausübte. Im Austausch dagegen mußte er ihren wirtschaftlichen Unterhalt und Schutz gewährleisten. Dieselbe Beziehungsstruktur gibt es in manchen Formen der Sklaverei. Sie ist auch in ökonomischen Beziehungen zu beobachten, etwa im Patronatssystem in Süditalien (Stellung der »Padrones«) oder in großen Industriebetrieben des heutigen Japan im Verhältnis zwischen Arbeitgeber und Arbeitnehmern. Wendet man den Begriff auf Familienverhältnisse an, so ist festzustellen, daß die Verantwortlichkeiten und Verpflichtungen der einzelnen Schutzbefohlenen nicht gleich verteilt sind: Die Unterordnung der männlichen Kinder ist vorübergehend, dauert nur so lange, bis sie selbst einem Haushalt vorstehen. Die Unterordnung der weiblichen Kinder und der Ehefrauen dauert lebenslang. Töchter können sich der väterlichen Herrschaft nur entziehen, wenn sie sich als Ehefrauen unter die Obhut eines anderen Mannes begeben, sich dessen Dominanz unterordnen. Die Basis des »Paternalismus« ist ein ungeschriebener Tauschvertrag: wirtschaftlicher Unterhalt und Schutz von seiten des Mannes gegen unbedingte Unterordnung, sexuelle Dienste und Haushaltsführung auf seiten der Frau.

SEXISMUS bezeichnet die Ideologie der Herrschaft und Überlegenheit des Mannes sowie die Grundsätze, die diese Ideologie stützen und aufrechterhalten. Sexismus und Patriarchat verstärken sich gegenseitig. Selbstverständlich kann es Sexismus auch in Gesellschaften geben, in denen das institutionalisierte Patriarchat abgeschafft ist. Als Beispiel dafür können sozialistische Länder[480] dienen, deren Verfassungen den Frauen die absolute Gleichberechtigung im öffentlichen Leben garantieren, in denen die sozialen und familialen Beziehungen aber dennoch sexistisch sind. Die Frage, ob es ein Patriarchat in einer Gesellschaft geben kann, in der das Privateigenturn abgeschafft ist, wird derzeit zwi-

480 Ohne die Fortschritte in den Planwirtschaften vor 1989 zu ignorieren, teilen wir Lerners Einschätzung nicht, daß es sich um Sozialismus in diesem Ländern handelte, auch wenn der Kapitalismus dort abgeschafft wurde, wurde er durch ein bürokratisches Systems ersetzt, das die Entwicklung eines wirklichen Sozialismus verhinderte (Anm. d. Hrsg.)

schen Marxistinnen und Marxisten und Feministinnen heftig und kontrovers diskutiert. Ich neige zu der Annahme, daß das Patriarchat überall dort ständig neu befestigt wird, wo es die patriarchale Familie gibt – selbst dann, wenn in anderen gesellschaftlichen Bereichen patriarchale Verhältnisse überwunden sind. Jedenfalls stimmt es, daß patriarchale Strukturen leicht wiederhergestellt werden können, solange Sexismus als Ideologie existiert, und zwar auch dann, wenn Recht und Gesetze so verändert worden sind, daß Sexismus dem geltenden Recht widerspricht. Wir wissen, daß die gesetzliche Garantie der Bürgerrechte so lange ineffektiv geblieben ist, wie rassistisches Gedankengut weithin grassierte. Das trifft auch für Sexismus zu.

Sexismus steht zum Paternalismus in demselben Verhältnis wie Rassismus zur Sklaverei. Beide Ideologien erlauben es den Herrschenden, sich selbst zu bestätigen und paternalistisches Wohlwollen Geschöpfen zugute kommen zu lassen, die als schwächer und minderwertiger gelten als sie selbst. Aber hier endet schon die Parallele, denn die Sklaven werden durch den Rassismus zur Gruppensolidarität getrieben, während Frauen durch Sexismus voneinander getrennt und in Gegensatz zueinander gebracht werden.

Ein Sklave beobachtet in seinem Lebenszusammenhang verschiedene Arten von Hierarchien und Ungleichheit: die von weißen Männern, die dem sozialen Rang und der Klassenzugehörigkeit nach einen niedrigeren Status hatten als ihre Herren; die Unterlegenheit der weißen Frauen gegenüber dem weißen Mann. Der Sklave erlebte seine Unterdrückung als besondere Variante eines hierarchischen Systems. Sklaven konnten klar erkennen, daß ihre individuelle Lage in der Ausbeutung ihrer Rasse begründet war. So erwuchs aus der Rassenzugehörigkeit, die der Grund für die Unterdrückung war, zugleich die Kraft, die die Unterdrückten einte.

Für die Aufrechterhaltung von Paternalismus (und Sklaverei) ist es von entscheidender Bedeutung, die Untergebenen davon zu überzeugen, daß nur ihr Beschützer die Macht hat, ihnen die Befriedigung ihrer Bedürfnisse zu gewährleisten. Deshalb ist es im Interesse des Herrn, den Sklaven nichts über dessen Vorfahren, die Vergangenheit und über alternative Lebensmöglichkeiten wissen zu lassen. Aber Sklaven pflegten die mündliche Überlieferung – einen Schatz von Mythen, Folklore, Geschichten –, eine Überlieferung, die von einer Zeit vor der Sklaverei berichtete und eine Vergangenheit in Freiheit beschrieb. Damit wurde eine Alternative zu den gegebenen Lebensumständen vor Augen geführt. Die Sklaven wußten, daß ihr Volk nicht immer versklavt war und daß andere ihresgleichen einmal frei gewesen waren. Diese Kenntnis von der Vergangenheit, die eigene kulturelle Tradition, die Kraft ihres religiösen Glaubens und ihre Solidarität untereinander machten es Sklaven möglich, sich der Unterdrückung zu widersetzen und die Wechselseitigkeit der Rechte, die ihren Status bestimmte, zu sichern.

Eugene Genovese zeigt in seiner hervorragenden Untersuchung über die Kultur der Sklaven, wie der Paternalismus, während er die schroffsten Züge des Systems milderte, zugleich die Fähigkeit des einzelnen Menschen, das System in politischen Kategorien zu begreifen, schwächte. Er führt aus: *»Nicht, daß Sklaven nicht wie Menschen handelten. Vielmehr war es so, daß sie ihre gemeinsame Stärke als Volk nicht begreifen und nicht als politische Menschen handeln konnten.«*[481] Daß die Sklaven sich ihrer kollektiven Kraft nicht bewußt werden konnten, lag an den Besonderheiten des Paternalismus.

Diese Darstellung ist von großer Signifikanz für eine Analyse der Stellung von Frauen, weil deren Unterordnung vor allem in der Form paternalistischer Dominanz innerhalb der Familienstruktur zum Ausdruck gekommen ist. Diese strukturelle Bedingung machte das Entwickeln von weiblicher Solidarität und Gruppenzusammenhalt extrem schwer. Im allgemeinen ist zu beobachten, daß Frauen ohne kollektive Unterstützung und ohne eine genaue Kenntnis der Frauengeschichte den uneingeschränkten und verheerenden Druck der kulturellen Prägung durch die sexistische Ideologie erlebten, wie sie in Religion, Recht und Mythen zum Ausdruck kommt.

Andererseits war es für Frauen leichter, ihr Selbstwertgefühl zu erhalten, weil sie ganz offensichtlich die Welt und ihre Aufgaben mit den Männern teilten. Das trifft jedenfalls für vorindustrielle Gesellschaften zu, in denen das komplementäre Verhältnis der ökonomischen Leistungen von Männern und Frauen ganz klar erkennbar war. In industrialisierten Gesellschaften wurde es für Frauen hingegen schwieriger, sich ein Bewußtsein des eigenen Wertes zu erhalten. Das lag an der Komplexität der Welt der Technik, in der die Männer handelten, und am Warencharakter der Güter im Tauschverkehr auf dem Markt, von dem die Frauen als Hausfrauen weitgehend ausgeschlossen waren. Es ist kein Zufall, daß – weltweit – Frauenbewegungen erst nach der Industrialisierung entstehen.

481 Bezeichnenderweise verliert Genovese die Sklavinnen aus dem Blick, weil er für den Begriff »Menschen« (deutsch) nur das englische Wort »men« zur Verfügung hat. Wenn man dieses ohne Qualifikation benutzt, wie er es hier tut, verliert man die Frauen aus der Sicht. Es ist wichtig, hier zwischen männlichen und weiblichen Sklaven zu unterscheiden: Während diese Unfähigkeit zu politischem Handeln bei den Männern nur in ihrem Status als Sklaven begründet war, hatte sie bei den Frauen eine zweifache Ursache; denn bei den Sklavinnen wurde die ohnehin eingeschränkte Möglichkeit, ein politisches Bewußtsein zu entwickeln, noch zusätzlich durch ihren Status als Frau gemindert.

Der Boden, aus dem diese Bewegungen wachsen, ist die Frauenkultur, ein weiterer Begriff, der definiert werden muß. FRAUENKULTUR ist das Fundament des Widerstands der Frauen gegen patriarchale Beherrschung, durch sie bestätigen sich die Frauen ihre Kreativität bei der Gestaltung der Gesellschaft. Der Begriff enthält die Bestätigung von Gleichheit und das Empfinden von schwesterlicher Verbundenheit. Frauenkultur äußert sich häufig in einer Neubestimmung der Ziele und Strategien von politischen Bewegungen nach Gesichtspunkten, die Frauen sinnvoll erscheinen. Die Frauenkultur in den USA im 19. Jahrhundert brachte eine selbstbewußte Definition der moralischen Überlegenheit von Frauen als Rechtfertigung für die Forderung nach Gleichberechtigung.

Der Begriff »Frauenkultur« ist auch im anthropologischen Sinne verwendet worden, um auf das Verwobensein von Frauen in einem Netz von familiären und freundschaftlichen Verhältnissen hinzuweisen, auf ihre affektiven Bindungen, ihre Rituale. Es ist wichtig zu verstehen, daß die Frauenkultur keineswegs eine Subkultur ist. Es wäre unzutreffend, die Kultur der Hälfte der Menschheit als eine Subkultur zu bezeichnen. Frauen leben ihre soziale Existenz innerhalb der allgemeinen Kultur. Wann immer sie durch patriarchale Beschränkungen oder Geschlechtertrennung in abgegrenzte Bereiche verwiesen werden (was immer Unterordnung bewirken soll), lassen Frauen aus diesem Ausgegrenzt- und Abgetrenntsein komplementäre Beziehungsstrukturen entstehen und geben so der Einschränkung eine andere Bedeutung. In diesem Sinne leben Frauen auf eine zweifache Art – als Mitglieder des allgemeinen kulturellen Zusammenhangs und als Teilhabende einer spezifischen Frauenkultur.

Wenn die historischen Bedingungen die richtigen sind und Frauen sowohl den sozialen Raum als auch die gesellschaftlichen Erfahrungen haben, auf die sie ihr neues Verständnis gründen können, dann entwickelt sich FEMINISTISCHES BEWUSSTSEIN. Historisch geschieht dies in deutlich zu unterscheidenden Stadien: 1. das Gewahrwerden eines Unrechts; 2. das Entwickeln eines Begriffs schwesterlicher Gemeinsamkeit; 3. die autonome Definition sowohl der Ziele als auch der Strategie zur Veränderung ihrer Lebensbedingungen; 4. das Herausbilden einer alternativen Zukunftsperspektive.

Das Erkennen der Ungerechtigkeit der eigenen Situation wird dann zu einem politischen Faktor: wenn die Frauen realisieren, daß sie diese Situation mit vielen anderen Frauen teilen. Um dieses kollektive Unrecht zu überwinden, organisieren Frauen sich in Politik, Wirtschaft und sozialem Bereich. Da die von ihnen organisierten Bewegungen unvermeidlich auf Widerstand stoßen, sind die

Frauen gezwungen, sich auf ihre eigenen Mittel und Kräfte zu verlassen. Im Verlauf dieses Prozesses entsteht ein neues Gefühl der Schwesterlichkeit. Allmählich entwickeln sich neue Formen der Frauenkultur im Widerstand etwa gegen die nach Geschlechtern getrennten oder Frauen ausschließenden Institutionen und Lebensbedingungen. Aufgrund solcher Erfahrungen beginnen Frauen, ihre eigenen Forderungen und Bedürfnisse zu definieren und entsprechende Theorien zu erarbeiten. In einem bestimmten Stadium dieser Entwicklung verwandelt sich die Männerzentriertheit, von det die Frauen geprägt worden sind, in eine »Frauenzentriertheit.« Im Rahmen wissenschaftlicher Studien versucht die Frauenforschung, einen neuen Rahmen für die Interpretation einer Frauenkultur »von innen« zu finden, die die Emanzipation der Frauen fördert.

Nur durch das Entdecken und Anerkennen ihrer Wurzeln, ihrer Vergangenheit und Geschichte können Frauen wie andere Gruppen die Fähigkeit entwikkeln, das Bild einer anderen Zukunft zu entwerfen. Die neue Sicht der Frauen verlangt, daß Frauen ins Zentrum gerückt werden, nicht nur zu solchen Anlässen, bei denen sie immer im Mittelpunkt gestanden haben, sondern generell ins Zentrum des Denkens und der Theoriebildung. Frauen fordern heute, wie es die Männer in der Renaissance getan haben, das Recht, Werte zu definieren und Entscheidungen zu treffen.

Nachwort von Alexandra Arnsburg

Das Thema Frauenunterdrückung ist aktueller denn je. Frauenunterdrükkung existiert immer noch und überall. Alle Frauen erfahren Diskriminierung, Ignoranz, Sexismus oder auch Gewalt in vielfältiger Form. In Zeiten der Krise verschärfen sich die Bedingungen für alle Menschen und besonders für Frauen: Gewalt, Ausbeutung, Armut nehmen zu. Wir sehen das in Kriegen, in Regionen mit Verdrängung und Flucht und wir haben während der Corona-Pandemie erlebt, wie sich die Lage besonders für Frauen und Kinder verschlechtert hat. Nun sehen wir wie mit Inflation und Krise Menschen mit geringem Einkommen und besonders Frauen unter zunehmender Armut leiden und die Frauenhilfetelefone heiß laufen. Die Frage, wie es dazu kommen konnte, dass die Mehrheit der Menschen aufgrund ihres Geschlechts unterdrückt wurde und immer noch wird, ist so alt wie die Frauenunterdrückung selbst. Lerners Buch liefert einen wichtigen Beitrag, basierend auf den neuesten Erkenntnissen in den 1980er Jahren, für die Bewusstwerdung von Frauen und Männern, für die Diskussion über die Entstehung des Patriarchats und für dessen Überwindung. Wie Christine Thomas es in ihrem Vorwort der Neuausgabe vom Manifest Verlag ausdrückt: Die Unterdrückung der Frau hat nicht seit jeher bestanden, sondern ist ein historischer Prozess und als solcher verstanden, kann es also auch Bedingungen und Prozesse geben, die diese wieder beseitigen. Gerda Lerner war eine Autorin und Aktivistin, die aufgrund der Flucht vor dem Faschismus in die USA früh politisiert wurde. Sie hat viele Jahre intensive Forschung betrieben und auch weitere Bücher zum Thema Sexismus und andere Themen geschrieben.

Auch wenn es bereits vor hunderten Jahren immer wieder einzelne Frauen gab, die die Fragen der Ungleichheit der Geschlechter aufgeworfen haben, war eine wissenschaftliche Untersuchung erst möglich als mehr Frauen in den verschiedenen Bereichen forschen und einen feministischen Ansatz verfolgen konnten. Archäologinnen, Historikerinnen, Soziologinnen, Politikwissenschaftlerinnen konnte es in der Zahl erst nach der Frauenbewegung der 60er und 70er Jahre geben. Vorher hatten Frauen kaum Zugang zu höheren Bildungswegen. Mehrere Jahrtausende wurde Wissenschaft und Geschichte meist von Männern aus einer Perspektive gemacht, die viele Annahmen über die Rollenverhältnisse der Geschlechter aus einem patriarchalen Verständnis heraus vorwegnahmen. Manche Skelettfunde wurden erst vor wenigen Jahren überprüft. Man war einfach davon ausgegangen, dass es sich bei Skeletten mit Waffen um Männer handelte. Doch nicht nur unter den Wikinger*innen wurden Heerführer*innen mit Waffenbeigaben höchst ehrenvoll bestattet, wie 2017 im schwedischen Birka nach erneuten Untersuchungen festgestellt wurde. Schon allein dieses Beispiel - und es gibt sehr viele weitere - zeigt, dass es Frauen bisher verwehrt wurde, die überlieferte Geschichte zu interpretieren und oft Tatsachen nicht einmal erkannt wurden. Hier findet eine weitere Ausgrenzung statt. Das hat wieder Einfluss auf Mädchen und Jungen von der Früherziehung an und beschränkt sie dann erneut. In einigen Bereichen beginnt sich das nun zu ändern und traditionelle Muster, die Frauen als schwach und von Natur aus dumm oder ihre angebliche Minderwertigkeit in der Schöpfungsgeschichte begründet darstellen, werden immer mehr hinterfragt.

»Auseinandersetzung« mit Engels

Seit der Veröffentlichung von Engels sind fast 140 Jahre und seit der von Lerner fast 40 Jahre vergangen. Viele entscheidenden Entdeckungen wurden erst vor wenigen Jahren gemacht wie das Beispiel von Birka oben zeigt. In Bezug auf die urzeitliche Arbeitsteilung unterschlug Engels den großen Anteil an der Nahrungsbeschaffung, den Frauen durch das Sammeln und Fallenstellen hatten. Wahrscheinlich werden wir nie wissen, wie es genau war und der Übergang von einer klassenlosen Gesellschaft ohne Unterdrückung zu einem System mit brutaler Unterdrückung nicht nur von Frauen, sondern ganzer Völker, exakt abgelaufen ist und was Frauen und Männer vor und mit dem Übergang in eine Gesellschaft in der die Arbeitsteilung plötzlich zu Benachteiligung führte, dachten und welche Protestformen sie entwickelten, welche Überzeugungen und Instrumente dazu führten, dass sie sich letztendlich fügen mussten. Die wichtigste Erkenntnis ist wohl die, dass es nicht immer so war und deshalb nicht immer so bleiben muss. Die Entwicklung der Verwandtschaftsbeziehungen, wie Engels es aufgriff, ist immer noch ungeklärt. Einig sind sich die Wissenschaftler*innen aber, dass die besondere Rolle die Frauen innerhalb einer Gruppe hatten, nicht bedeutete, dass es eine Art Matriarchat, also eine Frauenherrschaft gab. Einige haben das in Engels' Text hinein interpretiert, wobei er bei seiner Beschreibung damit Mutterrecht - also matrilineare Verwandtschaft meint und nicht eine Machtposition. Dazu gibt es verschiedene Forschungen zum Beispiel von Leacock & Lee 1982, aber Beweise gibt es nicht und kann es aufgrund der fehlenden Möglichkeiten zu Dokumentation in der Urgesellschaft kaum geben.

Lerners Ansatz, dass erst die Klasse der unterdrückten Frauen vor allem durch Frauenraub und die Anwendung von Gewalt entstand und Männer, die herrschen wollten, dieses System einfach auf Männer übertrugen ist im Detail nicht nachvollziehbar. Die Anwendung von Gewalt setzt bereits einen Widerspruch von Interessen und Überlegenheit voraus. Man muss aber eher davon ausgehen, dass es Dynamiken gab, die auf der Grundlage freiwilliger Entscheidungen von Frauen entstanden; sei es über die Verteilung des Mehrprodukts, oder die Aufnahme und den Weggang von Frauen aus oder in die eigene Gruppe. Erst die Aufrechterhaltung einer Art von Unterdrückung hat Gewalt nötig gemacht.

Lerner startete aber einen wichtigen Versuch, den alten verstaubten Fokus der Linken in den 70er Jahren mit dem Ansatz, nach dem es vor allem um den Klassenwiderspruch als Hauptwiderspruch ginge und die Frage der Frauenunterdrückung erst später zu behandeln sei, zu überwinden. Lerners Werk muss in diesem Kontext auch als Verteidigung des Feminismus innerhalb der damaligen sozialistischen und kommunistischen Bewegung gesehen werden. Heute vertreten wohl kaum noch Linke diesen Ansatz. Es gibt eine viel breitere und offenen Auseinandersetzung zu diesem Thema, zur Entstehung des Patriarchats und der Bekämpfung der Grundlage von Unterdrückung und seiner Mechanismen, was uns zum Kampf gegen kapitalistische Produktions- und Herrschaftsverhältnisse führt.

Zu Beginn ihres Buches stellt Lerner dar, dass der Mann über sein Verhältnis zu Produktionsmitteln zu einer Klasse gehört und Frauen über ihre sexuelle Bindung zu einer anderen. Später schreibt sie, es gibt in jeder Klasse zwei Klassen, innerhalb der besitzenden und der nicht besitzenden Klasse. Am Ende nimmt sie also doch eine Zuordnung nach der marxistischen Klassenlehre vor, eben mit einem Fokus auf die Frauenunterdrückung. Sie führt bei dem Abschnitt zu den altertümlichen Gesetzen sehr genau die Unterschiede zwischen armen und reichen Frauen aus und bestätigt den Klassengegensatz damit erneut.

Lerner kritisiert zu recht, dass Engels davon ausgeht, dass die natürliche Entwicklung zu einer monogamen Ehe führen wird. Das ist aus heutiger Sicht nicht verständlich, da schon Engels ausführlich die Geschlechterbeziehungen und deren Veränderungen in der Geschichte beschrieb und die Konflikte bei der Einführung der Monogamie darstellte. Heute gibt es vielfältige Ansätze zu dieser Frage. Sie selbst lässt es dann aber offen; wobei das auch die Antwort sein könnte: Es könnte sehr viele verschiedene Formen von Beziehungen geben, wenn Menschen sich frei von ökonomischen Abhängigkeiten und gesellschaftlicher Wertung entscheiden können.

Lerners Arbeitshypothese

Lerner stellt in Ihrem Buch verschiedene Ansätze und Theorien für den Beginn der Frauenunterdrückung vor, neigt aber dann zu der Annahme, dass Frauen vor allem durch Gewalt oder familiären Zwang in fremde Stämme gebracht, durch Vergewaltigung und Geburt »loyal« gemacht wurden und so auch eine Vorform der Sklaverei entstehen konnte. Hier geht sie davon aus, dass Frauen sich nicht wehren konnten oder wollten und eine starke emotionale Bindung zu (auch ungewollten) Kindern hatten. Sie bezieht sich hier auf Studien zur Verhaltensforschung mit Müttern, Vätern und Kindern aus den 70er Jahren, wo noch die alte Rollenverteilung vorherrschte und die Versorgung der Kinder und die emotionale Beziehungsarbeit hauptsächlich bei den Frauen lag. Heute würden ähnliche Untersuchung beispielsweise mit alleinerziehenden Vätern oder Vätern in einer längeren Elternzeit wahrscheinlich andere Ergebnisse bringen. Auch wenn Lerner in ihrem Buch die Unterschiede zwischen freien und unfreien Frauen und die Abwertung und Kontrolle der Sexualität von Frauen sehr detailliert ausführt, entsteht hier eine große Lücke.

Zwar erwähnt sie auch die Entstehung von Klassen und Unterschieden; aber lässt die ökonomische Entwicklung aus - obwohl sie erwähnt, dass sie eine Rolle spielt. Andere Theorien, die sie auch kurz vorstellt, gehen eher davon aus, dass der »Frauentausch« eine Entscheidung der Stämme mit den Frauen war und auf Konsens beruhte oder junge Frauen und Männer öfter von selbst ihre Stämme verließen, um sich anderen Gruppen anzuschließen und erst später mit dem Entstehen der Klassengesellschaft die Ehe eine politische Funktion bekam. Der einschneidendste Prozess in der Ablösung der klassenlosen Gesellschaft war die zunehmende Sesshaftigkeit und die Einführung einfacher landwirtschaftlicher Techniken. Die Nahrungsmenge war nun sicherer und Frauen, die vorher nur circa alle vier Jahre ein Kind austrugen, konnten nun mit weniger Einschränkungen leben und alle zwei Jahre Kinder bekommen. Die Bevölkerung nahm zu. Die Herausbildung einer besonderen Schicht von Führer*innen, Priester*innen, die die Verteilung der Nahrung und das Entwickeln von Riten übernahmen und dafür freigestellt werden konnten, wurde durch diesen Überschuss möglich. Mit dem Entstehen des Privateigentums konnte sich erst eine bessergestellte Schicht aus diesen Gruppen entwickeln. Marilyn French liefert mit ihrem Buch »Jenseits der Macht« eine umfassende und interessante Untersuchung dieser Entwicklung und des Protests über mehrere Jahrhunderte - wobei sie sich gegen marxistische Ansätze ausspricht.

Lerner liefert mit ihrem späteren Werk »Die Entstehung des feministischen Bewusstseins« einen detaillierten und spannenden Überblick über Protestformen von Frauen seit der Manifestation des Patriarchats. In ihrem Buch zur Entstehung des Patriarchats setzt Lerner die arrangierte Ehe zwischen Frauen und Männern verschiedener Eheformen gleich mit dem Privateigentum an der Sexualität der Frau bzw. an ihrer Reproduktionsfähigkeit als eine Art Ware. Dadurch bleiben viele Fragen offen: Warum sollte sich ein Stamm schlechter stellen, indem er Frauen weggibt, wenn Kinder nach Lerner das höchste Gut waren zum Beispiel als Arbeitskräfte für den Ackerbau; warum handeln weibliche Stammesmütter gegen den Willen ihrer Töchter und Nichten, obwohl Frauen eine besonders geachtete Position inne haben oder warum sollten diese jungen Frauen, damit einverstanden sein, ihre Partner nicht selbst zu wählen und sicherlich fallen der Leserin und dem Leser noch weitere Fragen ein.

Lerner untersucht die Entwicklungen in Mesopotamien und anderen antiken Reichen und schreibt, dass es im Westen andere Entwicklungen gegeben haben kann und ein langsamer Prozess mit Veränderungen in einzelnen Bereichen und verschiedenen Regionen mit unterschiedlicher Geschwindigkeit vor sich gegangen ist. Für Lerner selbst ist das wichtig es zu betonen, dass sie, wie sie schreibt, von einer anderen Annahme, von einer Art Umsturz ausging. Bei der Forschung zu ihrem Buch findet sie aber heraus, dass es sich um einen Prozess von etwa 2500 Jahren handelt. Besonders deutlich wird das bei der Beschreibung wie weiblichen Götter abgelöst wurden, während zum Teil noch Herrscherinnen große Reiche erbten und eine gottähnlich Stellung (wie lange in Anatolien) inne hatten. Wäre es ein plötzlicher Umbruch gewesen, hätte es nur wenig Widerstand durch Frauen geben können. Einige Berichte darüber sind erhalten geblieben. Erzählungen wie die von Brunhild in den Nibelungen, die nicht durch Kraft, sondern nur mit einer List bezwungen werden konnten wären völlig abwegig; Frauen wären von Beginn an schwache, willige Opfer, denen man nur ein paar Gesetze aufdiktieren muss, um sie zu beherrschen.

Prostitution

Lerner erläutert detailliert wie sich die Entwicklung und die Rechte von freien Frauen und Konkubinen unterschieden und welche unterschiedliche Gesetze dafür erlassen wurden. Bei Sklav*innen gab es auch Unterschiede, die erbeuteten lebenslangen Sklav*innen und die, die aufgrund einer Schuld (Verbrechen oder Geldschuld) lebenslang oder für einige Jahre in die Sklaverei gehen mussten und solche Sklavinnen, die den Herrschern Söhne gebaren. Da es zu Beginn noch kein ausgefeiltes System der Unterdrückung gab, ist davon auszugehen, dass bei den zunehmenden kriegerischen Auseinandersetzungen Krieger*innen getötet, schwächere und junge Menschen als Arbeitskräfte gefangen genommen wurden und es über die Zeit zu einer Assimilierung an die jeweilige Gesellschaft kam.

Einige konnten durch Konkubinat oder Heirat gesellschaftlich aufsteigen, wenn ein Herrscher oder ein Vasall Interesse an ihnen hatte oder eine Sklavin zum Zeugen von Söhnen benötigte. Die meisten waren jedoch völlig arm und mussten oft auch einfach verhungern. Die Zahl der Sklav*innen galt auch als Zeichen der Macht. Lerner geht davon aus, dass die sexuelle Ausbeutung der Sklav*innen durch ihre Besitzer*innen und denen, an die sie verliehen wurden, die Prostitution begründete. Ein weiterer Zweig war die zunehmende Abhängigkeit der Bauern und Bäuerinnen, welches zum Schuldsklav*innentum führte. Viele Töchter hatten nur die Wahl, in die Prostitution zu gehen oder zur Sklavin zu werden, wenn ihre Familie ihren Besitz verlor. Ideologisch wurde dieses System mit der Kontrolle über die Jungfräulichkeit der ehrbaren Frauen und die Unterteilung in ehrenhafte und unehrenhafte Frauen verfestigt. Frauen, die auch ohne eigenes Verschulden ihre Unschuld verloren, blieb oft nur der Weg in die Prostitution, wenn sie nicht heiraten oder bei ihrer Familie bleiben konnten. Sklavinnen waren meist schon durch eine Tätowierung oder ähnliches erkenntlich, um sie als unehrenhaften Frauen zu kennzeichnen und so zu verhindern, dass sie öffentliche Beziehungen führen konnten; so wurde zum Beispiel das mittelassyrische Gesetz erlassen, wonach sie sich nicht verschleiern durften. In späteren Systemen gab und gibt es ähnliche Regelungen. Diese Trennung und Entsolidarisierung der Frauen verfestigte das herrschende System und wir kennen dieses Prinzip bis heute.

Fazit

Es hat Frauenunterdrückung schon vor dem Kapitalismus gegeben und es kann sie auch ohne ihn geben. Jedoch kann der Kapitalismus nicht ohne Spaltung nach Geschlecht, Herkunft u.a. bestehen. Lerner geht davon aus, dass sich das Patriarchat durch Umdenken überwinden lässt. Natürlich hilft es, wenn Frauen einen Zugang zu Bildung erhalten und weniger Vorurteile und Sexismus erfahren und mehr Rechte erhalten. Der Kampf darum kann die existierende Spaltung überwinden und Frauen und Männer werden sich darüber solidarisieren und weitergehende Fragen aufwerfen. Jedoch wird die Unterdrückung nicht abgeschafft, wenn es immer noch Frauen sind, die am wenigsten verdienen und am meisten arbeiten und wenn es ein Interesse daran gibt, sie durch Rollenbilder, Gesetze und Gewalt davon abzuhalten, sich zu organisieren und gemeinsam mit Männern und allen Geschlechtern die Grundlagen für Herrschaft und Patriarchat zu bekämpfen: das Privateigentum an Produktionsmitteln und die Klassengesellschaft, um letztendlich die persönlichen Entwicklung und Beziehungen eines jeden und jeder von wirtschaftlichen Zwängen zu befreien.

Literatur

Aaby, Peter: »Engels and Women«, in: Critique of Anthropology, Vol.3, Nos.9-10 (1977), S. 25-53
Aberle, David: »Matrilineal Descent in Crosscultural Perspective«, in: K. Gough, D. Schneider (Hg.), Matrilineal Kinship, Berkeley 1961, S. 657-727
Adams, Robert McCormick: The Evolution of Urban Society, Chicago 1966
-: Heartland of the Cities: Surveys of Ancient Settlement and Land Use on the Central Flood Plains of tbe Euphrates, Chicago 1981
Akurgal, Ekrem: The Art of the Hittites, New York (dt.: Die Kunst der Hethiter, München 1961, 2. Aufl. 1976)
Albright, William Foxwell: Archaeology and the Religion of Israel, Baltimore 1956
-: From the Stone Age to Christianity: Monotheism and the Historical Process, Baltimore 1940, 1957
Alcott, William: The Young Woman‹s Book of Health, Boston 1850
Amiet, Pierre: Art of the Ancient Near East, New York 1980, (dt.: Ars Antiqua, Serie 1, Bd. 3: Die Kunst des Alten Orients, Freiburg 1977)
Andrae, Walter: »Die archaischen Ishtar-Tempel in Assur«, Wiss. Veröffentlichungen der deutschen Orientgesellschaft, Nr. 39, Leipzig 1922. - in: Ausgrabungen der Deutschen Orientgesellschaft in Assur: Walter Andrae. Baudenkmäler, 8 Bde., 1967-84, hier: Bd. 4, 1970
Angel, Lawrence, »Neolithic Skeletons from Çatal Hüyük«, in: Anatolian Studies, Vol. 21 (1971), S. 77-98
Ardrey, Robert: The Territorial Imperative: A Personal lnquiry into the Animal Origins of Property and Nations, New York 1966; (dt.: Adam und sein Revier, München 1972)
Aristoteles, »De generatione Animalium«, in: The Works of Aristotle, Oxford 1912, dt. zit. n.: Aristoteles, »Über die Zeugung der Geschöpfe«, Reihe Lehrschriften, hrsg., übertragen und in ihrer Entstehung erläutert v. Paul Gohlke, Paderborn 1959
- »Politica«, in: W. D. Ross (Hg.), The Works of Aristotle, Oxford 1912; deutsch zit. n. Aristoteles, Aufzeichnungen zur Staatstheorie, Köln 1967
Arthur, Marylin B.: »Origins of the Western Attitude Toward Women«, in: John Peradatto und J. P. Sullivan (Hg.), Women in the Ancient World: The Arethusa Papers, Albany 1984, S. 31-37

Assyrian Dictionary of the oriental Institute of the University of Chicago, The, Chicago und Glückstadt 1956ff.

Bachofen, Johann J.: Das Mutterrecht. Eine Untersuchung über die Gynaikokratie der alten Welt nach ihrer religiösen und rechtlichen Natur, Stuttgart 1861; hier zit. n. Gesammelte Werke, Bd. 2, Basel, 3. Auflage 1948
- Myth, Religion and Mother Right: Selected Writings of J. J. Bachofen, Princeton 1967, Einleitung von Joseph Camphell
Bakan, David: And They Took Themselves Wives: The Emergence of Patriarchy in Western Civilization, New York 1979
Bakir, Abd el-Mohsen: Slavery in Pharaonic Egypt, Kairo 1952
Bamberger, Joan: »The Myth of Matriarchy: Why Men Rule in Primitive Society«, in: Rosaldo und Lamphere: Woman, Culture and Society, Stanford 1974, S.263-80
Barstow, Anne: »The Uses of Archeology for Women‹s History: James Mellaart's Work on the Neolithic Goddess at Çatal Hüyük«, in: Feminist Studies, Vol. 4, No. 3. (Oct. 1978), S. 7-18
Batto, Bernard Frank: Studies on Women at Mari, Bahimore 1974
Beard, Mary R.; Woman as Force in History, New York 1946(dt.: Die Frau als Macht in der Geschichte, Schwäb. Gmünd 1951)
-: Women's Work in Municipalities, New York 1915
Becker, Ernest: The Denial of Death, New York 1973 (dt.: Die Überwindung der Todesfurcht - Ursprung der Kultur, Olten-Freiburg 1973, TB München 2. Aufl. 1987)
Berkin, Carol Ruth; Mary Beth Norton (Hg.): Women of America: A History, Boston 1979
Bewer, Julius August: The Literature of the Old Testament, New York 1933 (Erstausgabe 1922)
Bibel, s. Heilige Schrift
Bin-Nun, Shoshana R.: The *Tawananna* in the Hettite Kingdom, Heidelberg 1975
Bird, Phyllis: »Images of Women in the Old Testament«, in: R. Ruether (Hg.): Religion and Sexism: Images of Woman in the Jewish and Christian Traditons, New York 1974, S. 41-88
Bittel, Kurt: Die Hethiter: Die Kunst Anatoliens vom Ende des 3. bis zum Anfang des 1. Jahrtausends vor Christus, München 1976
Bleier, Ruth: Science and Gender: A Critique of Biology and its Theories on

Women, New York 1984
Bloch, Iwan: Die Prostitution, Bd. I, Berlin 1912
Borgese, Elisabeth: Ascent of Woman, New York 1963 (dt.: Mann Borgese, Elisabeth: Aufstieg der Frau - Abstieg des Mannes, München 1965)
Boserup, Esther: Women's Role in Economic Development, New York 1970 (dt.: Die ökonomische Rolle der Frau in Afrika, Asien, Lateinamerika, Stuttgart 1982)
Bottero, Jean: »La Femme dans 1a Mesopotamie ancienne«, in: Pierre Grimal (Hg.): Histoire mondiale de la femme, Paris 1969
Elena Cassin; Jean Vercouter (Hg.): Near East: The Early Civilization, London 1967. (Vgl. dt.: Cassin, Elena; J. Bottero; J. Vercouter (Hg.): Die altorientalischen Reiche, 4 Bde., Fischer-Weltgeschichte, Frankfurt 1986-87)
Boulding, Elise: The Underside of History: A View of Women Through Time, Boulder, Colo. 1976
-: »Women and Social Violence«, in: International Social Science Journal, Vol. 30, No. 4 (1978), S. 801-15
-: »Public Nurturance and the Man on Horseback«, in: Meg Murray (Hg.), Fathers, Mothers, Masters, Monsters: Essays for a Non-Sexist Future, Westpore, Conn 1983, S. 273-91
Breines, Wini; Linda Gordon: »The New Scholarship on Family Violence«, in: SIGNS, Vol. 8, No, 3 (Spring 1983)
Bridenthal, Renate; Claudia Koonz: Becoming Visible: Women in European History, Boston 1977
Briffault, Roben: The Mothers: A Study‹ of the Origins of Sentiments and lnstitutions, 3 Bde., New York 1927
-: The Mothers: The Matriarchat Theory of Social Origins, New York 1931
Briggs, Jean L.: »Eskimo Warnen: Makers of Men«, in: C. Matthiasson: Many Sisters: Women in Cross-Cultural Perspective, New York 1974, S. 261-304
Broude, Norma und Mary D. Garrard: Feminism and Art History: Questioning the Litany, New York 1982
Brown, Judith K.: »Iroquois Women: An Ethnohistoric Note«, in: Reiter, Rayna: Towards an Anthropology of Women, 1978, S. 235-51
Brownmiller, Susan: Against Dur Will: Men, Woman, and Rape, New York 1975 (dt.: Gegen unseren Willen, Vergewaltigung und Männerherrschaft, Frankfurt 1978, TB 1988)
Bruns, lvo: Frauenemanzipation in Athen, ein Beitrag zur attischen Kulturgeschichte des fünften und vierten Jahrhunderts, Kiliae 1900

Bullough, Vern L.: Sex, Society and History, New York 1976, darin: »Attitudes Toward Deviant Sex in Ancient Mesopotamia«
Bonnie Bullough: The History of Prostitution: An Illustrated Social History, New York 1978

Calvin, John: Commentaries on the First Book of Moses called Genesis, Bd. I, Grand Rapids, Mich. 1948; zit. n. Johannes Calvins Auslegung der Heiligen Schrift, Bd. 1: Genesis, Neukirchen 1956
Cambridge Ancient History (CAH) siehe Edwards, I. E. S., u. a.
Campbell, Joseph: lntroduction to Bachofen, Mother Right, 1967, S.XXVf.
Carmichael, Calum M.: Women, Law, and the Genesis Traditions, Edinburgh 1979
Carneiro, Robert: »A Theory of the Origin of the State«, in: Science, Vol. 169, No. 3947 (Aug. 1970), s. 733-38
Carroll, Berenice (Hg.): Liberating Women‹s History: Theoretical and Critical Essays in Women‹s History, Urbana 1976
Cassin, Elena: »Pouvoir de la femme et structures familiales«, in: Revue d‹Assyriologie et d‹Archiologie Orientale, Vol. 63, No. 2. (1969), S. 121-48
Çatalyst, Special Issue on »Feminist Thought«, No. 10-11 (Sommer 1977)
Chiera, Edward: They Wrote on Clay, Chicago 1938 (dt.: Sie schrieben auf Ton, Leipzig 1940)
Childe, V. Gordon: Man Makes Himself, London 1936 (dt.: Soziale Evolution, Frankfurt 1975)
Chodorow, Nancy: The Reproduction of Mothering: Psychoanalysis and the Sociology of Gender, Berkeley 1978 (dt.: Das Erbe der Mütter, Psychoanalyse und Soziologie der Mütterlichkeit, München 1985)
Cipolla, Carlo M.: The Economic History of World Population, New York 1962
Clarke, Edward H.: Sex in Education, or A Fair Chance for Girls, Boston 1878
Codex Hammurabi (CH) in den folgenden Ausgaben:
Driver, G. R.; John C. Miles, The Babylonian Laws, 2 Bde. Oxford Bd. I 1952, Bd. II 1955
Kohler, J.; F. E. Peiser: Hammurabis Gesetz: Übersetzung, Juristische Wiedergabe, Erläuterung, 3 Bde., Leipzig 1904
Meek, Theophile J., Übersetzung in: James B. Pritchard 1955
In diesem Band zit. n. der neuen Übersetzung in: Otto Kaiser (Hg.): Texte aus der Umwelt des Alten Testaments, 3 Bde., Gütersloh 1982ff.
Contenau, Georges: Everyday Life in Babylon and Assyria, London 1954 (dt.: So

lebten die Babylonier und Assyrer, Stuttgart 1959)
Cooper, Jerrold: »Reconstructing History from Ancient Inscriptions: The Lagash-Umma Border Conflict«, in: Pritchard, James: Sources from the Ancient Near East, Vol.II/1, Maklibu 1983
Cotterell, Arthur: The Encyclopaedia of Ancient Civilizations, New York 1980

Daly, Mary: Beyond God the Father: Toward a Philosophy of Women's Liberation, Boston 1973 (dt.: Jenseits von Gott Sohn & Co, Aufbruch zu einer Philosophie der Fraucnbefreiung, München 1980)
The Church and the Second Sex, New York 1975
Darlingcon, C. D.: The Evolution of Man and Society, New York 1969 (dt.: Die Entwicklung des Menschen und der Gesellschaft, Düsseldorf 1971)
Davis, David Brion: The Problem of Slavery in Western Cultures, Ithaca, N. Y. 1966
-: The Problem of Slavery in the Age of Revolution 1710-1823, lthaca, N. Y. 1975
Davis, Elizabeth Gould: The First Sex, New York 1971 (dt.: Am Anfang war die Frau, München 1977)
de Beauvoir, Simone: The Second Sex, New York 1953, Nachdruck New York 1974
(dt.: Das andere Geschlecht, Hamburg 1951, hier TB, Reinbek 1968)
Deetz, James: lnvitation to Archaeology, Garden City, N. Y. 1967
Degler, Carl: Neither Black nor White: Slavery and Race Relations in Brazil and the United States, New York 1971
Deimel, P. Anton: Sumerische Tempelwirtschaft zur Zeit Urukaginas und seiner Vorgänger, Rom 1931
Deutsch, Helene: The Psychology of Women, a Psychoanalytic Interpretation, 2 Bde., New York 1944-45 (1962-63) (de.: Psychologie der Frau, 2 Bde., Bern I 1948, II 1954)
de Vaux, Roland O.: Ancient Israel: lts Life and Institutions, New York 1961, TB 2 Bde., 1965
Diakonoff, I.M. (Hg.): Ancient Mesopotamia: Socio-economic History, A Collection of Studies by Soviet Scholars, Moskau 1969: unveränderter Neudruck (D‹jakonov, Igor M.), Wiesbaden 1973
-: »Socio-economic Classes in Babylonia and the Babylonian Concept of Social Stratification«, in: Otto Edzard Dietz: Gesellschaftsklassen im alten Zweistromland und in den angrenzenden Gebieten, Bayerische Akademie der Wissenschaften, Phil.-Hist. Klasse, Abhandlungen, Neue Folge, Heft 75, München 1972
Diamond, A. S.: »An Eye for an Eye«, in: Iraq, Vol. 19/II (Herbst 1957), S. 151-55

Dietz, Otto Edzard: »Sumerische Rechtsurkunden des 3. Jahrtausends, aus der Zeit vor der III. Dynastie von Ur«, in: Bayerische Akademie der Wissenschaften, Phil.-Hist. Klasse, Abhandlungen, Neue Folge, Heft 67, München 1968
-: »Gesellschaftsklassen im alten Zweistromland und in den angrenzenden Gebieten« (18. Assyriologischer Kongreß, München im Juli 1970), Bayerische Akademie der Wissenschaften, Philos.-hist. Klasse, Abhandlungen Neue Folge, Heft 75, München 1972
Diner, Helen: Mothers and Amazons: The First Feminine History of Culture, New York 1965
Dinnerstein, Dorothy; The Mermaid and the Minotaur; Sexual Arrangements and Human Malaise, New York 1977 (dt.: Das Arrangement der Geschlechter, Stuttgart 1979)
Dover, Kcnneth J.: »Classical Greek Attitudcs to Sexual Behavior«, in: Arethusa, Vol. 6, No., (1973), S. 59-73
Driver, Godfrey R.: Canaanite Myths and Legends, Edinburgh 1956
-: John C. Miles: The Babylonian Laws, ed. wtth Translation and Commentary, 2 Bde., Oxford 1952, 1955
-: The Assyrtan Laws, Oxford 1935
Driver, Samuel R.: An lntroduction to the Literature of the Old Testament, New York 1960
DuBois, Ellen (Hg.); Elizabeth Cady Stanton; Susan B. Anthony: Correspondence, Writings, Speeches, New York 1981

Ebeling, Erich: »Quellen zur Kenntnis der babylonischen Religion«, in: Mitteilungen der vorderasiatischen Gesellschaft, 1918, I, 23. Jg., Leipzig 1918, S. 1-70
-: Bruno Meissner: Reallexikon der Assyriologie, 6 Bde., Berlin/Leipzig 1932, Bd. V, S. 223, 391 ff.
Ebert, Max: »Prostitution«, in: Reallexikon der Vorgeschichte, Bd. IV erste Hälfte, Berlin 1926, S. 323
Edwards, I. E. S.; C. J. Gadd; N. G. L. Harnmond (Hg.): The Cambridge Ancient History, Bd. I, Teil 1: Prolegomena and Prehistory, 3. Aufl. Cambridge 1970
-: Bd. I, Teil 2: Early History of the Middle East, 1971
-: Bd. II, Teil 1: The Middle East and thc Aegean Region, c. 1800-1380 B.C., 1973
-: Bd. II, Teil 2: The Middle East and the Aegean Region, c. 1380-1000 B.C., 1975
Ehrenberg, Victor: From Solon to Socrates: Greek Htstory and Civilization During the 6th und 5th Centuries B.C., London 1973
-: The People of Aristophanes: A Sociology of Old Attic Comedy, Oxford 1951

(dt.: Aristophanes und das Volk von Athen, Stuttgart 1968)
Eisenstein, Zillah R. (Hg.): Capitalist Patriarchy and the Case for Socialist Feminism, New York 1979
Elshtain, Jean Bethke: Pubfic Man, Private Woman: Women in Social and Political Thought, Princeton 1981
Encyclopaedia Judaica, Jerusalem 1978, darin Stichwort »Circumcision« Bd. 5, S. 567 »History« Bd. 8, S. 571-74; »Pentateuch«, Bd. 13, S. 231-64
Encyclopedia Americana, Danbury, Conn. 1979, Bd. 22, S. 612-14
Encyclopcdia of the Social Sciences, Bd. 13, New York 1934, S. 553-59
Engels, Frederick: The Origin of the Family, Private Property and the State, New York 1972; zit. n. Friedrich Engels, Der Ursprung der Familie, des Privateigentums und des Staates, Berlin 1974
Epstein, Louis M.: Marriage Laws in the Bible and the Talmud, Cambridge, Mass. 1942
-: Sex Laws and Customs in Judaism, New York 1948
Erikson, Erik: Childhood and Society, New York 1950 (dt.: Kindheit und Gesellschaft, Stuttgart 9. Aufl. 1984)
Euripides: Works, Translated by Robert W. Cirrigan, New York 1965. (dt.: Sämtliche Tragödien, Kröner, 2. Aufl. 1984)

Falkenstein, Adam: Archaische Texte aus Uruk, Berlin 1936, Nr. 111 (Keilschrifttexte)
-: »Neusumerische Gerichtsurkunden«, Bayerische Akademie der Wissenschaften, Phil.-hist. Abteilung, Neue Folge, Heft 39, 40, 44
-: Sumerische Götterlieder, Heidelberg (Winter 1959)
-· W. von Soden: Sumerische und akkadische Hymnen und Gebete, Zürich-Stuttgart 1953
Farb, Peter: Humankind, Boston 1977 (dt.: Das ist der Mensch: Ursprung, Werden, Zukunft, Hamburg 1981)
Farber, Walter: Beschwörungsrituale an Ištar und Dumuzi, Wiesbaden 1977
Feigin, Samuel 1.: »The Captives in Cuneiform lnscriptions«, in: American Journal of Semitic Languages and Literatures, Vol. 50, No. 4 (July 1934)
Figes, Eva: Patriarchal Attitudes, New York 1970
Finkelstein, J. J.: »Subartu and Subarians in Babylonian Sources«, in: Journal of the Cuneiform Studies, Vol. 9 (1955)
-: »Sex Offenses in Babylonian Laws«, in: Journal of the American Oriental Society, Vol. 86 (1966), S. 315-72

Finley, Moses 1.: The World of Odysseus, Meridian paperback, New York 1959/ London 1964 (dt.: Die Welt des Odysseus, Darmstadt 1968)
-: Slavery in Classical Antiquity: Views and Controversies, Cambridge, England 1960 (dt.: Die Sklaverei in der Antike. Geschichte und Probleme, München 1980)
-: Aspects of Antiquity, London 1968
- »Slavecy«, Encyclopedia of the Social Sciences, New York 1968, Vol. 14, S. 307-12
Fiorenza, Elizabeth Schussler: In Memoriam of Her: A Feminist Tbeological Reconstruction of Christian Origins, New York 1983, (dt.: Zu ihrem Gedächtnis. Eine feministisch-theologische Rekonstruktion der christlichen Ursprünge, Mainz 1988)
Firestone, Shulamith: The Dialectic of Sex: The Case for Feminist Revolution, New York 1970 (dt.: Frauenbefreiung und sexuelle Revolution, Frankfurt 1987)
Fisher, Elizaberh: Woman‹s Creation: Sexual Evolution and the Shaping of Society, Garden City N. Y. 1979
Foley, Helene P. (Hg.): Reflcctions ofWomen in Antiquity, New York 1981, darin: Dies., »The Conception of Women in Athenian Drama«, S. 127-32
Foreman, Ann: Feminity as Alienation: Women and the Family in Marxism and Psychoanalysis, London 1977
Fox, Michael V.: »The Sign of the Covenant: Circumcision in the Light of the Priestly ›ôt Etiologies«, in: La Revue Biblique, Val. 81 (1974), S. 557-96
Frankfort, Henri; John A. Wilson; Thorkild Jacobsen; William A. Irwin: The lntellectual Adventure of Ancient Man: An Essay on Speculative Thought in the Ancient Near East, Chicago 1946 - darin: Frankfort H. und H. A., »Myth and Reality.«
Vgl. deutsch: Frankfort, H.; Groenewegen-Frankfort u. a.: Alter Orient-Mythos und Wirklichkeit, Stuttgart 1981
Frankfort, Henri u. a.: Before Philosophy, Baltimore 1963
Freedman, R. David: »Woman, a Power Equal to Man«, in: Biblical Archaeology Review, Vol.9, No. 1 (Jan./Feb. 1983), S. 56-58
Freud, Sigmund; von der Autorin angegeben nach The Standard Edition of the Complete Psychological Works of Sigmund Freud, London 1961-64.
Hier zitiert nach: Sigmund Freud: Studienausgabe in zehn Bänden, Frankfurt ab 1969, darin
-: Einige psychtsche Folgen des anatomischen Geschlechtsunterschieds 1925, in Bd.V

-: Über die weibliche Sexualität 1931, in Bd. V
-: Das Unbehagen in der Kultur 1930, in Bd. IX
-: Der Mann Moses und die monotheistische Religion 1939, in Bd. IX
Fried, Morton: »On the Evolution of Social Stratification and the State«, in: Stanley Diamond (Hg.): Culture and History, New York 1960, S. 713-31
Priedl, Ernestine: Women and Men: An Anthropologist‹s View, New York 1975
Friedrich, Johannes: Die Hethitischen Gesetze, Leiden 1959
Fromm, Erich: The Crisis of Psychoanalysis, Greenwich, Conn. 1970; darin: E. Fromm: »The Theory of Mother Right and its Relevance for Social Psychology« (dt.: Analytische Sozialpsychologie und Gesellschaftstheorie, Frankfurt 1970 [darin; »Die sozialpsychologische Bedeutung der Mutterrechtstheorie«, 1934])
-: The Forgotten Language: An Introduction to the Understanding of Dreams, Fairy Tales, and Myths, New York 1951 (dt.: Märchen, Mythen, Träume - Eine Einführung in das Verständnis einer vergessenen Sprache, Stuttgart 1957)
-: The Heart of Man: Its Genius for Good and Evil, New York 1964 (dt.: Die Seele des Menschen, Ihre Fähigkeit zum Guten und zum Bösen, Stuttgart 1979, zit. n. TB Ullstein 1981)
Frymer-Kensky, Tikva: »Patriarchal Family Relationship and Near Eastem Law«, in: Biblical Archaeologist, Vol. 44, No. 4 (Fall 1981), S. 209-14

Gadd, C. J.: Teachers and Students in tbe Oldest Schools, London 1956
-: »Same Contributions to the Gilgamesh Epic«, in: Iraq, Val. 28/2 (Herbst 1966)
-: »The Cities of Babylon«, in: Edwards, I.E.S. u.a. (Hg.): Cambridge Ancient History, I/I, (1970)
Gage, Matilda Joslyn: Women, Church and State, Perspective Press 1980 (Nachdruck der Ausgabe von 1893)
Geertz, Clifford: The Interpretation of Cultures, New York 1973. Vgl. ders., Dichte Beschreibung, Beiträge zum Verstehen kultureller Systeme, Frankfurt 1983, TB Frankfurt 1990
Gelb, I. J.: »Prisoners of War in Early Mesopotamia«, in: Journal of Near Eastern Studies, Vol. J2 (1973), S. 74ff.
Genovese, Eugene D.: Roll, Jordan, Roll: The World the Slaves Made, New York 1974
Gilbert, Sandra M; Susan Gubar: The Madwoman in the Attic: The Woman Writer and the Nineteenth-Century Literary Imagination, New Haven 1984
Gilgamesch-Epos, übers. v. Albert Schott bearb. v. Wolfram von Soden, Stuttgart (Reclam) 1958

Gilligan, Carol: In a Different Voice: Psychological Theory and Women‹s Development, Cambridge, Mass. 1982 (dt.: Die andere Stimme. Lebenskonflikte und Moral der Frau, München 1988) ·
Gilman, Charlotte Perkins: Women and Economics, New York 1966 (Nachdruck der Ausgabe von 1898)
Gimbutas, Marija: Goddesses and Gods of Old Europe, Berkeley 1982
Glubok, Shirley (Hg.): Discovering the Royal Tombs at Ur, London 1969
Goetze, Albrecht: Ubersetzung der Hethitischen Gesetze, in: James B. Pritchard: Ancient Near Eastern Texts. Relating to the Old Testament, 2. Auflage Princeton 1955
Goldenberg, Naomi R.: Changing of the Gods: Feminism and the End of Traditional Religions, Boston 1979
Goldsdteider, Ludwig: Michelangelo, London 1959
Gomme, A.M.: »The Position of Warnen in Athens in the Fifth and Fourth Centuries«, in: Classical Philology, Vol. 20, No. 1 (Jan. 1925), S. 1-25
Goody, Jack: Production and Reproduction: A Comparative Study of the Domestic Domain, London 1976
Gordon, Cyrus H.: »The Status of Warnen Reflected in the Nuzi Tablets«, in: Zeitschrift für Assyriologie, Neue Folge, Bd. IX (1936), S. 147-69
Gottwald, Norman K.: The Tribes of Yahweh: A Sociology of the Religion of Liberated Israel 1250-1050 B.C., Maryknoll, N. Y. 1979
Gough, Kathleen; David Schneider (Hg.): Matrilineal Kinship. Berkeley 1961
Graves,Robert: The Greek Myths, 2 Bde., New York 1959 (dt.: R. von Ranke-Graves, Griechische Mythologie, Quellen und Deutung, Reinbek 1960)
-: The White Goddess: A Historical Grammar of Poetic Myth, New York 1966, erw. und komment. Ausgabe, New York 1983 (dt.: R. von Ranke-Graves: Die weiße Göttin, Berlin 1981)
-: Raphael Patai: Hebrew Myths: The Book of Genesis, New York 198 3 (dt.: Hebräische Mythologie, über die Schöpfungsgeschichte und andere Mythen aus dem Alten Testament, Reinbek 1986)
Gray, John: Near Eastern Mythology, London 1969 (dt.: Mythologie des Nahen Ostens, Wiesbaden 1975)
Greenberg, Moshe: »Another Look at Rachel‹s Theft of the Teraphim«, in: Journal of Biblical Literature, Vol. 81 (1962), S. 239-48
Greengus, Samuel: »The Old Babylonian Marriage Contract«, in: Journal of the American Oriental Society, Vol. 89 (1969), S. 505-32
Greenidge, Charles W. W.: Slavery, London 1958

Griffin, Susan: Woman and Nature: The Roaring Inside Her, New York 1978 (dt.: Frau und Natur. Das Brüllen in ihr, Frankfurt 1986)
Grimké, Sarah M.: Letters on the Equality of the Sexes and the Condition of Women, Boston 1838
Gschnitzer, Fritz: Studien zur griechischen Terminologie der Sklaverei: Untersuchungen zur älteren, insbesondere Homerischen Sklaventerminologie, Wiesbaden 1976
Gullick, John M.: »Debt Bondage in Malaya«, in: Winks. Robin (Hg.), Slavery, New York 1972
Gurney, 0. R.: »The Hettites« in: A. Cotterell: The Encyclopedia of Ancient Civilizations, New York 1980, S. 111-17
Hallo, William W.; J. J.A. van Dijk: The Exaltation of Inanna, New Haven 1968
-: »The Women of Sumer«, in: D. Schmandt-Besserat (Hg.): The Legacy of Sumer, Malibu 1976
Hummurabis Gesetz siehe Codex des Hammurabi
Harris, Kevin: Sex, Ideology, and Religion: The Representation of Women in the Bible, Totowa, N. J. 1984
Harris, Marvin: »Why Men Dominate Women«, in: Columbia, Summer 1978, S.9ff., 39
Harris, Rivkah: »Bibliographical Notes on the Naditu Warnen of Sippur«, in: Journal of Cuneiform Studies, Val. 16 (1962), S. 1-12
-: »Notes an the Slave Names of Old Babylonian Sippar«, in: Journal of Cuneiform Studies, Val. 29, No. 1 (1971), S. 41-51
-: Ancient Sippar: A Demographic Study of an Old Babylonian City (1894-1595 B.C.), Istanbul 1975
Harrison, Jane Ellen: Mythology, New York 1963
Hartman, Mary S.; Lois Banner (Hg.): Clio‹s Consciousness Raised: New Perspecttves on the History of Women, New York 1974
Hawkes, Jacquetta; Sir Leonard Wooley: History of Mankind, Bd. I: Prehistory and the Beginnings of Civilization, New York 1963
Hays, Hoffman Reynolds: The Dangerous Sex, New York 1964 (dt.: Mythos Frau, Frankfurt 1978)
Heilbrun, Carolyn G.: Toward a Recognition of Androgyny, New York 1973
-: On Reinventing Womanhood, in: Columbia (Fall 1979), S. 31 f.
Heilige Schrift, Die, von G. Lerner zit. n. The Holy Scriptures According to the Masoretic Text, Philadelphia 1917; Bibelzitate der Übersetzung aus: Die vierundzwanzig Bücher der Heiligen Schrift. Nach dem masoretischen Texte unter

der Redaktion von Dr. Leopold Zunz, Basel 1980
Henriques, Fernando: Prostitution and Society, Bd. I, London 1962
-: Stews and Strumpets: A Survey of Prostitution, London 1961
Herodotus: Historia, übers. v. A. D. Godley Cambridge 1920; hier deutsch zitiert n. Herodot, Historien, Deutsche Gesamtausgabe, Stuttgart 1963
Hethitische Gesetze, von G. Lerner in den folgenden Ausgaben gelesen:
Friedrich, Johannes; Die Hethitischen Gesetze, Leiden 1959
Goetze, Albrecht: Übersetzung in Pritchard 1955
Walther, Arnold: The Hittite Code, in: J. M. Powis Smith 1931
In diesem Band deutsch zitiert nach: Otto Kaiser (Hg.), Texte aus der Umwelt des Alten Testaments, 3 Bde., Gütersloh 1982ff., Bd. 1: Rechts- und Wirtschaftsurkunden, 1. Lieferung: Rykle Borger u. a.: Rechtsbücher, Gütersloh 1982
Hillers, Delbert R.: Covenant: The History of a Biblical Idea, Baltimorc 1969
Hirsch, Miriam F.: Women and Violence, New York 1981
Homer: The Iliad, übers. v. Richmond Lattimore, Chicago 1937; deutsch zit. n.: Homer, llias, übers. v. T.v. Scheffer, Sammlung Dieterich Bd. 13, Wiesbaden o. J.
-: The Odyssey, übers. v. S. H. Butcher, London 1917
-: The Odyssey„ Übers. v. Richmond Lattimore, London 1975; deutsch zit. n. Homer, Odyssee, übers. v. T.v. Scheffer, Sammlung Dieterich Bd. 14, Wiesbaden o. J.
Horney, Karen: Feminine Psychology, New York 1967 (dt.: Die Psychologie der Frau, Frankfurt 4. Aufl. 1987)
Horowitz, Maryanne Cline: »Aristotle and Woman«, in: Journal of the History of Biology, Vol. 9, No. 2 (Fall 1976), S. 183-213
-: »The Image of God in Man - Is Woman Included?«, in: Harvard Theological Review, Val. 72, No. 3/4 Quly-Oct. 1979), S. 175-206
Hrdy, Sarah Blaffer: The Woman That Never Evolved, Cambridge, Mass. 1981
Humphreys, S. C.: The Family, Women and Death: Comparative Studies, London 1983

Interpreter‹s Dictionary of the Bible, The, New York 1962, Stichwort »Circumcision«, S. 629-31

Jacobsen, Thorkild: »Primitive Democracy in Ancient Mesopotamia«, in: Journal of Near Eastern Studies, Vol. 2, No. 3 (July 1943)
-: The Treasures of Darkness: A History of Mesopotamian Religion, New Haven 1976

-: Toward the Image of Tammuz and Other Essays on Mesopotamian History and Culture, hrsg. v. William L. Moran, Cambridge 1970
Jaggar, Alison M.: Feminist Politics and Human Nature, Sussex (Großbritannien) 1983
James, Edwin O.: The Cult of the Mother-Goddess: An Archaeological and Documentary Study, London 1959
-: Myth and Ritual in the Ancient Near East, London 1958
-: The Ancient Gods: The History and Diffusion of Religion in the Ancient Near East and the Eastern Mediterranean, London 1960
Janeway, Elizabeth: Man‹s World, Woman‹s Place: A Study in Social Mythology, New York 1971
-: Powers of the Weak, New York 1980
Janssen-Jurreit, Maridouise: Sexismus: Über die Abtreibung der Frauenfrage, Frankfurt 1979, 5. Aufl. 1987
-: Sexism: The Male Monopoly on History and Thought, New York 1980
Jastrow, Morris: The Civilization of Babylon and Assyria, Philadelphia 191 5. Vgl. Die Religion Babyloniens und Assyriens, 3 Bde., Gießen 1905-1912
Jayne, Walter A.: The Healing Gods of Ancient Civilizations, New Haven 1925
Jeremias, Alfred: Handbuch der altorientalischen Geisteskultur, Berlin 1929
Jolly, Allison; The Evolutton of Primate Behavior, New York 1972 (dt.: Die Entwicklung des Primatenverhaltens, Frankfurt 1975
Jones, Ernest: »Early Development of Female Sexuality«, in: International Journal of Psychoanalysis, Vol.8 (1927), S, 459-72
Jordan, Winthrop D.: White over Black: American Attitudes Toward the Negro, 1550-1812, Chapel Hill, N.C. 1968
Justus, Carol F.: Indo-Europeanization of Myth and Syntax in Anatolian Hittite: Dating of Texts As an Index, in: Journal of Indo-European Studies, Vol. 2 (1983), S. 59-103

Keller, Evelyn Fox: Reflections on Gender and Science, New York 1985 (dt.: Liebe, Macht und Erkenntnis. Männliche oder weibliche Wissenschaft?, München 1986)
Kelly, Maria Patricia F.: »Development and the Sexual Division of Labor: An Introduction«, in: SIGNS, Special Issue, Vol. 7, No. 2 (Winter 1981), S. 268-78
Kelly-Gadol, Joan: »The Social Relations of the Sexes: Methodological Implications of Woman‹s History«, in: SIGNS, Vol. 1, No. 4 (Summer 1976), S. 809-24
Keohane, Nannerl O.; Michelle Z. Rosaldo; Barbara Gelpi (Hg.): Feminist Theo-

ry: A Critique of Ideology, Chicago 1982
Kerber, Linda: Women of the Republic: Intellect and Ideology in Revolutionary America, Chapel Hill, N. C. 1980
Kikawada, I.M.: »Two Notes on Eve«, in: Journal of Biblical Literature, Vol. 19 (1972), s. 33-37
Klein, Herbert S.: Slavery in the Americas: A Comparative Study of Virginia and Cuba, Chicago 1967
Klein, Viola: The Feminine Character: History of an ldeoiogy, Urbana, Ill. 1972 (Nachdruck der Ausgabe von 1946)
Kleinbaum, Abby Wettan: The War Against the Amazons, New York 1983
-: The Myth of the Amazons, New York 1983
Kohler, J.; F.E. Peiser: Hammurabi‹s Gesetz, Leipzig 1904
Koschaker, Paul: Rechtsvergleichende Studien zur Gesetzgebung Hammurabis, König von Babylon, Leipzig 1917
-: Quellenkritische Untersuchungen zu den altassyrischen Gesetzen, Leipzig 1921
-: »Fratriarchat, Hausgemeinschaft und Mutterrecht in Keilschriftrechten«, in: Zeitschrift für Assyriology, Neue Folge, Bd. 7 (Band 41) Berlin und Leipzig (1939), S. 1-89
Kraeling, Carl H.; Robert McC. Adams: City Invincible: A Symposium on Urbanization and Cultural Development in the Ancient Near East, Chicago 1960
Kramer, Samuel Noah: From the Tablets of Sumer, Indian Hills, Colo. 1956
-: Sumerian Mythology: A Study of Spiritual and Literary Achievement in the Third Millenium B.C., revid. Neuauflage, New York 1961
-: The Sumerrans, Chicago 1963
-: The Sacred Marriage Rite: Aspects of Faith, Myth and Ritual in Ancient Sumer, Bloomington 1969
-: » Poets and Psalmists; Goddesses and Theologians: Literary, Religious and Anthropological Aspects of the Legacy of Sumer«, in: D. Schmandt-Besserat 1976
-: History Begins at Sumer, 3. Aufl, Philadelphia 1981
Kraus, F. R.: »Le Role des temples depuis la troisieme dynastie d‹Ur jusqu‹á la premiere Dynastie de Babylone«, in: Cahiers d‹Histoire Mondiale, Vol. 1, No. 3 (Jan. 1954), S. 518-45

La Croix, Paul: History of Prostitution, Chicago 1926
La Follette, Suzanne: Concerning Women, New York 1926
Lakoff, Robin: Language and Woman‹s Place, New York 1975

Lambert, W. G.: »Morals in Ancient Mesopotamia«, in: Vooraziatisch Egypt Genootschap »Ex Oriente Lux« Jaarbericbt, No.15 (1957/58), S. 184-94
Lambert-Karlovsky, C. C.: »The Economic World of Sumer«, in: D. Schmandt-Besserat (Hg.), The Legacy of Sumer, Malibu 1976
Lamphere, Louise: Review Essay: »Anthropology«, in: SIGNS, Vol.2, No. 3 (1977), S. 612-27
Landsberger, Benno; E. Reiner; M. Civil (Hg.): Materials for the Sumerian Lexicon (MSL), Bd. XII, Rom 1969
Langdon, Stephen: »Sumerian Epic of Paradise, the Flood and the Fall of Man«, University of Pennsylvania, University Museum Publications of the Babylonian Section. Vol. 10, No. 1, Philadelphia 1915
Lansing, Elizabeth: The Sumerians: Inventors & Builders, London 1974
Leacock, Eleanor: »Women in Egalitarian Societies«, in: R. Bridenthal; C. Koonz: Becoming Visible: Women in European History, Boston 1977
Lee, R.B.; Irven DeVore (Hg.): Man, the Hunter, Chicago 1968: darin: Lee, Richard B.: »What Hunters Do for a Living, or: How to Make Out on Scarce Resources« (S. 30-48); sowie: Rose, F.: »Australien Marriage, Land Owning Groups and Institutions« (S. 509)
Lefkowitz, Mary R.; Maureen B. Fant: Women‹s Life m Greece and Rome: A Sourcebook in Translation, Baltimore 1982
Leith-Ross, Sylvia: African Women: A Study of the Ibo of Nigeria, London 1937
Lemaire, André: »Mari, the Bible, and the Northwest Semitic World«, in: Biblical Archaeologist, Vol. 47, No. 2 (June 1984), S. 101-8
-: »Who or What Was Yahweh‹s Asherah? Startling New Inscriptions from Two Different Sites Reopen the Debate about the Meaning of Asherah«, in: Biblical Archaeology, Vol. 10, No. 6 (Nov./Dec. 1984), S. 42-52
Lerner, Gerda: The Majority Finds Its Past: Placing Women in History, New York 1979: darin auch: »Black Women in the United States«
Lesko, Barbara S.: The Remarkable Women of Egypt, Berkeley 1978
Levi-Strauss, Claude: The Elementary Structurer of Kinship, Boston 1969 (dt.: Die elementaren Strukturen der Verwandtschaft, Frankfurt 1981)
Lowe, Marian: »Sociobiology and Sex Differences«, in: SIGNS, Vol. 4, No. 1 (Herbst 1978), s. 118-25
Luckenbill, D. D.; F. W. Geers (Übersetzung) in: J. M. Powis Smith, The Origin and History of Hehrew Law, Chicago 1931
Lundberg, Ferdinand; Marynia Farnham: Modem Woman: The Lost Sex, New York 1947

Lurie, Nancy (Hg.): Mountain Wolf Woman, Sister of Crashing Thunder, Ann Arbor 1966

MacCormack, Carol; Marylin Strathern (Hg.), Nature, Culture and Gender, Cambridge, England 1980
MacDonald, Elizabeth Mary: The Position of Women as Reflected in Semitic Codes of Law, Toronto 1931
McNeill, William H.: The Rise of the West: A History of the Human Community, Chicago 1963
MacQueen, James G.: Babylon, London 1964
Maekawa, Kazuya: »The Development of the E-MI in Lagash during the Early Dynastie III«, in: Mesopotamia, Vois. 8-9 (1973-74), S. 77-144
Malamat, A.: »Mari and the Bible: Same Patterns of Tribal Organization and Institutions«, in: Journal of the American Oriental Society, Vol. 82, No. 2 (April-June 1962), s. 143-49
Marrou, H. I.: A History of Education in Antiquity, New York 1956 (dt.: Geschichte der Erziehung im klassischen Altertum, München 1957)
Marshak, Alexander: The Roots of Civilization: The Cognitive Beginnings of Man‹s First Art, Symbol and Notation, New York 1971
Martin, M. Kay; Barbara Voorhies: Female of the Species, New York 1975
Matthiae, Paolo: Ebla: An Empire Rediscovered, Garden City, N. Y. 1981
Matthiasson, Carolyn J.: Many Sisters: Women in Cross-Cultural Perspective, New York 1974
Mauss, Marcel: The Gift: Forms and Functions of Exchange in Archaic Societies, London 1954 (dt.: Die Gabe. Form und Funktion des Austauschs in archaischen Gesellschaften, Frankfurt 1988, TB 1990)
May, Geoffrey: »Prostitution«, in: Encyclopedia of the Social Sciences Bd. 13, S. 5 53-59
-: »Prostitution«, in: Encyclopedia Americana, International Edition, Val. 22, Danbury, Conn. 1979, S. 672-74
-· »Prostitution«, in: New Encyclopaedia Britatmica, Vol. 15, Chicago 1979, S. 76
May, Herbert G. (Hg.): Oxford Bible Atlas, London 1962
McNeill, William H.: The Rise of the West: A History of the Human Community, Chicago 1963 (Mentor Book)
Mead, Margaret: Male and Female: A Study of the Sexes in a Changing World, New York 1949 (dt.: Mann und Weib. Das Verhältnis der Geschlechter in einer sich wandelnden Welt, Reinbek 1958, 1981)

-: Sex and Temperament in Three Primitive Societies, New York 1971 (de.: Geschlecht und Temperament m primitiven Gesellschaften, Reinbek (rde) 1959 und München 7. Aufl. 1983)
Meek, Theophile James: »The Code of Hammurabi« (Übersetzung) und »The Middle Assyrian Laws« (Übersetzung), in: J. B. Pritchard (Hg.): Ancient Near Eastern Texts Relating to the Old Testament, 2.Aufl., Princeton 1955
-: Hebrew Origins, New York 1960
Meillassoux, Claude: »From Reproduction to Production: A Marxist Approach to Economic Anthropology«, in: Economy and Society, No. 1 (1972), S. 93-105
-: »The Social Organization of the Peasantry: Thc Economic Basis of Kinship«, in: Journal of Peasant Studies, Vol. 1, No. 1, (1973)
Meissner, Bruno: »Aus dem altbabylonischen Recht«, in: Der alte Orient, Jg. 7, Heft 1, Leipzig 1905, S. 3-32
-: Babylonien und Assyrien, 2 Bde., Heidelberg 1920
Mellaart, James: »Excavations at Çatal Hüyük: 1963, Third Preliminary Report«, in: Anatolian Studies, Vol. 14 (1964), S. 39-120
-: »Excavations at Çatal Hüyük: 1965, Fourth Preliminary Report«, in: Anatolian Studies, Vol. 16 (1966), S. 165-92
-: Çatal Hüyük: A Neolithic Town in Anatolia, New York 1967 (dt.: Çatal Hüyük, Stadt aus der Steinzeit, Berg. Gladbach 1973)
-: Earliest Civilizations of the Near East, New York 1965
Memmi, Albert: Dominated Man: Notes Towards a Portrait, Boston 1968 (dt.: Der Kolonisator und der Kolonisierte, Frankfurt 1980)
Mendelsohn, Isaac: Legal Aspects of Slavery in Babylonia, Assyria and Palestine: A Comparative Study, 3000-500 B.C., Williamsport, PA. 1932
-: Slavery in the Ancient Near East, New York 1949
Mendenhall, G.: »Ancient Oriental and Biblical Law«, in: Biblical Archaeologist, Vol. 17 (1954), S. 26-46
-: »Covenant Forms in Israelite Tradition«, in: Biblical Archaeologist, Vol. 17 (1954), S. 50-76
Messerschmidt, Leopold: Die Hethiter, Leipzig 1902
Meyers, Carol: »The Roots of Restriction: Women in Early Israel«, in: Biblical Archaeologist, Vol. 41, No. 3 (Sept. 1973), S. 91-103
Meyers, Eric M.: »The Bible and Archaeology«, in: Biblical Archaeologist, Vol. 47, No. 1 (March 1984), S. 36-40
Miers, Suzannc; lgor Kopytoff (Hg.), Slavery in Africa: Historical and Anthropological Perspectives, Madison 1977

Miller, Casey; Kate Swift: Words and Women, Garden City, N. Y. 1977
Miller, Jean Baker (Hg.): Psychoanalysis and Women, Harmondsworth (Großbritannien) 1947
-: Toward a New Psychology of Women, Boston 1976 (dt,: Die Stärke weiblicher Schwäche. Zu einem neuen Verständnis der Frau, Frankfurt, 7. Aufl. 1988)
Millett, Kate: Sexual Politics, Garden City, N. Y. 1969 (dt.: Sexus und Herrschaft, München 1971, TB 1980)
Mitchell, Juliet: Woman‹s Estate, New York 1971 (dt.: Frauenbewegung - Frauenbefreiung, Frankfurt-Berlin-Wien 1981)
Mittelassyrisches Recht (MAL), von Gerda Lerner in den folgenden Ausgaben gelesen:
Driver, G. R.; John C. Miles: The Assyrian Laws, Oxford 1935
Luckenbill, Daniel D.; F. W. Greers: Übersetzung, in: J. M. Powis Smith: The Origin and History of Hebrew Law, Chicago 1931
Meek, Theophile: Übersetzung, in: James B. Pritchard, 1955.
Hier zit. n. Otto Kaiser (Hg.): Texte aus der Umwelt des Alten Testaments, 3 Bde., Gütersloh 1982ff., 1. Band: Rechts- und Wirtschaftsurkunden, 1. Lieferung Rykle Borger u. a., Rechtsbücher, Gütersloh 1982; MAL §40 nach: Richard Haase: Die keilschriftlichen Rechtssammlungen in deutscher Fassung, Wiesbaden 1979
Ministerium für Information, Regierung des Iran, Persepolis, Pasargadae, and Naghsh-e-Rustam, Teheran 1966
Molyneux, Maxine: »Androcentrism in Marxist Anthropology«, in: Critique of Anthropology, Vol. 3, Nos. 9-10 (1977), S. 55-81
Monro, Margaret T.: Thinking About Genesis, Chicago 1966/London 1953
Moore, John: »The Exploitation of Women in Evolutionary Perspectivc«, in: Critique of Anthropology, Vol. 3, Nos. 9-10 (1977), S. 83-100
Moorey, P.R.S.: Ur of the Chaldees: A Revised and Updated Version of Sir Leonard Woolley‹s Excavations at Ur, Ithaka, N. Y. 1982
Moortgat, Anton: Die Kunst des alten Mesopotamien; Die klassische Kunst Vorderasiens, 2 Bde., Köln 1982 u. 1984
Morgan, Elaine: The Descent of Woman, New York 1972 (dt.: Der Mythos vom schwachen Geschlecht, München TB 1989)
Morgan, Lewis Henry: Ancient Society, New York 1963 (Nachdruck der Ausgabe v. 1877) (dt.: Die Urgesellschaft 1987 (Promedia, Nachdruck der Ausgabe von 1908))
Morgan, Robin (Hg.): Sisterhood is Powerful: An Anthology of Writings from

the Women‹s Liberation Movement, New York 1970
-: An Anatomy of Freedom: Feminism, Pbysics and Global Politics, Garden City 1982 (dt.: Anatomie der Freiheit. Feminismus, Physik und Weltpolitik, München 1985)
Morrison, Martha A.: »The Family of Silva Tesub Marsarr«, in: Journal of Cuneiform Studies, Vol. 31, No. 1 Qan. 1979), S. 3-29
-: The Jacobs and Laban Narratives in Light of Near Eastern Sources«, in: Biblical Archaeologist, Vol. 46, No. 3 (Summer 1983), S. 155-64
Müller, David H.: Die Gesetze Hammurabis und ihr Verhältnis zur mosaischen Gesetzgebung, Wien 1903
Murdock, George P.: Our Primitive Contemporaries, New York 1934
-: »Comparative Data on the Division of Labor by Sex«, in: Social Forces, Vol. 15, Nos. 1-4 (May 1937), S. 551-53
Murray, Margaret Alice: The Genesis of Religion, London 1963
Myrdal, Gunnar: American Dilemma: The Negro Problem and Modern Democracy, New York 1944

Nash, June: »The Aztecs and the Ideology of Male Dominance«, in: SIGNS, Vol. 4, No. 2 (Winter 1978)
Negev, Abraham: Archaeological Encyclopedia of the Holy Land, New York 1972
Neuman, Erich: The Great Mother: An Analysis of the Archetype, Princeton 1963 (dt.: Die große Mutter. Eine Phänomenologie der weiblichen Gestaltungen des Unbewußten, Olten, 3.Aufl. 1988)
New Encyclopaedia Britannica, The, 15. Auflage (Chicago 1979), Bd. 15 »Prostitution«; Bd. 16, »Slavery, Serfdom and Forced Labor«
Nochlin, Linda: »Why Have there Been No Great Women Artists?«, in: Art News, Vol. 69, No. 9 (Jan. 1971), S.24-39
Norton, Mary Beth: Liberty‹s Daughters: The Revolutionary Experience of American Women 1750-1800, Boston 1980

O‹Brien, Mary; The Politics of Reproduction, Boston 198 I
Ochs, Carol: Behind the Sex of God: Toward a New Consciousness - Transcending Matriarchy and Patriarchy, Boston 1977
Ochshorn, Judith: The Female Experience and the Nature of the Divine, Bloomington, Ind. 1981
Oppenheim, A. Leo: »Siege-Documents« from Nippur, in: lraq, Vol. 17 (1955),

S.69-89
-: Ancient Mesopotamia: Portrait of a Dead Civilization, Chicago 1964
Ortner, Sherry B.: »Is Female to Male as Nature is to Culture?«, in: M. Rosaldo u. L. Lamphere, 1974, S. 67-88
-: The Virgin and the State, in: Feminist Studies, Vol. 4, No. 3 (Oct. 1978), S. 19-35
-; Harriet Whitehead (Hg.): Sexual Meanings: The Cultural Construction of Gender and Sexuality, New York 1981
Otwell, John: And Sarah Laughed: The Status of Women in the Old Testament, Philadelphia 1977
Oxford Bible Atlas hrsg. v. Herbert G. May u. a., London 1962

Pagels, Elaine: The Gnostic Gospels, New York 1979 (dt.: Versuchung durch Erkenntnis. Die gnostischen Evangelien, Frankfurt 1987)
Pardee, Dennis; Jonathan Glass: »Literary Sources for ehe History of Palestine and
Syria: The Mari Archives«, in: Biblical Archaeologist, Vol. 47, No. 2 (June 1984), S. 88-100
Parker, B.: »The Nimrud Tablets«, 1952 - Business Documents, in: Iraq, Vol. 16 (1954), S. 29-58
Parlee, Mary Brown: Review Essay: Psychology, in: SIGNS, Vol. 1, No. 1 (Autumn 1975), S. 119 38
Parrot, Andre: Sumer: The Dawn of Art, New York 1961 (dt.: Sumer und Akkad, Die mesopotamische Kunst von den Anfängen bis zum 12. vorchristlichen Jahrhundert, Universum der Kunst Bd. 1, München 4. Aufl. 1983 (Bd. 2: Ders.: Assur, Die mesopotamische Kunst vom 13. vorchristlichen Jahrhundert bis zum Tode Alexanders d. Gr., München 2. Aufl. 1972)
Patterson, Orlando: Slavery and Social Death: A Comparative Study, Cambridge, Mass. 1982
Paul, Louis: »The Mastery of Work and the Mastery of Sex in a Guatemalan Village«, in: Rosaldo u. Lamphere: Women, Culture and Society, Stanford 1974
Peradotto,J.; J. P. Sullivan: Women in tbe Ancient World: The Arethusa Papers, Albany 1984
Plato: The Republic, Übers. v. Benjamin Jowett, New York o. Datum; deutsch zit. n.: Platon: Werke in acht Bänden, Bd. 4, Darmstadt 1971
Pomeroy, Sarah B.: »Selected Bibliography on Women in Antiquity«, in: Arethusa, Vol. 6 (1973), S. 127-57

-: Goddesses, Whores, Wives, and Slaves: Women in Classical Antiquity, New York 1975; (dt,: Frauenleben im klassischen Altertum, Stuttgart 1985)
Pritchard, James B. (Hg.): Ancient Near Bastern Texts Relating to the Old Testament, Princeton 1950
-: Ancient Near Eastern Texts Relating to the Old Testament, 2. Aufl., Übersetzt und annotiert von W. F. Albright u. a., Princeton 1955
-: The Ancient Near East: Supplementary Texts and Pictures Relaling to the Old Testament, Princeton 1969
Pulleyblank, E. G.: »The Origins and Nature of Chattal Slavery in China«, in: Journal of Economic and Social History of the Orient, Vol. 1 (1958), S. 201-5

Rad, Gerhard von: Genesis: A Commentary, Philadelphia 1961 (dt.: Das Alte Testament Deutsch, Das erste Buch Mose, 2 Bde., Teilbd. 2: Kap. 1-12,9; Teilbd. 3: Kap. 12,10-25,18, Göttingen 1949, zit. n. 6. Auflage Teilbd. 2 1961, Teilbd. 3 1967)
Rapp, Rayna: »Review of Claude Meillassoux ‚Femmes, Greniers et Capitaux'«, in: Dialectical Anthropology, Vol. 3 (1977), S. 3 17-23
-: »Women, Religion, and Archaic Civilizations«, in: Feminist Studies, Vol. 4, No. 3 (Oct. 1978), S. 1-6
(vgl. unten Reiter, Rayna Rapp)
Redman, Charles: The Rise of Civilization: Pram Barly Farmers to Urban Society in the Ancient Near East, San Francisco 1978
Reed, Evelyn: Woman‹s Evolution: From Matriarchal Clan to Patriarchal Family, New York 1975
Reiner, Erica: »Die akkadische Literatur«, in: Wolfgang Rölling (Hg.): Altorientalische Literaturen (Neues Handbuch der Literaturwissenschaft hrsg. v. Klaus von See, Bd. 1), Wiesbaden 1978, S. 151-210, als Quelle für die deutsche Übersetzung des Zitats aus Enuma elisch
Reiter, Rayna Rapp: »The Search for Origins: Unravelling the Threads of Gender Hierarchy«, in: Critique of Anthropology, Val. 2, No. 9/10 (1977), S. 5-24
-: Toward an Anthropology of Women, New York 1978
Rengcr, Johannes: »Untersuchungen zum Priestertum in der altbabylonischen Zeit«, in: Zeitschrift für Assyriologie und vorderasiatische Archäologie, Neue Folge, Band 24, Berlin 1967, 1. Teil, S. 110-88
Rich, Adrienne: On Lies, Secrets, and Silences: Selected Prose 1966-1978, New York 1979
-: Of Woman Born: Motherhood as Experience and Institution, New York 1976

(dt.:
von Frauen geboren. Über Mutterschaft als Erfahrung und Institution, München 1979)
-: »Compulsory Hetcrosexuality and Lesbian Existence«, in: SIGNS, Vol. 5, No.4 (Summer 1980), 631-60
Richter, Donald: »The Position of Women in Classical Athens«, in: Classical Journal, Vol. 67, No. 1 (1971), S. 1-8
Roemer, W. F.: Frauenbriefe über Religion, Politik und Privatleben in Mari, Untersuchungen
zu G. Dossin, Archives Royales de Mari X, Paris 1967, Neukirchen 1971 Rohrlich, Ruby: »State Formation in Sumer and the Subjugation of Women«, in: Feminist Studies, Vol. 6, No. 1 (Spring 1980). S. 76-102 Rohrlich-Leavitt, Ruby (Hg.), Women Cross-Culturally: Change and Challenge,
Chicago 1975
-: »Women in Transition: Crete and Sumer«, in: Bridenthal, R.; C. Koonz, Becoming Visible, Boston 1977, S. 36-59
Rosaldo. Michelle Z.: »The Use and Abuse of Anthropology: Rcflections on Feminism and Cross-Cultural Understanding«, in: SIGNS, Val. 5, No. 3 (Spring 1980), S. 389-417
Rosaldo, Michelle; Louise Lamphere: Women, Culture & Society, Stanford 1974
Rossi, Alice S.: »A Biosocial Perspective on Parenting«, in: Daedalus, Vol. 106, No. 2 (Spring 1977), S. 1-31
Rowbotham, Sheila: Woman‹s Consciousncss, Man‹s World, New York 1973
Rubin, Gayle: »The Traffic in Warnen: Notes on the ‚Political Ecanomy, of Sex«, in: Reiter, Anthropology of Women, New York 1978
Ruether, Rosemary Radford (Hg.): Reliigion and Sexism: Images of Woman in the Jewish and Christian Traditions, New York 1974

Sacks, Karen: Sisters and Wives: The Past and Future of Sexual Equality, Urbana, Ill. 1982
Safa, H.; E. Leacock (Hg.): »Development and Sexual Division of Labor«, in: Special Issue SIGNS, Vol.7, No. 2 (Winter 1981)
Saggs, Henry William F.: The Greatness That Was Babylon, London 1962 (dt.: Mesopotamien; Assyrer, Babylonier, Sumerer, Essen 1976)
-: The Encounter with the Divine in Mesopotamia and Israel, London 1978
Sahlins, Marshall: »The Origins of Society« in: Scientific-American, Val. 203, No. 48 (Sept. 1960), S. 76-87

Sanger, William W.: A History of Prostitution, 1858, Nachdruck New York 1898
Sanday, Peggy Reeves: Female Power and Male Dominance: On the Origins of Sexual Inequality, Cambridge, Mass. 1981
Saporetti, Claudio: »The Status of Warnen in thc Middle Assyrian Period«, in: Monographs on the Ancient Near East, Vol. 2, No. 1, Malibu, CA. 1979
Sarna, Nahum M.: Understanding Genesis, New York 1966
Sasson, Jack M.: »Biographical Notices on Some Royal Ladies from Mari«, in: Journal of Cuneifonn Studies, Vol. 25, No. 2 Uan. 1973), S. 19-104
-: Ruth: A New Translation with a Philological Commentary and a Formalist-Folklorist Interpretation, Baltimore 1979
-: »The Thoughts of Zimri-Lim«, in: Biblical Archaeologist, Vol. 47, No. 2 (June 1984), s. 111-20
Schmandt-Besserat, Denise, (Hg.), The Legacy of Sumer: lnvited Lectures on the Middle East at tbe University of Texas at Austin, Malibu 1976
-: »The Envclopes That Bear ehe First Writing«, in: Technology and Culture, Vol. 21, No. 3 (1980), S.357-85
-: »Deciphcrmenc of the Earliest Tablets«, in: Science, Vol. 211 (16. 1. 1981), S. 283-85
-: S. M. Alexander: The First Civilization: The Legacy of Sumer, Austin 1975
Schneider, David M.; Kachless Gough (Hg.), Matrilinial Kinship, Berkeley 1962
Schorr, Moses: Urkunden des altbabylonischen Zivil- und Prozeßrechts, Vorderasiatische Bibliothek, Leipzig 1913 (Nachdruck Hildesheim 1971), zit. in: Driver-Miles, BL, I, S. 373
Schreicr, Josephine. Göttinnen: Ihr Einfluß von der Urzeit bis zur Gegenwart, München 1977
Schur, Edwin: Labeling Women Deviant: Gender, Stigma, and Social Control, New York 1984
Scott, Joan; Louise Tilly: »Women‹s Work and ehe Family in Nineteenth Century Europe«, in: Comparative Studies in Society and History, Vol. 17 (1975)
-: Miriam Cohen, »Women‹s Work and European Fertility Patterns«, in: Journal of interdisciplinary History, Vol. 6, No. 3 (1976)
Sealey, Raphael: A History of the Creek City States: 700-338 B.C., Berkeley 1976
Segel, M. H.: »The Religion of Israel Before Sinai«, in: Jewish Quarterly Review, Vol. 52 (1961-62), S. 41-68
Seibere, Ilse: »Hirt-Herde-König«, in: Deutsche Akademie der Wissenschaften zu Berlin, Schriften d. Sektion f Altertumswissenschaft, No. 53, Berlin 1969
-: Woman in Ancient Near East, Leipzig 1974

Selfman, Charles: Women in Antiquity, London 1936
Service, Elman: Origins of the State and Civilization: The Process of Cultural Evolution, New York 1975 (dt.: Ursprünge des Staates und der Zivilisation. Der Prozeß der kulturellen Evolution, Frankfurt 1977)
Sherfey, Mary Jane: The Nature and Evolution of Female Sexuality, New York 1966 (dt.: Die Potenz. der Frau, Köln 1974)
Shorey, Paul: What Plato Said, Chicago 1933
Shorter, Edward: Making of the Modern Family, New York 1975; (dt.: Die Geburt der modernen Familie, Reinbek 1983)
Siegel, Bernard: »Slavery, Serfdom, and Forced Labor«, in: New Encyclopaedia Britannica, 1 5. Aufl. 1979, Vol. 16, S. 853-66
SIGNS, Special lssue, »Development and the Sexual Division of Labor, Vol. 7, No. 2 (Winter 1981)
Silverblatt, Irene: »Andean Women in the Inca Empire«, in: Feminist Studies, Vol. 4, No. 3 (Oct. 1978), S. 37-61
Singh, Purushottam: Neolithic Cultures of Western Asia, London 1974
Smith, J. M. Powis: The Origin and History of Hebrew Law, Chicago 193 1
Smith, W. Robertson: Kinship and Marriage in Early Arabia, 1903, Nachdruck Boston ohne Datum
Speiser, E. A.: »The Biblical Idea of History in its Common Near Eastern Setting«, in: Israel Exploration Journal, Vol. 7, Nr. 4 (1957), S. 201-16
-: »3000 Years of Bible Study«, in: The Centennial Review, Val. 41 (1960), S. 206-22
-: The Anchor Bible: Genesis, Garden City, N. Y. 1964
Speght, Rachel: A Mouzell for Melastomus, the Cynical Bayter and foulemouthed Barker against Evah‹s Sex, London 1617
Stack, Carol, et al., Review Essays: »Anthropology«, in: SIGNS, Vol. 1, No. 1 (Autumn 1975), S. 147-60
Stanton, Elizabeth Cady and the Revising Committee: The Woman‹s Bible, 1898, Nachdruck Seattle 1974
Steible, H.: Altsumerische Bau- und Weihinschriften, 2 Bde., Wiesbaden 1981
Stern, Bernard J.: »Women, Position of in Historical Society«, in: Edwin R. Seligman (Hg.), Encyclopedia of Social Sciences, Vol. 1 5, New York 1935, S. 442-46
Stone, Lawrence: The Family, Sex and Marriage in England, 1500-1800, New York 1977
Stone, Merlin: When God Was a Woman, New York 1976; (dt.: Als Gott eine Frau war, München 1989)

-: Ancient Mirrors of Womanhood, 2 Bde., New York 1979. Bd. I: Our Goddess and Heroine Heritage
Straus, Murray; R. Geiles; S. Steinmetz: Behind Closed Doors: Violence in the American Family, Garden City 1980
Strommenger, Eva: 5000 Years of Mesopotamian Art, New York 1962
-: M. Hirmer, The Art of Mesopotamia, London 1964
Struve, V. V.: » The Problem of the Genesis, Development and Disintegration of the Slave Societies of the Ancient Orient«, in: I. M. Diakonoff (Hg.), Ancient Mesopotamia, Moskau 1969
Sullivan, Harry Stack: The Interpersonal Theory of Psychiatry, New York 1953; (dt.: Die interpersonale Theorie der Psychiatrie, Frankfurt 1983)
Swerdlow, Amy; Hanna Lessinger (Hg.): Class, Race, and Sex: The Dynamics of Control, Boston 1983

Tadmor, Miriam: »Female Cult Figurines in Late Canaan and Early Israel: Archeological Evidence«, in: Tomoo Ishida (Hg.): Studies in the Period of David and Salomon and other Essays, Winona Lake, Ind. 1982, S. 139-73
Tanner, Nancy Makepeace: On Becoming Human, Cambridge, Mass. 1981
-: Adrienne Zihlman: »Women in Evolution, Part 1: Innovation and Section in Human Origins«, in: SIGNS, Val. 1, No. 3 (Spring 1976) Part 1, S. 585-608
Taylor, Alfred E.: Plato: The Man and His Work, London 1926
Teubal, Savina J.: Sarah the Priestess: The First Matrtarch of Genesis, Athens, Ohio 1984
Thompson, Clara: On Women, New York 1964
Thompson, E. A.: »Slavery in Early Germany«, in: M. I. Finley: Slavery in Classical Antiquity, Cambridge 1960
Thompson, William Irwin: The Time Falling Bodies Take To Light: Mythology, Sexuality and the Origins of Culture, New York 1981; (dt.: Der Fall in die Zeit. Mythologie, Sexualität und der Ursprung der Kultur, Reinbek 1987)
Thomson, George: Aeschylus and Athens: A Study in the Social Origins of Drama, London 1941 (dt.: Aischylus und Athen. Eine Untersuchung der gesellschaftlichen Ursprünge des Dramas, Berlin 1957)
Thucydides: History of Peloponnesian War, Charles F. Smith (Tr.), 4 Bde. Cambridge, Mass. 1920; deutsch zit. n. Thukydides, Geschichte des Peloponnesischen Krieges, hrsg. v. 0. Güthling, Leipzig (Kröner) 2. Aufl. 1925
Tiffany, Sharon: »Women, Power, and the Anthropology of Politics: A Review«, in: International Journal of Women‹s Studies, Vol. 2, No. 5 (1979), S. 430-42

-: »The Power of Matriarchal Ideas«, in: International Journal of Women‹s Studies, Vol. 5, No. 2 (1982), S. 1 38-47
Tiger, L.: Men in Groups, New York 1969 (dt.: Warum die Männer wirklich herrschen, München 1972)
Tillion, Germaine: »Prehistoric Origins of the Condition of Women in ‚Civilized' Societes«, in: International Social Science Journal, Vol. 69, No. 4 (1977), S. 671-81
Todd, Ian: Çatal Hüyük in Perspective, Menlo Park 1976
Trible, Phyllis: »Depatriarchalizing in Biblical Interpretation«, in: Journal of the American Academy of Religion, Vol.41, No. 1 (March 1973), S. 30-48
-: »Woman in the Old Testament«, in: The Interpreter‹s Dictionary of the Bible, Supplementary Volume, hrsg. v. K. R. Crim, Nashville 1976, S. 963-66
- »The Creation of a Feminist Theology«, in: New York Times Book Review, Vol. 88 (May 1, 1983), S. 28-29
-: »Depatriarchalizing in Biblical Interpretation«, in: Journal of the American Academy of Religion, Vol. 41, No. l (March 1973), S. 30-48
Tyumenev: »The Working Personnel on the Estate of the Temple Bau in Lagas During the Period of Lugalanda und Urukagina (24-25th Century B.C.)«, in: M. Diakonoff (Hg.): Ancient Mesopotamia, Moskau 1969, S. 93-95
-: »The State economy of Ancient Sumer«, ebd., S. 70-87

Ungnad, Arthur: Die Religion der Babylonier und Assyrer, Jena 1921
-: »Die Paradisbäume« in: Zeitung der deutschen morgenländischen Gesellschaft, LXXIX, Neue Folge, Vol.4, S. 111-118

Vaerting, M. und M.: The Dominant Sex, London 1923
Vaughter, Reesa M.: Review Essay »Psychology«, in: SIGNS, Val. 2, No. 1 (Autumn 1976), s. 120-46
Veblen, Thorstein: The Theory of the Leisure Class (I899), New York 1962 (dt.: Theorie der feinen Leute, Eine ökonomische Untersuchung der Institutionen, Frankfurt 2. Aufl. 1987)

Warren, Larissa Bonfante: »The Women of Etruria«, in: Arethusa, Vol. 6, No. 1 (Spring 1973), S. 91-101
Watson, James L. (Hg.): Asian and African Systems of Slavery, Berkeley 1980; darin: J. L. Watson, »Transactions in People: The Chinese Market in Slaves, Servants and Heirs«

Webster, Paula: »Matriarchy: A Vision of Power«, in: Reiter 1978, S. 127-56
Weinbaum, Batya: The Curious Courtship of Women‹s Liberation and Socialism, Boston 1978
Weisstein, Naomi: »Kinder, Küche, Kirche as Scientific Law: Psychology Constructs the Female«, in: Robin Morgan (Hg.), Sisterhood is Powerful, New York 1970, S. 205-20
Wellhausen,Julius: Prolegomena to the History of Ancient Israel, New York 1965 (dt.: Prolegomena zur Geschichte Israels, Nachdr. d. 6. Aufl. v. ·1927, Berlin 1981)
Wells, Robert: »Women‹s Lives Transformed: Demographie and Family Patterns in America 1600-1970«, in: Berkin, Norton (Ed.) 1979, S. 16-36
Welskopf, Elisabeth: Die Produktionsverhältnisse im alten Orient und in der griechisch- römischen Antike, Berlin 1957
Wender, Dorothea: »Plato: Misogynist, Paedophile, and Feminist«, in: Peradotto und Sullivan: Women in the Ancient World: The Arethusa Papers, Albany 1984, S. 213-28
Westerman, William L.: The Slave Systems of Greek and Roman Antiquity, Philadelphia 1955
Widengren, G.: The King and the Tree of Life in Ancient Near Eastern Religion. Uppsala Universitets Arsskrift Nr.4, Uppsala 1951
Wiedemann, Thomas: Greek and Roman Slavery, Baltimore 1981
Wilbur, C. Martin: »Slavery in China during the Former Han Dynasty, 206 B.C.-A.D. 25«, in: Anthropological Series, Publications of Fteld Museum of Natural History, Vol. 34 (January 1943)
Wilson, Edward O.: Sociobiology: The New Synthesis, Cambridge, Mass. 1975
Winckler, Hugo: Himmels- und Weltenbild der Babylonier, Leipzig 1901
Winks, Robin (Hg.): Slavery: A Comparative Perspective, New York 1972
Winspear, Alban D.: Genem of Plato‹s Thought, New York 1940 (Neuauflage bei Russell & Russell)
Wittfogel, Karl: Oriental Despotism, New Haven 1957 (dt.: orientalische Despotie, Frankfurt 1977)
Wolkenstein, Diane; Samuel Noah Kramer: lnanna: Queen of Heaven and Earth: Her Stories and Hymns from Sumer, New York 1983
Woolf, Virginia: A Room of One‹s Own, New York 1929 (dt.: Ein Zimmer für sich allein, Frankfurt 8. Aufl. 1989)
Woolley, C. Leonard: The Sumer Ums, Oxford 1928
Woolley, Sir Charles Leonard: Excavations at Ur: A Record of Twelve Years

Work, London 1954 (dt.: Ur in Chaldäa. 12 Jahre Ausgrabungen in Abrahams Heimat, Wiesbaden 2. Aufl. 1957)
Wright, Henry T.; Gregory A. Johnson: »Population, Exchange, and Early State Formation in Southwest Iran«, in: American Anthropologist, Vol. 77, No. 2 (Spring 1975), s. 267-89

Yoffee, Norman: The Economic Role of the Crown in the O!d Babylonian Period, Malibu 1977

Zeidin, Froma 1.: »Travesties of Gender and Genre in Aristophanes‹ Thesmophoriazousae«, in: Helene Foley (Hg.): Reflections of Women tn Antiquity, New York 1981
Ziegner, Oskar: Luther und die Erzväter: Auszüge aus Luthers Auslegungen zum ersten Buch Moses mit einer theologischen Einleitung, Berlin 1962
Zimmern, Heinrich: »Babylonische Hymnen und Gebete in Auswahl«, in: Der alte Orient, 7. Jg. Heft 3, Leipzig 1905, S. 1-32